山香教育

U0886940

国家教师资格考试

高分过关题库

教育知识与能力·中学

|试 题|

关注公众号，点击"笔试练习"领取历年真题及预测卷20套！

山香教师资格考试命题研究中心　主编

首都师范大学出版社
CAPITAL NORMAL UNIVERSITY PRESS

图书在版编目(CIP)数据

教育知识与能力. 中学/山香教师资格考试命题研究中心主编. --北京: 首都师范大学出版社, 2023.9

国家教师资格考试高分过关题库

ISBN 978-7-5656-7653-6

Ⅰ. ①教… Ⅱ. ①山… Ⅲ. ①中学教师-教学能力-资格考试-习题集 Ⅳ. ①G451.1-44

中国国家版本馆 CIP 数据核字(2023)第 129345 号

国家教师资格考试高分过关题库

JIAOYU ZHISHI YU NENGLI ZHONGXUE

教育知识与能力·中学

山香教师资格考试命题研究中心　主编

策划编辑　张文强　　　　封面设计　山香教育

责任编辑　冯倩　曹亮亮

首都师范大学出版社出版发行

地　　址　北京市海淀区西三环北路 105 号

邮　　编　100048

电　　话　010-68418523(总编室)　　010-68982468(发行部)

网　　址　http://cnupn.cnu.edu.cn

印　　刷　河南黎阳印务有限公司

经　　销　全国新华书店

版　　次　2023 年 9 月第 1 版

印　　次　2023 年 9 月第 1 次印刷

开　　本　787mm×1092mm　1/16

印　　张　26

字　　数　530 千

定　　价　58.00 元

版权所有　翻印必究

前　言

一、考情说明

中小学教师资格考试是由国家建立考试标准，省级教育行政部门组织的全国统一考试，包括笔试和面试两部分。笔试主要考查申请人从事教师职业所应具备的思想政治素质、教育理念、职业道德、法律法规知识、科学文化素养、阅读理解、语言表达、逻辑推理和信息处理等基本能力；教育教学、学生指导和班级管理的基本知识；拟任教学科领域的基本知识，教学设计实施评价的知识和方法，运用所学知识分析和解决教育教学实际问题的能力。笔试一般在每年 3 月和 11 月各举行一次，笔试单科成绩有效期为 2 年。笔试科目均合格的考生，可参加教师资格考试面试。下表为各学段的笔试科目及面试相关情况。

<table>
<tr><th colspan="3" rowspan="2">类别</th><th colspan="3">笔试科目</th><th rowspan="2">面试</th></tr>
<tr><th>科目一</th><th>科目二</th><th>科目三</th></tr>
<tr><td colspan="3">幼儿园</td><td rowspan="2">综合素质</td><td rowspan="2">保教知识与能力</td><td rowspan="2">—</td><td rowspan="5">教育教学实践能力</td></tr>
<tr><td colspan="3">小学</td></tr>
<tr><td rowspan="5">中学</td><td colspan="2">初级中学</td><td rowspan="2">综合素质</td><td rowspan="2">教育教学知识与能力</td><td rowspan="3">学科知识与教学能力</td></tr>
<tr><td colspan="2">高级中学</td></tr>
<tr><td rowspan="2">中职</td><td>文化课教师</td><td rowspan="3">综合素质</td><td rowspan="3">教育知识与能力</td></tr>
<tr><td>专业课教师</td><td rowspan="2">（试点省自行组织）</td><td rowspan="2">（试点省自行组织）</td></tr>
<tr><td colspan="2">中职实习指导教师</td></tr>
<tr><td colspan="7">注 1. 初级中学的《学科知识与教学能力》科目分为：语文、数学、英语、物理、化学、生物、道德与法治、历史、地理、音乐、体育与健康、美术、信息技术、历史与社会、科学等 15 个学科。
注 2. 普通高级中学的《学科知识与教学能力》科目分为：语文、数学、英语、物理、化学、生物、思想政治、历史、地理、音乐、体育与健康、美术、信息技术、通用技术等 14 个学科。</td></tr>
</table>

二、图书特点

为了让考生有针对性地备考，使复习有方向有条理，作为国内研究开发教师资格考试辅导教材的专业机构，山香教育在深入分析历年教师资格考试真题的基础上，结合考试大纲，策划了本套题库，致力于帮助广大考生实现教师之梦。

本套题库具有以下特点：

第一，分章练习，全真模考。

本套题库分为试题本和答案本，每本分上、下两篇。上篇“过关快刷”按章划分知识，涵盖教育基础知识和基本原理、中学课程、中学教学、中学生学习心理、中学生发展心理、中学生心理辅导、中学德育、中学班级管理与教师心理八章，章内设置“刷考点”“刷真题”“刷专题”模块。下篇“全真模考”包括两套模拟试卷，仿照真题试卷结构、题型设置，模拟考场答题情境。

第二，题量丰富，解析详尽。

本套题库题量丰富，题型全面。答案本解析详尽，设有“方法技巧”“易错提示”“易混辨析”栏目，不仅能够帮助考生强化记忆、加深理解、提升能力，还能够帮助考生梳理易错易混知识点，突破难点，掌握做题方法技巧。

第三，精选真题，透视考点。

本套题库精心选择2016—2023年笔试真题，知识点覆盖面广，有助于考生了解教师资格考试命题趋势和特点，掌握考试内容。

第四，知识导图，巩固要点。

本套题库在试题本每章的“刷考点”模块，通过思维导图的形式串联本章知识，对重要知识点挖空，在答案本呈现挖空的知识点，有效地帮助考生查漏补缺，巩固要点。

第五，定位页码，答案速查。

本套题库在试题本每章“刷考点”“刷真题”以及“刷专题”部分放置对应的答案页码图标 链接答案本 P217，提示本模块或本专题所对应的答案本页码，方便考生查找答案和解析。在答案本的单项选择题下放置“答案速查”表格，汇总答案，方便考生快速核对。

第六，扫码看题，解疑答惑。

本套题库挑选部分试题放置二维码，考生可以扫描二维码观看试题精讲视频，资深讲师剖析试题，为考生答疑解惑。

本套题库难免存在一些不足之处，衷心希望各位读者朋友批评指正，同时希望这套题库能为考生顺利通过教师资格考试提供帮助。

编　者

目 录

上篇 过关快刷

第一章 教育基础知识和基本原理 …… 003
刷考点 …… 003
刷真题 …… 005
刷专题 …… 012
专题一 教育的产生与发展 …… 012
专题二 教育学的产生与发展 …… 016
专题三 教育与社会发展 …… 021
专题四 教育与人的发展 …… 026
专题五 教育目的 …… 031
专题六 教育制度 …… 037
专题七 常用的教育研究方法 …… 040
第二章 中学课程 …… 041
刷考点 …… 041
刷真题 …… 042
刷专题 …… 044
专题一 课程与课程理论 …… 044
专题二 课程类型 …… 046
专题三 课程开发 …… 048
专题四 基础教育课程改革 …… 051
第三章 中学教学 …… 053
刷考点 …… 053
刷真题 …… 054
刷专题 …… 059
专题一 教学的意义和任务 …… 059
专题二 教学过程 …… 060
专题三 教学原则与教学方法 …… 064
专题四 教学组织形式与教学工作的基本环节 …… 069
专题五 教学评价 …… 072
第四章 中学生学习心理 …… 074
刷考点 …… 074
刷真题 …… 076
刷专题 …… 084
专题一 认知过程 …… 084
专题二 学习与学习理论 …… 098
专题三 学习动机 …… 103
专题四 学习迁移 …… 109

专题五　学习策略 …… 114
专题六　知识与技能 …… 117
第五章　中学生发展心理 …… 121
刷考点 …… 121
刷真题 …… 123
刷专题 …… 127
专题一　中学生的心理发展特征概述 …… 127
专题二　中学生的认知发展 …… 127
专题三　中学生的情绪情感发展 …… 130
专题四　中学生的意志发展 …… 134
专题五　中学生的人格发展 …… 136
专题六　中学生的能力与自我意识发展 …… 141
专题七　中学生的性心理发展与异性交往辅导 …… 144
第六章　中学生心理辅导 …… 145
刷考点 …… 145
刷真题 …… 146
刷专题 …… 148
专题一　心理健康概述 …… 148
专题二　中学生常见的心理健康问题 …… 149
专题三　学校心理辅导 …… 153
第七章　中学德育 …… 156
刷考点 …… 156
刷真题 …… 157
刷专题 …… 161
专题一　中学生品德心理与发展 …… 161
专题二　道德发展理论 …… 165
专题三　德育内容 …… 167
专题四　德育过程 …… 168
专题五　德育原则 …… 170
专题六　德育的途径与方法 …… 175
第八章　中学班级管理与教师心理 …… 181
刷考点 …… 181
刷真题 …… 182
刷专题 …… 184
专题一　班级与班主任 …… 184
专题二　中学课堂管理 …… 188
专题三　课外活动的组织与管理 …… 191
专题四　教师心理 …… 192

下篇　全真模考

国家教师资格考试全真模拟试卷(一) …… 197
国家教师资格考试全真模拟试卷(二) …… 204

上篇　过关快刷

第一章　教育基础知识和基本原理

刷考点

链接答案本 P217

- 教育基础知识和基本原理
  - 教育的产生与发展
    - 教育的属性
      - 教育的本质属性★★
      - 教育的社会属性★★★
    - 教育的基本要素与形态
    - 教育的功能
      - ①________和社会功能★
      - 正向功能和负向功能★
      - 显性功能和②________
    - 教育的起源
      - 神话起源说
      - 生物起源说
      - ③________★
      - 劳动起源说
    - 教育发展的历史进程
      - 原始社会的教育
      - 古代社会的教育★
      - 近代社会的教育
      - 现代社会的教育★
  - 教育学的产生与发展
    - 教育学的萌芽阶段
      - 古代中国:孔子、孟子、荀子、墨翟、④________★★★
      - 古代西方:苏格拉底、柏拉图、亚里士多德、昆体良★
    - 教育学的独立形态阶段:夸美纽斯、⑤________、康德、裴斯泰洛齐、⑥________、斯宾塞、赫尔巴特、杜威★★★
    - 20 世纪教育学的多元化发展:实验教育学、⑦________、实用主义教育学、社会主义教育学、⑧________★
    - 当代教育学理论的新发展★★★
      - 现代教学理论的三大流派:赞可夫、⑨________、瓦·根舍因
      - 其他学者的观点:苏霍姆林斯基、巴班斯基、布卢姆
  - 教育与社会发展
    - 人口与教育发展的关系★
    - 生产力水平与教育发展的关系★★★
    - 社会政治经济制度与教育发展的关系★★
    - 文化与教育发展的关系★★
  - 教育与人的发展
    - 个体身心发展的动因
      - ⑩________(遗传决定论)★
      - ⑪________(环境决定论)★
      - 辐合论
      - 多因素相互作用论(共同作用论)

- 教育基础知识和基本原理
  - 教育与人的发展
    - 个体身心发展的规律
      - 个体身心发展的⑫________
      - 个体身心发展的阶段性★
      - 个体身心发展的稳定性和可变性
      - 个体身心发展的⑬________（不均衡性）★★
      - 个体身心发展的互补性
      - 个体身心发展的个别差异性★
    - 影响个体身心发展的主要因素
      - 遗传★★
      - 环境★★
      - 教育（学校教育）★★
      - ⑭________★
    - 中学生的生理特征
  - 教育目的
    - 教育目的概述
      - 教育目的与教育方针★
      - 教育目的的层次结构★
      - 教育目的的确立依据★★
    - 教育目的的价值取向★
      - ⑮________与社会本位论★★
      - 其他价值取向的教育目的：宗教本位论、教育无目的论
    - 全面发展教育的组成部分及其关系
      - 全面发展教育的组成部分
        - 德育
        - 智育
        - 体育★
        - 美育★★
        - 劳动技术教育
      - 全面发展教育各组成部分之间的关系★
  - 教育制度
    - 教育制度的内涵★
    - 教育制度的特征★
    - 建立学制的依据★
    - 现代学制的类型
      - 双轨学制★
      - 单轨学制
      - 分支型学制★
    - 旧中国的学制沿革★★
      - ⑯________（正式公布但未实行）
      - ⑰________（实行新学制的开端）
      - 壬子癸丑学制
      - 壬戌学制（六三三学制）
    - 我国现行学制的结构及类型
    - 义务教育制度★★
    - 现代教育制度的发展
  - 常用的教育研究方法：观察研究法、调查研究法、实验研究法、行动研究法等

《教育知识与能力.中学》题型、题量、分值构成及每题作答时长参考

满分	考试时间	题型	题量	分值构成	每题作答时长参考
150分	120分钟	单项选择题	21道	每小题2分，共42分	1分钟
		辨析题	4道	每小题8分，共32分	8分钟
		简答题	4道	每小题10分，共40分	10分钟
		材料分析题	2道	每小题18分，共36分	15分钟

刷真题

链接答案本 P217

一、单项选择题(每小题 2 分,共 48 小题。参考时限 50 分钟)

1.[2023 上半年]在我国教育理论发展过程中,明确提出"生活教育论",主张"生活即教育""社会即学校",强调"教学做合一"的教育家是(　　)

A. 蔡元培　　B. 黄炎培　　C. 杨贤江　　D. 陶行知

2.[2023 上半年]教育的生物起源论和心理起源论的共同点是(　　)(易错)

A. 将教育视为本能模仿　　B. 忽视教育的社会属性

C. 否认动物界存在教育　　D. 强调教育的目的性

3.[2022 下半年]在教育学多样化发展阶段,美国教育家杜威创立的是(　　)(易混)

A. 实验教育学　　B. 批判教育学

C. 文化教育学　　D. 实用主义教育学

4.[2022 下半年]"教育的主要任务在于使学生的官能得到发展,至于学科内容的实用意义则是无关紧要的"。这种观点属于(　　)

A. 实质教育论　　B. 形式教育论

C. 传统教育论　　D. 现代教育论

5.[2022 下半年]教育制度虽然反映着人们的主观愿望和价值需求,但是教育制度的制定不是随心所欲的,每种教育制度都有它的现实基础和发展规律。这表明教育制度具有(　　)

A. 客观性　　B. 规范性　　C. 历史性　　D. 强制性

6.[2022 上半年]我国第一位系统传播马克思主义教育理论,并出版《新教育大纲》的教育理论家是(　　)

A. 杨贤江　　B. 陶行知　　C. 黄炎培　　D. 李大钊

7.[2022 上半年]1762 年,法国启蒙思想家卢梭发表的系统阐述其自然主义教育思想的著作是(　　)

A.《理想国》　　B.《巨人传》　　C.《太阳城》　　D.《爱弥儿》

8.[2022 上半年]有的人在逆境中奋起,有的人在逆境中消沉;有的人在顺境中如鱼得水,有的人在顺境中却虚度光阴。这种现象说明(　　)

A. 顺境有利于人的发展　　B. 环境好坏决定人的发展

C. 逆境有利于人的发展　　D. 人对环境影响有能动性

9.[2022 上半年]教师以自身教育实践中存在的问题为研究对象,旨在改进教育实践,而不在于理

论构建的研究属于( )

A. 实验研究
B. 行动研究
C. 调查研究
D. 个案研究

10. [2022 上半年]“今天的教育就是明天的经济,教育已经成为经济发展的杠杆”。这说明教育具有( )

A. 科学性 B. 阶段性 C. 生产性 D. 独立性

11. [2022 上半年]“教育要掌握和利用人的发展成熟机制,抓住发展的关键期,不失时机地采取有效措施,卓有成效地促进学生健康地发展。”这反映了人的身心发展具有( )(易混)

A. 顺序性 B. 稳定性 C. 不平衡性 D. 个别差异性

12. [2022 上半年]《中华人民共和国义务教育法》规定“国家实施九年义务教育”,要求“国家、社会、学校和家庭依法保障适龄儿童、少年接受义务教育的权利”。义务教育的基本特征有( )

A. 强制性、普及性、免费性
B. 强制性、基础性、普及性
C. 基础性、普及性、免费性
D. 基础性、强制性、免费性

13. [2021 下半年]有教无类是我国优秀教育传统,指对各类人平等看待,不分愚贤贵贱都进行教育。该词语出自( )

A.《道德经》 B.《论语》 C.《孟子》 D.《劝学》

14. [2021 下半年]在当代教育学理论发展过程中,心理学家布卢姆提出了( )

A. 教学目标分类理论
B. 教学过程最优化理论
C. 教学与发展理论
D. 教学特殊认识理论

15. [2021 下半年]关于影响人的发展因素的问题,曾出现过“生而知之”的“天才论”。这种理论属于( )(易混)

A. 教育万能论 B. 环境决定论 C. 遗传决定论 D. 主观决定论

16. [2021 下半年]反映各级各类学校人才培养具体质量规格要求的是( )

A. 教育方针 B. 教育目的 C. 培养目标 D. 课程目标

17. [2021 上半年]新中国建立初期,我国师范院校教育学课程普遍采用的教材是( )

A. 夸美纽斯的《大教学论》
B. 赫尔巴特的《普通教育学》
C. 凯洛夫的《教育学》
D. 马卡连柯的《论共产主义教育》

18. [2021 上半年]“跳一跳,摘到桃”主要强调教师在教学过程中尽可能挖掘每个学生的潜力,使其得到更好的发展。其理论依据是( )

A. 最近发展区理论
B. 范例教学理论

C. 合作教育学理论　　D. 教学过程最优化理论

19. [2021 上半年]马克思主义认为,实现人的全面发展的唯一途径是(　　)

A. 学校教育与社会教育相结合　　B. 脑力劳动与体力劳动相结合

C. 教育与生产劳动相结合　　D. 知识分子与工人农民相结合

20. [2020 下半年]世界上最早专门论述教育的文献是(　　)

A.《学记》　　B.《论语》

C.《论演说家的教育》　　D.《理想国》

21. [2020 下半年]学制发展进程中,有些国家规定学生在小学和初中阶段接受统一的基础教育,初中以后可以接受普通教育或职业教育。这些国家的学制类型属于(　　)(易混)

A. 单轨学制　　B. 双轨学制　　C. 多轨学制　　D. 分支型学制

22. [2020 下半年]卢梭从自然教育观出发,提出培养自然人的教育目的。这种教育目的观属于(　　)

A. 社会本位论　　B. 个人本位论　　C. 宗教本位论　　D. 自然本位论

23. [2019 下半年]"近朱者赤,近墨者黑"反映了下列哪一因素对人的发展的影响(　　)(常考)

A. 遗传　　B. 环境　　C. 教育　　D. 个体活动

24. [2019 下半年]近年来我国对农村中小学的布局结构进行了调整。这主要反映了下列哪一因素对教育的影响(　　)

A. 政治制度　　B. 经济制度　　C. 人口变化　　D. 文化传统

25. [2019 下半年]我国唐代中央官学设有"六学二馆",其入学条件中明文规定不同级别官员的子孙进入不同的学校。这主要体现了我国封建社会教育制度的哪一特征(　　)(易混)

A. 继承性　　B. 等级性

C. 历史性　　D. 民族性

26. [2019 上半年]传统教育派代表人物赫尔巴特主张的"三中心"是指(　　)

A. 教师中心、教材中心和课堂中心　　B. 儿童中心、经验中心和活动中心

C. 管理中心、活动中心和教学中心　　D. 管理中心、服务中心和教学中心

27. [2019 上半年]苏联教育家赞可夫倡导的是(　　)

A. 发现学习理论　　B. 教学过程最优化理论

C. 教学与发展理论　　D. 范例教学理论

28. [2019 上半年]教育具有自身发展的规律,在有些方面不一定会随着社会的改变而改变。这反映了教育的哪一特征(　　)

A. 阶级性　　B. 生产性　　C. 目的性　　D. 相对独立性

29.［2018 下半年］提出了普及初等教育思想，论述了班级授课制，被认为是近代最早的教育学著作的是（　　）（易混）

A.《普通教育学》　B.《大教学论》　C.《教育论》　D.《教育漫话》

30.［2018 下半年］我国古代思想家墨子认为，人的发展犹如白布放进染缸，“染于苍则苍，染于黄则黄，所入者变，其色亦变”。墨子的这种观点属于（　　）

A. 遗传决定论　B. 环境决定论　C. 教育主导论　D. 主体能动论

31.［2018 下半年］为了大面积提高教学质量，苏联教育家巴班斯基将系统论的方法引入教育改革，提出的教育理论是（　　）

A. 教学过程最优化理论　B. 最近发展区理论

C. 建构主义教学理论　D. 范例教学理论

32.［2018 上半年］在科学分类中，首次将教育学作为一门独立的学科划分出来的学者是（　　）

A. 卢梭　B. 培根　C. 康德　D. 洛克

33.［2018 上半年］科学技术知识的再生产有多种途径，其中最重要的途径是（　　）

A. 社会生活　B. 科学实验

C. 生产劳动　D. 学校教育

34.［2017 下半年］提出“泛智”教育思想，探讨“把一切事物教给一切人”的教育家是（　　）

A. 夸美纽斯　B. 赫尔巴特　C. 赞可夫　D. 布鲁纳

35.［2017 下半年］教育与人类社会共始终，为一切人一切社会所必需，是新生一代的成长和社会生活的延续与发展不可缺少的手段。这表明教育具有（　　）（易错）

A. 阶级性　B. 历史性

C. 永恒性　D. 平等性

36.［2017 下半年］社会成员经由教育的培养、筛选和提高，可以在不同的社会区域、社会层次、职业岗位以及科层组织之间转换和调动。这体现的教育的功能是（　　）

A. 社会流动功能　B. 文化传递功能

C. 社会改造功能　D. 人口控制功能

37.［2017 下半年］教育目的的制定受到诸多因素的影响，其中决定教育目的的性质、方向和内涵的因素是（　　）（常考）

A. 受教育者的身心发展特点　B. 哲学思想和教育思想

C. 生产力水平和政治经济制度　D. 文化传统和教育传统

38.［2017 下半年］李老师在教育过程中，深入了解学生，针对学生的不同发展水平、兴趣、爱好和特长，引导学生扬长避短，发展个性，不断促进学生的自由发展。李老师的这种做法适应了人

身心发展的哪一特点(　　)

A. 顺序性　　B. 阶段性　　C. 连续性　　D. 差异性

39. [2017 下半年]在某个时期内,个体对某种刺激特别敏感,过了这个时期,同样的刺激则影响很小或没有影响,这个时期称为(　　)

A. 关键期　　B. 发展期　　C. 转折期　　D. 潜伏期

40. [2017 上半年]在教育史上,重视实科教育,主张学生学习的自觉性,强调教育为"完满生活"做准备的教育家是(　　)

A. 夸美纽斯　　B. 赫尔巴特　　C. 斯宾塞　　D. 杜威

41. [2017 上半年]明确提出"长善救失""教学相长""不陵节而施""藏息相辅"等重要教育思想的文献是(　　)

A.《论语》　　B.《学记》　　C.《孟子》　　D.《大学》

42. [2016 下半年]美国学者孟禄根据原始社会没有学校、没有教师的史实,断定教育起源于儿童对成人的无意识模仿。这种观点被称为(　　)

A. 交往起源论　　B. 生物起源论　　C. 心理起源论　　D. 劳动起源论

43. [2016 下半年]孔子曰:"上好礼,则民莫敢不敬;上好义,则民莫敢不服;上好信,则民莫敢不用情。夫如是,则四方之民襁负其子而至矣,焉用稼?"这段话表明孔子的施教内容(　　)(常考)

A. 具有灵活性　　B. 脱离社会生产　　C. 具有全面性　　D. 结合社会生产

44. [2016 下半年]在我国近现代学制改革中,明确规定将学堂改为学校,实行男女平等,允许初等小学男女同校的学制是(　　)(常考)

A. 壬寅学制　　B. 癸卯学制

C. 壬子癸丑学制　　D. 壬戌学制

45. [2016 上半年]在教学理论著述中,强调学科的基本结构要与儿童认知结构相适应,重视学生能力培养,主张发现学习的专著是(　　)

A.《普通教育学》　　B.《大教学论》

C.《教育过程》　　D.《论教学过程最优化》

46. [2016 上半年]如果让六个月的婴儿学走路,不但徒劳而且无益,同理,让四岁的儿童学高等数学,也难以成功。这说明(　　)

A. 遗传素质的成熟程度制约着人的发展过程及其阶段

B. 遗传素质的差异性对人的发展有一定的影响

C. 遗传素质具有可塑性

D. 遗传素质决定着人发展的最终结果

47. [2016 上半年]确立我国教育目的的理论基础是( )

A. 素质教育理论　　B. 马克思关于人的全面发展学说

C. 创新教育理论　　D. 生活教育理论

48. [2016 上半年]英国政府 1870 年颁布的《初等教育法》中,一方面保持原有的专为资产阶级子女服务的学校系统,另一方面为劳动人民的子女设立国民小学、职业学校。这种学制属于( )

A. 双轨学制　　B. 单轨学制　　C. 中间型学制　　D. 分支型学制

二、辨析题(每小题 8 分,参考时限 8 分钟。共 6 小题)

1. [2022 下半年]全面发展就是学生德智体美劳五方面平均发展。

2. [2022 上半年]教育必然促进社会的发展。

3. [2021 下半年]美育就是艺术教育。

4.［2021 上半年］教育具有自身的发展规律,不受社会发展的制约。

5.［2020 下半年］母猴带着小猴爬树也是教育。

6.［2019 下半年］遗传在人的发展中起决定作用。

三、简答题(每小题 10 分,参考时限 10 分钟。共 3 小题)

1.［2020 下半年］简述教育的文化功能。

2.［2019 下半年］简述学校美育的基本任务。

3.［2016 上半年］为什么教育(学校教育)对人的发展起主导作用?

刷专题

专题一　教育的产生与发展

链接答案本 P227

一、单项选择题(每小题 2 分,共 35 小题。参考时限 35 分钟)

1. 既是教育的本质特征,也是教育区别于其他活动的根本特征的是(　　)(常考)

A. 有目的地培养人的社会活动　　B. 有专职教师

C. 有专门场所　　D. 有特定对象

2. "'基础教育'是必不可少的'走向生活的通行证',它使享受教育的人能够选择自己将要从事的职业。"这句话主要表明教育具有(　　)

A. 经济功能　　B. 文化功能　　C. 生态功能　　D. 社会流动功能

3. 教育能把可能的劳动力转化为现实的劳动力,是科学知识再生产和发展科学的重要手段,这体现了教育具有(　　)(常考)

A. 历史性　　B. 阶级性　　C. 生产性　　D. 永恒性

4. 注重身心和谐发展，以培育有文化、有修养和多种才能的政治家和商人为教育目的的是（　　）

A. 印度　B. 罗马　C. 雅典　D. 斯巴达

5. 关于教育的起源一直是众说纷纭，其中，我国朱熹所持的观点是（　　）

A. 神话起源说　B. 生物起源说　C. 心理起源说　D. 劳动起源说

6. 张老师在英语教学中采用小组合作学习的形式，经过一段时间后，他发现学生的合作意识和能力有所提高。这体现了教育的（　　）

A. 显性负向功能　B. 显性正向功能

C. 隐性负向功能　D. 隐性正向功能

7. 我国封建社会的主要教育内容是（　　）

A. "四书""五经"　B.《诗》《春秋》

C.《礼》《易》　D.《书》"六艺"

8. 原始社会时期的教育内容主要包括生产劳动和生活方式等的教育，现代社会的教育内容则体现为"五育并举"。这表明教育具有（　　）（常考）

A. 历史性　B. 永恒性　C. 社会性　D. 相对独立性

9. "教育与生产生活相融合，教育内容主要为生产生活经验。"这句话反映了（　　）的教育特征。

A. 原始社会　B. 现代社会　C. 封建社会　D. 古代社会

10. 在教育史上第一个正式提出并把教育起源问题作为一个学术问题来认识的是（　　）

A. 神话起源说　B. 生物起源说　C. 心理起源说　D. 劳动起源说

11. 马克思历史唯物主义理论在教育起源上坚持（　　）

A. 心理起源说　B. 生物起源说

C. 劳动起源说　D. 物质起源说

12. 下列属于教育现象的是（　　）

A. 老虎教会幼崽捕食　B. 幼鸟模仿大鸟扇动翅膀学习飞翔

C. 带学生参观国家博物馆　D. 教会小狗做算术题

13. 在构成教育活动的基本要素中，主导性的因素是（　　）

A. 教育者　B. 受教育者　C. 教育媒介　D. 教育内容

14. 中国古代教育家（　　）说："得天下英才而教育之，三乐也。"

A. 孔子　B. 孟子　C. 老子　D. 庄子

15. "标准化的教学很可能束缚学生的想象力和创造力，扼杀学生的创新精神。"这句话主要体现了教育的（　　）

A. 正向功能　B. 负向功能

C. 社会发展功能　D. 隐性功能

16. 目前,教育自主权扩大,很多学校都具有办学的自主性,能灵活设置课程、编写校本教材。这体现了教育的( )特点。

A. 终身化　B. 全民化　C. 民主化　D. 多元化

17. 在教育方面,注重军事体育训练和政治道德灌输,教育内容单一,教育方法比较严厉的国家是( )

A. 古印度　B. 古埃及　C. 斯巴达　D. 雅典

18. 世界上最早的文学艺术专门学校是( )

A. 柏拉图创办的学园　B. 亚里士多德创办的吕克昂学园

C. 汉武帝时的太学　D. 东汉时的鸿都门学

19. 否定教育自身的发展规律,割裂教育的历史传统,把教育完全作为政治、经济的附庸。这样的观念违背了教育的哪一特性( )

A. 生产性　B. 永恒性

C. 相对独立性　D. 工具性

20. ( )是养士的缩影,是由官家举办、私家主持的高等学府,特点是学术自由。

A. 稷下学宫　B. 太学　C. 私学　D. 书院

21. 中世纪的西欧,教会教育的教育内容是( )

A. 神学　B. 骑士七技　C. 六艺　D. 七艺

22. 近代社会,有些国家明确规定,宗教、政党不得干预学校教育。这反映了近代社会教育的( )

A. 国家化　B. 法制化　C. 多样化　D. 世俗化

23. 狭义的教育主要是指( ),是指教育者根据一定的社会要求,有目的、有计划、有组织地对受教育者的身心施加影响,促使他们朝着期望的方向发展变化的活动。

A. 品德教育　B. 文化教育　C. 学校教育　D. 家庭教育

24. 教科书、教学参考书等属于教育基本要素中的( )

A. 教育者　B. 受教育者　C. 教育媒介　D. 教育媒体

25. 子曰:"吾十有五而志于学,三十而立,四十而不惑,五十而知天命,六十而耳顺,七十而从心所欲,不逾矩。"这句话体现的教学思想是( )

A. 公平教育　B. 基础教育　C. 素质教育　D. 终身教育

26. 在我国西周时期,( )是专门为奴隶主贵族阶级设置的学校。

A. 乡学　B. 国学　C. 太学　D. 书院

27. "鸡娃内卷化"的背后,是整个教育大环境下父母的集体焦虑。父母打着"不让孩子输在起跑线

上”的旗号,想方设法让孩子上各种培训班。这种想法违背了教育的(　　)

A. 永恒性　　B. 生产性　　C. 长期性　　D. 继承性

28. “只有受过恰当的教育之后,人才能成为一个人。”这表明教育的本质是(　　)(常考)

A. 传递社会经验的活动　　B. 培养人的社会实践活动

C. 传递人类文化的活动　　D. 保存人类文明的活动

29. 认为教育起源于动物的本能活动,不仅在脊椎动物中存在教育,甚至在非脊椎动物中也存在教育。这种观点被称为(　　)

A. 神话起源论　　B. 心理起源论　　C. 生物起源论　　D. 劳动起源论

30. 1990 年联合国教科文组织在宗迪恩会议上提出:“每一个人,无论他是儿童、青年还是成人,都应能获益于旨在满足其基本学习需要的受教育机会。”这是提倡教育应具有(　　)

A. 全面性　　B. 全民性　　C. 基础性　　D. 义务性

31. 不同时期的教育表现出各自不同的特点。下列选项中,符合古代学校教育特点的是(　　)

A. 教育与生产劳动相融合　　B. 教育与生产劳动相结合

C. 教育与生产劳动相分离　　D. 教育与生产劳动相统一

32. “生活的磨难教育了我们”中的“教育”指的是(　　)

A. 正规教育　　B. 狭义的教育　　C. 形式化教育　　D. 广义的教育

33. “四书五经”是“四书”与“五经”的合称。四书之名始于宋朝,五经之名始于汉武帝,在中国的传统文化的诸多文学作品当中,占据着相当重要的位置,是历代儒客学子研学的核心书经。下列不属于“四书五经”的是(　　)

A.《大学》　　B.《中庸》　　C.《论语》　　D.《学记》

34. 春秋战国时期,(　　)的兴起,冲破了“学在官府”的限制。(常考)

A. 书院　　B. 私学　　C. 寺院　　D. 玄学

35. “以僧为师”“以吏(书)为师”是古代(　　)教育的一大特征。

A. 印度　　B. 中国　　C. 巴比伦　　D. 埃及

二、辨析题(每小题 8 分,参考时限 8 分钟。共 2 小题)

1. “教育”一词最早见于《论语》中的“得天下英才而教育之,三乐也”一句。

2. 教育对受教育者和社会的发展产生的都是正向功能。

三、简答题(每小题 10 分,参考时限 10 分钟。共 2 小题)

1. 简述原始社会的教育特征。

2. 简述 20 世纪后期教育改革和发展的特点。

专题二　教育学的产生与发展

链接答案本 P231

单项选择题(每小题 2 分,共 46 小题。参考时限 50 分钟)

1. 提出"人是唯一需要教育的动物",并且最早在大学开设教育学讲座的教育家是(　　)

A. 康德　　B. 卢梭　　C. 裴斯泰洛齐　　D. 夸美纽斯

2. 在西方,最早提出"教育遵循自然"的观点,主张按照儿童心理发展的规律对儿童进行分阶段教育的学者是(　　)(常考)

A. 苏格拉底　　B. 柏拉图　　C. 毕达哥拉斯　　D. 亚里士多德

3. 倡导"生活即教育""社会即学校""教学做合一"三大主张，被毛泽东称为"伟大的人民教育家"的是（　　）（易混）

A. 蔡元培　　B. 晏阳初　　C. 陶行知　　D. 陈鹤琴

4. 在资本主义迅速发展时期，为了批判当时占主导地位的古典学科，唤起人们对自然科学的热情，明确提出"什么知识最有价值"这一经典课程论命题的学者是（　　）

A. 夸美纽斯　　B. 斯宾塞　　C. 康德　　D. 杜威

5.《学记》的思想观点不包括（　　）

A. 古之王者，建国君民，教学为先

B. 教也者，长善而救其失者也

C. 蓬生麻中，不扶而直

D. 道而弗牵，强而弗抑，开而弗达

6. 我国的教育专著《学记》中提出的"大学之教也，时教必有正业，退息必有居学"体现了（　　）相结合的教育思想。（常考）

A. 游戏与学习

B. 课内与课外

C. 学习与思考

D. 学习与行动

7. "我们日常所见的人中，他们之所以或好或坏，或有用或无用，十分之九都是他们的教育所决定的。人类之所以千差万别，便是由于教育之故。"下列关于这段著名言论的提出者的说法正确的是（　　）（常考）

A. 提出了"白板说"

B. 批判绅士教育论

C. 认为人的观念是生来就有的

D. 著有《爱弥儿》一书

8. 在西方教育史上，第一个明确提出把教育提高到科学的水平，将教育科学建立在人的心理活动规律的基础上的是（　　）

A. 康德

B. 赫尔巴特

C. 裴斯泰洛齐

D. 卢梭

9. 下列教育著作中被誉为古代西方第一部教学法论著的是（　　）（易错）

A.《大教学论》

B.《雄辩术原理》

C.《课程与教学的基本原理》

D.《普通教育学》

10. 19 世纪末 20 世纪初，在欧美一些国家兴起的用自然科学的实验法研究儿童发展及其与教育的关系的理论是（　　）

A. 文化教育学

B. 实验教育学

C. 实用主义教育学

D. 制度教育学

11. 以伦理学和心理学作为其教育理论基础的教育家是（　　）

A. 赫尔巴特　　B. 裴斯泰洛齐　　C. 洛克　　D. 杜威

12.《学记》反对死记硬背,主张“要引导学生,但绝不能牵着学生的鼻子走”。下列选项中符合此观点的是(　　)

A. 博学于文　B. 开而弗达　C. 强而弗抑　D. 道而弗牵

13. 反映古希腊百科全书式的哲学家的教育思想的著作是(　　)

A.《民主主义与教育》　B.《政治学》

C.《理想国》　D.《大教学论》

14. 世界上第一部以马克思主义理论为指导的教育学专著是(　　)(常考)

A. 凯洛夫的《教育学》　B. 杨贤江的《新教育大纲》

C. 夸美纽斯的《大教学论》　D. 杜威的《民主主义与教育》

15. 认为学校教育的理想是培养全面和谐发展的人的教育家是(　　)

A. 亚里士多德　B. 苏霍姆林斯基

C. 保罗·朗格朗　D. 卢梭

16. 英国教育家斯宾塞的代表作是(　　)

A.《爱弥儿》　B.《人的教育》　C.《教育漫话》　D.《教育论》

17. 提出了“范例教学”主张的是(　　)

A. 布鲁纳　B. 赞可夫　C. 瓦·根舍因　D. 怀特海

18. 西方古代以其雄辩和与青年智者的问答法著名的教育家是(　　)

A. 苏格拉底　B. 柏拉图

C. 亚里士多德　D. 德谟克利特

19. 实用主义教育学是 19 世纪末 20 世纪初在美国兴起的一股教育思潮,对 20 世纪整个世界的教育理论研究和教育实践发展产生了极大的影响。下列观点与实用主义教育学观点不一致的是(　　)

A. 教育即生活　B. 教育即个人经验的增长

C. 学校的课程应以学生的经验为中心　D. 教育教学中以教师为中心

20.“虽有嘉肴,弗食不知其旨也;虽有至道,弗学不知其善也。是故学然后知不足,教然后知困。知不足然后能自反也,知困然后能自强也。”这句话所体现的教学原则是(　　)

A. 藏息相辅　B. 启发诱导　C. 教学相长　D. 长善救失

21. 赫尔巴特的(　　)是教育理论发展史上的里程碑,是近代教育理论走向科学的奠基石。

A.《大教学论》　B.《论演说家的培养》

C.《普通教育学》　D.《民主主义与教育》

22. 明确提出"教学永远具有教育性"的教育家是(　　)

A. 夸美纽斯　　B. 赫尔巴特　　C. 杜威　　D. 赞可夫

23. 以美国教育家杜威为代表的现代教育派倡导的"三中心"是(　　)(易混)

A. 儿童、教材、活动　　B. 教师、活动、经验

C. 儿童、活动、经验　　D. 教师、经验、教材

24. 我国最早提出启发式教学思想的教育家是(　　)

A. 荀子　　B. 孟子　　C. 孔子　　D. 墨子

25. 孔子认为"学而不思则罔,思而不学则殆",强调了(　　)的重要性。(常考)

A. 启发性教学　　B. 学思结合　　C. 因材施教　　D. 学用结合

26. 夸美纽斯是捷克伟大的民主主义教育家,是西方近代教育理论的奠基者。贯穿夸美纽斯整个教育体系的一条根本性指导原则是(　　)

A. 教育的系统性原则　　B. 教育的量力性原则

C. 教育适应自然原则　　D. 教育的巩固性原则

27. 在西方教育史上被誉为"科学教育学的奠基人",在世界教育史上被称为"教育科学之父""现代教育学之父"的教育家是(　　)(常考)

A. 裴斯泰洛齐　　B. 第斯多惠　　C. 卢梭　　D. 赫尔巴特

28. 某地理老师在单元教学结束时,给学生布置了"根据学习的地质年代表等资料,用自己的话描述地球的演化过程"的作业。根据布卢姆教学目标分类法,该目标在认知目标的分类中属于(　　)

A. 分析　　B. 理解　　C. 综合　　D. 应用

29. 把教育目的分为"可能的目的"和"必要的目的",主张教育的最高目的是道德和性格的完善的是(　　)

A. 杜威　　B. 赫尔巴特　　C. 夸美纽斯　　D. 卢梭

30. 与《民主主义与教育》《理想国》合称西方教育史的三大里程碑的是(　　)

A.《林哈德与葛笃德》　　B.《荷马史诗》

C.《大教学论》　　D.《爱弥儿》

31.《学记》中认为正课学习和课外练习必须兼顾、相互补充的教学原则是(　　)

A. 教学相长　　B. 豫时孙摩　　C. 兼陈中衡　　D. 藏息相辅

32. 认为人的心灵就像一块白板,教育者可以随心所欲地涂写与塑造的教育家是(　　)

A. 卢梭　　B. 洛克　　C. 苏格拉底　　D. 柏拉图

33. 被毛泽东誉为“学界泰斗,人世楷模”的是( )

A. 陶行知 B. 徐特立 C. 杨贤江 D. 蔡元培

34. 著作和思想被称为“活的教育学”的教育家是( )(易混)

A. 陶行知 B. 陈鹤琴 C. 苏霍姆林斯基 D. 马卡连柯

35. 赞可夫在《教学与发展》一书中提出了五条新的教学原则,不在此列的一条是( )

A. 高难度原则 B. 高速度原则

C. 理论知识起主导作用的原则 D. 循序渐进原则

36. 最早以马克思主义为基础探讨教育学问题的著作是( )(易错)

A. 克鲁普斯卡娅的《国民教育与民主主义教育》 B. 凯洛夫的《教育学》

C. 杨贤江的《新教育大纲》 D. 布卢姆的《教育过程》

37. 标志教育学作为一门独立的学科正式诞生的著作是( )(易错)

A.《学记》 B.《普通教育学》 C.《大教学论》 D.《教育漫话》

38. 教育名著《给教师的一百条建议》《把整个心灵献给孩子》的作者是苏联教育家( )

A. 马卡连柯 B. 赞可夫

C. 凯洛夫 D. 苏霍姆林斯基

39. 属于结构主义教育流派的教育学家是( )

A. 布鲁纳 B. 斯金纳 C. 赞可夫 D. 罗杰斯

40. 古希腊哲学家苏格拉底在教学中,用对话、提问来引导学生通过思考获得知识。这种方法被称为( )

A. 对话术 B. 产婆术 C. 辩论术 D. 智者法

41. 最早明确提出“教育性教学”的教育家是( )

A. 裴斯泰洛齐 B. 赫尔巴特 C. 夸美纽斯 D. 杜威

42. 下列关于瑞士教育家裴斯泰洛齐的说法,错误的是( )

A.《林哈德和葛笃德》是其代表性教育著作

B. 现代初等学校各科教学法的奠基人

C. 第一个明确提出“教育心理学化”口号和诉求的教育家

D. 把教学过程分为明了、联合、系统、方法四个阶段

43. 在教育史上注重科学文化、历史知识的掌握和逻辑思维能力的培养,认为获得知识的途径是亲知、闻知、说知的是( )(常考)

A. 道家 B. 墨家 C. 儒家 D. 法家

44. 主张绅士教育，并著有《教育漫话》的教育家是(　　)

A. 卢梭　　B. 杜威　　C. 比奈　　D. 洛克

45. 传统教育学派与现代教育学派是教育史上的两大对立学派，其代表人物分别是(　　)

A. 杜威和柏拉图　　B. 夸美纽斯和杜威

C. 夸美纽斯和赫尔巴特　　D. 赫尔巴特和杜威

46. 德国教育家赫尔巴特在《普通教育学》中提出的教学过程阶段是(　　)

A. 模仿、理论、联系　　B. 明了、联想、系统、方法

C. 困难、问题、假设、验证、结论　　D. 分析、综合、联想、系统、方法

专题三　教育与社会发展

链接答案本 P237

一、单项选择题(每小题 2 分，共 27 小题。参考时限 30 分钟)

1. 我国明代东林党领袖顾宪成创办东林书院，东林书院强调"风声雨声读书声声声入耳，家事国事天下事事事关心"。这在一定程度上反映了教育的(　　)

A. 政治功能　　B. 人口功能　　C. 经济功能　　D. 文化功能

2. 20 世纪 60 年代，美国学者提出了人力资本理论，认为教育(　　)(常考)

A. 是一种政治活动　　B. 不是一种消费活动

C. 不是一种投资活动　　D. 是一种投资活动

3. 14 世纪欧洲学校的课程有算数、几何、天文等，到 16 世纪增加了地理和力学，17 世纪又增加了代数、三角、物理和化学等。这说明对教学内容变化产生影响的是(　　)

A. 生产力　　B. 传统文化　　C. 上层建筑　　D. 政治经济制度

4. 我国政府在国外建立孔子学院，进行对外汉语教学等行为体现了教育能(　　)

A. 传递、保存文化　　B. 传播、交流文化　　C. 选择、提升文化　　D. 创造文化

5. 小周的家乡为某小县城，他在北京的某一流大学完成了本科、硕士、博士阶段的学业后，选择留在北京工作。这体现了教育在(　　)方面的作用。

A. 减少人口数量，控制人口增长　　B. 提高人口素质，改变人口质量

C. 促进人口结构趋向合理化　　D. 促进人口迁移

6. 马克思说："再生产科学所必要的劳动时间，同最初生产科学所需要的劳动时间是无法相比的，例如学生在一小时内就能学会二项式定理。"这说明教育具有(　　)(常考)

A. 政治功能　　B. 文化功能　　C. 经济功能　　D. 人口功能

7. 列宁说:“文盲是站在政治之外的,必须先教他们识字,不识字就不能有政治,不识字只能有流言蜚语、传闻偏见,而没有政治。”从此话可以看出( )

A. 教育是形成社会舆论、影响政治时局的重要力量

B. 教育通过提高全民文化素质,推动国家的民主政治建设

C. 教育通过政治造就人才,促进政治体制改革与完善

D. 教育通过传播一定的社会政治意识形态,完成青年一代的政治社会化

8. 唐朝“六学二馆”的入学要求反映了社会政治经济制度对教育的( )的影响。

A. 受教育权　　B. 领导权

C. 教育内容　　D. 体制

9. 教育和经济的关系,总的来说是( )

A. 经济决定教育,教育反作用于经济　　B. 教育决定经济,经济反作用于教育

C. 经济决定教育,教育对经济没有影响　　D. 教育决定经济,经济对教育没有影响

10. 蒸汽时代要求工人具有初等教育水平,电气生产时代要求工人具有中等教育水平,自动化时代要求工人具有高中和专科教育以上水平,这说明影响人才培养规格的因素是( )

A. 生产力　　B. 文化　　C. 上层建筑　　D. 政治经济制度

11. 为加强校园文化建设,一些学校开设了黄梅戏、徽剧、凤阳花鼓等反映传统文化的校本课程。这种做法主要体现了学校教育对文化的( )

A. 调节功能　　B. 评价功能

C. 传承功能　　D. 激励功能

12. 现代社会出现了古代社会所没有的工程、机电、航空之类的专业,这说明制约学校专业设置的因素是( )

A. 社会意识形态　　B. 社会政治制度

C. 生产力发展水平　　D. 本国文化历史传统

13. 对教育结构的变化具有制约作用的是( )

A. 科技结构　　B. 学科结构

C. 专业结构　　D. 生产力发展水平

14. 随着我国三孩政策的出台,有关部门指出要根据学龄人口高峰迁移做适当的师资储备。这是因为( )

A. 人口数量和增长速度对教育发展起着制约作用

B. 人口质量制约着教育的质量

C. 人口结构对教育发展起着制约作用

D. 教育对人口的再生产作用

15. 在中国历史上，为集中权力，统一思想，秦始皇焚书坑儒，汉武帝独尊儒术。这体现了（　　）（常考）

A. 政治经济制度决定受教育权　　B. 政治经济制度决定教育内容的取舍

C. 教育相对独立于一定社会的政治经济制度　　D. 教育与社会发展的不平衡性

16. 近年来，越来越多的“一带一路”沿线国家的留学生来我国学习，并把中国文化带回自己的祖国。这反映了教育具有（　　）

A. 文化传承功能　　B. 文化创造功能　　C. 文化更新功能　　D. 文化传播功能

17. “寒门出贵子”体现教育的（　　）

A. 生态功能　　B. 社会纵向流动功能

C. 经济功能　　D. 社会横向流动功能

18. 根据马克思主义关于生产力和生产关系、经济基础和上层建筑、阶级和国家的根本原理，生产力发展水平、经济制度的性质、国家政权的性质、社会意识形态的特点等对教育都有重大的影响。其中，决定教育性质的根本因素是（　　）

A. 政治经济制度　　B. 生产力发展水平　　C. 科学技术　　D. 制度文化

19. 班里有的学生特别向往能够被教师指定为班级里的小老师、值日生，而很多教师会通过这种方式锻炼学生的管理能力，从而初步培养合格的公民和社会治理人才。这主要体现出教育的（　　）

A. 政治功能　　B. 经济功能　　C. 文化功能　　D. 服务功能

20. 教育可以再生产人的劳动能力，可以增加劳动力价值，还可以改变人的劳动能力的性质和形态，使劳动能力具有专门性。通常来说，一个国家人口的受教育范围越广，受教育程度越高，国民的综合素质就越高，劳动生产率就越高。这种观点主要体现了（　　）

A. 教育的经济功能　　B. 教育的文化功能

C. 教育的政治功能　　D. 教育的社会功能

21. 教育的个体功能要转化成政治、经济功能，是通过提高人口素质来实现的。教育的人口功能体现为（　　）

A. 有助于人们树立新的社会价值观和婚育观，控制人口增长

B. 培养出政治经济制度所需要的人才

C. 有利于促进民主化进程

D. 有利于促进生产力发展

22. 对教育事业的发展速度、规模起决定作用的因素是（　　）（常考）

A. 决策者的观念　　B. 生产力发展水平　　C. 政治制度　　D. 社会需求

23. 现在越来越多的传统技艺经过开发走进了校园课堂，让更多的人了解了它们，也吸引了越来越多的人去系统地学习它们，这在很大程度上避免了传统技艺的消亡。这主要体现了教育的(　　)功能。

A. 政治　　B. 人口　　C. 文化　　D. 经济

24. 某老师在课堂上给学生讲要“爱护自然，爱护生命，节约资源”，这体现了教育的(　　)

A. 政治功能　　B. 文化功能　　C. 经济功能　　D. 生态功能

25. 亚当·斯密提出“为获得才能资本而受教育是一种投资”的观点，这是因为教育具有(　　)

A. 政治功能　　B. 文化功能　　C. 经济功能　　D. 人口功能

26. 某中学开展经典诵读活动时，对传统文化取其精华、去其糟粕。这说明教育对文化具有(　　)

A. 继承功能　　B. 传递功能　　C. 选择功能　　D. 创新功能

27. “古之王者，建国君民，教学为先”揭示了(　　)(常考)

A. 教育与政治的关系　　B. 教育与经济的关系

C. 教育与人口的关系　　D. 教育与文化的关系

二、辨析题(每小题 8 分，参考时限 8 分钟。共 3 小题)

1. 教育程度的提高客观上推迟了人们的初婚年龄和生育年龄，这体现了教育的经济功能。

2. 教育可以改变政治经济制度发展的方向。

3. 教育是文化传递和保存最为基本和最为有效的手段。

三、简答题(每小题 10 分,参考时限 10 分钟。共 4 小题)

1. 简述文化对教育的影响。

2. 生产力发展水平对教育的制约作用体现在哪些方面?

3. 简述教育的人口功能。

4. 简述社会政治经济制度对教育发展的影响和制约。

专题四　教育与人的发展

链接答案本 P240

一、单项选择题(每小题 2 分,共 39 小题。参考时限 40 分钟)

1. 下列不属于遗传决定论的是(　　)

A. 高尔顿的优生学　　B. 霍尔的复演说

C. 墨子的素丝说　　D. 格塞尔的成熟说

2. 同一课堂中,有的学生专心听讲,有的学生心不在焉,长此以往,学生之间的学习成绩有了很大差异。这主要体现了(　　)对人的发展的作用。

A. 遗传　　B. 学校环境

C. 社会环境　　D. 个体主观能动性

3. 把“基因复制”看作是决定人的一切行为的本质力量的是(　　)

A. 威尔逊　　B. 格塞尔　　C. 华生　　D. 洛克

4. 六岁是人类语言学习的一个敏感期,错过了将事倍功半,甚至无法弥补。这反映了个体身心发展具有(　　)(常考)

A. 阶段性　　B. 差异性

C. 不平衡性　　D. 顺序性

5. 有的人大器晚成,随着年龄的增长更加聪慧;而有的人则年少有为,从小就聪明伶俐。这实际上反映了人的发展具有(　　)

A. 顺序性　　B. 整体性

C. 阶段性　　D. 个别差异性

6. 人的身体发展遵循着从上到下、从中间到四肢(从中心向周围发展)、从骨骼到肌肉的顺序发展。这说明人的身心发展具有(　　)

A. 个别差异性　　B. 顺序性

C. 阶段性　　D. 不平衡性

7. 格塞尔的"双生子爬梯"实验证明了(　　)对人的发展有关键影响。

A. 个体主观能动性　　B. 生理成熟

C. 环境　　D. 教育

8. 遗传素质是人身心发展的(　　)

A. 主导因素　　B. 决定因素　　C. 物质前提　　D. 无关因素

9. 我国古代思想家董仲舒提出了"性三品说",他把人性由高到低分为圣人之性、中民之性、斗筲之性三等。其中,"圣人"是先知先觉者,无需教育;而"斗筲"之性不可移,教也无用。这种观点属于(　　)

A. 环境决定论　　B. 教育主导论

C. 遗传决定论　　D. 外因决定论

10. 在良好的环境中,有的人没有什么成就,甚至走向与环境所要求的相反的道路;在恶劣的环境中,有的人却"出淤泥而不染"。这种现象说明(　　)

A. 人的发展不受环境的影响

B. 人们接受环境的影响不是消极被动的,而是积极主动的实践过程

C. 好的环境不利于人的发展,坏的环境对人的发展有利

D. 人是环境的奴隶,个人发展是好是坏,完全由环境来决定

11. 因材施教的教育理念对当代教育提出了更高的要求,因材施教反映的是个人身心发展规律中的(　　)

A. 顺序性　　B. 阶段性　　C. 个别差异性　　D. 不平衡性

12. 小明原来所在的班级内不求上进的学生较多,这些学生的行为影响了小明的学习热情。小明妈妈为了能让孩子有个良好的学习环境,将小明转学到另一所学校中学风很好的班级,很快,小明的学习有了进步,成绩突飞猛进。该事例体现了(　　)在教育中的重要作用。

A. 遗传　　B. 家庭　　C. 环境　　D. 努力

13. 肯定先天遗传因素和后天环境对儿童发展的重要作用,而且二者的作用各不相同,且不能相互替代的理论是(　　)

A. 内发论　　B. 外铄论

C. 辐合论　　D. 多因素相互作用论

14. 下列不属于教育的个体个性化发展功能的主要表现的是(　　)

A. 教育能促进人的主体意识的形成　　B. 教育能促进个性差异的发展

C. 教育能促进人的个体价值的实现　　D. 教育能促进个体思想意识的社会化

15. “橘生淮南则为橘,生于淮北则为枳”反映了下列哪一因素对人的发展的影响( )

A. 遗传 B. 环境 C. 教育 D. 个人努力

16. 人的身心发展是由低级到高级、连续的、不可逆的过程。这反映出人的身心发展具有( )

A. 阶段性 B. 整体性 C. 顺序性 D. 差异性

17. 霍尔认为“一两的遗传胜过一吨的教育”,这是( )的观点。

A. 辐合论 B. 能动论 C. 内发论 D. 外铄论

18. 在外部条件大致相同的课堂教学中,每个学生学习的需要和动机不同,对教学的态度和行为也各式各样。这反映了( )因素对学生身心发展的影响。

A. 遗传素质 B. 家庭背景

C. 社会环境 D. 个体主观能动性

19. 把教育隐喻为“园艺”,把学生比作“祖国的花朵”,称教师为“园丁”。持这种观点的人在人的身心发展影响因素问题上倾向于( )

A. 遗传决定论 B. 成熟论

C. 内外因交互作用论 D. 环境决定论

20. 天赋优异的儿童比较容易成才,而存在智力缺陷的儿童教育起来就比较困难。这说明( )

A. 遗传素质可以决定人的发展过程

B. 遗传素质的个别差异是人的身心发展的个别差异的原因之一

C. 遗传素质的成熟机制制约着人的身心发展的水平及阶段

D. 遗传素质决定人的命运

21. 个体主观能动性从活动水平看分为三个层次,最高层次是( )

A. 生理活动 B. 心理活动

C. 思考活动 D. 社会实践活动

22. 不顾学生的年龄特征,在教育教学中搞“齐步走”,违背了个体身心发展的( )

A. 顺序性 B. 整体性 C. 阶段性 D. 互补性

23. 我国历史上著名的大思想家王阳明 5 岁还不能开口说话,却能默背祖父的众多藏书。这说明( )

A. 人的发展具有阶段性 B. 人的发展具有不均衡性

C. 人的发展具有顺序性 D. 人的发展具有整体性

24. 有的人记忆力强,有的人感知力强,有的人语言表达能力强,有的人写作能力强。这说明人的发展具有( )

A. 顺序性 B. 阶段性 C. 不平衡性 D. 个别差异性

25.“返老还童”的字面意思是个体由衰老恢复青春，这明显违背了个体身心发展的(　　)

A. 顺序性　　B. 阶段性　　C. 不均衡性　　D. 个体差异性

26.“同流而不合污”“威武不能屈”等反映出(　　)在个体发展中的作用。(常考)

A. 遗传素质　　B. 社会环境　　C. 主观能动性　　D. 教育

27. 教育家苏霍姆林斯基在他曾经担任校长的帕夫雷什中学创立了几十个兴趣小组，以供不同学生选择。这反映了教育必须适应人身心发展的哪一个特点(　　)

A. 顺序性　　B. 稳定性

C. 可变性　　D. 个别差异性

28. 下列选项中，属于外铄论的代表人物的是(　　)

A. 威尔逊、华生　　B. 孟子、霍尔

C. 荀子、洛克　　D. 高尔顿、格塞尔

29. 在个体的发展中，有的能力在较早的年龄阶段已经达到较高的发展水平，有的能力则要到较晚的年龄阶段才能达到较为成熟的水平。这反映了个体身心发展的(　　)(常考)

A. 同一方面发展不同速　　B. 互补性

C. 差异性　　D. 不同方面发展不同步

30. 教育要适应人的发展的个别差异性规律，应该做到(　　)

A. 因材施教　　B. 循序渐进　　C. 教学相长　　D. 防微杜渐

31. 个体身心发展包括________和________两方面的发展。(　　)

A. 身体　心理　　B. 智力因素　非智力因素

C. 人格　能力　　D. 个体社会化　个体个性化

32. 对于童年期的学生，在教学内容上应多讲一些比较具体的、浅显的知识，在教学方式上应多采用直观教具。这体现了教育要适应儿童身心发展的(　　)

A. 稳定性　　B. 阶段性　　C. 不平衡性　　D. 个别差异性

33.(　　)是促进个体发展从潜在的可能状态转向现实状态的决定性因素。

A. 遗传素质　　B. 教育

C. 个体主观能动性　　D. 环境

34. 小谷虽然在体育运动中已经达到较高的发展水平了，但是如果让他背诵课文，他却怎么也背不出来，这表明人的身心发展具有(　　)

A. 顺序性　　B. 整体性　　C. 个别差异性　　D. 不平衡性

35. 车胤囊萤、孙康映雪、孙敬头悬梁、苏秦锥刺股的历史故事充分体现了(　　)因素在人身心发

展中的作用。

A. 遗传　　B. 环境

C. 学校教育　　D. 个体主观能动性

36. 教学要促进学生的一般发展，注意做到认知因素与非认知因素、意识与潜意识、科学与艺术的统一。这体现了学生身心发展的(　　)规律。

A. 顺序性　　B. 稳定性　　C. 不均衡性　　D. 整体性

37. 王老师发现有的学生爱唱歌，就引导他们参加歌唱比赛；有的学生爱打球，就让他们写“我的打球体验日记”。王老师的做法遵循了学生在发展过程中的(　　)

A. 阶段性　　B. 不平衡性　　C. 顺序性　　D. 个体差异性

38. 康德认为：“人只有靠教育才能成为人，人完全是教育的结果。”这属于(　　)的观点。

A. 遗传决定论　　B. 环境决定论　　C. 教育万能论　　D. 辐合论

39. 马克思说：“搬运工和哲学家之间的原始差别要比家犬和猎犬之间的差别小得多，他们之间的鸿沟是分工造成的。”这句话表明遗传素质(　　)(常考)

A. 对人的发展不起作用　　B. 决定人的发展

C. 仅为人的发展提供可能性　　D. 具有个别差异性

二、辨析题(每小题 8 分，参考时限 8 分钟。共 2 小题)

1. 为适应个体发展的顺序性，教育应遵循循序渐进的教学原则。

2. 只要教育得法，人人都可以成为歌唱家、科学家、诗人。

三、简答题（每小题 10 分，参考时限 10 分钟。共 2 小题）

1. 简述个体身心发展的个别差异性的具体表现。

2. 简述遗传素质在人的身心发展中的作用。

专题五　教育目的

链接答案本 P245

一、单项选择题（每小题 2 分，共 32 小题。参考时限 35 分钟）

1. 凯兴斯泰纳认为，国家的教育制度只有一个目标，那就是造就公民。从教育目的的价值取向看，该观点属于（　　）（常考）

A. 个人本位论　　B. 社会本位论

C. 宗教本位论　　D. 教育无目的论

2. 引导学生掌握劳动技术知识和技能，形成劳动观点和习惯的教育是（　　）

A. 劳动技术教育　　B. 体育

C. 社会公益劳动　　D. 美育

3. 下列选项中，属于个人本位论的代表人物的是（　　）

A. 斯宾塞和裴斯泰洛齐　　B. 卢梭和裴斯泰洛齐

C. 夸美纽斯和涂尔干　　D. 卢梭和涂尔干

4. 我国全面发展教育中起保证方向和保持动力作用的是( )

A. 德育 B. 劳动技术教育 C. 体育 D. 智育

5. 衡量教育好坏的最高标准是看教育能否为社会稳定和发展服务，能否促进社会的存在和发展。持有这种观点的是( )(常考)

A. 神学教育目的论 B. 社会本位论

C. 教育无目的论 D. 个人本位论

6. 美育最高层次的任务是培养学生( )的能力。

A. 发现美 B. 鉴赏美 C. 创造美 D. 感受美

7. 马克思认为( )是导致人的片面发展的根本原因。

A. 社会分工 B. 经济基础 C. 先天遗传 D. 后天环境

8. “教育的主要目的，在最广泛的意义上就是‘塑造人’，或者更确切地说，帮助儿童成为充分成型和完美无缺的人。其他目的如传递特定文明区域的文化遗产，为参与社会生活和成为优良的公民做好准备，以及履行整个社会的特定职能，完成家庭责任和谋生所需要的精神准备，乃是一些推论，它们是重要的，但属于第二位的目的。”这段话体现的观点属于( )

A. 个人本位论 B. 社会本位论 C. 教育无目的论 D. 教师中心论

9. 教育目的包含三个层次，其中最为具体化的是( )

A. 教学计划 B. 教育目的 C. 培养目标 D. 教学目标

10. 我国的教育目的较好地体现了( )

A. 个人本位与社会本位的统一 B. 个人本位论

C. 社会本位论 D. 教育万能论

11. 海伦·凯勒曾说：“如果我是大学的校长，我要设定一门‘如何使用你的眼睛’的必修课，致力于让学生善于发现生活中被忽视的欢乐。”这体现了( )的重要性。

A. 德育 B. 美育 C. 智育 D. 体育

12. 智育的根本任务是( )

A. 发展学生的智力 B. 培养学生的自主性

C. 增强学生的竞争意识 D. 完善学生的人格

13. 五育中，为实现学生全面发展提供物质保证的是( )

A. 德育 B. 智育

C. 体育 D. 美育

14. “教育在于使青年社会化——在我们每一个人之中造成一个社会的我，这便是教育的目的。”这句话体现的教育目的观是( )(常考)

A. 个人本位论 B. 文化本位论 C. 社会本位论 D. 科学本位论

15. 美国社会追求“民主、平等”，其民主主义的教育目的包括自我实现、人际关系、经济效率和公民责任；而苏联学校教育的基本目的是培养全面发展的人，培养共产主义社会的积极建设者。这表明( )

A. 教育目的受制于政治、经济和科学文化的发展水平

B. 教育目的是社会的历史性与时代性的动态结合

C. 教育目的随着人类社会的发展而发展

D. 教育目的表明个人价值高于社会价值

16. 教育应当根据儿童的身心发展规律和兴趣需要去促进其生长与发展，从而在此基础上建立民主的理想国家和社会。这一观点体现的是( )

A. 个人本位论　B. 社会本位论　C. 文化本位论　D. 生活本位论

17. 教育目的所要回答的根本问题是( )

A. 教育的方向　B. 教育为谁服务

C. 教育要培养什么样的人　D. 教育怎样培养人

18. 下列关于教育目的与培养目标之间的关系，说法正确的是( )

A. 教育目的与培养目标在本质上指的是同一概念

B. 教育目的与培养目标毫无联系，是两个完全不同的概念

C. 教育目的与培养目标之间的关系是量变和质变的关系

D. 教育目的与培养目标之间的关系是普遍与特殊的关系

19. 美国著名心理学家马斯洛提出需要层次理论，强调发展人的潜能；罗杰斯提出非指导性教学，强调师生之间形成一种良好的、民主的伙伴关系。从教育目的的价值取向上来说，他们的理论属于( )

A. 个人本位论　B. 社会本位论

C. 教育适应生活论　D. 教育准备生活论

20. 明确规定受教育者的培养质量和规格标准的是( )

A. 教学设计　B. 课程目标　C. 教育目的　D. 教学目标

21. 在《老王》一课中，王老师要求学生在悲伤的配乐中去朗读指定段落的文字，体会老王临死前的生命状态，体会作者对老王这样的底层人民深深的怜悯和同情，并用一段赏析文字简要传达文章独具魅力的写作特色。上述要求属于( )

A. 教学方法　B. 教学目标　C. 教学过程　D. 教学机智

22. 教育目的和教育方针的关系是( )

A. 教育目的就是教育方针

B. 教育目的包括教育方针

C. 教育方针包括教育目的

D. 教育方针属于教育政策范畴，教育目的属于教育理论范畴，二者没有直接联系

23. 柏拉图在其著作《理想国》中指出，公民教育的目的是培养德才兼备的具有理性的人，维护城邦稳定有序。这一观点体现的教育目的的价值取向是（　　）

A. 宗教本位论　　B. 个人本位论　　C. 社会本位论　　D. 文化本位论

24. （　　）既包含"为谁培养人""培养什么样的人"的问题，也包含"怎样培养人"的问题和教育事业发展的基本原则。（易错）

A. 教育目的　　B. 教育方针　　C. 教育制度　　D. 教育法规

25. 国家把受教育者培养成什么样人才的总要求，即（　　）

A. 教学目标　　B. 教育目的　　C. 教学目的　　D. 培养目标

26. （　　）认为教育目的是由社会需要决定的。

A. 孟子　　B. 裴斯泰洛齐　　C. 涂尔干　　D. 卢梭

27. "君子如欲化民成俗，其必由学乎……""古之王者，建国君民，教学为先"体现的教育目的观为（　　）（常考）

A. 教育无目的论　　B. 科学本位论

C. 社会本位论　　D. 个人本位论

28. 在教育目的的问题上，实用主义教育流派的代表人物杜威所持的观点是（　　）

A. 个人本位论　　B. 社会本位论

C. 教育无目的论　　D. 国家利益论

29. 学习"昆虫的种类"这节课时，老师要求学生能准确识别昆虫，这种要求属于教育目的层次中的（　　）

A. 教育目的　　B. 培养目标　　C. 课程目标　　D. 教学目标

30. 董仲舒在《春秋繁露》中讲到"教，政之本也。"他所指的"教"是道德教化，范围很广，但也包括教育，认为教育应当服务于政治。这体现出董仲舒对教育目的的看法属于（　　）

A. 能力本位论　　B. 社会本位论　　C. 知识本位论　　D. 个人本位论

31. 具有强烈的人道主义特色，全盛时期出现在 18 ~ 19 世纪，突出人的本性需要和自由发展，反对神学等观点属于（　　）的认识。

A. 精神本位论　　B. 社会本位论　　C. 神学本位论　　D. 个人本位论

32. 教育目的是各级各类学校遵循的总要求，但各级各类学校应有各自的具体工作方针和培养目标，这就决定了教育目的具有层次性，其中（　　）居于第二个层次。

A. 国家的教育目的　　B. 各级各类学校的培养目标

C. 学校的课程目标　　D. 教师的教学目标

二、辨析题（每小题 8 分，参考时限 8 分钟。共 4 小题）

1. 我国现行教育目的体现的价值取向是社会本位的教育目的论。

2. 教育目的是国家制定的，与教师平时的教学没有直接的联系。

3. 教育方针是评价教育效果的根本依据。

4. 教育目的对整个教育活动起指导性作用。

三、简答题(每小题 10 分,参考时限 10 分钟。共 4 小题)

1. 简述确立教育目的的依据。

2. 智育的任务有哪些?

3. 简述德育的基本任务。

4. 马克思主义关于人的全面发展学说的主要内容包括什么?

四、材料分析题(每小题18分,参考时限20分钟。共1小题)

材料:

有一所学校,从一年级开始抓分数,把学生考分作为评定三好学生的唯一标准,把各种平均分数作为评定各科教师教育质量的全部依据。学校不开设体育、音乐、美术课,也很少进行思想品德教育,几乎所有时间都用来上语文、数学课。在这种情况下,学生体质普遍下降、近视率增高,学生不知五线谱为何物,更没有画过什么儿童画。虽然有不少学生的语文、数学成绩较好,但多数学生成绩平平,没有学习的兴趣和信心,更谈不上有什么业余爱好。

问题:这所学校的做法符合我国的教育方针吗?请简要分析并阐述理由。

专题六　教育制度

链接答案本 P250

一、单项选择题(每小题2分,共22小题。参考时限25分钟)

1. 义务教育的(　　)是我国义务教育的基本性质。

A. 强制性　　B. 公益性　　C. 普及性　　D. 基础性

2. 允许智力超常的学生跳级、设立特殊学校与特殊班,这些说明学制的制定受(　　)

A. 社会政治经济制度的影响　　B. 人口的影响

C. 人的身心发展规律的影响　　D. 文化的影响

3. 从层次结构上来看,我国现行学校教育包括学前教育、初等教育、中等教育和(　　)

A. 职业技术教育　　B. 成人教育　　C. 特殊教育　　D. 高等教育

4. 我国1922年颁布的“壬戌学制”实行的是(　　)

A. 四四四制　　B. 五四三制　　C. 六三三制　　D. 八四制

5. 一直沿用到全国解放初期的现代学制是(　　)

A. 癸卯学制　　B. 壬寅学制

C. 壬子癸丑学制　　D. 壬戌学制

6. 我国近代第一个正式实施的学制是(　　)(常考)

A. 癸卯学制　　B. 壬寅学制　　C. 壬子癸丑学制　　D. 壬戌学制

7. 宗旨是“以忠孝为本,以中国经史之学为基。俾学生心术壹归于纯正,而后以西学瀹其智识、练其艺能,务期他日成材,各适实用”的学制是(　　)

A. 癸卯学制　　B. 壬寅学制　　C. 壬子癸丑学制　　D. 壬戌学制

8. 有一种学制最早产生于美国,因为它有利于教育的逐级普及,有利于现代生产和现代科技的发展而被世界许多国家采用。这种学制是(　　)

A. 单轨制　　B. 双轨制

C. 分支型学制　　D. 六三三学制

9. 规定各级各类学校性质、任务、入学条件、修业年限以及它们之间的关系的是(　　)

A. 学校教育制度　　B. 学校文化制度　　C. 课程管理制度　　D. 教学管理制度

10. 从类型结构上来看,我国现行学校教育可划分为职业技术教育、高等教育、成人教育、(　　)五个大类。

A. 基础教育和特殊教育　　B. 基础教育和继续教育

C. 初等教育和继续教育　　D. 初等教育和特殊教育

11. 明显反映了资产阶级在学制方面的要求,并在法律上体现了教育机会均等且第一次规定了男女同校的学制是(　　)(常考)

A. 壬戌学制　　B. 壬寅学制

C. 壬子癸丑学制　　D. 癸卯学制

12. 清朝末年推行“废科举,兴学校”的举措,开始以日本学制为蓝本建立现代学制。由张百熙起草,国家正式颁布但未实行的现代学制是(　　)

A. 癸卯学制　　B. 壬寅学制

C. 壬子癸丑学制　　D. 壬戌学制

13. “上通(高等学校)下达(初等学校),左(中等专业学校)右(中等职业技术学校)畅通”这是(　　)的优点和特点。(易混)

A. 单轨学制　　B. 双轨学制

C. 分支型学制　　D. 六三三学制

14. 世界各国基础教育学校在入学年龄、中小学分段等方面的规定中具有较高的一致性。这说明影响学制建立的主要因素是(　　)

A. 生产力发展水平　　B. 政治制度

C. 经济发展水平　　D. 儿童身心发展规律

15. 教育有广义和狭义之分。狭义的教育制度是指(　　)

A. 国民教育制度　　B. 素质教育制度　　C. 私立教育制度　　D. 学校教育制度

16. 苏联的学制类型为(　　)

A. 单轨学制　　B. 中间型学制　　C. 双轨学制　　D. 多轨学制

17. 教育制度的(　　)主要表现为:入学条件和各级各类学校培养目标的日益标准化。

A. 客观性　　B. 规范性　　C. 历史性　　D. 强制性

18. 我国教育史上第一个具有资本主义性质的学制是(　　)(易混)

A. 癸卯学制　　B. 壬寅学制　　C. 壬戌学制　　D. 壬子癸丑学制

19. 明显体现张之洞“中学为体,西学为用”思想的学制是(　　)

A. 癸卯学制　　B. 壬子癸丑学制　　C. 壬戌学制　　D. 1951 年学制

20. 中国近代教育走向制度化、法制化阶段的标志是(　　)(常考)

A. 京师同文馆的设立　　B. 京师大学堂的创设

C. 癸卯学制的颁布施行　　D. 壬子癸丑学制的颁布施行

21. 我国近代制度化教育兴起的标志是(　　)

A. 京师大学堂的成立　　B. 洋务运动的推行

C. 学校教育系统的形成　　D. 废科举,兴学堂

22. 我国现行学制的类型是(　　)

A. 分支型学制　　B. 多轨学制　　C. 双轨学制　　D. 单轨学制

二、辨析题(每小题 8 分,参考时限 8 分钟。共 1 小题)

义务教育是为高一级学校输送优质生源的教育。

三、简答题(每小题 10 分,参考时限 10 分钟。共 1 小题)

简述当代发达国家学校教育制度改革的主要趋势。

专题七　常用的教育研究方法

链接答案本 P253

单项选择题(每小题 2 分,共 10 小题。参考时限 10 分钟)

1. 教育行动研究的最后一个环节是(　　)

A. 问题　　B. 计划　　C. 行动　　D. 反思

2. 教育研究活动的起始环节是(　　)

A. 收集资料　　B. 选择课题　　C. 提出假设　　D. 制订方案

3. 在比较讲授法和讨论法的教学效果时,教师分别选用两个班级,一班采用讲授法,另一班采用讨论法,两班学生在智力、学业基础等方面尽量保持均衡,期末时测量其成绩差异。这种教育研究方法属于(　　)

A. 教育观察法　　B. 教育实验法　　C. 教育叙事法　　D. 教育调查法

4. 各类研究中唯一能确定因果关系的是(　　)

A. 观察研究　　B. 行动研究

C. 实验研究　　D. 个案研究

5. 常用的调查方法中,最基本、使用最广泛的方法是(　　)

A. 调查表法　　B. 文献法　　C. 问卷法　　D. 访谈法

6. 李老师发现了教学中的某一问题并对其描述,继而形成解决计划并实施,随后搜集数据和材料以分析计划的有效性,最后把结果应用于处理后续课堂中出现的类似问题。这种研究的方法是(　　)

A. 叙事研究　　B. 行动研究　　C. 文献研究　　D. 实验研究

7. 观察研究法是指人们有目的、有计划地通过感官和辅助仪器,对处于(　　)下的客观事物进行系统考察,从而获取经验事实的一种科学研究方法。

A. 实验室条件　　B. 自然状态

C. 人为控制　　D. 自然状态或实验室

8. 根据观察时是否借助仪器设备,观察可分为(　　)

A. 直接观察与间接观察　　B. 参与观察与非参与观察

C. 自然观察与实验观察　　D. 结构性观察与非结构性观察

9. 采用问卷、访谈等方式收集有关资料,进行分析研究的教育研究方法是(　　)

A. 调查研究法　　B. 个案研究法

C. 观察研究法　　D. 实验研究法

10. 查阅文献资料最快捷的方法是(　　)

A. 图书　　B. 网络检索　　C. 索引　　D. 报纸

第二章　中学课程

刷考点

链接答案本 P255

- 中学课程
  - 课程与课程理论
    - 课程的内涵★
    - 主要课程理论流派★
      - 学科中心课程理论
      - 活动中心课程理论★
      - 社会中心课程理论
  - 课程类型
    - ①________、综合课程与活动课程★★★
    - 必修课程与选修课程
    - 国家课程、②________与③________★★
    - 显性课程与④________★
  - 课程开发
    - 课程开发的内涵★
    - 课程目标
      - 课程目标的内涵
      - 确定课程目标的依据
    - 课程内容
      - 制约课程内容选择的因素★
        - 社会因素
        - 受教育者身心发展的规律
        - 科学文化知识
      - 课程的文本形式★★
        - 课程计划
        - ⑤________
        - ⑥________
      - 课程内容的组织形式
        - 直线式与⑦________★
        - ⑧________与横向组织
        - 逻辑顺序与⑨________
    - 课程实施与评价
    - 影响课程开发的主要因素
      - ⑩________
      - 社会需求
      - 学科特征
  - 基础教育课程改革
    - 基础教育课程改革的理念
    - 基础教育课程改革的目标
      - 基础教育课程改革的总目标
      - 基础教育课程改革的具体目标★★★
    - 基础教育课程改革的内容
      - 重建⑪________★★★
      - 制定国家课程标准
      - 改善课程实施(教学)过程
      - 规范教材的开发与管理
      - 建立⑫________评价体系
      - 实行⑬________课程管理政策
    - 基础教育课程改革的基本实施状况

刷真题

链接答案本 P255

一、单项选择题(每小题 2 分,共 13 小题。参考时限 15 分钟)

1. [2023 上半年]2001 年以来,我国基础教育课程改革要求对九年制义务教育课程设置实行(　　)

A. 六三分段　　B. 五四分段　　C. 四二三分段　　D. 九年一贯

2. [2022 下半年]某中学地处"杂技之乡",在专家指导下开设了初级杂技课程,这种课程属于(　　)

A. 国家课程　　B. 地方课程　　C. 校本课程　　D. 潜在课程

3. [2022 上半年]目前,我国中学实行的课程管理体制是(　　)

A. 国家统一管理　　B. 地方与学校共同管理

C. 学校自主管理　　D. 国家、地方与学校三级共同管理

4. [2021 上半年]美国实用主义教育家杜威所倡导的课程理论是(　　)(易错)

A. 学科课程论　　B. 活动课程论

C. 要素主义课程论　　D. 永恒主义课程论

5. [2020 下半年]要充分发挥课程在学校教育中的作用,就必须编制好三个文本。这三个文本是(　　)

A. 课程计划、课程标准、课程内容　　B. 课程计划、课程标准、教科书

C. 课程方案、课程标准、课程内容　　D. 课程方案、课程实施、课程评价

6. [2019 下半年]我国古代教育内容中的"六艺"、欧洲古代教育内容中的"七艺"和工业革命以后出现的物理、化学等课程属于(　　)

A. 学科课程　　B. 活动课程　　C. 综合课程　　D. 融合课程

7. [2019 上半年]我国《基础教育课程改革纲要(试行)》规定,在课程设置上,高中阶段(　　)

A. 以综合课程为主　　B. 以分科课程为主

C. 以实践活动课程为主　　D. 设置分科与综合相结合的课程

8.［2018 上半年］以一定的课程观为指导,制定课程标准、选择和组织课程内容、预设学习活动方式的活动是( )

A. 课程评价 B. 课程实施 C. 课程组织 D. 课程设计

9.［2017 下半年］在一定课程理论指导下,依据培养目标和课程方案,以纲要形式编制的关于教学科目内容、教学实施建议以及课程资源开发等方面的指导性文件是( )(易混)

A. 课程计划 B. 课程标准 C. 教学方案 D. 教学指南

10.［2017 上半年］学生在小学数学课程中通过测量或拼图学习三角形的内角和为 180 度,在中学数学课程中通过证明学习三角形的内角和为 180 度。这种课程内容的组织形式是( )

A. 直线式 B. 螺旋式 C. 纵向式 D. 横线式

11.［2017 上半年］某沿海城市在义务教育阶段的学校全面开设海洋教育课程,这种课程属于( )

A. 国家课程 B. 地方课程 C. 校本课程 D. 生本课程

12.［2016 下半年］围绕着学生的需要和兴趣、以活动为组织形式的课程类型属于( )

A. 学科课程 B. 经验课程 C. 综合课程 D. 融合课程

13.［2016 上半年］校风、教风和学风是学校文化的重要构成部分,就课程类型而言,它们属于( )

A. 学科课程 B. 活动课程 C. 显性课程 D. 隐性课程

二、辨析题(每小题 8 分,参考时限 8 分钟。共 1 小题)

［2019 下半年］教材编写的直接依据是课程计划。

三、简答题(每小题 10 分,参考时限 10 分钟。共 3 小题)

1.［2022 上半年］简述制约课程内容选择的因素。

2.［2017 下半年］简述综合实践活动的主要领域。

3.［2016 下半年］简述活动课程的特点。

刷专题

专题一 课程与课程理论

链接答案本 P258

一、单项选择题（每小题 2 分，共 9 小题。参考时限 10 分钟）

1. 中小学课程不管过去、现在、未来都应是“不变的学问”，因此，学习者要认真地阅读那些经历了许多世纪仍广泛流传的经典著作。这种观点属于课程理论流派中的（ ）

A. 经验主义 B. 后现代主义 C. 永恒主义 D. 结构主义

2.“课程”一词在我国始见于（ ）

A. 唐宋时期 B. 春秋时期 C. 明清时期 D. 元朝时期

3.“无论选择何种学科，都务必使学生理解该学科的基本结构。”依此而建立的课程理论是（ ）

A. 活动中心课程理论 B. 综合课程理论

C. 实用主义课程理论 D. 结构主义课程理论

4. 在西方教育史上,最早提出“课程”一词的思想家是( )

A. 夸美纽斯 B. 卢梭 C. 赫尔巴特 D. 斯宾塞

5. 主张课程内容的组织以儿童活动为中心,提倡“做中学”的课程理论是( )

A. 学科中心课程理论 B. 活动中心课程理论

C. 社会中心课程理论 D. 要素主义课程理论

6. 制约课程内容选择的三大因素是( )

A. 社会、知识、学生

B. 政治、经济、文化

C. 教育目的、教育理论、课程理论

D. 社会制度、生产力发展水平、课程理论

7. 我国的课程概念有广义和狭义之分,广义的课程指学生在校期间的所学内容的总和及进程安排,狭义的课程特指( )

A. 主要学科 B. 各门学科

C. 某专业学科 D. 某一门学科

8. ( )对于“课程”的定义主要是指“功课及其进程”,这与现在人们对课程的理解有相似之处。

A. 孔子 B. 朱熹 C. 王夫之 D. 曾国藩

9. 强调课程应该围绕当代重大的社会问题来组织,帮助学生在社会方面得到发展。这种课程理论是( )

A. 经验主义课程理论 B. 结构主义课程理论

C. 社会改造主义课程理论 D. 永恒主义课程理论

二、简答题(每小题 10 分,参考时限 10 分钟。共 1 小题)

简述杜威倡导的学生中心课程理论的基本主张。

专题二　课程类型

链接答案本 P259

一、单项选择题(每小题 2 分,共 17 小题。参考时限 20 分钟)

1. 学生们可以从政治的、经济的、地理的和历史的角度探讨英国与欧盟关系的问题,这种课程类型属于(　　)

A. 学科课程　B. 经验课程　C. 分科课程　D. 综合课程

2. 社会研究课综合了历史、地理、经济学、社会学、政治学、法学、人类学等有关学科内容。其课程类型是(　　)

A. 融合课程　B. 广域课程　C. 核心课程　D. 相关课程

3. 至今仍是世界绝大多数国家学校中最主要、最常用的一种课程类型是(　　)

A. 核心课程　B. 综合课程　C. 学科课程　D. 活动课程

4. 把若干相邻的学科内容加以筛选、充实后按照新的体系合而为一的课程是(　　)(常考)

A. 学科课程　B. 分科课程　C. 综合课程　D. 活动课程

5. "校徽"是学校文化的重要组成部分,是体现学校特色、凝聚人心、振奋精神的载体,包括"校徽"这类教育内容的课程属于(　　)

A. 隐性课程　B. 显性课程　C. 综合课程　D. 相关课程

6. A 市为满足本市人才培养与学生发展的具体实际需要和体现本土特色,安排市教研室组织人员编写了《我在 A 市》《我爱 A 市》《我与 A 市》三套充分体现了 A 市的经济和社会发展的教材,并面向全市学生开设了一门以这三套教材为主的课程。这门课程在类型上属于(　　)

A. 国家课程　B. 地方课程　C. 校本课程　D. 生本课程

7. 某学校为传承中华国粹,培养学生自强不息的精神,磨砺坚韧意志,决定开设武术课。该课程属于(　　)(常考)

A. 校本课程　B. 地方课程　C. 国家课程　D. 学科课程

8. 杜威根据儿童兴趣,在学校中开设的烹饪、金工、木工等多种课程是(　　)的具体体现。

A. 选修课程　B. 经验课程　C. 国家课程　D. 学科课程

9. 课程的特点在于动手"做",在于手脑并用,以获得直接经验。这种课程类型是(　　)

A. 学科课程　B. 活动课程　C. 隐性课程　D. 显性课程

10. 学校人际关系状况,师生特有的心态、行为方式等属于(　　)

A. 显性课程　B. 活动课程　C. 隐性课程　D. 学科课程

11. 为发展学生的兴趣、爱好和特长而开设的、可供学生自由选择的课程是(　　)

A. 综合课程　　B. 选修课程　　C. 学科课程　　D. 活动课程

12. 地方课程的制定主体是(　　)

A. 学校　　B. 市级教育行政部门

C. 省级教育行政部门　　D. 国家教育行政部门

13. 学者们一般认为,(　　)既指所有学生都要学习的一部分学科或学科内容,如美国的科学、数学和外语,英国的科学、数学和英语,中国的语文、数学和外语;也指对学生有直接意义的学习内容。

A. 综合课程　　B. 显性课程　　C. 国家课程　　D. 核心课程

14. 课程有不同的分类标准,从课程存在状态的角度来划分,课程可分为(　　)

A. 国家课程和地方课程　　B. 必修课程和选修课程

C. 显性课程和隐性课程　　D. 学科课程和活动课程

15. 经验课程的主导价值在于(　　)

A. 使学生获得关于现实世界的直接经验和真切感受

B. 传承人类文明,让学生掌握人类积累下来的文化遗产

C. 培养和发展学生的共性

D. 促进学生认知的整体性发展,并形成全面解决问题的视野和方法

16. 某农村学校因地制宜,开设了粮食画、树叶画、麦秆画、泥塑、草编、根雕等课程。学生可以根据自己的兴趣爱好,在课外时间自由选择学习。从课程类型来看,该学校开设的这些课程属于(　　)

A. 地方课程　　B. 校本课程　　C. 学科课程　　D. 国家课程

17. 在为学生讲解"力的相互作用"时,物理老师根据学生的兴趣和需要,设计了几个有趣的小实验,并让学生在实验探索中学习力的知识。按课程内容的固有属性来分,这类课程属于(　　)

A. 综合课程　　B. 活动课程　　C. 校本课程　　D. 显性课程

二、简答题(每小题 10 分,参考时限 10 分钟。共 3 小题)

1. 简述学科课程的主要特征。

2. 简要回答综合课程的优缺点。

3. 与显性课程相比，隐性课程有哪些特点？

专题三　课程开发

链接答案本 P262

一、单项选择题（每小题 2 分，共 16 小题。参考时限 20 分钟）

1. 各学科教材的编写都要以“三个面向”“三个代表”和“科学发展观”重要思想为指导，寓思想政治教育于学科教学内容之中。这体现了编写教科书要遵循的原则是（　　）

A. 科学性与思想性统一　　B. 理论与实践统一

C. 知识内在逻辑与教学法要求统一　　D. 知识与能力统一

2. 按照“确立课程目标—选择学习经验—组织学习经验—进行课程评价”的基本步骤编制课程。这种模式称为（　　）

A. 目标模式　　B. 过程模式

C. 批判模式　　D. 实践与折中模式

3.（　　）是学生获得系统知识的重要工具，也是教师进行教学的主要依据。（常考）

A. 教学参考书　　B. 教师用书

C. 教科书　　D. 课程标准

4. 课程计划的中心问题是( )

A. 开设哪些学科　　B. 各门学科开设的顺序

C. 各门学科的教学时间　　D. 各门学科的教学方法

5. 课程标准是学生经过学习以后应达到的( )

A. 最基本的水平标准　　B. 最高的水平标准

C. 中等的水平标准　　D. 特殊的水平标准

6. 李老师刚入职一周,为避免自己紧张,他总是在上课前写好教案,并在课堂上严格按照自己的教案来上课。李老师课程实施的价值取向为( )

A. 多元化取向　　B. 相互调适取向

C. 课程创生取向　　D. 忠实取向

7. 在数学教科书中"统计与概率"这一内容按照由浅入深、由易到难的方式编排,使关键概念和基本原理得以重复出现,逐步扩展。这种教材编排的方式属于( )

A. 单一排列式　　B. 直线排列式

C. 螺旋排列式　　D. 过渡式排列方式

8. 由背景评价、输入评价、过程评价和成果评价构成的教学评价模式是( )

A. CIPP 评价模式　　B. 泰勒评价模式

C. CSE 评价模式　　D. 目的游离评价模式

9. 初中道德与法治《依法服兵役》教学设计当中,"学生知道依法服兵役和参加民兵组织是公民的光荣义务以及军人的职责"这一教学目标属于( )

A. 过程与方法目标　　B. 知识与技能目标

C. 个性与共性目标　　D. 情感态度与价值观目标

10. 美国课程理论家泰勒于 1949 年出版《课程与教学的基本原理》一书,系统提出了课程编制的四个阶段,其中最为关键且指导课程设计展开的阶段是( )

A. 选择课程内容　　B. 组织课程内容　　C. 监测课程实施　　D. 确定课程目标

11. 以预先规定的目标为中心来设计、组织和实施评价,从而确定学生通过课程学习所取得的进步的课程评价模式是( )

A. 目标评价模式　　B. 目的游离评价模式

C. CIPP 评价模式　　D. 差距评价模式

12. 目的游离评价模式主张把课程评价的重点从"课程计划预期的结果"转向( )

A. 目标　　B. 计划背景

C. 课程实施　　D. 课程计划实际的结果

13. 提出课程设计过程模式的人是( )

A. 斯塔弗尔比姆 B. 阿特金森 C. 斯腾豪斯 D. 布鲁纳

14. 认为教师角色是课程的开发者，这是课程实施的( )

A. 忠实取向 B. 相互适应取向 C. 主体取向 D. 创生取向

15. 在课程的实施过程中努力使课程计划与班级或学校实际情境在课程目标、内容、方法、组织模式诸方面相互调整、改变，以促进双方彼此协调。这是课程实施的( )

A. 忠实取向 B. 相互适应取向 C. 创生取向 D. 创新取向

16. ( )是把课程计划付诸实践，并达到预期课程目标的基本途径。

A. 课程实施 B. 课程标准 C. 教学过程 D. 课程评价

二、辨析题(每小题 8 分，参考时限 8 分钟。共 2 小题)

1. 课程计划与课程标准是同一概念。

2. 新课程特别强调三维目标中的“过程与方法”“情感态度与价值观”，这说明“知识与技能”不重要。

三、简答题(每小题 10 分，参考时限 10 分钟。共 2 小题)

1. 简述确定课程目标的依据。

2. 简述影响课程开发的因素。

专题四　基础教育课程改革

链接答案本 P265

一、单项选择题(每小题 2 分,共 10 小题。参考时限 10 分钟)

1. 某中学组织开展了“珍爱生命,快乐成长”的生命主题教育活动,该活动在于培养学生核心素养中的(　　)

A. 实践创新　　B. 责任担当　　C. 人文底蕴　　D. 健康生活

2. 新课程改革注意培养学生的(　　),如语文、英语、音乐等科目,要敢于大胆地演说、表演节目、回答问题等。

A. 专门技能　　B. 理性精神　　C. 表达能力　　D. 延伸能力

3. 为了改变传统课程过分强调学科本位的现象,新课程注重联系学生经验和生活实际,提倡和追求不同学科间的彼此关联。这体现了新课程结构的哪一基本特征(　　)

A. 均衡性　　B. 学科性　　C. 综合性　　D. 选择性

4. 实行国家、地方、学校三级课程管理,为的是增强课程对学校及学生的(　　)

A. 适应性　　B. 普及性　　C. 实用性　　D. 时代性

5.《基础教育课程改革纲要(试行)》明确要求课程改革必须体现课程结构的(　　)

A. 强制性、普及性和统一性　　B. 统一性、综合性和强制性

C. 科学性、基础性和发展性　　D. 均衡性、综合性和选择性

6. 新课程改革从原来注重知识传播变为引导学生学会学习、学会合作、学会生存、学会做人,这体现的新课程改革目标是(　　)(常考)

A. 改善学生的学习方式　　B. 实现课程功能的转变

C. 体现课程结构的选择性　　D. 密切课程内容与生活的联系

7. 基础教育课程改革的核心理念是(　　)

A. 使学生更快乐地学习

B. 为了中华民族的复兴,为了每一位学生的发展

C. 使学生全面掌握知识与技能

D. 对传统教育课程的改革

8. 下列不属于新课程改革的具体目标的是(　　)

A. 优化课程结构　　B. 更新课程内容

C. 改善学习方式　　D. 提升课程理论

9. 2001 年我国启动了解放以后规模最大、深度最深的一次课程改革,它的标志是 2001 年颁布的《基础教育课程改革纲要(试行)》,它通常被称为(　　)

A. 第六次基础教育改革　　B. 第七次基础教育改革

C. 第八次基础教育改革　　D. 第九次基础教育改革

10. 以下与新课程的开放性、生成性不相适应的课堂教学是(　　)

A. 教学过程的预定性　　B. 教学设计预留空间

C. 培养学生多向思维、求异思维　　D. 善于利用"突发事件"

二、简答题(每小题 10 分,参考时限 10 分钟。共 2 小题)

1. 简述基础教育课程改革的具体目标。

2. 第八次基础教育课程改革对课程结构的调整有哪些?

第三章　中学教学

刷考点

链接答案本 P267

- 中学教学
  - 教学的意义和任务
    - 教学的内涵★
    - 教学的意义★★
    - 教学的一般任务★★
  - 教学过程
    - 教学过程的概念
    - 教学过程的本质★★
    - 教学过程的基本规律(基本特点)★★★
      - ①________(间接性规律)
      - ②________(发展性规律)
      - ③________(双边性规律)
      - ④________(教育性规律)
    - 教学过程的阶段
      - 激发学习动机
      - ⑤________★
      - 巩固知识
      - ⑥________
      - 检查知识
  - 教学原则与教学方法
    - 教学原则★★★
      - 思想性(教育性)和科学性相统一原则
      - ⑦________
      - 直观性原则
      - ⑧________
      - 循序渐进原则
      - 巩固性原则
      - ⑨________
      - 量力性原则
    - 教学方法
      - 教学方法的概念★
      - 我国中学常用的教学方法★★★
        - 以语言传递为主的教学方法:⑩________、谈话法、⑪________、读书指导法
        - 以直观感知为主的教学方法:演示法、参观法
        - 以实际训练为主的教学方法:练习法、⑫________、实习作业法、实践活动法
        - 以引导探究为主的教学方法:发现法
        - 以情感陶冶(体验)为主的教学方法:⑬________、情境教学法
      - 国外教学方法的改革与发展★
        - 纲要信号图式教学法
        - 暗示教学法
        - 非指导性教学法
        - 程序教学法

- 中学教学
  - 教学组织形式与教学工作的基本环节
    - 教学组织形式
      - 现代教学的基本组织形式——⑭________
      - 现代教学的辅助形式——个别教学与现场教学
      - 现代教学的特殊组织形式——⑮________
      - 其他教学组织形式★
        - 分组教学
        - 贝尔—兰喀斯特制
        - 道尔顿制
        - 文纳特卡制
        - 设计教学法
        - 特朗普制
        - 活动课时制
    - 教学工作的基本环节★★★
      - 备课
      - ⑯________
      - 作业的布置与反馈
      - ⑰________
      - 学业成绩的检查与评定
  - 教学评价
    - 教学评价的内涵★
    - 教学评价的基本类型
      - 诊断性评价、⑱________和总结性评价★★
      - 绝对性评价、相对性评价和⑲________★
      - 内部评价和外部评价

刷真题

链接答案本 P267

一、单项选择题(每小题 2 分,共 15 小题。参考时限 15 分钟)

1. [2023 上半年]备课是上课的先决条件。备课应该做好的三方面工作是(　　)

A. 钻研教材、了解学生和考虑教法　　B. 钻研教材、了解学生和准备教具

C. 钻研教材、阅读教参和考虑教法　　D. 钻研教材、阅读教参和了解学生

2. [2022 下半年]赵老师在新学期开始,对所教班级学生的化学学习情况进行了摸底测验,弄清了学生化学学科核心素养发展的基本情况,据此对已有的学期教学设计进行了调整。赵老师的这种摸底测验属于(　　)(易混)

A. 形成性评价　　B. 诊断性评价　　C. 总结性评价　　D. 相对性评价

3.［2022 下半年］在现代教学理论中，教学方法指的是(　　)

A. 教师为完成教学任务使用的工作方法　　B. 学生为完成学习任务使用的学习方法

C. 教师教学方式和教学方法的总和　　D. 教师教的方法和学生学的方法的总和

4.［2022 上半年］把两个或两个以上年级的学生编在一个班级，在一节课内，由一位教师对学生进行直接教学与布置、完成作业轮流交替的教学组织形式是(　　)

A. 合作学习　　B. 复式教学　　C. 小班教学　　D. 分层教学

5.［2021 下半年］学完“压强”概念，学生理解了“在同等压力下，受力面积越大压强越小”的道理，田老师要求学生举例说明这个原理在生活中的运用。田老师贯彻的主要教学原则是(　　)原则。

A. 理论联系实际　　B. 循序渐进　　C. 直观性　　D. 启发性

6.［2021 下半年］于老师在讲台上把一张纸揉成团，把另一张纸烧成灰，由此让学生理解物质的物理变化和化学变化的区别。于老师采用的教学方法是(　　)

A. 练习法　　B. 演示法　　C. 实验法　　D. 参观法

7.［2021 上半年］学生在教师指导下通过实地测算、地形测绘、植物栽培和动物饲养等以获得相关学科知识的方法属于(　　)

A. 实验法　　B. 参观法　　C. 演示法　　D. 实习作业法

8.［2021 上半年］学校教育中的教学过程对学生来说是一个特殊的认识过程，具有不同于人类总体认识的特点。它主要表现为(　　)

A. 以学习个体经验为主　　B. 以学习间接经验为主

C. 以学习直接经验为主　　D. 以学习群体经验为主

9.［2020 下半年］20 世纪后半叶美国出现了一种教学组织形式，在世界各国产生较大影响，其特点是把大班上课、小组讨论和个人自学按一定比例结合起来。这种教学组织形式是(　　)

A. 特朗普制　　B. 道尔顿制

C. 文纳特卡制　　D. 贝尔—兰喀斯特制

10.［2018 上半年］美国学者罗杰斯认为，人皆具有先天的优良潜能，教育的作用在于使之实现。由此，他提出了“以学生为中心”“让学生自发学习”的教学模式。该模式被称为(　　)

A. 指导性教学　　B. 情境教学　　C. 非指导性教学　　D. 程序教学

11.［2017 上半年］古希腊哲学家苏格拉底创立了“产婆术”，它体现的主要教学方法是(　　)

A. 讲授法　　B. 讨论法　　C. 谈话法　　D. 演示法

12.［2017 上半年］李老师在语文课上，按照组织教学、检查复习、讲授新教材、巩固新教材、布置课外作业的程序进行教学。这体现了哪一类型课的结构(　　)

A. 单一课　　B. 综合课　　C. 练习课　　D. 复习课

13.［2016 下半年］根据学生个人的成绩在该班学生成绩序列中所处的位置来判定其成绩的优劣，而不考虑其是否达到教学目标的要求。这种教学评价属于(　　)

A. 诊断性评价　　B. 绝对性评价　　C. 总结性评价　　D. 相对性评价

14.［2016 上半年］王老师在化学课上讲到元素周期表中的“镭”元素时，向学生介绍了“镭”的发现者居里夫人献身科学的事迹，同学们深受教育。这体现了哪一教学原则(　　)

A. 理论联系实际的原则

B. 思想性和科学性相统一的原则

C. 启发性原则

D. 发展性原则

15.［2016 上半年］陈老师在教学中经常通过口头提问、课堂作业和书面测验等形式对学生的知识和能力进行及时测评与反馈，这种教学评价被称为(　　)

A. 诊断性评价　　B. 相对性评价　　C. 终结性评价　　D. 形成性评价

二、辨析题（每小题 8 分，参考时限 8 分钟。共 3 小题）

1.［2022 下半年］教学是学校教育的唯一途径。

2.［2021 上半年］教学评价就是某一学段结束后，对学生学业成绩的总评价。

3.［2019 上半年］教学的任务就是向学生传授知识。

三、简答题（每小题 10 分，参考时限 10 分钟。共 4 小题）

1.［2022 下半年］简述中学教师布置作业的基本要求。

2.［2022 上半年］简述贯彻启发性教学原则的基本要求。

3.［2021 上半年］简述教学工作的基本环节。

4.［2018 下半年］简述贯彻科学性和思想性相统一教学原则的基本要求。

四、材料分析题（每小题 18 分，参考时限 15 分钟。共 1 小题）

［2020 下半年］材料：

周老师教高一(5)班数学时，发现学生的知识基础差别较大，于是他决定对不同程度的学生提出不同任务和要求。对于学习基础较好的六位学生，周老师特别要求他们到图书馆查找和阅读相关书籍。经过自学，他们不但完成了规定的作业，还选做了一些难度更大的习题。对于其他学生，周老师分别给他们布置了难易程度不同的习题。在课堂教学中，周老师通过创设情境、多媒体教学、小组讨论等多种方式，调动学生学习的积极性和主动性，激发他们对所学内容的兴趣。同时提出问题，让学生深入思考。当学生产生困惑时，周老师耐心地加以辅导，让学生自己动脑动手，找到解决问题的办法。学生通过解决问题获取了知识，很好地完成了学习任务。

问题：

(1)周老师贯彻了哪些教学原则？

(2)请结合材料对这些教学原则加以分析。

刷专题

专题一　教学的意义和任务

链接答案本 P271

一、单项选择题（每小题 2 分，共 4 小题。参考时限 5 分钟）

1. 教师的教和学生的学共同组成的传递和掌握社会经验的双边活动是（　　）

A. 综合实践　　B. 德育　　C. 知识传授　　D. 教学

2. 教学与教育的关系是（　　）（易混）

A. 整体与部分的关系　　B. 教学包含了教育

C. 部分与整体的关系　　D. 教学等同于教育

3. 实施全面发展教育，实现教育目的的基本途径是（　　）

A. 教学　　B. 德育　　C. 智育　　D. 考试

4. 教学的根本目的是（　　）

A. 培养全面发展的人　　B. 传授知识　　C. 发展智力　　D. 陶冶情操

二、辨析题（每小题 8 分，参考时限 8 分钟。共 3 小题）

1. 智育只能通过课堂教学活动得以实现。

2. 教学的首要任务是发展学生智力，培养学生的创造能力。

3. 常言道，做事先做人，因此学校的中心工作是德育。

专题二　教学过程

链接答案本 P272

一、单项选择题（每小题 2 分，共 20 小题。参考时限 20 分钟）

1. 构成教学过程的要素有很多，其中最基本的是教师、学生、教学内容和（　　）

A. 教学大纲　　B. 教学理论　　C. 教学手段　　D. 教学规律

2. 物理课上，张老师在推导浮力计算公式时，要求学生保持安静，不要插嘴。学生举手提出疑问时他也不予理会，只顾着讲知识。张老师的教学过程违背了（　　）

A. 传授知识与思想品德教育相统一的规律

B. 间接经验与直接经验相统一的规律

C. 掌握知识与发展能力相统一的规律

D. 教师主导作用与学生主体作用相统一的规律

3. 张老师在讲授完人物描写方法后，让学生写一写自己眼中妈妈的形象。通过写作，学生体会到了妈妈温暖的爱和细致的呵护，学生展现出对母亲的依赖和信任，也更能尊重和理解自己的母亲了。这体现了张老师在教学过程中遵循（　　）（常考）

A. 间接经验与直接经验相统一规律

B. 教师的主导作用与学生的主体作用相统一规律

C. 掌握知识与发展能力相统一规律

D. 传授知识与思想品德教育相统一规律

4. 张老师在教学中充分利用学生已有经验，增加学生学习新知识时所需的感性认识，以保证教学的顺利开展。张老师遵循了教学过程的哪一基本规律（　　）

A. 间接性规律　　B. 发展性规律　　C. 双边性规律　　D. 教育性规律

5. 魏老师在课堂上把大部分时间交给学生讨论问题，学生自主学习的积极性很高，而魏老师作为课堂的引导者，保证学生不偏离主道，取得了很好的教学效果。这说明教学过程中，要遵循（　　）（常考）

A. 掌握知识与发展智力相统一的规律

B. 教师主导作用与学生主体作用相统一的规律

C. 学习知识与应用知识相统一的规律

D. 直接经验与间接经验相结合的规律

6. 我国古代既有“指引者，师之功也”的箴言，又有“师傅领进门，修行靠个人”的教谕。这体现了教学过程具有（　　）的规律。

A. 学生认识的间接性　　B. 教学与发展相互促进

C. 知识学习与品德形成相统一　　D. 教师主导作用和学生主体作用辩证统一

7. 在教学过程中，能使学生获得关于所学内容的一个整体的表象，是所有教学活动必经阶段的是（　　）

A. 激发学习动机　　B. 感知教材　　C. 理解教材　　D. 运用知识

8. 某教师认为自己只需要进行教学工作、传授教学知识，学生的行为习惯和心理健康等都与自己无关。这说明这名教师在教学过程中忽视了（　　）

A. 掌握知识与发展能力相统一的规律　　B. 传授知识与思想教育相统一的规律

C. 教师主导与学生主体相统一的规律　　D. 直接经验与间接经验相统一的规律

9. 通过教学活动，学生可以“上知天文，下知地理”。这说明学生认识的对象是（　　）

A. 直接经验　　B. 间接经验　　C. 主观世界　　D. 客观世界

10. 班主任在课堂上讲到“共和国勋章”时，向学生介绍了钟南山不顾生命危险救治危重病人，奔赴疫区指导医疗救治工作的事迹，同学们深受教育。这体现的教学规律是（　　）

A. 发展性规律　　B. 间接性规律　　C. 教育性规律　　D. 双边性规律

11. 要求学生高质量地完成书面或口头作业，形成一定的技能技巧，同时引导学生不断创新或改进，学会解决复杂问题。这属于学生掌握知识中的（　　）阶段。

A. 理解教材　　B. 巩固知识　　C. 运用知识　　D. 检查知识

12. 现代教学应当是一种发展性教学，能够有效促进学生的发展。这属于（　　）

A. 认识—发展说　　B. 认识—实践说

C. 交往说　　D. 特殊认识说

13. 教学过程的“交往说”认为，教学是教师的教与学生的学的统一，这种统一的实质是（　　）

A. 管理　　B. 交往　　C. 引导　　D. 控制

14.（　　）是教学过程的中心环节。

A. 领会知识　　B. 运用知识　　C. 激发学习动机　　D. 检查知识

15."授人以鱼仅供一饭之需，授人以渔则终身受用无穷。"这句话说明在教学中应重视（　　）

A. 知识的传授　　B. 培养学生的能力

C. 培养学生积极的心理品质　　D. 培养学生良好的思想品德

16. 在讲授新课前，老师一连串问了几个关于课文内容的问题，同学们因为对课本还不了解，纷纷要求老师解答。这一教学环节处于（　　）阶段。

A. 领会知识　　B. 激发学习动机　　C. 巩固知识　　D. 运用知识

17."秀才不出门，能知天下事"的说法道出了教学过程中以（　　）为主的道理。

A. 传授书本知识　　B. 组织学生活动

C. 通过实践获得经验　　D. 学生的生活经验

18. 在教学过程中，学生们可以直接记忆圆周率的数值，而不必亲自去计算圆周率，这表明教学活动具有（　　）

A. 间接性　　B. 引导性　　C. 简捷性　　D. 教育性

19. 路老师在进行生物课教学的过程中，经常是先给大家讲解知识，然后带大家到植物园里去观察，有时候大家一起进行一些扦插的操作，这样既有课堂知识的学习，又有实际的感性认识。这体现了路老师遵循了教育过程的（　　）

A. 直接经验与间接经验相统一的规律　　B. 掌握知识与发展能力相统一的规律

C. 教师主导与学生主体相统一的规律　　D. 传授知识与思想教育相统一的规律

20. 学校的模范教师刘老师，在上每一堂课之前都会先和同学们进行交流，了解大家的学习准备情况，然后才会设计教学过程。而在实际教学过程中，他也会不断启发学生思考，调动学生的积极性、主动性。这体现了刘老师在教育过程中遵循（　　）

A. 直接经验与间接经验相统一的规律　　B. 掌握知识与发展能力相统一的规律

C. 教师主导与学生主体相统一的规律　　D. 传授知识与思想教育相统一的规律

二、辨析题（每小题 8 分，参考时限 8 分钟。共 3 小题）

1. 学生的认识活动是教学中最主要的活动。

2. 在教学过程中，学生要将课本上传递的知识转化为自己的知识，能理解和运用这些知识，必须以一定的间接经验为基础。

3. 教学过程中强调教师的主导作用势必会降低学生的主体地位。

三、简答题(每小题 10 分，参考时限 10 分钟。共 2 小题)

1. 怎样使知识的掌握真正促进智力的发展?

2. 简述教学过程中的教育性规律。

专题三　教学原则与教学方法

链接答案本 P276

一、单项选择题(每小题 2 分,共 23 小题。参考时限 25 分钟)

1. 在教师的指导下,学生以全班或小组为单位,围绕教材内容的中心问题,各抒己见,从而获得知识或巩固知识的教学方法是(　　)

A. 讨论法　B. 实验法　C. 谈话法　D. 探究法

2. 王老师在课堂上讲到“杂交水稻”时,向同学们讲述了袁隆平几十年来一身泥一身水,奋斗在田间,忠于职守,敢于创新,坚持梦想的先进事迹。这体现了哪一教学原则(　　)

A. 科学性与思想性相统一原则　B. 理论联系实际原则

C. 启发性原则　D. 发散性原则

3. 教师在教学中承认学生是学习的主体,调动其学习主动性,引导其独立思考、积极探索,生动活泼地学习,自觉地掌握科学知识,提高分析问题和解决问题的能力。以上做法体现的教学原则是(　　)

A. 直观性原则　B. 循序渐进原则

C. 启发性原则　D. 巩固性原则

4. 陈老师为某中学的数学教师,他在给学生讲解完等差数列的基本概念之后,不断给他们出新的题目进行练习,加深学生对等差数列概念的理解。陈老师遵循了教学过程中的(　　)

A. 循序渐进原则　B. 直观性原则

C. 巩固性原则　D. 启发性原则

5.《学记》中提出的“不陵节而施”所对应的教学原则是(　　)

A. 因材施教原则　B. 循序渐进原则

C. 巩固性原则　D. 启发性原则

6. 孔子要求“学而时习之”“温故而知新”,即在教学中要贯彻(　　)

A. 理论联系实际原则　B. 循序渐进原则

C. 启发性原则　D. 巩固性原则

7. 以下选项中,不属于贯彻启发性教学原则的基本要求的是(　　)

A. 加强学习的目的性教育,调动学生学习的主动性

B. 启发学生独立思考,发展学生的逻辑思维能力

C. 发扬教学民主

D. 重视运用言语直观

8. 罗老师在教学中，对反应迟钝的学生采取激励的方式，鼓励他们思考；对语言表述缺乏条理的学生，让他们在课堂上多做复述和发言，以克服不足。罗老师主要遵循的教学原则是（　　）

A. 直观性原则　　B. 因材施教原则

C. 循序渐进原则　　D. 发展性原则

9. 学生在老师的指导下，将快熄灭的细木条插进玻璃管内，观察到细木条复燃，说明有氧气产生，因为氧气有助燃的性质，由此验证了"光合作用产生氧气"。这种教学方法属于（　　）

A. 讨论法　　B. 活动法　　C. 练习法　　D. 实验法

10. 学生在教师指导下运用知识反复完成一定的操作或解决某类作业与习题，以便加深理解，形成技能、技巧。这种教学方法是（　　）

A. 指导法　　B. 练习法　　C. 演示法　　D. 实验法

11. 洛扎诺夫开创了一种运用心理学、生理学、精神治疗学的知识，精心设计教学环境，调动学习者潜意识，使学生在心情愉快状态下学习的教学方法，称为（　　）

A. 探究发现教学法　　B. 纲要信号图式教学法

C. 暗示教学法　　D. 掌握式教学法

12. 某教师在讲述"大漠孤烟直，长河落日圆"这一诗句时，播放了一段地理纪录片中关于沙漠景象的视频，使学生能够更好地领会诗中所蕴含的意境。该教师运用的教学方法是（　　）

A. 演示法　　B. 参观法

C. 现场教学法　　D. 情境教学法

13. 谈话法和讨论法都是以语言传递为主的教学方法。下列关于两者的区别，说法错误的是（　　）

A. 谈话法侧重于指导学生获取新知识和巩固旧知识，而讨论法更侧重于获取知识

B. 谈话法在使用过程中，一般是师问生答，而讨论法在使用中更侧重学生互动

C. 谈话法需要学生有一定的知识基础，多适用于高年级，而讨论法则多适用于低年级

D. 谈话法能比较充分地激发学生的主动思维和独立思考能力，而讨论法有利于学生互相启发，加深对知识的理解

14. "不闻不若闻之，闻之不若见之。"这句话反映的是（　　）

A. 启发性原则　　B. 直观性原则　　C. 巩固性原则　　D. 系统性原则

15. 在教学生演唱《我们是工农子弟兵》这一京剧唱段时，刘老师就如何才能更好地表现这个唱段的韵味，让学生各抒己见，充分表达自己的看法。刘老师采用的教学方法是(　　)

A. 讨论法　　B. 练习法　　C. 谈话法　　D. 问答法

16. 教师模拟了一场话剧，让学生扮演故事中的角色，体验人物的心路历程。该教师使用的教学方法是(　　)

A. 演示实验法　　B. 谈话交流法

C. 情境教学法　　D. 读书指导法

17. 在“天宫课堂”中，神舟十三号的3名航天员在绕地飞行的空间站以天地互动的形式演示了太空“冰雪”实验、液桥演示实验、水油分离实验、太空抛物实验，并介绍与展示了空间科学设施。在此过程中，3名航天员主要运用的教学方法是(　　)

A. 讲授法和演示法　　B. 讨论法和实验法

C. 演示法和实验法　　D. 讲授法和参观法

18. 教师提出课题并提供一定材料，引导学生自己进行分析、综合、抽象、概括等一系列活动，最后得出学习结果的方法是(　　)

A. 发现法　　B. 讲授法

C. 暗示教学法　　D. 示范教学法

19. 为使学生了解有关电荷的知识，老师在课堂上做了有关摩擦生电的实验。该老师所采用的教学方法是(　　)(常考)

A. 实验法　　B. 演示法　　C. 观察法　　D. 讨论法

20. 墨子认为教育学生要做到“深其深，浅其浅，益其益，尊其尊”。这句话体现的教学原则是(　　)

A. 系统性原则　　B. 巩固性原则　　C. 量力性原则　　D. 启发性原则

21. 以教师的语言为主要媒介，系统、连贯地向学生传授知识，表达情感和价值观念的教学方法是(　　)

A. 演示法　　B. 谈话法　　C. 陶冶法　　D. 讲授法

22. 维果斯基的“最近发展区”思想与《学记》的“语之而不知，虽舍之可也”的表述体现了(　　)的原则。

A. 因材施教　　B. 教学相长　　C. 启发性　　D. 量力性

23. 在教学中要做到“文以载道”“教书育人”，这体现了下列哪一项教学原则(　　)

A. 理论联系实际原则　　B. 循序渐进原则

C. 科学性与思想性相统一原则　　D. 直观性原则

二、辨析题(每小题 8 分,参考时限 8 分钟。共 2 小题)

1."教学有法,但无定法",在教学中可以任意采用某一种教学方法。

2."一个坏的教师奉送真理,一个好的教师教人发现真理。"这句话体现了教师在教学过程中应遵循循序渐进的原则。

三、简答题(每小题 10 分,参考时限 10 分钟。共 2 小题)

1. 简述理论联系实际教学原则的含义和贯彻要求。

2. 简述选择教学方法的基本依据。

四、材料分析题(每小题 18 分,参考时限 15 分钟。共 2 小题)

1. 材料:

谢老师在课上讲解食物链和食物网的知识时,首先播放一个两分钟的短视频,导入新课后,用 PPT 展示一些动植物的图片,并提出一系列问题:“这些动植物之间存在怎样的关联?它们能形成一个完整的食物链吗?为什么?”让学生自己去发现、分析问题。

在讲解完食物链和食物网的概念之后,谢老师又提供 4 组动植物名称,要求全班学生分成 4 个小组讨论并绘制食物网,提高学生分析问题、解决问题的能力。

问题:谢老师采用了哪些教学方法?请结合材料进行分析。

2. 材料:

孙老师是一位经验丰富的语文老师,对所带班级有充分的了解,并能有针对性地进行教学。一天,他在给学生布置作业的时候说:“春天到了,请同学们利用周末走向大自然,仔细观察并完成一篇记录和描写春天的作文。”紧接着,孙老师根据全班学生的能力差异提出了不同的要求,他对学习程度低的学生说:“请你们在感受春天的同时,用手机如实拍下春天的景象,录下百鸟的声音。”对学习程度中等的学生说:“请你们用自己的语言描写出春天的景象。”对学习程度较高的学生说:“请你们引用借鉴中外名句描写美丽的春天。”

问题:

(1)结合材料分析孙老师在教学中贯彻了哪些教学原则?

(2)谈谈教师在贯彻上述教学原则时的要求是什么?

专题四 教学组织形式与教学工作的基本环节

链接答案本 P281

一、单项选择题(每小题 2 分,共 19 小题。参考时限 20 分钟)

1. 教师根据学科课程标准的要求和课程特点,结合学生实际情况,确定教学方法和重难点,撰写教案。这一教学环节属于(　　)

A. 测试　　B. 课后辅导　　C. 备课　　D. 上课

2. 教学活动中教师与学生为实现教学目标所采用的社会结合方式是(　　)

A. 教学组织形式　　B. 教学模式　　C. 教学方法　　D. 教学策略

3. 小兰上课认真,但反应很慢。为了不影响班级的教学进度,张老师会在课间或放学后给她单独辅导。这种教学组织形式属于(　　)

A. 现场教学　　B. 复式教学

C. 个别教学　　D. 小组教学

4. 由于贫困山区的教师人数以及教学资源有限,学校往往把不同年级的学生组织在同一间教室上课。这种特殊的教学组织形式为(　　)

A. 复式教学　　B. 分组教学　　C. 现场教学　　D. 个别教学

5. 将同一年级的学生按照英语测试水平分为 A、B、C、D 四个等级,分别编入不同的英语教室上课,这属于(　　)

A. 内部分组　　B. 外部分组　　C. 现场教学　　D. 复式教学

6. 下列哪种教学组织形式主张教师不再向学生传授系统知识,而是指导学生自学和独立作业(　　)

A. 复式教学　　B. 分组教学

C. 个别教学　　D. 道尔顿制

7. 班级授课制的特征可以用以下哪几个字来概括(　　)

A. 班、课、师　　B. 师、生、课　　C. 师、生、时　　D. 班、课、时

8. 老师在布置课堂练习和家庭作业时,以下做法不妥当的是(　　)

A. 课堂练习的布置与教学目标相一致

B. 练习题的设计要富于变化,并有适当的难度

C. 给学生以适当的帮助

D. 只给学生一些知识性记忆的练习

9. 班级授课制是近现代教学的基本组织形式。首先对班级授课制进行研究并确定了班级授课制的基本轮廓的是(　　)

A. 泰勒　　B. 夸美纽斯　　C. 洛克　　D. 赫尔巴特

10. 打乱传统的按年龄编班的做法,而按学生的能力或某些测验成绩编班,这是(　　)

A. 内部分组　　B. 外部分组　　C. 设计教学法　　D. 道尔顿制

11. 根据一节课所完成的任务数,课的类型可以分为(　　)

A. 理论课和实践课　　B. 讲授课和练习课

C. 新授课和巩固课　　D. 单一课和综合课

12. (　　)是课时计划的主要组成部分,应写得详细具体。

A. 教学目标　　B. 教学重点和难点

C. 教学方法　　D. 教学进程

13. 在我国,最早采用班级授课制的是清政府于 1862 年设于北京的京师同文馆,并在(　　)中以法令形式确定下来,随之在全国范围内推广。

A.《钦定学堂章程》　　B.《奏定学堂章程》

C.《学校系统令》　　D.《强迫教育章程》

14. 某校将全体学生一分为二,一部分在教室上课,另一部分则在体育场、图书馆、工厂、商店以及其他场所活动,上下午对调。这种做法属于(　　)

A. 葛雷制　　B. 文纳特卡制　　C. 复式教学　　D. 合作教学

15. 教师上课的必要补充主要是通过(　　)实现的。

A. 布置作业　　B. 检查作业　　C. 课外辅导　　D. 课后练习

16. 教师组织学生到田间地头、工厂、博物馆、社区等进行教学,这种教学称为(　　)

A. 现场教学　　B. 个别教学　　C. 课堂教学　　D. 探究教学

17. 在下列教学组织形式中,有利于高效率、大面积培养学生的是(　　)

A. 个别教学制　　B. 班级授课制　　C. 分组教学制　　D. 道尔顿制

18. 对一节课所包含的组成部分以及各部分的顺序、时限和相互关系的规范,在"教学论"中具体指的是(　　)

A. 课的类型　　B. 课的形式　　C. 课的模式　　D. 课的结构

19. 下列关于课外作业的表述,错误的是(　　)

A. 上完每堂课后都应该给学生布置家庭作业

B. 课外作业宜精不宜多,要起到举一反三的作用

C. 课外作业应起到鼓励学生自主探究学习的作用

D. 给学生布置课外作业不一定要全班统一

二、辨析题(每小题 8 分,参考时限 8 分钟。共 4 小题)

1. 检查学生学业成绩只能通过考试。

2. 备课是整个教学活动的中心环节,是提高教学质量的关键环节。

3. 作业是课堂教学的延续,是教学活动的有机组成部分。

4. 教学与上课是相同的,没有区别。

三、简答题(每小题10分,参考时限10分钟。共3小题)

1. 简述课外辅导的内容。

2. 简述组织复式教学的要求。

3. 简述班级授课制的概念及其基本特点。

专题五 教学评价

链接答案本 P284

一、单项选择题(每小题2分,共10小题。参考时限10分钟)

1. 英语老师想了解学生的学习情况,在课堂上就刚讲过的单词进行提问。这种评价属于( )

A. 诊断性评价 B. 定性评价 C. 形成性评价 D. 相对评价

2. 班主任认为小黄偏科严重,这实际上是一种( )

A. 定量评价 B. 形成性评价

C. 生成性评价 D. 个体内差异评价

3. 某教师在教授《小小的船》一课时，想要了解学生对这首诗的理解情况，于是在课堂上向学生提问："你们知道叶圣陶先生想要通过这首诗表达什么吗?"这属于教学过程中的(　　)

A. 个体内差异评价　　B. 诊断性评价　　C. 形成性评价　　D. 总结性评价

4. 教师分析学生学习困难的原因，判断学生是否具备学习新知识的条件。这种评价方式是(　　)

A. 形成性评价　　B. 个体内差异评价　　C. 诊断性评价　　D. 终结性评价

5. 小明期末综合评价等级是中等，老师给他颁发"进步奖"，因为他的总体表现相比之前明显有进步，这一评价属于(　　)

A. 相对性评价　　B. 常模参照评价

C. 绝对性评价　　D. 个体内差异评价

6. 下列选项中，对形成性评价的功能描述不正确的是(　　)

A. 有利于强化学生的学习　　B. 有利于确定学生的学习进度

C. 有利于给教师提供反馈　　D. 有利于检查学生的学习准备程度

7. 张老师在教学过程中一方面让学生对自己的学习状况进行自我评估，另一方面利用教师的平常观察记录或与学生的面谈而进行教学评价，这属于(　　)(常考)

A. 配置性评价　　B. 形成性评价　　C. 诊断性评价　　D. 总结性评价

8. 教学评价中，要衡量学生的实际水平，了解学生对知识、技能的掌握情况，比较合适的评价方式是(　　)

A. 相对性评价　　B. 目标参照性评价

C. 常模参照性评价　　D. 定性评价

9. 我们常说"水涨船高""优中选优"，这属于(　　)

A. 终结性评价　　B. 绝对性评价

C. 相对性评价　　D. 个体内差异评价

10. 语文教师张某在初中一年级新生入学后立即组织了一次认知水平测试并根据学生的认知情况调整教学计划。该认知水平测试属于(　　)

A. 诊断性评价　　B. 形成性评价　　C. 终结性评价　　D. 发展性评价

二、辨析题(每小题8分，参考时限8分钟。共1小题)

如果将对期末考试结果的解释视为总结性评价，那么对于在教学过程中实施测验的解释就是考查性评价。

第四章　中学生学习心理

刷考点

链接答案本 P286

- 中学生学习心理
  - 认知过程
    - 心理现象及其结构★
    - 感觉
      - 感受性与感觉阈限★
      - 感觉现象★
        - 同一感觉的相互作用:感觉适应、感觉对比、感觉后效
        - 不同感觉的相互作用:感觉的补偿、①________
    - 知觉
      - 知觉的基本特征★★
        - 知觉的选择性
        - 知觉的理解性
        - 知觉的整体性
        - 知觉的②________
    - 注意
      - 注意的特点
        - 指向性
        - 集中性
      - 注意的分类★★
        - ③________
        - 有意注意
        - 有意后注意
      - 注意的品质★★★
        - 注意的广度
        - 注意的④________
        - 注意的分配
        - 注意的转移
      - 注意规律在教学中的运用★
      - 中学生注意力的培养★
    - 记忆
      - 记忆的分类★★★
      - 记忆过程:识记、⑤________、再认或回忆
      - 遗忘及其规律★★
      - 运用记忆规律有效组织复习的方法★★★
    - 表象与想象
      - 概念
      - 想象的种类★
    - 思维
      - 思维的特点
      - 思维的种类★★★
      - 创造性★
    - 问题和问题解决
      - 问题解决的策略★
      - 影响问题解决的因素★★★

- 中学生学习心理
  - 学习与学习理论
    - 学习及其分类
      - 学习的内涵★★
      - 学习的分类：加涅、奥苏伯尔、阿瑟·雷伯关于学习的分类
    - 行为主义学习理论
      - ⑥________的经典性条件反射学说★
      - 桑代克的联结—试误学习理论★
      - 斯金纳的⑦________★★★
      - 班杜拉的社会学习理论★
    - 认知派学习理论
      - 格式塔学派的完形—顿悟学习理论
      - 托尔曼的符号学习理论
      - 布鲁纳的认知—发现学习理论
      - 奥苏伯尔的⑧________理论★★
      - 加涅的信息加工学习理论
    - 人本主义学习理论
      - 有意义的自由学习观
      - 学生中心的教学观
    - 建构主义学习理论
      - 建构主义学习理论的主要内容★★
      - 建构主义学习理论对当前教育实践的启示
  - 学习动机
    - 学习动机概述
      - 学习动机的概念★
      - 学习动机的成分
      - 学习动机的功能
    - 学习动机的分类★★
      - 内部学习动机和外部学习动机
      - 近景性动机和远景性动机
      - 认知内驱力、⑨________和附属内驱力
    - 学习动机对学习的作用
      - 学习动机对学习过程的影响
      - 学习动机与⑩________的关系★★★
    - 学习动机理论
      - 强化理论
      - 需要层次理论
      - 成就动机理论★
      - 成败归因理论★★★
      - 成就目标理论★
      - ⑪________理论★★★
    - 学习动机的激发
  - 学习迁移
    - 学习迁移种类
      - 学习迁移的概念
      - 学习迁移的种类★★★
    - 学习迁移理论
      - 早期的迁移理论★★★
      - 当代的迁移理论★
    - 学习迁移与教学
      - 影响学习迁移的因素
      - 促进学生有效的迁移★

- 中学生学习心理
  - 学习策略
    - 认知策略★★
      - ⑫________策略
      - ⑬________策略
      - 组织策略
    - 元认知策略★★
      - 计划策略
      - ⑭________策略
      - 调节策略
    - 资源管理策略
      - 时间管理策略
      - 环境管理策略
      - 努力管理策略
      - 学业求助策略
  - 知识与技能
    - 知识的分类
      - 陈述性知识和程序性知识★
      - 感性知识和理性知识
      - 策略性知识
    - 知识学习的类型
      - 符号学习、概念学习和命题学习
      - 下位学习、上位学习和⑮________学习★
    - 知识学习的过程★
    - 技能
      - 技能的种类
        - 动作技能
        - 心智技能
      - 动作技能的形成与培养★
      - 心智技能的形成与培养

刷真题

链接答案本 P286

一、单项选择题(每小题 2 分,共 41 小题。参考时限 45 分钟)

1. [2023 上半年]苏菲想给王老师打电话,却没有电话号码,询问同学后随即拨通电话。通话结束后,她便忘了电话号码。苏菲对电话号码的记忆属于(　　)

A. 内隐记忆　　B. 瞬时记忆　　C. 短时记忆　　D. 长时记忆

2. [2023 上半年]曹虹确信自己能出色地完成老师布置的各科作业。这反映了她的哪一心理品质(　　)

A. 自我效能　　B. 自我促进　　C. 自我监控　　D. 自我强化

3. [2022 下半年]张老师让学生在规定的时间内写出带有"口"的字。李强不仅写出了与口的活动

有关的字，如“吃、喊、吐、叫”，还写出其他类别的字，如“邑、困、照、赢”等。这主要反映的是李强的哪一种思维能力（　　）

A. 发散思维　　B. 聚合思维　　C. 抽象思维　　D. 动作思维

4.［2022 下半年］鉴于何雷这学期各方面都有明显进步，学校撤销了对他原有的警告处分。学校采用的行为矫正方法属于（　　）（易混）

A. 正强化　　B. 负强化　　C. 正惩罚　　D. 负惩罚

5.［2022 下半年］王琳不知不觉就会唱许多流行歌曲。她的这种学习属于（　　）

A. 发现学习　　B. 替代学习　　C. 内隐学习　　D. 外显学习

6.［2022 上半年］刘杰学过的物理平衡的概念，促进了他对化学平衡概念的理解。这种迁移属于（　　）

A. 负向迁移　　B. 顺向迁移　　C. 垂直迁移　　D. 逆向迁移

7.［2022 上半年］郭老师上课时，边讲课、边板书、边观察学生的课堂表现，取得了良好的教学效果。这反映了哪种注意品质（　　）（易混）

A. 注意的稳定　　B. 注意的分配　　C. 注意的范围　　D. 注意的转移

8.［2021 下半年］一件白衬衫在灯光昏暗的室内和阳光明媚的户外，其亮度差别很大，但是人们都能将其知觉为白色衬衫。这反映了知觉的（　　）

A. 整体性　　B. 选择性　　C. 理解性　　D. 恒常性

9.［2021 下半年］教师：“面粉可以做什么？”

学生甲：“可以做面包、蛋糕、馒头、花卷、油条、面条。”

学生乙：“可以做馒头、调芡汁水、捏面人。”

上述对话说明乙比甲的思维更具有（　　）

A. 精细性　　B. 流畅性　　C. 变通性　　D. 反思性

10.［2021 下半年］晓杰在阅读课文时常常自我提问：“我对课文表达的内容清楚了吗？我抓住课文的重点了吗？”这种学习策略属于（　　）

A. 复述策略　　B. 组织策略　　C. 计划策略　　D. 监控策略

11.［2021 上半年］教师向学生依次呈现一组单词，要求他们记住，随后进行自由回忆。结果发现，最后呈现的单词更容易被回忆起来。这种现象称为（　　）（易错）

A. 首因效应　　B. 近因效应　　C. 前摄抑制　　D. 倒摄抑制

12.［2021 上半年］同学们正在教室里聚精会神地听老师讲课，突然从教室外飞进来一只小鸟，于是大家不约而同地把视线朝向小鸟。这种现象属于（　　）（常考）

A. 随意前注意　　B. 随意后注意　　C. 无意注意　　D. 有意注意

13. [2021 上半年]李伟同学在上课前会对本节课的内容进行判断,如果认为自己能听懂老师讲述的知识,他就会认真听课。根据班杜拉的理论,这种现象是( )

A. 结果期待 B. 过程期待 C. 社会期待 D. 效能期待

14. [2021 上半年]伟华看见天上的浮云,脑中出现"骏马""恐龙"等动物形象。这种现象属于( )

A. 有意想象 B. 无意想象 C. 再造想象 D. 创造想象

15. [2020 下半年]晓磊为了获得老师或家长的表扬而努力学习。根据奥苏伯尔的理论,晓磊的学习动机属于( )(常考)

A. 认知内驱力 B. 自我提高内驱力 C. 附属内驱力 D. 生理内驱力

16. [2020 下半年]如果一个家长想用玩游戏来强化孩子认真完成作业的行为,最合理的安排应该是让孩子( )

A. 玩完游戏后做作业 B. 自己规定游戏时间

C. 边玩游戏边做作业 D. 完成作业后玩游戏

17. [2019 下半年]晓斌认为自己学习成绩好全是刻苦努力的结果。根据韦纳的归因理论,晓斌的归因属于( )

A. 稳定的内部归因 B. 稳定的外部归因

C. 可控的内部归因 D. 可控的外部归因

18. [2019 下半年]根据耶克斯—多德森定律,学生解决困难和复杂的任务时,哪种动机水平最有利( )

A. 中等偏下水平 B. 中等水平 C. 中等偏上水平 D. 高水平

19. [2019 下半年]林菁擅长记忆物理定律、数学公式和化学方程式,这表明他的哪种记忆好( )

A. 形象记忆 B. 情绪记忆 C. 逻辑记忆 D. 动作记忆

20. [2019 上半年]学生课前预习,带着不懂的问题去上课,以便更有针对性地注意听讲。这种注意方式属于( )

A. 有意注意 B. 无意注意 C. 无意后注意 D. 有意后注意

21. [2019 上半年]艾宾浩斯遗忘曲线表明,遗忘的速度是不均衡的,呈现的趋势是( )

A. 先慢后快 B. 匀速加快 C. 先快后慢 D. 匀速减慢

22. [2019 上半年]晓春上课时把老师的讲解内容用自己的语言写在课本上,以促进对知识的理解。他采取的学习策略是( )

A. 复述策略 B. 组织策略

C. 计划策略 D. 精细加工策略

23.［2019 上半年］“学习过程就是尝试错误的过程”，这一观点属于哪种学习理论（　　）

A. 行为主义　　B. 认知主义　　C. 人本主义　　D. 建构主义

24.［2018 下半年］陈冬看到自己最好的朋友因学习成绩优异受到校长的嘉奖后，也开始加倍努力学习，力争取得优异成绩。这种强化属于（　　）

A. 直接强化　　B. 替代强化　　C. 自我强化　　D. 内部强化

25.［2018 下半年］杨老师在教学中对所讲的例题尽可能给出多种解法，同时鼓励学生“一题多解”。杨老师的教学方式主要能促进学生哪种思维的发展（　　）（常考）

A. 动作思维　　B. 直觉思维　　C. 辐合思维　　D. 发散思维

26.［2018 上半年］当人们听到一种自己觉得可怕的声音时，往往会感到发冷，甚至起鸡皮疙瘩。这种现象称为（　　）

A. 适应　　B. 对比　　C. 联觉　　D. 后像

27.［2018 上半年］学习了三角形和长方形的面积公式之后，再学习梯形的面积公式就比较顺利。这种迁移属于（　　）

A. 零迁移　　B. 逆向迁移　　C. 负迁移　　D. 正迁移

28.［2018 上半年］在心理学实验中，为了使小狗能够区分圆形光圈和椭圆形光圈，研究者只在圆形光圈出现时才给予食物强化，而在呈现椭圆形光圈时不给予强化，那么小狗便可以学会只对圆形光圈做出反应而不理会椭圆形光圈。该过程称为（　　）（易混）

A. 刺激的分化　　B. 刺激的泛化

C. 刺激的获得　　D. 刺激的消退

29.［2017 下半年］下图是由三个扇形和三条折线组成，但是人们会把它知觉为两个三角形和三个圆形，其反映的知觉特性是（　　）

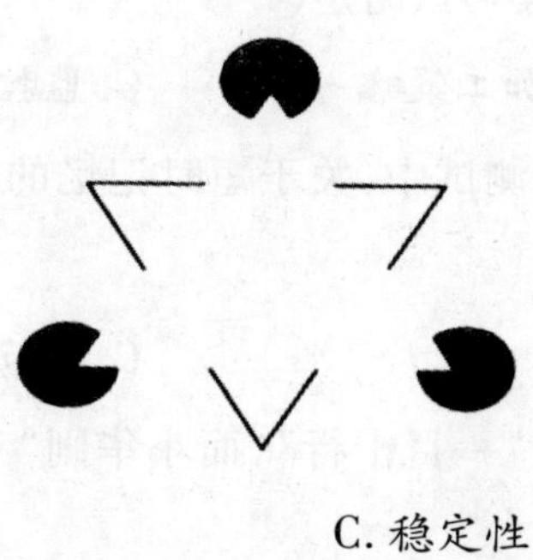

A. 整体性　　B. 选择性　　C. 稳定性　　D. 恒常性

30.［2017 下半年］地理老师教学生记忆“乞力马扎罗山”时，为方便学生记忆，将之戏称为“骑着马打着锣”。这种学习策略属于（　　）

A. 复述策略　　B. 精细加工策略

C. 组织策略　　D. 元认知策略

31. [2017 下半年]英语老师先教学生蔬菜、水果、肉的英文单词，再教羊肉、猪肉、牛肉、胡萝卜、辣椒、西红柿、芒果、木瓜、香蕉等英文单词，并要求学生把后者纳入前者的类别中。这种知识学习属于(　　)

A. 下位学习　　B. 上位学习　　C. 组合学习　　D. 并列学习

32. [2017 上半年]学习游泳之前，小兰通过阅读书籍记住了一些与游泳相关的知识。小兰对游泳知识的记忆是(　　)

A. 陈述性记忆　　B. 程序性记忆　　C. 瞬时记忆　　D. 短时记忆

33. [2017 上半年]小军由于“锐角三角形”知识掌握不好而影响了“钝角三角形”知识的掌握，这种现象属于(　　)(常考)

A. 纵向迁移　　B. 横向迁移　　C. 顺应迁移　　D. 重组迁移

34. [2016 下半年]在思维训练课中，老师让大家列举纽扣的用处，小丽只想到扣衣服，却想不到其他用途。这种现象说明了(　　)

A. 功能迁移　　B. 功能固着　　C. 功能转换　　D. 功能变通

35. [2016 下半年]小刚利用改变物体接触面的大小或光滑程度的方法，来增强或减弱滑板的摩擦力。这主要说明小刚能够运用(　　)

A. 元认知知识　　B. 描绘性知识

C. 情境性知识　　D. 程序性知识

36. [2016 下半年]如果学生要学习的知识内容比较复杂，结构化程度很高，又必须在短时间内加以掌握，他们最宜采用的学习形式是(　　)

A. 发现学习　　B. 接受学习　　C. 合作学习　　D. 互动学习

37. [2016 下半年]在老师的指导下，学生利用图示方式对知识进行归纳整理，以促进自己对所学知识的掌握。学生采用的这种学习策略是(　　)

A. 复述策略　　B. 精细加工策略　　C. 监控策略　　D. 组织策略

38. [2016 下半年]在一次心理知识测试中，关于短时记忆的容量单位，学生们的答案涉及下列四种，其中正确的是(　　)

A. 比特　　B. 组块　　C. 字节　　D. 词组

39. [2016 上半年]小明看书时可以“一目十行”，而小华则“一目一行”。这反映了他们在(　　)品质上存在差异。

A. 注意的广度　　B. 注意的分配　　C. 注意的稳定性　　D. 注意的转移

40. [2016 上半年]小亮在解决物理习题时，能够把各种解法逐一列出并加以尝试，最终找到一个最佳解法。小亮的这种解题方法属于(　　)策略。

A. 启发式　　B. 推理式　　C. 算法　　D. 归纳式

41. [2016 上半年]小黄在学习时关注的是知识的内容和价值，而不是为了获得分数和奖励。根据成就目标理论，小黄的目标导向属于(　　)

A. 成绩趋近　　B. 成绩回避　　C. 掌握趋近　　D. 掌握回避

二、辨析题(每小题 8 分，参考时限 8 分钟。共 4 小题)

1. [2022 上半年]情绪与认知是互不影响的心理过程。

2. [2021 下半年]阿特金森认为，力求成功者旨在获取成就感，他们倾向于选择稳操胜券的任务。

3. [2021 上半年]后继学习对先前学习产生负迁移作用。

4. [2020 下半年]思维定势对问题解决的影响可能是积极的，也可能是消极的。

三、简答题(每小题 10 分，参考时限 10 分钟。共 5 小题)

1. [2021 上半年]培养学生创造性的主要途径有哪些?

2. [2021 上半年]简述建构主义学习理论的主要观点。

3. [2019 下半年]简述元认知策略的种类。

4.［2019 上半年］简述知觉的基本特征。

5.［2018 上半年］加涅将学习结果分为哪几类？

四、材料分析题（每小题 18 分，参考时限 15 分钟。共 2 小题）

1.［2022 下半年］材料：

某中学班主任张老师收到家长的一封来信，信中说："我的孩子晓奇在小学阶段喜欢学习，各科学习成绩优异。进入初中后，第一次数学考试考了 80 分，属于班级中下水平，他感到很失望、很沮丧，开始对自己的学习能力产生了怀疑。与此同时，晓奇小学时特别感兴趣的也是他的强项——英语，现在考试成绩也很不理想。晓奇对自己的学习能力更不自信了，认为自己不是学习的材料。近期他的学习劲头明显下降，作业拖拉，只要家长一离开，就放下作业。我很着急，也很纳闷，为什么他变得这么不爱学习了？想教育他、改变他，又不知如何下手，只好写信向您请教了。"

问题：

（1）请用动机归因理论分析案例中晓奇出现的问题及其原因。

（2）张老师应该向家长提出哪些教育建议？

2.［2021 下半年］**材料：**

王老师是初中语文老师，根据教学进度的安排，最近他开始讲授古代诗歌单元。在教学时，他先是引导学生探索五言绝句的平仄规律，刚开始学生总结不准确，经过多次讲解和引导，学生掌握了五言绝句的平仄规律。随后，王老师发现，当学生又学习五言律诗时，他们很快就能总结出五言律诗的平仄规律。再后来，当学生学习七言律诗时，也很快总结出了其平仄规律。

本单元结束后，王老师进行教学反思：学生之所以能很容易地总结出七言律诗的平仄规律，是因为学生已经掌握了五言绝句、五言律诗的平仄规律，他们利用已掌握的方法进行分析，很快就能总结出七言律诗的平仄规律。

问题：

（1）请用迁移相关理论分析上述学习现象。

（2）该迁移理论对教学有何启示？

刷专题

专题一　认知过程

链接答案本 P295

一、单项选择题（每小题 2 分，共 99 小题。参考时限 100 分钟）

1. 课堂上，老师在讲解到重难点时，全班学生会集中精力认真听讲。这种注意的方式是（　　）

A. 无意注意　　B. 随意前注意　　C. 有意后注意　　D. 有意注意

2. 小伟在解决问题时会首先收集相关信息与知识，运用逻辑规律缩小解答范围，直到找到最恰当的正确答案，这种思维方式属于(　　)(常考)

A. 经验型　　B. 辐合型　　C. 理论型　　D. 发散型

3. "仁者见仁，智者见智"说明了(　　)

A. 知觉的选择性　　B. 知觉的理解性

C. 知觉的恒常性　　D. 知觉的整体性

4. 电影开映后，走进电影院起初什么也看不清，等一段时间后慢慢能看清了。这种现象叫视觉的(　　)

A. 明适应　　B. 暗适应　　C. 感受性　　D. 恒常性

5. 通常情况下，一提到护士，我们会想到心细、体贴人、讲卫生；一提到模特，我们就会想到身材高挑、"衣架子"。这种现象，在心理学上称为(　　)

A. 首因效应　　B. 刻板印象　　C. 晕轮效应　　D. 近因效应

6. "昨夜雨疏风骤，浓睡不消残酒。试问卷帘人，却道海棠依旧。知否？知否？应是绿肥红瘦。"李清照的这首《如梦令》体现了思维的(　　)

A. 间接性　　B. 敏捷性　　C. 概括性　　D. 深刻性

7. 教师常把形近字的相异部分用不同颜色的粉笔写出来，以引起学生的注意，其运用的感觉规律是(　　)

A. 感觉适应　　B. 感觉后像　　C. 感觉补偿　　D. 感觉对比

8. 知觉恒常性受各种因素影响，其中(　　)线索有重要作用。

A. 视觉　　B. 听觉　　C. 嗅觉　　D. 触觉

9. 忘记了手机的开机密码，我们逐个进行尝试，终于找回了密码，这属于(　　)策略。

A. 启发法　　B. 爬山法　　C. 算法　　D. 逆向工作法

10. 小刚发现桌子的螺丝松了，想找螺丝刀重新拧紧，但却找不到，其父知道以后，用小刀把螺丝拧紧，这说明小刚在解决问题的时候，不能摆脱(　　)的影响。

A. 问题的特点　　B. 思维定势　　C. 酝酿效应　　D. 功能固着

11. 小明听了一段两倍速的听力材料，再接着听一段正常语速的听力材料，会觉得正常语速比较慢，这属于(　　)

A. 感觉后像　　B. 感觉对比　　C. 联觉　　D. 感觉补偿

12. 先注视打开的电灯，几分钟后闭上眼睛，会感到眼前有一个同电灯差不多的光源出现在黑暗的背景里。这就是视觉现象中的(　　)

A. 视觉对比　　B. 颜色视觉　　C. 视觉适应　　D. 视觉后像

13. “人类虽然还没有真正搞清楚宇宙形成的奥秘，但人们可以根据宇宙中存在的种种现象以及相关的知识经验来推测它的形成。”这反映了思维的（　　）

A. 概括性　　B. 间接性　　C. 系统性　　D. 分析性

14. 王老师在讲课时，看到有学生走神，他并没有出声提醒这位学生，而是提高了讲课的声音，然后停顿了一下。学生发现了老师讲课的变化，开始注意听讲了。王老师的这种做法，是为了引起学生的（　　）（常考）

A. 有意后注意　　B. 有意注意　　C. 分解注意　　D. 无意注意

15. 一个人换了衣服和发型，但是我们仍然能够认出来他。这体现了知觉的（　　）

A. 整体性　　B. 恒常性　　C. 理解性　　D. 选择性

16. 由暗处到亮处，特别是在强光下最初一瞬间会感到光线刺眼几乎看不清外界物体，几秒钟之后逐渐看清物体。这种对光的感受性下降变化的现象称为（　　）

A. 暗适应　　B. 明适应　　C. 不适应　　D. 知觉适应

17. 学生看书时，喜欢用荧光笔画出优美的语句，以便于下次欣赏品读。这利用了知觉的（　　）

A. 理解性　　B. 整体性　　C. 恒常性　　D. 选择性

18. 学生在认识锐角三角形、直角三角形、钝角三角形的基础上，产生“由三条线段所围成的封闭图形是三角形”的认知，这表明学生思维具有（　　）

A. 间接性　　B. 直接性　　C. 概括性　　D. 具体性

19. 平视与斜视桌面上同一位置的同一本书，在视网膜上成像的形状虽有不同，但人对书的形状知觉仍然保持不变。这体现了知觉的（　　）（易混）

A. 选择性　　B. 理解性　　C. 整体性　　D. 恒常性

20. 感觉阈限与感受性在数值上成（　　）

A. 正比　　B. 对数　　C. 反比　　D. 常数值

21. 受面包放入发酵剂后产生多孔、变得松软的启发，人们制造出泡沫橡胶。这种解决问题的过程与方法属于（　　）

A. 抽象思维　　B. 功能固着　　C. 原型启发　　D. 思维定势

22. 大街上闪动着的霓虹灯容易引起人们的注意，主要原因是刺激物的（　　）

A. 强度　　B. 对比关系　　C. 活动变化　　D. 新异性

23. 老师说“一斤棉花重，还是一斤铁重”时，丽丽不假思索地选择铁重，老师又问：“你确定吗？”丽丽点了点头。这说明丽丽解决问题时受到的影响因素是（　　）（常考）

A. 功能固着　　B. 原型启发　　C. 心理定势　　D. 垂直迁移

24. 在日常生活中,有的人看到虐待儿童的新闻时,一般会说有孩子的人看不得,这体现了(　　)

A. 晕轮效应　　B. 归因效应

C. 刻板效应　　D. 投射效应

25. 小明因为学习不好就被父母认为一无是处,这反映了印象形成中的(　　)

A. 首因效应　　B. 晕轮效应　　C. 近因效应　　D. 投射效应

26. “入芝兰之室,久而不闻其香”描述的是(　　)

A. 味觉刺激　　B. 听觉适应　　C. 嗅觉刺激　　D. 感觉适应

27. 某学生在写一篇论文时感觉任务太难,不知如何开始,于是他将这个任务划分成几个子任务:选题、查找资料、组织材料、制定大纲等,结果他较为轻松地完成了任务。该学生运用的解决问题的方法是(　　)

A. 手段—目的分析法　　B. 逆向反推法

C. 爬山法　　D. 类比思维法

28. 记忆可分为瞬时记忆、短时记忆和长时记忆,短时记忆的容量有限,大体上为(　　)

A. 7 ±2 个组块　　B. 10 ±2 个组块

C. 12 ±2 个组块　　D. 16 ±2 个组块

29. 我国唐代画家张璪可以“双管齐下”,一只手画青翠葱郁的活松,另一只手画萎谢凋零的枯松,同时下笔,同时收笔,皆为佳作。这体现的是(　　)

A. 注意的广度　　B. 注意的分配

C. 注意的稳定性　　D. 注意的转移

30. 法国作家左拉的《陪衬人》一书描述了一个“丑”也可以被当作商品贩卖的巴黎社会。富裕的小姐们、太太们专门找一些比较丑的、没有特点的人带在身边出没公共场合,以此来显示自己的美。这种做法利用的是(　　)

A. 同时对比　　B. 继时对比　　C. 感觉适应　　D. 感觉补偿

31. “视而不见,听而不闻”的现象,典型地体现了(　　)

A. 注意的指向性　　B. 注意的集中性

C. 注意的稳定性　　D. 注意的分配性

32. 雪地中难以分辨出白兔,这体现的影响知觉选择性的因素是(　　)

A. 刺激物的强度　　B. 刺激新奇

C. 刺激对比　　D. 刺激物的运动变化

33. 老师上课板书时,用红色粉笔把重点内容突出出来。这运用的原理是(　　)

A. 刺激强度大的物体容易引起人的无意注意

B. 色彩对比鲜明的物体容易引起人的无意注意

C. 新颖的物体容易引起人的无意注意

D. 活动的物体容易引起人的无意注意

34. 王老师在评讲数学月考试卷的最后一题时，书写的解题思路和解题过程占满了整个黑板，但李峰能关注到黑板上的大部分内容，这体现的注意品质是(　　)

A. 注意的分散　　B. 注意的转移　　C. 注意的广度　　D. 注意的分配

35. 小刘打算用五天时间完成一项任务，但是领导派来了新任务，小刘又很快把精力投入到新任务中。这说明小刘的(　　)

A. 注意范围大　　B. 注意的稳定性强

C. 注意的分配性好　　D. 注意转移快

36. 游览过南京长江大桥的人，会在头脑中再现出该大桥的形象。这种形象在心理学上称为(　　)

A. 后像　　B. 表象　　C. 应激　　D. 联想

37. 王老师讲课时，迟到的钱冰突然推门而入，同学们不约而同地把目光投向了他。学生的这种心理活动属于(　　)

A. 无意识记　　B. 有意识记　　C. 无意注意　　D. 有意注意

38. 短时记忆的主要编码形式是(　　)(易混)

A. 图像编码　　B. 听觉编码　　C. 语义编码　　D. 情境编码

39. 学生已知“平行四边形”这一概念，可通过“菱形是四边一样长的平行四边形”这一命题学习菱形，这种学习属于(　　)

A. 上位学习　　B. 下位学习　　C. 并列结合学习　　D. 组合学习

40. 老师在讲课的过程中，会把重点知识反复强调几遍，这主要是为了引起学生的(　　)

A. 无意注意　　B. 有意注意　　C. 有意后注意　　D. 分散注意

41. 诵读“草长莺飞二月天，拂堤杨柳醉春烟。儿童散学归来早，忙趁东风放纸鸢”时，头脑里立马浮现出草长莺飞、杨柳飘絮的画面，这种想象属于(　　)

A. 无意想象　　B. 再造想象　　C. 创造想象　　D. 幻想

42. 做数学试题时，对于每一道计算题，小芳总能想出两种以上可能的计算方法。“想出两种以上可能的计算方法”属于问题解决的(　　)

A. 发现问题阶段　　B. 解决问题阶段

C. 明确问题阶段　　D. 提出假设阶段

43. 一种记忆的特点是:信息的保存是形象的,保存的时间短、保存量大,编码是以事物的物理特性直接编码,这种记忆是(　　)

A. 短时记忆　　B. 瞬时记忆　　C. 长时记忆　　D. 动作记忆

44. 从记忆类型来看,对哥伦布发现美洲这个事实的记忆属于(　　)

A. 形象记忆　　B. 情景记忆　　C. 逻辑记忆　　D. 运动记忆

45. 学生在听教师讲解公式原理时,总是在已有知识经验的基础上去把握所学的内容,这属于(　　)

A. 知觉的选择性　　B. 知觉的恒常性

C. 知觉的理解性　　D. 知觉的整体性

46. 早晚时间被充分利用,晚上的学习效果优于白天,这是由于白天受(　　)干扰较多。

A. 前摄抑制　　B. 倒摄抑制　　C. 单一抑制　　D. 双重抑制

47. 某高中数学老师在讲函数时,先与学生一起回顾在初中阶段所学的函数知识,告知学生虽然高中阶段所学的函数知识内容较多、范围更广,但初中阶段的函数在解题中仍能加以应用,使得学生能够自觉地将新旧知识融合在一起,构建更为系统的函数知识网络。该老师这样教学可防止出现(　　)

A. 消退和抑制　　B. 前摄抑制和倒摄抑制

C. 倒摄抑制和干扰抑制　　D. 短暂性遗忘

48. 奥苏伯尔认为,遗忘是知识的组织和认知结构简化的过程。当人们学到了更高级的概念与规律之后,就可以以此来代替低级的观念,使低级观念简化,从而减轻记忆负担。这种学说是(　　)

A. 消退说　　B. 干扰说　　C. 同化说　　D. 压抑说

49. 小学生在家长要求下一遍一遍地读自己根本不懂的古诗词,并记住了它们。这属于(　　)

A. 无意识记　　B. 意义识记　　C. 理解识记　　D. 机械识记

50. 有时明明知道某人的姓名或某个字的写法,但就是想不起来,事后却能回忆起来。这体现了遗忘理论中的(　　)

A. 干扰说　　B. 衰退说　　C. 压抑说　　D. 提取失败说

51. 在感觉记忆中,信息的编码方式是(　　)

A. 语义记忆　　B. 概念体系

C. 图像记忆和声像记忆　　D. 图式

52. 学生在做问答题时所使用的记忆主要是(　　)

A. 识记　　B. 保持　　C. 再认　　D. 回忆

53. 小陈刚开始学数学的时候，只是为了应付学习任务，后来随着掌握的数学基础知识越来越丰富，他对数学产生了兴趣，凭着兴趣可以自然地将注意力集中到数学学习上。这种注意属于(　)

A. 有意注意　　B. 无意注意

C. 有意后注意　　D. 无意后注意

54. 游泳时，刚刚跳进水中时会觉得水很冷，不久后这种感觉就会消失，这种感觉规律属于(　　)

A. 感觉后像　　B. 感觉适应　　C. 感觉对比　　D. 感觉补偿

55. 我们阅读《红楼梦》时，根据文字描述在头脑中想象出王熙凤的形象，这种想象属于(　　)

A. 创造想象　　B. 幻想　　C. 无意想象　　D. 有意想象

56. 作文课上，王老师让学生以"苹果树"为题写一篇文章，小芳看到该题目后，脑海中浮现出自己家中的苹果树以及树上的大苹果。小芳的这种记忆属于(　　)(易错)

A. 情绪记忆　　B. 逻辑记忆

C. 形象记忆　　D. 动作记忆

57. 一个人学过某个舞蹈，过了一段时间，她又在另一个地方应邀为观众表演了这段舞蹈。她的表演凭借的是(　　)

A. 情绪记忆　　B. 情景记忆　　C. 动作记忆　　D. 语义记忆

58. "知人所不知，见人所不见。"这表明了创造性的(　　)品质。

A. 流畅性　　B. 变通性　　C. 指向性　　D. 独创性

59. 教师讲新知识之前都要先让学生复习以前学过的知识并通过找到旧知识与新知识之间的联系来帮助学生记忆新知识。这种记忆过程属于(　　)

A. 机械识记　　B. 无意识记　　C. 意义识记　　D. 被动识记

60. 有些学生在考试时由于紧张，之前已经记住的知识怎么也想不起来。心理学中对这种现象进行解释的理论是(　　)

A. 衰退说　　B. 干扰说

C. 压抑说　　D. 提取失败说

61. 艾宾浩斯的遗忘曲线表明，遗忘在学习之后立即开始，而且在最初的时间里遗忘速度很快，随着时间的推移，遗忘的速度逐渐慢下来，过了相当长时间后，几乎不再发生遗忘。影响遗忘进程的因素有很多，下列表述不正确的是(　　)

A. 学习材料的性质　　B. 系列位置效应

C. 识记材料的数量　　D. 个体的个性特点

62. 我们到一个地方去办事，会事先在头脑中想出可能到达的道路，经过分析与比较，最后选择一

条短而方便的路。这样的思维是(　　)

A. 直观动作思维　　B. 具体形象思维

C. 抽象逻辑思维　　D. 直觉思维

63. 人的注意会经常出现周期性地加强和减弱。这一现象反映了注意的哪一现象(　　)

A. 注意的起伏　　B. 注意的广度

C. 注意的分配　　D. 注意的转移

64. 学生认为某老师的第一堂课讲得非常好,于是以后上该老师的课时,他们都认为这个老师的课讲得非常好。这种现象被称为(　　)

A. 社会刻板印象　　B. 晕轮效应

C. 首因效应　　D. 近因效应

65. 张老师在教学生如何解答数学题时,再三强调让学生先审题明确题意,把握题目的目的性和问题的关键信息,摒弃无关因素。张老师的做法有利于学生在解答题目时(　　)

A. 强化对题目的记忆　　B. 形成对问题的表征

C. 有效监控解题过程　　D. 提取有针对性的计算技能

66. 阿基米德在洗澡时突然发现了浮力定律,解决了"王冠之谜"。这种思维属于(　　)

A. 分析思维　　B. 常规思维　　C. 直觉思维　　D. 抽象思维

67. "一俊遮百丑"是一种(　　)

A. 首因效应　　B. 近因效应　　C. 刻板印象　　D. 晕轮效应

68. 注意是伴随着感知觉、记忆、思维、想象等心理过程的一种共同的心理特征。注意的两种最基本的特点是(　　)

A. 指向性与集中性　　B. 分散性与集中性

C. 指向性与分散性　　D. 选择性与紧张性

69. 孩子群中站一个大人、万绿丛中一点红,都容易引人注意。这种引起无意注意的因素是(　　)

A. 刺激物的强度　　B. 刺激物之间的对比关系

C. 刺激物的活动和变化　　D. 刺激物的新异性

70. 学生从各种解题方法中筛选出一种最佳解法,从而得出结论。这是一种(　　)(常考)

A. 聚合思维　　B. 发散思维

C. 常规思维　　D. 创造性思维

71. 丁墨在她的小说《他来了,请闭眼》中,塑造了高智商、严谨和善于推理的犯罪心理学专家薄靳言的形象。这属于(　　)

A. 无意想象　　B. 再造想象　　C. 无意记忆　　D. 创造想象

72. 设计师设计城市时规划蓝图的过程属于(　　)

A. 再造想象　B. 创造想象　C. 无意想象　D. 空想

73. 在解决"1 + 2 + 3 + 4 + …… + 100 = ?"这一数学问题时,有的人依次从首加到尾得出了正确答案,也有人发现第一项和最后一项、第二项和倒数第二项……加起来都等于 101,以此类推,一共有 50 对数的和等于 101,最后得出结果 5050。后者运用的思维方式是(　　)

A. 创造性思维　B. 逻辑思维　C. 分析思维　D. 常规思维

74. 李明同学每次解决问题都能够触类旁通,不受消极思维定势的桎梏。这说明其思维具有(　　)(易混)

A. 广阔性　B. 流畅性　C. 变通性　D. 独创性

75. 一个人面对问题情境时,在规定的时间内能产生大量不同的观念。这表明其创造性思维具有(　　)

A. 流畅性　B. 变通性　C. 指向性　D. 独创性

76. 人挑 100 斤重量的东西时增加一斤没感觉到差别,但是如果手提两斤重量的东西,再减一斤,差别就明显了。这种刚刚能感觉到刺激物之间的最小差异量的能力叫做(　　)

A. 绝对感受性　B. 绝对感觉阈限

C. 差别感觉阈限　D. 差别感受性

77. 某教师在给学生评分时,认为某个学生好,会不自觉地给他的分数高一些,认为某个学生差,会不自觉地给他的分数低一些,这是(　　)的作用。

A. 原型启发　B. 功能固着

C. 思维定势　D. 酝酿效应

78. 教师可以通过观察学生的言行举止来了解学生的内心世界。这说明思维具有(　　)

A. 间接性　B. 概括性　C. 理解性　D. 整体性

79. 以下选项中,不属于短时记忆特点的是(　　)

A. 信息原始　B. 时间很短　C. 易受干扰　D. 意识清晰

80. 李同学参观了民俗文化展览后,记住了各种民俗服装的样式。这属于(　　)

A. 运动记忆　B. 情景记忆　C. 情绪记忆　D. 形象记忆

81. 以科学的原理、定理、定律等理论为依据,对问题进行分析、判断的思维是(　　)

A. 求解思维　B. 决策思维　C. 经验思维　D. 理论思维

82. 个体在反复探索一个问题的答案而毫无结果的时候,如果把问题暂时搁置几小时或几天,然后再回过头来解决,往往可以很快找到解决办法。这种现象在心理学上称之为(　　)

A. 顿悟效应　B. 免疫效应　C. 酝酿效应　D. 搁置效应

83. 我们常用电吹风来吹头发,却没有想过用它来烘干潮湿的衣服,这种心理现象属于(　　)

A. 问题表征　　B. 原型启发　　C. 功能固着　　D. 高原现象

84. 听音乐时感觉看到了相应的色彩或场景,这种现象属于(　　)

A. 联觉　　B. 感觉后像　　C. 感觉适应　　D. 感觉对比

85. 很久以前学过的英语单词,一名学生现在写也许写不出来,但是在阅读文章时遇见这些单词却可以再认出来。该学生的这种记忆属于(　　)

A. 内隐记忆　　B. 外显记忆

C. 形象记忆　　D. 运动记忆

86. "一朝被蛇咬,十年怕井绳"说的是(　　)

A. 情绪记忆　　B. 动作记忆　　C. 形象记忆　　D. 逻辑记忆

87. 50 分贝的声音小燕刚刚能够听到,当声音提高到 60 分贝时,小燕刚好能感觉到此刻分贝的声音与原来大小不一样。这 10 分贝的差距是(　　)

A. 绝对感受性　　B. 绝对感觉阈限　　C. 差别感受性　　D. 差别感觉阈限

88. 问题解决的(　　)策略是对一个问题解决的所有可能途径都加以尝试的策略。该策略的特点是:如果解决方案存在的话,就一定能找到解决问题的方案,而且能找出所有的解决方案,选出最佳的解决方案。

A. 逆推法　　B. 手段—目标分析法　　C. 爬山法　　D. 算法

89. 陈老师总是提醒学生要抓紧一切时间进行学习,才能达到较好的学习效果,但在教育心理学上"过度学习"不是毫无限度的"超度学习"。一般来说,学习程度以(　　)为佳,其效应也最大。(常考)

A. 100%　　B. 150%　　C. 180%　　D. 200%

90. 学生运用已学会的公式解决了同一类型问题。这一思维过程属于(　　)

A. 创造性思维　　B. 再造性思维　　C. 分析思维　　D. 理论思维

91. 所谓过度学习,是指在学习达到刚好成诵以后的附加学习。假如小明学习《望月》时,20 分钟刚好能背诵,为取得最好的记忆效果,小明需要再学习(　　)分钟。

A. 2　　B. 5　　C. 10　　D. 15

92. 看见一面红旗,人们马上能认出它。这时的心理活动是(　　)

A. 感觉　　B. 视觉　　C. 色觉　　D. 知觉

93. 学生对于如何骑自行车的记忆属于(　　)

A. 陈述性记忆　　B. 形象记忆

C. 程序性记忆　　D. 情绪记忆

94. "蚂蚁搬家蛇过道,明日必有大雨到。"这句谚语体现的思维类型是(　　)

A. 经验思维　　B. 理论思维　　C. 直觉思维　　D. 发散思维

95. 教师将“辩”“辨”“辫”“瓣”的不同部件标成红色，以帮助学生更好区别。这一做法符合(　　)

A. 知觉的选择性　　B. 知觉的理解性

C. 知觉的恒常性　　D. 知觉的整体性

96. 技术工人在对一台机器进行维修时，一边检查一边思考故障的原因，直到发现问题排除故障为止。这一过程中(　　)占据主要地位。

A. 直观动作思维　　B. 具体形象思维

C. 抽象逻辑思维　　D. 直觉思维

97. 长时记忆是指储存时间在(　　)以上的记忆。

A. 1 秒钟　　B. 1 分钟　　C. 1 小时　　D. 1 天

98. “反向设计，正向施工”属于问题解决策略中的(　　)

A. 算法式　　B. 逆向工作法

C. 爬山法　　D. 手段—目的分析法

99. 从笼统、混乱、不确定的问题中，找出主要矛盾和关键因素，把握问题实质并确定问题的解决方向。这属于问题解决的(　　)

A. 发现问题阶段　　B. 明确问题阶段

C. 提出假设阶段　　D. 检验假设阶段

二、辨析题(每小题 8 分，参考时限 8 分钟。共 3 小题)

1. 定势是一种消极的心理准备状态。

2. 注意的起伏和注意的分散都是稳定性差的表现。

3. 学习程度超过 150%，学习效果最好。

三、简答题（每小题 10 分，参考时限 10 分钟。共 5 小题）

1. 简述有效组织复习的方法。

2. 影响遗忘进程的因素有哪些？

3. 简述教师培养中学生注意力的方法。

4. 简述问题解决的一般过程。

5. 简述引起和保持有意注意的条件。

四、材料分析题(每小题 18 分,参考时限 15 分钟。共 3 小题)

1. 材料:

上课铃声一响,教师走进教室。他首先把上课要演示的教具摆放在讲台上,接着宣布考试成绩,然后开始教授新课。很快,他便发现学生难以集中注意力。

问题:

(1)结合材料分析教师的哪些教学行为造成了学生难以集中注意力?

(2)运用心理学的注意规律,提出集中学生注意力的有效措施。

2. 材料：

漫画家丰子恺在刚开始学习外语时，第一天把第一课读了十遍，第二天把第二课读了十遍，第一课读了五遍，第三天把第三课读了十遍，第一、第二课各读五遍，第四天把第四课读了十遍，把第二、第三课各读五遍，第一课读了两遍，并在第一课上标了一个“读”。这样，他认为他四天读第一课二十二遍，比他一天读二十二遍第一课，效果要好，他只用几个月就掌握了外语的知识，并且能够阅读外文小说，后来从事翻译工作。

问题：这说明了什么问题？请用记忆的相关知识分析。

3. 材料：

培养创新型人才既是时代要求，也是教育改革的迫切要求。但是受应试教育的影响，学校在教育教学中追求标准化、统一化的现象依然存在，随着年级的递增，进而出现学生的好奇心、求知欲逐渐递减，甚至出现学生只会回答问题，不会提出问题的现象。而要培养创新型人才，实践教学是主阵地，教师则是主力军。

问题：

(1)请分析创造性的基本特征。

(2)如果你是一位中学在职教师，请分析如何在教学中培养学生的创造性？

专题二　学习与学习理论

链接答案本 P307

一、单项选择题(每小题2分,共28小题。参考时限30分钟)

1. 小明在学校不遵守纪律,妈妈就取消了这个周末带小明去看电影的计划,这属于(　　)

A. 移除性惩罚　　B. 呈现性惩罚　　C. 负强化　　D. 祖母法则

2. 提出"认知地图"这一概念的是(　　)

A. 斯金纳　　B. 布鲁纳　　C. 托尔曼　　D. 桑代克

3. 驾驶汽车未系上安全带,汽车不断地发出滴滴的提示音,直到系好安全带为止。这种自觉系上安全带的行为是一种(　　)

A. 惩罚　　B. 消退　　C. 负强化　　D. 正强化

4. 奥苏伯尔更强调学生在学校的学习是(　　)

A. 有意义的接受学习　　B. 有意义的发现学习

C. 发现学习　　D. 探究学习

5. 学生不是空着脑袋走进教室的,所以教学不能无视学生原有的经验背景,而是要把儿童现有的知识经验作为新知识的生长点,引导儿童从原有的知识经验中"生长"出新知识。持这种观点的是(　　)

A. 联结学习理论　　B. 认知学习理论

C. 建构主义学习理论　　D. 有意义接受学习理论

6. 苗苗上课积极回答问题,多次受到老师表扬,之后苗苗上课回答问题更为积极。按照加涅的学习水平分类,这种学习属于(　　)

A. 刺激—反应学习　　B. 概念学习

C. 辨别学习　　D. 规则学习

7. 李老师经常对进步的学生给予奖励,发小红花、小礼品,这对学生的教育起到了很好的效果。李老师的做法依据的学习理论是(　　)

A. 人本主义学习理论　　B. 建构主义学习理论

C. 认知主义学习理论　　D. 行为主义学习理论

8. 完形—顿悟说认为,学习的实质是(　　)

A. 形成刺激—反应的联结　　B. 有意义学习

C. 形成新的完形　　D. 主动形成认知结构

9. 以下属于学习行为的是(　　)

A. 蜘蛛结网　B. 蜻蜓点水　C. 老马识途　D. 春蚕吐丝

10. 在巴甫洛夫的经典性条件作用实验中,食物属于(　　)

A. 无条件刺激　B. 条件刺激　C. 中性刺激　D. 自然刺激

11. 小明看到那些欺负弱小的同学经常受到老师的严厉批评、处罚,而那些爱护弱小的同学则受到大家的喜爱。久而久之,他也变成了一个乐于助人、不欺负弱小的学生。这种学习属于(　　)

A. 亲历学习　B. 观察学习　C. 迁移学习　D. 试误学习

12. 现在越来越多的学校在教学上都强调让教师引导学生使用某些方法或策略来解答问题,或者给学生某个问题,让他们通过网络、图书馆等媒介自己寻找答案。这种学习方式属于(　　)

A. 接受学习　B. 发现学习　C. 深度学习　D. 观察学习

13. 某学生这样来管理自己的学习:"如果我能在 30 分钟内完成英语老师布置的家庭作业,那么就可以和爸爸出去玩。"该学生运用的是(　　)(易错)

A. 外部强化　B. 自我强化　C. 替代强化　D. 消极强化

14. 在实际教学中,教师不能突袭(比如应该学习新知识,却进行考试),这不利于学生学习,其做法依据的是学习的(　　)

A. 准备律　B. 练习律　C. 效果律　D. 动机律

15. 李玲在数学课上多次被老师批评,不愉快的经验让她只要上数学课就焦虑、紧张,也不喜欢数学老师,逐渐不喜欢上数学课,后来发展为不喜欢上其他课,最终害怕去上学。行为主义理论称这种现象为(　　)(易错)

A. 正强化　B. 负强化　C. 消退　D. 泛化

16. "其身正,不令而行;其身不正,虽令不从。"可以解释这一现象的学习理论是(　　)

A. 观察学习理论　B. 信息加工学习理论

C. 建构主义学习理论　D. 有意义学习理论

17. 学习两个或两个以上概念之间的关系,如自然科学中各种定律、定理的学习称为(　　)

A. 辨别学习　B. 概念学习

C. 原理学习　D. 解决问题学习

18. 胡老师是一名新入职的老师,深受学生喜爱,当班级中的同学在测验中取得进步和好成绩时,她都对学生进行表扬和奖励。胡老师的这种做法符合桑代克学习规律中的(　　)

A. 准备律　B. 练习律　C. 效果律　D. 动机律

19. 格式塔学派提出了"顿悟学习",这一概念是基于下列哪一实验提出的(　　)

A. 猫开笼门　B. 小白鼠走迷宫

C. 鸽子拉杆取食　　D. 黑猩猩取香蕉

20. 如果一个心理学家的研究对象是具有经验的人,研究关心的是个人的创造性、对个人和社会有意义的问题以及如何提高人的尊严和价值,则该心理学家最有可能属于的学派是( )

A. 行为主义学派　　B. 认知主义学派

C. 精神分析学派　　D. 人本主义学派

21. 学习"工作总量 = 工作效率 × 工作时间"这一公式是( )

A. 辨别学习　　B. 概念学习　　C. 规则学习　　D. 解决问题学习

22. 在日常生活中,看见路上的垃圾后会绕道走开,这体现了( )

A. 惩罚作用　　B. 正强化作用

C. 逃避条件作用　　D. 回避条件作用

23. 某学生观看了电影《上甘岭》后,对剧中英雄人物顿生敬佩之情,立志学好本领,成为国家有用之才。从加涅的学习结果分类看,该生这一心理变化属于( )的学习。

A. 态度　　B. 动作技能　　C. 言语信息　　D. 认知策略

24. 学习者综合、重组、转换、改造头脑中已有的知识经验,来解释新信息、新事物、新现象,或者解决新问题,最终生成个人的意义。根据建构主义学习理论,这属于( )(常考)

A. 主动建构性　　B. 社会互动性　　C. 情境性　　D. 认知性

25. 布鲁纳提出了认知—发现学习理论,认为学习包括三种几乎同时发生的过程。下列选项中,不属于布鲁纳提出的学习的三大过程的是( )

A. 领会　　B. 评价　　C. 转化　　D. 获得

26. 小涛喜欢做航空模型,但是非常不喜欢阅读。为了加强小涛的阅读能力,家长规定小涛阅读一篇文章后才能去做航空模型。这运用的强化原理是( )

A. 普雷马克原理　　B. 皮格马利翁效应　　C. 蔡加尼克效应　　D. 契可尼原理

27. 在课堂上,有些性子急的学生不举手就回答问题,老师不理会他,点那些举手的学生回答问题。很快,性子急的学生不举手回答问题的行为消失了,他们回答问题前都会先举手。该老师运用的方法是( )

A. 强化　　B. 消退　　C. 分化　　D. 泛化

28. 下列属于有意义接受学习的是( )

A. 中学生在商场里玩密室逃脱　　B. 天文学家探索宇宙信息

C. 利用谐音记忆法背单词　　D. 学生李娟聚精会神地听教育专家的讲座

二、辨析题(每小题 8 分,参考时限 8 分钟。共 3 小题)

1. 用语言教授的接受学习是被动机械的。

2. 在知识、技能、行为方面的临时性变化也是学习。

3. 学生出现不良行为时,可以通过限制其参加某种娱乐活动的方式进行惩罚。

三、简答题(每小题 10 分,参考时限 10 分钟。共 5 小题)

1. 简述经典性条件作用理论的主要规律。

2. 如何理解学习的内涵?

3. 简述桑代克的联结—试误学习理论。

4. 简述奥苏伯尔提出的有意义学习的条件。

5. 简述布鲁纳提出的掌握学科基本结构的原则。

专题三　学习动机

链接答案本 P312

一、单项选择题(每小题2分,共32小题。参考时限35分钟)

1. 同样是努力学习,有些学生只是为了获得老师或家长的赞许,并不在意自己是否真正掌握了知识,而有些学生则是对学习内容本身较为感兴趣。这种现象体现了动机具有(　　)

A. 激活功能　　B. 指向功能　　C. 调节功能　　D. 维持功能

2. 某教师认为只要教学认真,就能取得优异成绩,但又认为即使自己认真教学也没有能力达到期待目标。根据班杜拉的效能理论,表明该教师的效能感属于(　　)

A. 结果期待低,效能期待低　　B. 结果期待低,效能期待高

C. 结果期待高,效能期待低　　D. 结果期待高,效能期待高

3. 看到与自己水平差不多的人考上大学,就会增强自己考上大学的信心。这种自我效能感源自(　　)

A. 个体成功或失败的经验　　B. 替代经验

C. 言语暗示　　D. 情绪唤起

4. 根据个人成败是由内部因素还是外部环境决定,归因常被分为内部归因和外部归因。下列描述中不属于外部归因的是(　　)(常考)

A. 王华认为没考好完全是因为天气太热

B. 王涛认为取得高分是因为运气太好

C. 李明认为考试不及格是张老师出题太难

D. 张华认为成绩不理想是自己努力程度不够

5. 下列有关学习动机与学习效果之间关系的描述,正确的是(　　)

①学习难度大,学习动机水平高,学习效果好

②学习难度大,学习动机水平低,学习效果好

③学习任务容易,学习动机水平高,学习效果好

④学习任务容易,学习动机水平低,学习效果好

A. ①③　　B. ①④　　C. ②③　　D. ②④

6. 在学习动机理论中,成就动机理论的代表人物是(　　)

A. 马斯洛　　B. 韦纳　　C. 阿特金森　　D. 班杜拉

7. 个体在学习活动中感到有某种欠缺而力求获得满足的心理状态是(　　)

A. 学习动机　　B. 学习需要　　C. 学习兴趣　　D. 学习期待

8. 根据动机产生的诱因来源,可以把学习动机分为内部学习动机和外部学习动机,下面属于内部学习动机的是(　　)

A. 附属内驱力　　B. 自我提高内驱力

C. 认知内驱力　　D. 获得父母赞许

9. 阿特金森通过研究发现,倾向于选择非常容易的任务的是(　　)

A. 追求成功者　　B. 避免失败者　　C. 矛盾者　　D. 所有人

10. 新课改要求教师注重激发学生的学习兴趣、好奇心,巧妙创设问题情境,将学习内容与学生的生活背景、知识背景联系起来,促进学生的学习。这种做法是为了提高学生的(　　)

A. 情感内驱力　　B. 认知内驱力　　C. 自我提高内驱力　　D. 附属内驱力

11. 教师在激发学生的学习动机时要对学生的学习成果提供及时的反馈,这种做法的理论基础是(　　)

A. 需要层次理论　　B. 强化理论

C. 自我效能感理论　　D. 成就动机理论

12. 学生中流传的俏皮话"大考大玩,小考小玩,不考不玩",体现的心理学原理是(　　)

A. 耶克斯—多德森定律　　B. 罗森塔尔效应

C. 皮格马利翁效应　　D. 社会刻板效应

13. 关于成就动机的研究表明,与害怕失败者相比,追求成功者倾向于选择(　　)

A. 比较难的任务　　B. 非常难的任务

C. 非常容易的任务　　D. 难度适中的任务

14. 个体对学习活动所要达到的目标的主观估计是(　　)

A. 学习期待　　B. 学习兴趣　　C. 学习动机　　D. 学习需要

15. 自我效能感是美国著名心理学家班杜拉于 20 世纪 70 年代提出的,下列效能信息源中,对自我效能感影响最大的是(　　)

A. 个人自身行为的成败经验　　B. 替代经验

C. 言语劝说　　D. 情绪唤醒

16. 下列因素中,属于成败归因理论中的稳定因素的是(　　)

A. 能力　　B. 努力程度　　C. 心境　　D. 运气

17. 小明的父母都是大学教授，小明为了像父母一样成为大学教授，经常利用假期学习理论知识。根据学习动机分类，小明的学习动机是(　　)(易混)

A. 认知内驱力　　B. 附属内驱力

C. 成就内驱力　　D. 自我提高内驱力

18. 由于疫情间歇性暴发，李彤感到未来不可预测，社会秩序会受到威胁。根据马斯洛的观点，李彤产生的主要需要是(　　)

A. 安全需要　　B. 生理需要

C. 尊重需要　　D. 归属与爱的需要

19. 教师要注重培养学生正确的归因观，那么正确的归因观主要是归因于(　　)

A. 内部、稳定的因素　　B. 内部、可控的因素

C. 内部、不可控的因素　　D. 外部、可控的因素

20. 学生小琳在本学期的语文期末考试中考了全班第一，获得了老师的表扬，她的心里很高兴。她认为自己这次考试成功是因为自己学习能力强，其归因是(　　)

A. 内部、不稳定、可控的　　B. 外部、稳定、不可控的

C. 内部、稳定、不可控的　　D. 外部、不稳定、不可控的

21. 从学习动机的类型来看，"知之者不如好之者，好之者不如乐之者"强调的动机类型是(　　)

A. 内部动机　　B. 外部动机　　C. 社会交往动机　　D. 自我提高动机

22. 王雷认为只要上课听讲，课后做好作业就能取得好成绩。这属于自我效能感理论中的(　　)

A. 效能期待　　B. 过程期待　　C. 行为期待　　D. 结果期待

23. 成就动机水平低的人在失败时往往把原因归于(　　)，容易灰心丧气，产生习得性无助感。

A. 努力不够　　B. 运气不好　　C. 能力不足　　D. 任务太难

24. 小王是一名中学生，下列选项中有可能对小王的自我效能感没有影响的是(　　)

A. 小王在面对一项十分难的任务时，由于没有其他人的帮助而导致任务失败

B. 与小王水平相仿的小红英语考试失败

C. 小王多次数学考试失败的经验

D. 老师利用小王的偶像作为例子对小王进行引导

25. 一般来说，对比较难的学习任务，有利的学习动机应维持在(　　)

A. 适中偏低水平　　B. 较高水平

C. 适中偏高水平　　D. 适中水平

26. 不同个体对自己的能力有不同的看法，这种对能力的潜在认识会直接影响到个体对目标的选择。这一观点属于(　　)

A. 期待价值理论　　B. 动机的归因理论

C. 成就目标理论　　D. 自我功效论

27. 王某一直是学校的长跑冠军，但在最近的一次比赛中落败，他认为这是由于雨后跑道湿滑影响了他的发挥。王某的这种归因属于(　　)的归因。

A. 不稳定、外在、不可控　　B. 不稳定、内在、可控

C. 稳定、外在、可控　　D. 稳定、内在、不可控

28. 小华初中时成绩不错，但中考失利，没考上理想的高中，于是觉得自己能力不行，考不上理想的大学。这种影响自我效能感的因素是(　　)(常考)

A. 替代经验　　B. 言语暗示

C. 情绪唤醒　　D. 个人自身行为的成败经验

29. "学生之所以学习，是因为在学习过程中可以得到奖赏、赞扬和优异的成绩等报酬"，持这种观点的学习动机理论是(　　)

A. 归因理论　　B. 麦克里兰的学习动机理论

C. 阿特金森的成就动机理论　　D. 强化理论

30. 小明倾向于确立掌握目标，希望通过学习来提高自己的能力。小可倾向于确立成绩目标，希望在学习过程中证明自己的能力。根据德韦克的理论，小明和小可分别持有(　　)

A. 能力变化观、能力增长观　　B. 能力增长观、能力实体观

C. 能力实体观、能力变化观　　D. 能力增长观、能力可控观

31. 在学习中，某学生因为种种学习障碍而在学习上屡遭失败的打击，最终沦为差生。他对自己的学习能力失去信心，对学习成功不抱期望，从而放弃学习。这种现象属于(　　)

A. 习得性无助感　　B. 厌学心理　　C. 自我效能感　　D. 焦虑感

32. 主张一般情况下，动机水平适中时，学习效果好的理论是(　　)

A. 成就动机理论　　B. 耶克斯—多德森定律

C. 需要层次理论　　D. 强化理论

二、辨析题(每小题 8 分，参考时限 8 分钟。共 4 小题)

1. 成就动机理论对教育实践的启示是：教师应多给学生布置容易的任务，以增强学生的自信心。

2. 只有在低级需要得到部分满足时,高一级需要才会产生。

3. 表扬和奖励对于学习具有推动作用,因此应多用。

4. 学习动机是直接推动学习行为的原因和动力。

三、简答题(每小题 10 分,参考时限 10 分钟。共 3 小题)

1. 简述自我效能感的作用。

2. 奥苏伯尔认为学校情境中的成就动机由哪几个方面组成？

3. 简述"耶克斯—多德森定律"。

四、材料分析题（每小题 18 分，参考时限 15 分钟。共 2 小题）

1. 材料：

在某班，王同学受父母离异影响，由一个自觉学习的好孩子变成了上课容易走神、不按时完成作业的"问题学生"；李同学因受到班主任的公开辱骂而厌恶上课，经常逃学玩游戏。王、李两位同学的学习成绩都下降了。

问题：

(1) 根据马斯洛的需要层次理论，王、李两位同学的学习成绩下降分别是因为哪些需要没有得到满足造成的？

(2) 运用马斯洛的需要层次理论，就如何满足王、李两位同学的需要提出两条合理的建议。

2. 材料：

小明是某初中一年级的学生，性格开朗，爱看报纸、玩电脑、打篮球，喜欢数学，成绩优秀。一次偶然，小明在英语测验中没考好，他感到很自责。老师认为小明没有考好的原因是没有认真备考，在考试之前打篮球，因此把他作为“反面例子”在全班人面前批评了他。由于成绩变差、名次后退，回家后小明也受到了父母的批评。这让小明的压力很大，他希望下周的数学测验成绩可以提高，以便重新获得老师和家长的认可。但由于压力过大，不仅数学没考好，其他科目也考得不好。面对老师和家长的批评、恨铁不成钢的态度，小明感觉自己各个方面都很差，进而对自己失去了信心，也变得不爱和同学交流了。

问题：

(1) 小明的学习动机是什么类型？

(2) 假如你是小明的老师，面对这种情况，你认为应该从哪些方面来帮助他？

专题四　学习迁移

链接答案本 P318

一、单项选择题（每小题 2 分，共 24 小题。参考时限 25 分钟）

1. 学生学习“刷牙”这个词对其学习“牙刷”这个词所产生的影响属于(　　)（易混）

A. 同化性迁移　　B. 顺应性迁移

C. 重组性迁移　　D. 具体迁移

2. 下列现象属于学习迁移的是(　　)

A. 举一反三　　B. 书山有路勤为径

C. 近朱者赤，近墨者黑　　D. 学而时习之

3. 当学生先学完“不”和“正”后，再学习“歪”时，即可以产生(　　)

A. 逆向迁移　　B. 一般迁移　　C. 负迁移　　D. 具体迁移

4. 在掌握了汉语语法的情况下，初学英语语法时总是出现用汉语语法去套用英语语法的情况。这种现象属于(　　)

A. 正迁移　　B. 负迁移　　C. 零迁移　　D. 助长性迁移

5. 学生因“凹透镜”知识掌握不好而影响了“凸透镜”知识的学习。这种迁移现象是(　　)

A. 纵向迁移　　B. 横向迁移　　C. 一般迁移　　D. 普遍迁移

6. 学过高等数学后有利于初等数学的进一步理解和掌握，这属于(　　)(常考)

A. 顺向正迁移　　B. 逆向正迁移　　C. 顺向负迁移　　D. 逆向负迁移

7. 提高对自己的知识经验的概括程度，以促进迁移的理论依据是(　　)

A. 形式训练说　　B. 概括化理论　　C. 情境性理论　　D. 认知结构理论

8. 认为良好的教材结构有利于学生形成良好的认知结构，从而促进学习迁移。这一观点的提出者是(　　)

A. 桑代克　　B. 安德森　　C. 贾德　　D. 奥苏伯尔

9. 小学生先前学习的加法、减法，对以后更高级的乘除法的学习具有促进作用。这种迁移是(　　)

A. 纵向迁移　　B. 横向迁移　　C. 负向迁移　　D. 逆向迁移

10. 迁移与教学是相辅相成的辩证关系，下列因素中不属于影响迁移的主要因素是(　　)

A. 学习材料的特点　　B. 原有的认知结构

C. 学习的心理准备状态　　D. 完成动作的速度较慢

11. 不改变原有的认知结构，直接将原有的认知经验应用到本质特征相同的一类事物中去，这种迁移称为(　　)

A. 重组性迁移　　B. 顺应性迁移　　C. 同化性迁移　　D. 排列性迁移

12. 学生在学习了鲸、蝙蝠的概念后有利于哺乳动物概念的学习，这属于(　　)

A. 水平迁移　　B. 一般迁移　　C. 正迁移　　D. 负迁移

13. 主张个体对原理、方法掌握得越好，在新情境中的学习迁移就越好的迁移理论最有可能是(　　)(易混)

A. 形式训练理论　　B. 相同要素理论　　C. 概括化理论　　D. 三维迁移理论

14. 最早的有关学习迁移的代表性理论是(　　)

A. 形式训练说　　B. 共同要素说　　C. 经验类化说　　D. 关系转换说

15. 平时我们所说的“举一反三”“触类旁通”“闻一知十”等属于学习迁移，学生迁移能力的形成有

赖于教学,促进迁移的有效教学需要考虑(　　)

①精选教材　②合理编排教学内容

③合理安排教学程序　④教授学习策略,提高迁移意识

A. ①②④　　B. ①②③④　　C. ②③④　　D. ②④

16. 奥苏伯尔提出的三个主要影响迁移的认知结构变量是(　　)

A. 结构性、可操作性和可辨别性　　B. 稳定性、可利用性和结构性

C. 可操作性、可利用性和结构性　　D. 可利用性、可辨别性和稳定性

17. 学生掌握基本的阅读技能后运用到各种具体的学科学习中,这属于(　　)(易错)

A. 普遍迁移　　B. 特殊迁移　　C. 逆向迁移　　D. 水平迁移

18. 对"植物、动物"等具体概念的理解影响着对"生物"这一概念的掌握;"角"这个概念的掌握对"直角、锐角"等概念的学习有一定的影响。这种迁移属于(　　)

A. 水平迁移　　B. 垂直迁移　　C. 顺向迁移　　D. 逆向迁移

19. 当学生学会拼读"going"时,拼读其他带有"ing"的词也变得更加熟练,最能解释这个现象的理论是(　　)

A. 形式训练说　　B. 共同要素说　　C. 概括化理论　　D. 关系转换说

20. 数学课上,唐老师问了同学们两个问题。第一个问题是"从 A 村到 B 村有 3 条路可以走,从 B 村到 C 村有 4 条路可以走,那么从 A 村经过 B 村到 C 村有多少条路可以走?"第二个问题是"书架上有 7 种不同的数学书,3 种不同的语文书,要在书架上任取一本语文书和一本数学书,共有多少种取法?"随后,唐老师讲解了本堂课的重点"乘法原理",并通过乘法原理计算出从 A 村经 B 村到 C 村共有 12 条路可以走。讲解完后同学们也都能根据乘法原理很快计算出第二个问题的答案,即取书的方式一共有 21 种。在这一案例中。同学们产生的学习迁移更符合以下哪种理论(　　)

A. 相同要素说　　B. 形式训练说　　C. 经验类化说　　D. 关系顿悟说

21. 会骑自行车的人学骑三轮车时往往比不会骑自行车的人更困难,这是因为之前掌握的骑自行车的动作技能对学骑三轮车造成了干扰,这种影响属于(　　)

A. 顺向正迁移　　B. 顺向负迁移　　C. 逆向正迁移　　D. 逆向负迁移

22. 苛勒的"小鸡觅食"实验证明了哪种迁移理论(　　)(易错)

A. 形式训练说　　B. 相同要素说　　C. 概括化理论　　D. 关系转换理论

23. 迁移的程度取决于两种情境中相同要素的多寡。相同要素越多,迁移程度越高;相同要素越少,迁移程度越低。以上观点属于迁移的(　　)

A. 形式训练说　　B. 相同要素说　　C. 经验类化说　　D. 关系转换说

24. 贾德的“水下击靶”实验，是(　　)的经典实验。

A. 共同要素说　　B. 概括化理论　　C. 关系理论　　D. 形式训练说

二、辨析题(每小题 8 分，参考时限 8 分钟。共 3 小题)

1. 上位学习和下位学习中都可能发生垂直迁移。

2. 学习迁移是学习过程中常见的现象，它对新知识、新技能的学习起促进作用。

3. 相同要素说认为，迁移是学习者理解或顿悟了情境之间关系的结果。

三、简答题(每小题 10 分,参考时限 10 分钟。共 2 小题)

1. 影响学习迁移的因素有哪些?

2. 常见的学习迁移理论有哪些?

四、材料分析题(每小题 18 分,参考时限 15 分钟。共 2 小题)

1. 材料:

热衷于“奥数”培训的人持有这样一种观点:“奥数”有利于训练学生的思维,学生思维能力提高了,其他能力相应就会有所提高。就像运动员的体能训练一样,其肌肉发达了,运动技能水平也会有所长进。

问题:哪一迁移理论与材料中观点相似?请阐述该迁移理论的基本观点。

2. 材料：

学生A：中学学习英语语法对以后学习英语帮助很大。

学生B：平面几何学得好，后面学习立体几何就简单了，知识之间有很大的联系。

学生A：不光知识是这样，弹琴也是，会弹电子琴，学钢琴也快。

学生B：可有时候也不一样，会骑自行车反而不利于学骑三轮车。

学生A：有意思，学习很奇妙。

问题：

(1)请分析材料中两位同学谈话用到的学习原理。

(2)教师应该如何利用这一原理促进学生的学习？

专题五 学习策略

链接答案本 P323

一、单项选择题(每小题2分，共18小题。参考时限20分钟)

1. 为了方便记忆二十四节气，人们采用首字连词法(即利用每一个词的第一个字形成一个缩写)，编制了二十四节气歌。这种做法从学习策略的角度看属于(　　)

A. 复述策略　　B. 元认知策略　　C. 组织策略　　D. 精细加工策略

2. 杨毅在学习过程中，将自己的笔记本划分成两半，一半记录老师上课时所讲的内容，另一半记录自己不懂的地方或重要的地方。杨毅在这一过程中使用的学习策略属于(　　)

A. 精细加工策略　　B. 计划策略　　C. 组织策略　　D. 监视策略

3. 为了更好地帮助学生学习，教师用逻辑关系图对课本知识进行了总结。这属于组织策略中的(　　)

A. 记忆术　　B. 生成性学习　　C. 归类策略　　D. 纲要策略

4. 一名学生在描述自己的房间时说:“窗边是书桌,挨着书桌的是……”这种记忆法是(　　)

A. 形象联想法　　B. 谐音联想法　　C. 首字连词法　　D. 位置记忆法

5. 历史老师用歌诀的形式帮助学生记住历史朝代的顺序,这种学习策略是(　　)(常考)

A. 复述策略　　B. 精细加工策略　　C. 元认知策略　　D. 组织策略

6. 利用课余时间读短篇文章或阅读报纸、杂志,拓宽自己的知识面,属于(　　)

A. 计划策略　　B. 组织策略　　C. 时间管理策略　　D. 调节策略

7. 为了暂时记住朋友的电话号码以便拨号,最适宜的记忆策略是(　　)

A. 组织策略　　B. 精细加工策略　　C. 复述策略　　D. 元认知策略

8. 庚子春暴发的新冠肺炎疫情,波及范围之广、传染性之强,对人们社会生活影响之大,历史罕见。为阻断疫情向校园蔓延,确保师生生命安全和身体健康,全国大中小学 2020 年春季学期延期开学。虽然延期期间要求“教师停课不停教、学生停课不停学”,但是有的学生能够正确认识疫情,调整心态,坚持学习不放松;有的学生则焦虑不已,怨天尤人,放松学习。从学习策略来看,这种现象更多地反映了学生的(　　)

A. 计划策略　　B. 调节策略　　C. 努力管理策略　　D. 时间管理策略

9. 有位历史教师教中学生记忆明朝迁都北京的历史年代,指导学生把 1421 记成“一事二益”。这种方法是(　　)

A. 复述策略　　B. 组织策略　　C. 自由联想策略　　D. 精细加工策略

10. 小王在读一本书,但是读到第二章的第一节时发现自己无法理解,就根据情况反思应该怎么办。反思过后,他认为是第一章中的最后一节未读懂。因此,他重新阅读了一遍,最后他顺利地读懂了第二章的第一节。请问在阅读中,小王使用的学习策略是(　　)

A. 认知策略　　B. 元认知策略

C. 资源管理策略　　D. 时间管理策略

11. 在工作记忆中为了保持信息,运用内部语言在大脑中重现学习材料或刺激,以便将注意力维持在学习材料上的方法称为(　　)

A. 组织策略　　B. 复述策略　　C. 计划策略　　D. 调节策略

12. 小菲报名参加了英语演讲比赛,为了加强练习,小菲每天早上会早起半小时到学校英语角进行英语朗诵或模拟对话。这属于什么学习策略(　　)

A. 组织策略　　B. 监控策略

C. 计划策略　　D. 资源管理策略

13. 琳琳在听课时，经常将学习内容要点以画线的方式在书上做标记。这种学习策略属于(　　)(易混)

A. 复述策略　B. 调节策略　C. 监控策略　D. 计划策略

14. 小乐善于观察生活，好奇心强，乐于探索他所不熟悉的领域。每当小乐遇到不能理解的知识时，他总是积极借助互联网、工具书、图书馆等来寻求答案。可见小乐善于使用(　　)

A. 时间管理策略　B. 环境管理策略　C. 学业求助策略　D. 努力管理策略

15. 陈晨在写家庭作业前，规划好先做难的理科作业后做简单的文科作业，认为这样很轻松，这是元认知策略中的(　　)(常考)

A. 组织策略　B. 计划策略　C. 监控策略　D. 调节策略

16. 小明在学习英文单词"tiger"时，把单词联想成"泰山上一只虎"。小明运用了学习策略中的(　　)

A. 组织策略　B. 复述策略　C. 精细加工策略　D. 动机

17. 训练学生对他们所阅读的东西产生一个类比或表象，如图形、图像、表格和图解等，以加强其深层理解，这种学习策略是(　　)

A. 生成性学习　B. 视觉想象　C. 记忆术　D. 元认知监控

18. 学生把 PULL 记成 PUSH，老师告诉他可以把 PULL 后面两个 L 看成是两个钩，用来拉东西。这运用了(　　)

A. 形象联想法　B. 谐音联想法　C. 位置记忆法　D. 关键词法

二、辨析题(每小题 8 分，参考时限 8 分钟。共 1 小题)

学生因在学习过程中遇到自己无法克服的困难而向他人或物体(借助字典、参考书等)请求帮助的行为，是一种依赖性的表现。

三、简答题(每小题 10 分,参考时限 10 分钟。共 2 小题)

1. 简述常用的精细加工策略。

2. 简述资源管理策略的内容。

专题六　知识与技能

链接答案本 P325

一、单项选择题(每小题 2 分,共 20 小题。参考时限 20 分钟)

1. 根据反映活动的深度不同,可以将知识分为(　　)

A. 感性知识和理性知识　　B. 具体知识和抽象知识

C. 陈述性知识和程序性知识　　D. 方式方法知识和普遍原理知识

2. 小刚觉得自己物理学得很好,但是几次物理考试成绩都不理想,向老师求助时,老师建议他先巩固和掌握课本上的基本概念和例题。该老师建议的内容属于(　　)

A. 心智技能　　B. 程序性知识　　C. 语言技能　　D. 陈述性知识

3. 在学过“正方体”“长方体”等的体积公式后,再学习“一般柱体”的体积计算公式属于(　　)(易错)

A. 并列结合学习　　B. 下位学习　　C. 派生类属学习　　D. 上位学习

4. 心智技能的特点是(　　)

A. 观念性、内潜性、简缩性

B. 客观性、外显性、展开性

C. 客观性、外显性、简缩性

D. 观念性、内潜性、展开性

5. 根据知识本身的存在形式和复杂程度，将知识学习分为三种：符号学习、概念学习和(　　)

A. 并列结合学习　　B. 命题学习　　C. 类属学习　　D. 上位学习

6. 如果学生已经学习了质量与能量、遗传结构与变异等之间的关系，现在要学习需求与价格之间的关系。这种学习属于(　　)

A. 派生类属学习

B. 相关类属学习

C. 上位学习

D. 并列结合学习

7. 学生学习了平行四边形的概念，掌握了平行四边形的特点，而后学习长方形的知识，并把长方形同化到平行四边形的概念之下，理解了长方形实质上是一种特殊的平行四边形。这种学习属于(　　)

A. 规范学习　　B. 统计学习　　C. 派生类属学习　　D. 相关类属学习

8. 学习"三角形"这一概念，就是掌握所有三角形都具有三条相连接的边和三个角这样两个共同的关键特征，而与它的大小、形状、颜色等特征无关。这种学习属于(　　)

A. 表征学习　　B. 概念学习　　C. 命题学习　　D. 原理学习

9. 教学技能属于(　　)

A. 操作技能　　B. 心智技能　　C. 言语技能　　D. 交际技能

10. 李楠在期末复习时，刚开始学习效果较明显，后来无论多努力练习，成绩再难有较大提高，甚至忽高忽低，沉浮不定。这种短暂的停顿现象被称为(　　)

A. 学习困难　　B. 倒摄抑制　　C. 高原现象　　D. 前摄抑制

11. 体育课上，陈老师在教学生新的广播操动作，她先对每个动作进行示范与讲解，然后让学生进行细致地观察并思考应该怎么做这些动作。这属于操作技能的(　　)

A. 定向阶段　　B. 模仿阶段　　C. 整合阶段　　D. 熟练阶段

12. 根据奥苏伯尔对有意义学习的分类，如果儿童听到"鸟"或看到文字"鸟"，就知道它代表实际的鸟，即使此时并未见到真实的鸟，儿童也能以语言或文字的形式在大脑中形成关于鸟的形象。这属于(　　)

A. 概念学习

B. 类属学习

C. 上位学习

D. 符号学习

13. 学生根据已经掌握的方程的解题步骤去解一元二次方程。这属于(　　)

A. 描述性知识

B. 陈述性知识

C. 策略性知识

D. 程序性知识

14. 小兰在学习体操时，各个动作之间的干扰基本消失，衔接连贯、流畅，动作高度协调，多余动作消失，这说明小兰处于操作技能的(　　)阶段。

A. 操作熟练　　B. 操作定向　　C. 操作整合　　D. 操作模仿

15. 在历史课上，同学们学习了鸦片战争的起源、发展、结果等知识。按照知识的分类，这属于(　　)

①陈述性知识　②程序性知识　③直接经验　④间接经验

A. ①③　　B. ①④　　C. ②③　　D. ②④

16. “见者易，学者难”这句话强调了哪一因素对动作技能学习的重要性(　　)

A. 言语指导　　B. 示范　　C. 练习　　D. 反馈

17. 在技能形成的练习过程中，其进步情况的表示方法是(　　)

A. 图式　　B. 坐标

C. 遗忘曲线　　D. 练习曲线

18. 下列选项中，主要依靠心智技能完成的任务是(　　)

A. 体操训练　　B. 提问　　C. 抄笔记　　D. 织毛衣

19. 新的观念属于原有的具有较高概括性的观念中，原有的观念得到扩张、精确化、限制或修饰，新的观念或命题获得意义，这种学习是(　　)

A. 上位学习　　B. 派生类属学习

C. 相关类属学习　　D. 并列结合学习

20. 小花在上游泳课时，先认真观察了教练的手部和脚部动作，然后自行练习教练的动作。根据操作技能的形成过程，小花正处于操作的(　　)阶段。

A. 定向　　B. 整合　　C. 模仿　　D. 自动化

二、辨析题(每小题 8 分，参考时限 8 分钟。共 1 小题)

陈述性知识解决的主要是“做什么”和“怎么做”的问题。

三、简答题(每小题10分,参考时限10分钟。共4小题)

1. 简述奥苏伯尔关于知识学习的分类。

2. 简述心智技能的形成阶段。

3. 简述动作技能与心智技能的特点。

4. 简述动作技能的培养途径。

第五章　中学生发展心理

刷考点

链接答案本 P329

- 中学生发展心理
  - 中学生的心理发展特征概述
    - 个体心理发展的基本特征
      - 连续性与阶段性
      - 定向性与顺序性
      - ①________
      - 差异性
    - 中学生心理发展的特点
      - 过渡性★
      - 动荡性
      - ②________
      - 社会性
  - 中学生的认知发展
    - 皮亚杰的认知发展理论
      - 建构主义的发展观
      - 皮亚杰的认知发展阶段理论★★★
        - 感知运动阶段(0～2岁)
        - 前运算阶段(2～7岁)
        - ③________(7～11岁)
        - 形式运算阶段(11岁～成人)
    - 维果斯基的发展理论
      - 四个相关的分析层面★
      - 维果斯基的发展理论与教学应用★★★
        - “文化—历史”发展理论
        - 心理发展的实质与“内化说”
        - ④________的概念
        - “教学应走在发展的前面”包含的两层含义
        - 适时辅导学生是教学的必由之路——教学支架的应用
  - 中学生的情绪情感发展
    - 情绪和情感的概念及分类
      - 情绪的分类★
        - 心境
        - 激情
        - 应激
      - 情感的分类★
        - 道德感
        - 美感
        - ⑤________
    - 情绪理论
      - 情绪的早期理论
        - 詹姆士—朗格理论
        - 坎农—巴德学说
      - 情绪的认知理论
        - 阿诺德的⑥________情绪学说★
        - 沙赫特和辛格的情绪理论★
        - 拉扎勒斯的认知—评价理论
      - 情绪的动机—分化理论
    - 中学生情绪、情感发展的特点
      - 中学生情绪发展的特点★★★
        - 情绪非常丰富
        - 情绪反应强烈，易动感情
        - 情绪理解力增强，学会运用情绪表达规则
        - 能采用有效的情绪调节手段
        - 情绪的延续性较长，心境化
        - 出现⑦________情绪与逆反心理
        - 情绪变化的⑧________
      - 中学生情感发展的特点
        - 自尊心强烈而敏感
        - 情感的社会性加强
        - 理智感、美感和道德感丰富和深化

- 中学生发展心理
  - 中学生情绪、情感发展的特点
    - 中学生情绪的培养与调节
      - 中学生良好情绪的培养方法
      - 对中学生情绪调节的指导★
    - 压力与挫折
      - 压力
        - 压力产生的来源★
        - 压力的调节方法
      - 挫折
        - 影响挫折承受力的因素
        - 挫折适应与辅导★★
  - 中学生的意志发展
    - 意志行动中的⑨________冲突★★★
      - 双趋冲突
      - 双避冲突
      - 趋避冲突
      - 多重趋避冲突
    - 意志的品质★
      - 自觉性
      - 果断性
      - ⑩________
      - 坚韧性(坚持性)
  - 中学生的人格发展
    - 人格的概念与特征★
    - 人格的结构
      - 气质★★
      - 性格★★★
      - ⑪________★★★
      - 自我调控系统
    - 人格理论
      - 人格结构理论
        - 弗洛伊德的人格“三我”结构
        - 福利曼和罗斯曼的 A—B 型人格理论★
      - 人格发展理论
        - 弗洛伊德的人格发展五阶段理论★
        - ⑫________的人格发展八阶段理论★★
      - 人格特质理论
        - 奥尔波特:首要特质、中心特质与次要特质★
        - “大五”人格特质
    - 影响人格形成与发展的因素
      - 生物遗传因素
      - 社会因素
      - 个人主观因素
  - 中学生的能力与自我意识发展
    - 能力
      - 能力与知识、技能的关系★★
      - 能力的结构(智力结构)
        - 斯皮尔曼的二因素论
        - 吉尔福特的智力三维结构论
        - 卡特尔的智力形态论★
        - 加德纳的⑬________
      - 能力的差异★★
      - 智力测验的标准:信度、效度、标准化
      - 影响能力发展的因素
    - 自我意识
      - 自我意识的发展阶段★
      - 中学生自我意识发展的一般特征
  - 中学生的性心理发展与异性交往辅导★
    - 中学生性心理发展的特点
      - 疏远期
      - 爱慕期
      - 恋爱期
    - 中学生异性交往的指导

刷真题

链接答案本 P329

一、单项选择题（每小题 2 分，共 21 小题。参考时限 25 分钟）

1. [2023 上半年]杨亮常制定学习计划，但执行计划时总是半途而废。这主要反映了他意志品质的哪一特性（　　）

A. 果断性　　B. 坚韧性　　C. 理智性　　D. 独立性

2. [2022 下半年]根据奥尔波特的人格理论，中国人所具有的勤劳、善良、朴实等特征属于（　　）

A. 共同特质　　B. 首要特质　　C. 中心特质　　D. 次要特质

3. [2022 上半年]进入初中后，赵东难以控制自己的情绪，时常无故地兴奋不已，转而又哀伤忧愁。这反映了青少年的情绪发展具有（　　）

A. 弥散性　　B. 闭锁性　　C. 波动性　　D. 感染性

4. [2022 上半年]李玲遇事常拿不定主意，错失良机。这主要反映了她意志品质的哪一特点（　　）

A. 果断性　　B. 独立性　　C. 坚韧性　　D. 自制性

5. [2021 下半年]当志君看到他喜欢的中国乒乓球队在 2020 年东京奥运会夺冠获胜时，欣喜若狂。这种情绪状态属于（　　）

A. 心境　　B. 激情　　C. 应激　　D. 热情

6. [2021 下半年]雨晴通过写诗作画让自己走出困扰，摆脱失去亲人的痛苦，这种情绪调节方法是（　　）

A. 脱敏法　　B. 强化法　　C. 幽默法　　D. 升华法

7. [2021 上半年]阳慧在解决问题的过程中，常以老师、同学的建议作为参照做出决策。她的这种认知风格属于（　　）

A. 场依存型　　B. 场独立型　　C. 继时型　　D. 同时型

8. [2020 下半年]梦佳理解了“物质决定意识，意识反作用于物质”的含义。按照皮亚杰的认知发展阶段理论，梦佳的思维发展水平处于（　　）（易混）

A. 感知运动阶段　　B. 前运算阶段

C. 具体运算阶段　　D. 形式运算阶段

9. [2020 下半年]晓军上中学后，自尊心越来越强，自我评价越来越客观全面，自我控制能力明显提高，这反映的是晓军自我意识哪一方面的发展（　　）

A. 生理自我　　B. 心理自我　　C. 社会自我　　D. 物质自我

10. [2019 上半年]方华情绪兴奋快而强,容易冲动,常常是爆发式的,并伴随有明显外部表现。她的气质类型属于(   )

A. 胆汁质　　B. 多血质　　C. 黏液质　　D. 抑郁质

11. [2018 下半年]韩波进入中学后,经常独立思考"我是谁""未来从事何种职业""在社会上处于什么样的地位"等问题。根据埃里克森的人格发展阶段理论,韩波的人格发展处于(   )(常考)

A. 主动对内疚阶段　　B. 同一性对角色混乱阶段

C. 自我整合对绝望阶段　　D. 自主对羞耻和疑虑阶段

12. [2018 下半年]中学生晓涛时而温和,时而暴躁;时而欢乐,时而忧郁。这说明晓涛的情绪具有(   )

A. 两极性　　B. 适应性　　C. 复合性　　D. 社会性

13. [2018 上半年]维果斯基认为评价人类发展应该从四个层面进行,除了微观、个体、社会历史之外,第四个层面是(   )

A. 文化层面　　B. 系统层面　　C. 技术层面　　D. 规范层面

14. [2018 上半年]沙赫特—辛格的情绪理论认为,对情绪产生起决定作用的因素是(   )

A. 环境　　B. 生理　　C. 刺激　　D. 认知

15. [2017 下半年]按照埃里克森人格发展理论,12 ~ 18 岁个体心理发展的主要任务是(   )

A. 强化自我主动性　　B. 培养勤奋感

C. 建立自我同一性　　D. 获得亲密感

16. [2017 下半年]当解出一道困惑自己许久的难题时,小明感到无比兴奋、激动。心理学上将小明此时的情感体验称为(   )(易混)

A. 道德感　　B. 理智感　　C. 美感　　D. 幸福感

17. [2017 上半年]中学生晓楠极端争强好胜、性格急躁、富有竞争意识、外向、常常处于紧张状态、很难使自己放松。晓楠的人格特征属于(   )

A. A 型人格　　B. B 型人格　　C. C 型人格　　D. D 型人格

18. [2017 上半年]小强期中考试失利,但是他没有气馁,而是认真分析了失败的原因,找到了问题,确定了新的方向。小强这种对待挫折的方式是(   )

A. 宣泄　　B. 升华

C. 补偿　　D. 认知重组

19. [2016 下半年]小林诚实内向,谦虚勤奋,且具有亲和力。这些描述说明的是小林的(   )

A. 性格特征　　B. 能力特征　　C. 气质特征　　D. 认知特征

20.［2016 上半年］中学生随着身心的迅速发展，开始积极尝试脱离父母的保护和管理，渴望自己的行为像成人，不愿意被当作孩子看待。这说明中学生心理发展具有（ ）

A. 平衡性　　B. 独立性　　C. 闭锁性　　D. 动荡性

21.［2016 上半年］中学生小孙近期心里很矛盾，觉得未来的自己应该是一名科学家，但又觉得能力有限，遥不可及。根据埃里克森的人格发展阶段理论，当前他的主要发展任务是（ ）

A. 获得勤奋感　　B. 克服内疚感

C. 避免孤独感　　D. 建立自我同一性

二、辨析题（每小题 8 分，参考时限 8 分钟。共 2 小题）

1.［2021 下半年］场独立型的学生比场依存型的学生更优秀。

2.［2021 上半年］气质由遗传决定。

三、简答题（每小题 10 分，参考时限 10 分钟。共 2 小题）

1.［2022 下半年］简述中学生情绪情感的特点。

2.［2022 上半年］简述皮亚杰的认知发展阶段理论。

四、材料分析题(每小题 18 分,参考时限 15 分钟。共 1 小题)

［2022 上半年］材料:

王老师是一名新入职的高中数学教师,刚刚上了一周的课,就发现班上学生对她的课不感兴趣,有些学生上课“开小差”,有些学生一脸困惑。她原以为是这些学生对学习不积极,经过深入了解,发现她讲的知识很多学生都已经在课下的学习中掌握了,所以对自己目前讲的教学内容感到太容易,觉得无聊。于是王老师大幅度提升了课堂教学内容和家庭作业的难度,以为这可以引起学生的兴趣,结果这回学生们却反映上课听不懂,作业不会做。王老师冥思苦想,为什么自己的教学效果不好?随后她向教学经验丰富的张老师请教,如何才能把握教学内容的难度,张老师对王老师说:“你要让学生跳一跳能摘到桃子。”

问题:

(1)请用维果斯基的理论,分析王老师的教学存在什么问题?

(2)结合案例,指出如何让学生“跳一跳能摘到桃子”?

刷专题

专题一　中学生的心理发展特征概述

链接答案本 P334

单项选择题（每小题 2 分，共 4 小题。参考时限 5 分钟）

1. 心理学家将个体的心理发展划分为八个阶段，其中 14、15 ~ 25 岁属于（　　）

A. 童年期　　B. 少年期　　C. 青年期　　D. 成年期

2. 中学生的内心世界逐渐复杂，他们开始不轻易地表露内心世界。这体现了中学生心理发展的（　　）

A. 闭锁性　　B. 过渡性　　C. 社会性　　D. 动荡性

3. 尽管个体发展要经历一些共同的基本阶段，但在发展速度、最终达到的水平和优势领域上往往是有差别的。例如：有的学生反应敏捷，有的学生反应迟钝；有的学生开朗活泼，有的学生沉着内向。这反映了个体心理发展的（　　）

A. 不平衡性　　B. 方向性和顺序性　　C. 差异性　　D. 协调性

4. 初中学生的年龄一般是在 11、12 ~ 14、15 岁之间，这个年龄阶段在儿童心理学上被称为（　　）

A. 幼儿期　　B. 童年期　　C. 少年期　　D. 青年期

专题二　中学生的认知发展

链接答案本 P334

一、单项选择题（每小题 2 分，共 12 小题。参考时限 15 分钟）

1. 将环境刺激纳入机体已有的图式中，以加强和丰富机体的动作，引起图式量的变化。皮亚杰将这一心理适应过程称为（　　）

A. 成熟　　B. 同化　　C. 顺应　　D. 平衡

2. 小优准备去国外旅游，为了此次出行顺利，他查看了很多旅游攻略，并根据攻略的描述，能想象出自己旅游时的具体情景。根据维果斯基的文化—历史发展理论，小优的这种心理活动属于（　　）

A. 低级心理机能　　B. 本能　　C. 高级心理机能　　D. 条件反射

3. 亮亮把果冻偷偷藏在厨房的橱柜里，妈妈发现之后把果冻放到了客厅的抽屉里。有些儿童认为亮亮以后还会到厨房的橱柜里找果冻。这些儿童处在皮亚杰所说的认知发展阶段中的(　　)

A. 感知运动阶段　　B. 前运算阶段　　C. 具体运算阶段　　D. 形式运算阶段

4. 一个女孩正在清扫房间，她决定把自己书架上一大堆的动物玩具从最大到最小重新摆放。先放大的，然后是中等的，最后是小的。这个女孩的认知处于(　　)

A. 感知运动阶段　　B. 前运算阶段

C. 具体运算阶段　　D. 形式运算阶段

5. 某学生认为"鸟是会飞的"，后来知道鸵鸟也是鸟，但不会飞，于是他又重新建立了鸟的概念。根据皮亚杰的认知发展阶段理论，该学生的这一认知过程属于(　　)

A. 适应　　B. 顺应　　C. 同化　　D. 异化

6. 某学生认为，插队是不文明的行为，但是当遇到孕妇和老人时，可以让他们"插队"。根据皮亚杰的认知发展阶段理论，该学生处于(　　)

A. 感知运动阶段　　B. 形式运算阶段

C. 具体运算阶段　　D. 前运算阶段

7. 在学习显微镜之前，孩子们往往认为看不到的就是没有，但经过学习实验后，孩子们认识到自己的错误并改变观点。按照皮亚杰的认知发展理论，这是(　　)(易混)

A. 顺应　　B. 同化　　C. 图式　　D. 内化

8. 根据皮亚杰的认知发展阶段理论，泛灵论属于(　　)的特征。

A. 感知运动阶段　　B. 前运算阶段

C. 具体运算阶段　　D. 形式运算阶段

9. 根据皮亚杰的认知发展阶段理论，客体永久性出现在认知发展阶段中的(　　)

A. 感知运动阶段　　B. 前运算阶段

C. 具体运算阶段　　D. 形式运算阶段

10. 某学生能够进行逻辑推理，并且具备补偿与可逆的思维能力。根据皮亚杰的认知发展阶段理论，该生的认知发展处于(　　)(常考)

A. 感知运动阶段　　B. 前运算阶段

C. 具体运算阶段　　D. 形式运算阶段

11. 小张是某校新入职的数学教师，他在教学数周后发现该班小李同学的数学学习信心较低，小张老师就每天为他布置独特的数学作业，降低作业的难度，让他能够达到简单的目标。期末时，小李同学对数学的兴趣和能力都得到了巨大的提升。请问小张老师的做法依据了(　　)(常考)

A. 最近发展区理论　　B. 文化历史发展理论

C. 心理社会发展理论　　D. 道德发展理论

12. 心理学家(　　)提出了最近发展区。

A. 桑代克　　B. 布鲁纳　　C. 加涅　　D. 维果斯基

二、辨析题(每小题 8 分,参考时限 8 分钟。共 2 小题)

1. 个体通过同化和顺应达到机体与环境的平衡。

2. 最近发展区是指个体最擅长的能力或兴趣、研究领域。

三、简答题(每小题 10 分,参考时限 10 分钟。共 4 小题)

1. 简述具体运算阶段儿童的思维特征。

2. 简述形式运算阶段儿童的思维特征。

3. 简述维果斯基的“文化—历史”发展理论的基本观点。

4. 简述“教学应走在发展的前面”的含义。

专题三　中学生的情绪情感发展

链接答案本 P337

一、单项选择题(每小题 2 分,共 24 小题。参考时限 25 分钟)

1.《红楼梦》中的林黛玉在春暖花开之际,写下了伤感的《葬花吟》。这体现的情绪状态是(　　)

A. 心境　　B. 激情　　C. 应激　　D. 理智

2. 在公交车上,小华主动为一位老人让座,并感到很自豪。当时小华体验到的情感是(　　)

A. 道德感　　B. 美感　　C. 理智感　　D. 新异感

3. 某学生学习成绩差,却经常购买各种名牌消费品,以求得心理上的满足。该生的这种心理防御方式属于(　　)

A. 升华　　B. 补偿　　C. 压抑　　D. 转移

4. 有爱就有恨,有喜悦就有悲伤,有紧张就有轻松。这说明情绪和情感(　　)

A. 具有两极对立特性　　B. 具有不可调和的特性

C. 其两极是不相容的　　D. 其两极是绝对对立的

5. 应激是人的情绪状态中的一种,以下属于应激的是(　　)

A. 小美得知自己考试又是全班倒数,一气之下撕碎了试卷

B. 小明被老师表扬后，走在回家的路上，他感觉天格外蓝

C. 范进听到自己金榜题名时欣喜若狂、手舞足蹈

D. 小林突然被老师点名答题，他非常紧张，不知所措

6. 小雪非常喜欢印象派的绘画作品，当她看到印象派的代表作《草地上的午餐》《日出·印象》时，顿时心中非常喜悦。小雪此时的情感属于（　　）

A. 道德感　　B. 理智感　　C. 美感　　D. 成就感

7. 列宁说，没有人的情感就从来没有也不可能有人们对真理的追求。这种情感是（　　）

A. 道德感　　B. 美感　　C. 理智感　　D. 责任感

8. 在遇到不开心的事情时，张亮总是会去操场上踢一场球，将不开心的情绪都释放出去，他这种情绪调节方法属于（　　）

A. 升华　　B. 补偿　　C. 宣泄　　D. 幽默

9. 当学生嘲笑张老师个子矮小时，张老师以一句"浓缩的就是精华"化解了当时的尴尬。这种情绪调节的方法称为（　　）

A. 升华　　B. 补偿　　C. 幽默　　D. 宣泄

10. 王萍代表学校参加竞赛获得第一名已经十多天了，仍心情愉悦，往常觉得平淡的事情也能让她很高兴。这种情绪状态属于（　　）

A. 心境　　B. 热情　　C. 应激　　D. 激情

11. "圣雄"甘地年轻时搭乘火车的时候，因为自己的种族遭受了歧视，他把自己受到的歧视性待遇和同胞们的不幸遭遇联系在了一起，从此投身于印度民族解放运动。甘地这种对待挫折的方式属于（　　）

A. 认知重组　　B. 补偿　　C. 升华　　D. 宣泄

12. "心晴的时候，雨也是晴；心雨的时候，晴也是雨"描写的心理现象是（　　）

A. 情绪　　B. 性格　　C. 认知　　D. 思维

13. "先天下之忧而忧，后天下之乐而乐"是情感中的（　　）

A. 道德感　　B. 美感　　C. 理智感　　D. 热爱感

14. 中学生晓华喜欢帮助有困难的人，他认为其他同学与他一样也喜欢帮助有困难的人。这种现象属于（　　）

A. 退行　　B. 投射　　C. 升华　　D. 文饰

15. 小静在班干部竞选中落选了，心里感到失落。后来一想，班干部事情多、责任重，当个普通学生更自由自在，还可以有更多的时间钻研新知识。这样一来，她的情绪很快就恢复常态。这种心理防御机制属于（　　）

A. 否认　　B. 升华　　C. 投射　　D. 文饰

16.“急中生智”描述的情绪状态是(   )(常考)

A. 心境 B. 激情 C. 应激 D. 理智

17. 杜甫在听到官军收复蓟北的消息时,“漫卷诗书喜欲狂”。他当时的情绪状态是(   )

A. 冲动 B. 心境 C. 应激 D. 激情

18. 盛怒时,拍案大叫、暴跳如雷;狂喜时,捧腹大笑、手舞足蹈;绝望时,心灰意冷、麻木不仁。这反映的是哪种情绪状态(   )

A. 应激 B. 心境 C. 激情 D. 热情

19. 某中学的一次数学考试中,陈鹏是唯一得满分的学生,当老师宣布考试成绩时,陈鹏内心非常高兴,但他却表现出若无其事的样子。这反映了青少年的情绪具有(   )

A. 稳定性 B. 持久性 C. 隐蔽性 D. 短暂性

20. 一般而言,事业心、自尊心属于(   )

A. 心境 B. 理智感 C. 美感 D. 道德感

21. 考试失利时认真分析失败原因,重新确定努力方向,这种对待挫折的方式是(   )

A. 合理宣泄 B. 适当放松 C. 心理补偿 D. 认知重组

22. 小强进入中学以后经常对父母的约束感到厌倦,甚至叛逆,总希望能摆脱父母的监视。这反映了中学生(   )(常考)

A. 出现逆反心理 B. 情绪丰富

C. 情绪反应强烈 D. 情绪具有两极性

23. 某人驾车行驶中突然发现前方路面塌陷,连忙急刹车,终于车在塌陷的路前面停下来,此时他身上惊出了一身冷汗,这是受(   )的影响所致。

A. 激情 B. 心境 C. 兴趣 D. 应激

24. 在现实生活中,人们常常把得不到的东西说成是不好的,这是一种(   )

A. 甜柠檬心理 B. 退行心理 C. 否认心理 D. 酸葡萄心理

二、简答题(每小题 10 分,参考时限 10 分钟。共 2 小题)

1. 简述培养中学生良好情绪的方法。

2. 简述情绪的动机—分化理论的主要观点。

三、材料分析题(每小题 18 分,参考时限 15 分钟。共 2 小题)

1. 材料:

某班的 52 名中学生参与了一项中学生心理状况调查,调查结果显示,该班超过一半的学生经常出现情绪低落的状况。不少学生表示压力太大,且不知该如何面对这些压力。“成绩不好对不起家长”“自己已经很努力了,可就是学不好”“我感到孤独、寂寞”“我总想和他在一起,但觉得这样不对”,这些学生的想法不同程度地反映出学生焦虑、失意、矛盾等心理状况。

问题:

(1)分析材料中学生出现的心理问题。

(2)教师应如何培养中学生的良好情绪?

2. 材料:

小明是一名初中生,小学时成绩优异,并在初中的入学考试中以第一名的成绩考入班级。进入初中后,因学习不适应,渐渐地,他的成绩下降到二十几名,这对小明的打击很大。从此,小明去学校时总把衣服的拉链拉得很高,将头藏进衣服里,独来独往,也不和其他同学交流。

问题：

(1)小明的这种状况属于什么心理现象？造成小明这一问题的原因是什么？

(2)如何帮助小明摆脱困境？

专题四　中学生的意志发展

链接答案本 P341

一、单项选择题(每小题 2 分,共 9 小题。参考时限 10 分钟)

1. 某学生放学后不用家长催促,就能自己主动去做作业。这体现了意志的(　　)

A. 果断性　　B. 自制性　　C. 自觉性　　D. 坚持性

2. 小美十分喜爱舞蹈,她既想加入学校的舞蹈协会来接受系统性的训练,又怕参加舞蹈训练会占用自己大量的学习时间而影响学业。小美的这种心理冲突属于(　　)

A. 趋避冲突　　B. 双趋冲突　　C. 双避冲突　　D. 多重趋避冲突

3. "鱼与熊掌,两者不可兼得。"这种矛盾心态是动机冲突形式中的(　　)

A. 双避冲突　　B. 趋避冲突　　C. 双趋冲突　　D. 单趋冲突

4. "前怕狼,后怕虎"这种矛盾冲突是(　　)(易错)

A. 多重趋避冲突　　B. 双避冲突　　C. 趋避冲突　　D. 双趋冲突

5. 学生甲容易受情感左右,缺乏理智,常在需要克制的时候任意为之,意气行事;而学生乙常常在需要采取行动,迎接挑战的时候临阵退缩,不敢有所行动。这表明学生甲和乙的意志均缺乏(　　)

A. 自觉性　　B. 坚持性　　C. 果断性　　D. 自制性

6. "嗜欲喜怒之情,贤愚皆同,贤者能节之,不使过度,愚者纵之,多至失所。"这说的是意志要有(　　)

A. 自制性　　B. 果断性　　C. 坚韧性　　D. 自觉性

7. 某学生能长时间地保持充沛的精力和顽强的毅力，持之以恒地进行晨跑，以达到强身健体的目的。这体现了该学生意志的(　　)较好。

A. 果断性　　B. 自觉性　　C. 坚持性　　D. 自制性

8. 与顽固执拗和见异思迁相反的意志品质是(　　)

A. 自觉性　　B. 果断性　　C. 坚持性　　D. 自制性

9. "当机立断"所体现的意志特征是(　　)

A. 自觉性　　B. 果断性　　C. 坚韧性　　D. 自制性

二、简答题(每小题 10 分，参考时限 10 分钟。共 1 小题)

简述初中生意志品质的特点。

三、材料分析题(每小题 18 分，参考时限 15 分钟。共 1 小题)

材料：

小明、小丽都是初二(3)班的学生，每天回到家，小明就开始看电视，必须要妈妈的督促才开始做作业；小丽每次都能自觉做作业，但只要有同学来找她玩，她就立马飞奔出去与伙伴们玩耍，将作业忘得一干二净。

问题：

(1)请结合意志品质的相关内容分析材料中两人分别缺乏什么意志品质？

(2)如何培养中学生良好的意志品质？

专题五　中学生的人格发展

链接答案本 P343

一、单项选择题(每小题 2 分,共 32 小题。参考时限 35 分钟)

1. 学生在学习之前有明确的目的、步骤和方法,学习过程中能克服困难、始终如一地进行。这体现的是学生性格的(　　)

A. 态度特征　B. 理智特征　C. 情绪特征　D. 意志特征

2. 当课上老师提问时,学生小丽并不着急举手回答,而是先认真思考后才举手回答,答案也较为全面和准确。这说明小丽的认知方式属于(　　)

A. 沉思型　B. 冲动型　C. 发散型　D. 辐合型

3. 埃里克森指出,许多人对工作和学习的态度习惯可以追溯到其人格发展阶段中培养(　　)的时期。(常考)

A. 羞耻感　B. 内疚感　C. 勤奋感　D. 孤独感

4. 在教育教学中,教师要根据学生的不同气质类型做好教育工作,要特别注意对(　　)学生的重视,尽量避免强烈的刺激和大起大落的情绪变化。

A. 抑郁质和黏液质　B. 胆汁质和抑郁质

C. 多血质和胆汁质　D. 黏液质和多血质

5. 成为以后各个时期发展的基础,尤其是青年时期发展同一性的基础,也是形成健康的个性品质的基础的是(　　)

A. 信任感　B. 自主感　C. 主动感　D. 勤奋感

6. 有一类人他们善于察言观色,注意并记忆言语信息中的社会内容。这属于(　　)(常考)

A. 场依存型　B. 场独立型　C. 冲动型　D. 沉思型

7. 初中生小昭刚从农村转入城市上学,常担心自己的农村方言被别人讥笑,所以在与同学交谈时,不敢直视对方的眼睛,总是刻意地闪躲,小昭这种行为表现的心理特征是(　　)

A. 性格　B. 能力　C. 气质　D. 认知方式

8. 某教师做重大决策时,常常利用他内心制定的参照,不易受外来因素的影响和干扰。他的这种认知方式叫作(　　)

A. 冲动型　B. 沉思型　C. 场依存型　D. 场独立型

9. 在儿童社会化和人格发展中,既能成为儿童学习社会行为的强化物,又能为儿童的社会化和人格发展提供社会模式或榜样的是(　　)

A. 家庭教养方式　B. 学校教育　C. 同伴群体　D. 社会媒体

10. 教师的言行对学生的人格产生了潜移默化的影响,这体现了哪一因素对人格的影响( )

A. 社会文化 B. 家庭环境 C. 学校教育 D. 生物遗传因素

11. 孩子任性、幼稚、自私,最有可能的家庭教养方式是( )

A. 专制型 B. 忽视型 C. 放纵型 D. 民主型

12. “世界上没有两片完全相同的树叶”,这体现了人格的( )

A. 稳定性 B. 整合性 C. 功能性 D. 独特性

13. 弗洛伊德将人格结构分为三个层次,其中本我所遵循的原则是( )

A. 现实原则 B. 快乐原则 C. 完美原则 D. 道德原则

14. “性格决定命运”突出了人格的( )

A. 独特性 B. 社会性 C. 稳定性 D. 功能性

15. 小丽同学热爱集体、热爱劳动,尊敬老师,团结同学,学习努力,遵守中学生日常行为规范和学校各项规章制度。这主要反映了小丽性格结构特征中的( )(易混)

A. 情感特征 B. 态度特征 C. 情绪特征 D. 意志特征

16. 欣欣的气质类型属于多血质,她热情开朗、兴趣广泛,其高级神经活动类型是( )

A. 兴奋型 B. 活泼型 C. 安静型 D. 抑制型

17. 小江学习刻苦认真,虽然基础并不好,但他遇到困难时总能勇往直前,不达目的不罢休,因此他的学习成绩在班里一直名列前茅。这体现了小江性格的( )

A. 态度特征 B. 理智特征 C. 意志特征 D. 情绪特征

18. 某学生热爱交际、能说会道、活泼好动、反应迅速、适应性强,但同时也见异思迁、缺少耐性、稳定性差。该学生的气质类型属于( )(常考)

A. 胆汁质 B. 多血质 C. 黏液质 D. 抑郁质

19. 小雨是个敏感、细心的女孩,同时她又多疑、孤僻、多愁善感、不善于和同学交往,同学们都叫她“林妹妹”。小雨的气质类型属于( )

A. 胆汁质 B. 多血质 C. 黏液质 D. 抑郁质

20. 中学生王勇近期心里很烦恼,他的理想是成为一名舞蹈家,但觉得自己资质平平,潜力不大,根据埃里克森的人格发展阶段论,当前他的主要发展任务是( )

A. 获得勤奋感 B. 克服内疚感

C. 避免孤独感 D. 建立同一性

21. 人们常说:“三岁看大,七岁看老。”这句话反映出了人格的( )

A. 稳定性 B. 社会性 C. 整体性 D. 独特性

22. 张老师根据小贾的气质类型特点，决定培养小贾的自制力，控制好自己的情绪，从而能够沉着冷静地做事。由此可以推断出小贾的气质类型是（ ）

A. 抑郁质 B. 黏液质 C. 多血质 D. 胆汁质

23. 王岩学习认真，做事冷静沉着，有耐久力，能承担长时间的学习任务，但思维反应较慢。他的气质类型属于（ ）

A. 多血质 B. 黏液质 C. 抑郁质 D. 胆汁质

24. 教师对某位同学的操行评定为："张同学为人谦虚老实，尊敬师长，团结同学，责任心强……"按照奥尔波特的人格特质理论，这属于（ ）

A. 共同特质 B. 中心特质 C. 首要特质 D. 次要特质

25. 小楠考试没有考好，虽然父母没有责怪她，但从良心上讲，她还是感觉对不起父母。这一内疚感是由（ ）引发的。

A. 本我 B. 自我 C. 超我 D. 现实的我

26. 青青性情不温不火，举止稳当，对工作和生活的满足感强，喜欢慢步调的生活节奏。根据福利曼和罗斯曼对人格的研究，青青属于（ ）

A. C 型人格 B. B 型人格 C. D 型人格 D. A 型人格

27. 小琼十分内向，不爱说话，无论是在陌生的环境还是在家里，她都少言寡语。这表明人格具有（ ）

A. 整体性 B. 稳定性 C. 独特性 D. 功能性

28. 李老师发现小白在考试时，遇到不会做的题就咬笔，根据弗洛伊德的心理性欲发展理论，这最有可能是小白在（ ）发展不顺导致的。

A. 口唇期 B. 肛门期 C. 性器期 D. 潜伏期

29. 人们常说的"军人严格自律"所体现的人格特质属于（ ）

A. 首要特质 B. 共同特质 C. 中心特质 D. 次要特质

30. 小雅同学平时胆小、不爱交际、情感脆弱，面对危险时常恐惧、畏缩，行动迟缓、优柔寡断。小雅的气质类型为（ ）

A. 黏液质 B. 胆汁质 C. 抑郁质 D. 多血质

31. "大五人格"包括（ ）、尽责性、外倾性、宜人性以及神经质。

A. 开放性 B. 自律性 C. 精神性 D. 内倾性

32. "精力旺盛、勇敢果断、热情直率，但是容易感情用事、鲁莽"，《水浒传》中的李逵是这种类型的典型代表人物。这种气质类型是（ ）

A. 多血质 B. 胆汁质 C. 黏液质 D. 抑郁质

二、辨析题（每小题 8 分，参考时限 8 分钟。共 3 小题）

1. 性格有好坏之分。

2. 抑郁质是最差的一种气质类型。

3. 人格随环境和教育的变化而变化，因此不稳定性是人格的典型特征。

三、简答题（每小题 10 分，参考时限 10 分钟。共 2 小题）

1. 现代气质类型说对教育有什么启示？

2. 简述影响人格形成与发展的因素。

四、材料分析题（每小题 18 分，参考时限 15 分钟。共 2 小题）

1. 材料：

陈明和罗亮今年高三，是一对好朋友，两个人在处理问题的认知风格方面有较大的差异。比如，陈明在学习上遇到问题时，常利用个人经验独立对其进行判断，喜欢用概括的与逻辑的方式分析问题，很少受到同学与老师建议的影响。而罗亮遇到问题时的表现则与陈明相反，他更愿意听老师和同学的建议，并以他们的建议作为分析问题的依据。另外，罗亮还喜欢察言观色，关注社会问题。

问题：

(1) 请结合材料谈谈二人的认知风格有何差异。

(2) 请从教师的角度来说说如何根据二人的认知方式的差异进行教育。

2. 材料：

某班有三位同学，甲生常常表现为：温柔、和顺，对事物观察敏锐，反应敏感，体验深刻，想象丰富，在活动中却不敢表现自己，做事小心谨慎，课堂表现很守纪律。而乙生表现为：动作迅速，精力充沛，热情洋溢，爱发脾气，情绪产生快而强，难以自制，理解问题常比别人快，活泼直率，粗心大意，坚持己见。丙生表现为：对同学非常热情，和许多同学很快就混熟了，但交情都很浅；她兴趣非常广泛，打乒乓球、跳舞、游泳都会，但没有一样精通；学校组织的活动她都争着参加，起初参加活动时劲头很足，但总是不能首尾一致，一会儿喜欢这个，一会儿又喜欢那个；她学习很积极努力，课堂上争着回答老师的问题，作业完成得很快，但有些粗心；情绪易表现于外，也容易变化，遇上不顺心的事就会放声大哭，但别人说几句安慰的话，又会很快破涕为笑。

问题：

请根据上述特征，判断甲、乙、丙三位同学的气质类型，这些气质类型的特点是什么，并提出具有针对性的教育措施。

专题六　中学生的能力与自我意识发展

链接答案本 P348

一、单项选择题（每小题 2 分，共 21 小题。参考时限 25 分钟）

1. 在期末考试前，学校要求各年级、各学科分别编制 A 卷和 B 卷两份试卷，以衡量两次测验的评价结果是否符合学生学业水平的实际程度。这体现的重要指标是（　　）

A. 信度　　B. 效度　　C. 难度　　D. 区分度

2. 三国时期的司马懿老谋深算，精明过人。这里的"老谋深算"指的是（　　）

A. 晶体智力　　B. 流体智力　　C. 普遍智力　　D. 特殊智力

3. 根据加德纳的多元智能理论，建筑师具有较高的（　　）

A. 逻辑—数学智力　　B. 言语智力

C. 自知智力　　D. 视觉—空间智力

4. 能力的发展存在个体差异，下列不属于个体差异的是（　　）（常考）

A. 天才儿童　　B. 大器晚成　　C. 多愁善感　　D. 过目不忘

5. 当同学小军嘲笑花花的外貌时，花花没有生气，很好地控制住了自己的情绪。花花的做法体现了自我意识中的(　　)

A. 自我认识　　B. 自我体验

C. 自我调节　　D. 自我评价

6. 当儿童的自我意识发展处于(　　)阶段时，其自我评价的独立性、原则性、批判性迅速发展，但自我的调控能力差，常出现言行不一的现象。

A. 生理自我　　B. 心理自我　　C. 社会自我　　D. 经验自我

7. 在卡特尔的智力理论中，知识、词汇方面的能力属于(　　)

A. 流体智力　　B. 晶体智力　　C. 社会智力　　D. 抽象智力

8. “我好开心啊，今天我当值日生，老师表扬了我”这句话反映的是学生自我意识中的(　　)

A. 自我认识　　B. 自我监控　　C. 自我调节　　D. 自我体验

9. 李老师想测量初中三年级学生的数学成绩，却误拿了一套初中一年级的数学试卷给学生测验，由此我们判断，该测验的(　　)不高。

A. 信度　　B. 效度　　C. 难度　　D. 区分度

10. 下列哪项属于一般能力的范畴(　　)

A. 记忆能力　　B. 绘画能力　　C. 运动能力　　D. 社交能力

11. 研究表明，人们的智力水平呈常态分布，大多数人的智力属于中等水平，若某儿童的智力为90，其智力水平为(　　)

A. 超常　　B. 正常　　C. 障碍　　D. 落后

12. 人们通过观察别人的行为和活动，以相同的方式做出反应的能力称之为(　　)

A. 一般能力　　B. 创造能力　　C. 模仿能力　　D. 操作能力

13. 吉尔福特提出的智力理论是(　　)(易错)

A. 智力二因素论　　B. 智力形态论

C. 智力多元论　　D. 智力三维结构论

14. 从题目所给几何图形中分别找出轴对称图形和中心对称图形，这属于加德纳多元智力理论中的(　　)

A. 语言智力　　B. 逻辑—数学智力

C. 身体运动智力　　D. 内省智力

15. 如果高水平的学生在测验项目上能得高分，而低水平学生只能得低分，说明该测验(　　)

A. 效度高　　B. 信度高　　C. 难度高　　D. 区分度高

16. 小智的运算推理能力较好，其数学成绩在班上名列前茅。运算推理能力属于(　　)

A. 晶体能力　　B. 流体能力　　C. 模仿能力　　D. 创造能力

17. 斯皮尔曼的智力二因素理论中的 S 因素是指(　　)

A. 一般因素　B. 特殊因素　C. 流体因素　D. 晶体因素

18. 下列关于能力与知识、技能关系的说法,正确的是(　　)

①知识、技能等同于能力

②能力的强弱与知识、技能的多少成正比

③能力的形成与发展依赖于知识、技能的获得

④在掌握知识、技能的过程中会促进相应能力的发展

A. ①②　B. ②③　C. ①④　D. ③④

19. 智力的核心成分是(　　)

A. 想象力　B. 思维力　C. 观察力　D. 记忆力

20. 心理健康课上,李老师用人格测验量表对同一个班级的学生进行两次测验,获得的分数差别较大,这反映了该量表存在(　　)

A. 信度问题　B. 效度问题　C. 难度问题　D. 区分度问题

21. 某日在办公室,老师们在讨论青春期学生的自我意识发展属于哪一阶段,并持不同的见解。事实上,青春期学生的自我意识发展处于(　　)

A. 生理自我阶段　B. 心理自我阶段　C. 经验自我阶段　D. 社会自我阶段

二、辨析题(每小题 8 分,参考时限 8 分钟。共 2 小题)

1. 男女智力总体发展水平相当。

2. 晶体智力随年龄增长而降低。

三、简答题(每小题 10 分,参考时限 10 分钟。共 2 小题)

1. 简述个体自我意识发展的阶段。

2. 简述中学生自我意识发展的一般特征。

专题七　中学生的性心理发展与异性交往辅导

链接答案本 P351

材料分析题(每小题 18 分,参考时限 15 分钟。共 1 小题)

材料:

某中学为了预防学生早恋,制定了“关于严禁男女生非正常交往的处罚规定”,规定中要求,若出现“同乘一辆自行车或电瓶车非姐弟兄妹关系”“男女成双入对、经常一起出入超过两次”等 7 种情形时,学生将回家反省一周并签订试读协议,若是再犯劝其退学。

问题:结合材料谈谈如何指导中学生正确处理异性交往。

第六章　中学生心理辅导

刷考点

链接答案本 P352

- 中学生心理辅导
  - 心理健康概述
    - 心理健康的内涵
    - 心理健康的标准
    - 心理健康的①________★
  - 中学生常见的心理健康问题
    - 常见的心理健康问题
      - ②________★
      - 恐怖症★
      - 焦虑症★★
      - 强迫症★★
      - 网络成瘾★
    - 心理健康的维护
      - 学生个体进行积极的自我调适
      - 学校通过多种方式进行心理健康教育，维护学生心理健康
      - 与家长合作构建社会支持网络
  - 学校心理辅导
    - 学校心理辅导概述
      - 心理辅导的原则★
      - 心理辅导的目标★
    - 学校心理辅导的主要方法
      - 行为改变的基本方法
        - ③________★★
        - 代币奖励法★★
        - 行为契约法
        - 行为塑造法
        - 自我控制法
      - 行为演练的基本方法
        - 全身松弛法
        - 系统脱敏法
        - ④________
      - 改善学生认知的方法
        - 认知疗法
        - 来访者中心疗法
        - ⑤________★★

刷真题

链接答案本 P352

一、单项选择题(每小题 2 分,共 9 小题。参考时限 10 分钟)

1.[2023 上半年]白雪自小受到母亲悉心照料,从未离家独立生活。她初中入学刚住校就出现了不明原因的哭泣、无力、心疼与食欲不振。为此,母亲到学校陪她住了几天,白雪的症状消失,恢复正常。但母亲返家,其症状再现。白雪的这种心理问题属于(　　)

A. 学习问题　　B. 适应问题　　C. 气质问题　　D. 认知问题

2.[2022 下半年]张明近期变得不敢出门、不敢见人,尤其是一见到老师和同学就冒冷汗、手脚冰凉,甚至有些呼吸困难。他的这些表现属于哪种心理问题(　　)

A. 抑郁　　B. 癔症　　C. 焦虑　　D. 社交恐惧

3.[2022 上半年]廖老师在心理辅导课上经常使用文具、卡片等物品作为奖励替代物以改变学生的行为,这种做法属于(　　)

A. 认知法　　B. 代币法　　C. 脱敏法　　D. 消退法

4.[2019 下半年]刚进入高一,赵峰就总想"我考不上大学该怎么办"。他明知离高考还远着呢,这么早想这个事根本没必要,但就是控制不住,以致影响了正常学习。他的主要心理问题是(　　)(常考)

A. 强迫观念　　B. 强迫行为　　C. 恐惧观念　　D. 恐惧行为

5.[2018 下半年]张博近期经常失眠,食欲不振;不愿与同学和老师交往,对什么事情都不感兴趣,常感到消极悲观;认为自己一无是处,未来没有希望。他存在的心理问题是(　　)

A. 强迫症　　B. 焦虑症　　C. 抑郁症　　D. 恐怖症

6.[2018 上半年]在对学生李刚网络成瘾的干预中,老师要求李刚在手腕上套一根橡皮筋,一旦感觉自己想上网就用力拉橡皮筋弹自己。这位老师所要求的方法称为(　　)

A. 强化干预法　　B. 厌恶干预法

C. 转移注意法　　D. 延迟满足法

7.[2018 上半年]在一次心理健康培训班的教学测验中,关于学校心理辅导的一般目标,学员们的答案不一,共有四种。其中,正确的是(　　)

A. 学会调适和寻求发展　　B. 学会调节和学会适应

C. 学会调适和寻求健康　　D. 适应学习和适应社会

8.[2017 下半年]小东每次锁门离家后,明知已锁过门,但总是怀疑门没锁上,非要返回检查才安心。他的这种行为表现属于(　　)

A. 强迫恐惧　　B. 强迫焦虑　　C. 强迫观念　　D. 强迫行为

9.［2016 上半年］晓玲性格内向，平时不敢同老师讲话，遇到疑难问题也没有勇气请教。偶有一次，她向杨老师请教，杨老师耐心地解答了问题，并对她的行为及时给予表扬，经过多次这样的教学交往，晓玲学会了主动向老师请教问题。杨老师改变晓玲行为的方法属于（ ）

A. 强化法　　B. 自控法　　C. 系统脱敏法　　D. 放松法

二、辨析题（每小题 8 分，参考时限 8 分钟。共 1 小题）

［2019 下半年］心理健康的标准是相对的。

三、简答题（每小题 10 分，参考时限 10 分钟。共 1 小题）

［2017 上半年］简述学校心理辅导的原则。

四、材料分析题（每小题 18 分，参考时限 15 分钟。共 1 小题）

［2016 下半年］材料：

一位高中女生接受心理辅导时的自述：进入高三以来，我就觉得自己被笼罩在一种紧张学习，迎接高考的氛围中，时常感觉到心烦意乱，学习成绩也时好时坏，为此整天惴惴不安。我常常想到高考问题，感觉也与以前有所不同。心跳的剧烈程度比以前强很多，身体有种不舒服的燥热，思维不太受控制，注意力也难集中。我怕老师提问，老师一叫我回答问题，不论是能答上来还是答不上来，回答时总是语无伦次而且声音发颤。虽然经常被老师提问，却还是消除不了这种胆怯心理。考试之前，我会非常紧张，几天前就会睡不着觉，连续失眠；考试时，常因为太紧张而不能认真审题；并且考试时，感到心跳加速，头脑发胀，昏昏沉沉。结果考试成绩越来越差。老师，你说我能改变这种情况吗？

问题：请结合材料，说明中学生考试焦虑的主要表现、产生的原因和调节方法。

刷专题

专题一 心理健康概述

链接答案本 P354

一、单项选择题（每小题 2 分，共 3 小题。参考时限 5 分钟）

1. 下列选项对心理健康的描述，不正确的是（　　）

A. 心理健康等于没有疾病或仅限于没有身体疾病

B. 心理健康是比较而言的，从健康到不健康只是程度的不同

C. 心理健康反映的是某一段时间内的特定状态，而不应认为是固定的和永久的

D. 心理健康标准是一个发展的文化的概念，会随着社会的发展变化而发展变化

2. 下列选项中，不属于世界卫生组织提出的健康的含义的是（　　）

A. 身体健康　　B. 心理健康　　C. 社会适应良好　　D. 文化素养高

3. 心理健康表现为个人具有生命的活力、积极的内心体验和良好的（　　）

A. 社会适应能力　　B. 社会化人格

C. 精神面貌　　D. 精神状态

二、辨析题(每小题8分,参考时限8分钟。共2小题)

1. 没有查出病就是健康。

2. 心理健康和不健康之间有明确的界限。

三、简答题(每小题10分,参考时限10分钟。共1小题)

心理健康的标准是什么?

专题二　中学生常见的心理健康问题

链接答案本 P355

一、单项选择题(每小题2分,共15小题。参考时限15分钟)

1. 学生小李一到考试临近时,就紧张不安,难以集中注意力,还出现过度出汗、睡眠障碍等不适反应,这属于学生心理健康问题中的(　　)

A. 强迫症　　B. 抑郁症　　C. 焦虑症　　D. 恐怖症

2. 小昭升入高三后，脑海中总是不断浮现出自己高考可能失利的想法，明知这样想没必要，却控制不住自己。她的主要心理问题是（　　）

A. 恐惧观念　　B. 强迫行为　　C. 强迫观念　　D. 恐惧行为

3. 对一件具体的东西、动作或情境的恐惧称之为（　　）

A. 泛化恐怖症　　B. 单纯恐怖症

C. 广场恐怖症　　D. 社交恐怖症

4. 最近三个月小东情绪低落，总是闷在宿舍里，原来喜欢打篮球，现在也提不起兴趣，甚至还产生了轻生的念头。小东最可能患有（　　）

A. 躁狂症　　B. 焦虑症　　C. 抑郁症　　D. 强迫症

5. 焦虑是由紧张、不安、焦急、忧虑、恐惧交织而形成的一种情绪状态，中学生常见的焦虑反应是（　　）

A. 生活焦虑　　B. 睡眠障碍焦虑　　C. 交友焦虑　　D. 考试焦虑

6. 小丽性格非常内向，害怕在社交场合说话，总觉得自己说话不自然，跟同学说话时也不敢抬头，不敢正视对方的眼睛，小丽有可能患有（　　）

A. 抑郁症　　B. 广场恐怖症　　C. 强迫症　　D. 社交恐怖症

7. 以下不属于抑郁症的表现的是（　　）（易混）

A. 心跳加快、过度出汗、肌肉持续性紧张

B. 躯体疲劳、失眠、食欲不振

C. 情绪消极、悲观、颓废、淡漠、失去满足感和对生活的乐趣

D. 动机缺失、被动，缺乏热情

8. 害怕大片的水域、空荡荡的街道的恐怖症被称为（　　）

A. 广场恐怖症　　B. 单纯恐怖症　　C. 社交恐怖症　　D. 幽闭恐怖症

9. 姚涵总是不敢在全班同学面前发言，每次老师点她回答问题，她就会脸色变红，浑身发抖，说话不流畅。她可能是出现了（　　）

A. 抑郁症　　B. 焦虑症　　C. 强迫症　　D. 恐怖症

10. 学生如减少或停止上网会出现周身不适、烦躁、易激怒，注意力不集中，睡眠障碍，这表明学生很可能患有（　　）

A. 焦虑症　　B. 抑郁症

C. 强迫症　　D. 网络成瘾综合征

11. 高中生小雷最近有一个毛病，写作业时总觉得不整洁，擦了写，写了又擦，反反复复。他明知道这样做没有必要，但就是控制不住。他可能出现了（　　）

A. 恐惧症　　B. 强迫症　　C. 焦虑症　　D. 抑郁症

12. 学生晓丽情绪低落，看待事情悲观、消极，这种状况持续了两三年。晓丽最可能患有的神经症是（　　）

A. 强迫症　　B. 抑郁症　　C. 焦虑症　　D. 恐怖症

13. 某学生经常失眠、疑虑重重、情绪异常、觉得生活无意义，对个人前途悲观失望。该学生存在的心理问题是（　　）

A. 抑郁症　　B. 焦虑症　　C. 恐惧症　　D. 强迫症

14. 小陈特别爱干净，每次吃完饭一定要去刷牙，每次刷牙时间都在五六分钟以上，即使他知道没有这个必要但还是很难控制自己的行为。小陈的表现属于（　　）

A. 焦虑症　　B. 强迫症　　C. 抑郁症　　D. 恐惧症

15. 某教师做事力求完美，每次上课前要不断检查自己的 U 盘、教材等，离开学校时常常怀疑办公室门没锁好而反复查看，这种状况已经严重影响到他的工作效率。该教师的表现具有（　　）

A. 躁狂倾向　　B. 偏执倾向　　C. 强迫倾向　　D. 自闭倾向

二、辨析题（每小题 8 分，参考时限 8 分钟。共 1 小题）

焦虑症是以持久的心境低落为特征的神经症。

三、简答题（每小题 10 分，参考时限 10 分钟。共 3 小题）

1. 简述网络成瘾的几种心理干预方法。

2. 简述强迫症及其矫正方法。

3. 如何维护学生的心理健康?

四、材料分析题(每小题 18 分,参考时限 15 分钟。共 2 小题)

1. 材料:

13 岁的小文是一名天真活泼的初一学生,在参加某次比赛活动时,小文莫名地出现紧张、呼吸困难的症状,家长、老师和同学对此难以理解,认为是小文的内心不够强大。自此,小文开始与周边的人疏远,喜欢独处,且觉得活着是一种累赘。或许是内心过于痛苦,小文会偷偷划伤自己来宣泄情绪,并且严重失眠,体重迅速下降。

问题:结合材料分析小文可能存在哪种心理问题?如何治疗这类心理问题?

2. 材料：

一位初一男生接受心理辅导时自述：

我从小在爷爷家长大，是在爷爷家附近上的小学，后来考上初中，很多同学都是一起从小学升上去的，学习也跟得上。后来我爸工作调动到了一个大城市，他们觉得大城市的教育会比较好，将来可以上一个好高中，考一所好大学，就让我转学到了当地的一中。同学们用的穿的都比我好，我觉得自己很土，也不好意思和他们说话。关键是我不是开学第一天到的班里，他们已经学习了一段时间，都比我要强好多，他们好像什么都会似的。老师偶尔会提问我，我憋得脸红脖子粗，也答不上来。现在我特别怕老师提问，一说要提问，我的心就突突地跳，总害怕会叫到我的名字。真的提问到我，就算我会，我也会发抖地吭哧半天答不上来。我觉得同学们都看不起我，也没有人和我玩，有活动我能不参加就不参加。以前在老家，放假我还出去玩，现在我哪儿也不去，谁也不认识。有时候爸爸带我参加他们同事的聚会，我也觉得脸红，手抖得不知道往哪儿放，后来他就不带我去了。我现在特别害怕有人的地方，就想找个没人的地方藏起来，谁也别理我。我都不想上学了，特别害怕去学校，我觉得很痛苦。

老师，我该怎么办啊？

问题：请结合材料，说明中学生社交恐怖症的主要表现和调适方法。

专题三　学校心理辅导

链接答案本 P359

一、单项选择题（每小题 2 分，共 15 小题。参考时限 15 分钟）

1. 一个学生曾因车祸对汽车产生了恐惧心理，不敢坐汽车。我们可以先让他看有关汽车的图片，与他谈论汽车，让他摸汽车，最后让他坐汽车等，逐步消除他对汽车的惧怕反应。这种心理辅导的方法属于（　）

A. 自我控制法　B. 肯定性训练　C. 系统脱敏法　D. 示范法

2. 心理辅导老师通过帮助李晓明建立焦虑等级，让他想象引起焦虑的情境，进行放松训练，从而缓解他的考试焦虑。这种心理辅导的方法是( )

A. 强化法　　B. 系统脱敏法

C. 理性—情绪疗法　　D. 来访者中心疗法

3. 晓红是韩老师班上的学生，她孤僻、羞涩，当她主动与同学交谈或者请教老师时，韩老师会给予肯定。这种心理辅导方法是( )

A. 强化法　　B. 系统脱敏法

C. 理性—情绪疗法　　D. 来访者中心疗法

4. 小青认为做事应该尽善尽美，决不允许出现任何差错，因而平时稍有失误就极度焦虑，老师通过矫正其认知偏差来帮助她克服这种焦虑。这种心理疏导方法是( )

A. 强化法　　B. 系统脱敏法　　C. 消退法　　D. 合理情绪疗法

5. 以某一具体事件、某一言行来对自己进行评价，如“一次失败就认为这足以证明自己没用，是失败者”“公共场合出了点洋相就认定自己又笨又蠢，连这么简单的事都做不好，更何况其他”。这属于不合理信念中的( )

A. 糟糕至极　　B. 概括化要求　　C. 绝对化要求　　D. 过分幻想

6. 根据艾里斯的 ABC 理论，人的不合理观念常常具有绝对化的要求、过分概括的评价及糟糕至极的结果三个特征。下列说法体现了“绝对化要求”的是( )(易混)

A.“我没考上大学，一切都完了”

B.“我这次考试一定要考年级第一”

C.“在全校师生面前演讲时忘词是一件非常可怕的事”

D.“如果我这次考试失败了，那我的整个人生就没有希望了”

7. 中学生张亮不愿意写作业，一看到那么多作业就干脆放弃。为了帮助张亮完成期待的作业量，老师先让他一次写很少的作业，完成后就给予表扬，然后再慢慢增加作业的量，直到他能完成期待的作业量。这种行为矫正的方法是( )

A. 系统脱敏法　　B. 自信心训练法　　C. 行为塑造法　　D. 满灌疗法

8. 对学生进行心理辅导工作，让当事人自己运用学习原理进行自我分析、自我监督、自我强化，以改善自身行为的方法是( )

A. 行为塑造法　　B. 强化法　　C. 示范法　　D. 自我控制法

9. 老师经常用发小红花的方式鼓励学生的良好行为，学生积累 10 个小红花后可以兑换奖励。这种改变学生行为的方法是( )

A. 示范法　　B. 系统脱敏法　　C. 代币奖励法　　D. 认知调适法

10. 同样是上楼梯时不小心跌了一跤，丹丹坐在地上呜呜咽咽地哭起来，平平则马上爬起来，边揉膝盖边告诉自己“没关系”。根据美国心理学家艾里斯的 ABC 理论，丹丹和平平的不同表现是

因为(　　)

A. 事件　　B. 信念　　C. 感受　　D. 结果

11. 小明在生物课上受到批评,他认为这是生物老师瞧不起他,故意排挤他,因此很不高兴。心理老师告诉小明,生物老师批评他不是瞧不起他,而是觉得他具备学好生物的能力,想帮助他提高生物成绩,小明听到之后心情开始变好,学习生物也更有劲头了。这位心理老师采用的辅导方法是(　　)

A. 理性—情绪疗法　　B. 行为塑造法　　C. 系统脱敏法　　D. 代币奖励法

12. 为了使小莉形成努力学习的好习惯,小莉每次认真听讲、积极回答问题、认真完成作业后,张老师都会表扬小莉,慢慢地,小莉养成了良好的学习习惯。张老师采用的方法是(　　)

A. 系统脱敏法　　B. 行为塑造法　　C. 代币奖励法　　D. 自我控制法

13. 如果一个学生不敢拒绝别人的无理要求,不敢表达自己的不满情绪,与学生发生矛盾时不敢正面解决问题,而是哭着找老师。对待这样的学生,应采取的辅导方法是(　　)

A. 全身松弛法　　B. 代币奖励法　　C. 系统脱敏法　　D. 肯定性训练

14. 体育活动中,老师让胆小害怕的学生先看别的同学练习,再让他尝试简单练习,然后进行难度大的练习,多次练习后学生在面对难度大的练习时也不害怕了,这种消除恐惧心理的方法是(　　)

A. 心理放松法　　B. 系统脱敏法　　C. 注意转移法　　D. 意志锻炼法

15. 根据心理辅导的目标,可以将心理辅导分为调适性辅导和(　　)

A. 发展性辅导　　B. 小组性辅导　　C. 整体性辅导　　D. 个别性辅导

二、简答题(每小题 10 分,参考时限 10 分钟。共 2 小题)

1. 简述行为改变的基本方法。

2. 简述认知疗法的治疗过程。

第七章　中学德育

刷考点

链接答案本 P362

- 中学德育
  - 中学生品德心理与发展
    - 品德及其心理结构
      - 品德的概念
      - 品德的心理结构 ★★★
        - 道德认知
        - 道德情感
        - ①________
        - 道德行为
    - 中学生品德发展的特点
      - 逐渐从②________变成自律,伦理道德发展具有自律性,言行一致
      - 品德发展由起伏向成熟过渡
    - 态度与品德的形成和培养
      - 态度与品德的形成过程★★
      - 影响态度与品德形成和发展的条件
      - 态度与品德的培养方式★
  - 道德发展理论
    - 皮亚杰的道德发展阶段理论 ★
      - 自我中心阶段(2 ~ 5 岁)
      - ③________(6 ~ 8 岁)
      - 可逆性阶段(8 ~ 10 岁)
      - 公正阶段(10 ~ 12 岁)
    - 柯尔伯格的道德发展阶段理论 ★★★
      - 前习俗水平(0 ~ 9 岁)
      - ④________(9 ~ 15 岁)
      - 后习俗水平(16 岁以后)
  - 德育内容
    - 德育的概念
    - 德育内容
      - 德育的基本内容★
      - 德育的主要内容
    - 新时期德育内容的发展
  - 德育过程
    - 德育过程的内涵
      - 德育过程与品德形成过程的关系
      - 德育过程的构成要素
    - 德育过程的矛盾★
    - 德育过程的基本规律★★
  - 德育原则 ★★★
    - 导向性原则
    - 疏导原则
    - ⑤________(从学生实际出发)
    - 知行统一原则
    - ⑥________和个别教育相结合原则
    - ⑦________与严格要求学生相结合的原则
    - 正面教育与⑧________相结合的原则
    - ⑨________,克服消极因素的原则(长善救失原则)
    - 教育影响的⑩________原则

- 中学德育
  - 德育的途径与方法
    - 德育途径
      - ⑪________与其他学科教学★★
      - 社会实践活动
      - ⑫________
      - 共青团、少先队组织的活动
      - 校会、班会、周会、晨会、时事政策的学习
      - 班主任工作
    - 德育方法
      - 我国中学常用的德育方法★★★
        - ⑬________
        - ⑭________
        - 情感陶冶法
        - ⑮________
        - 自我修养法(个人修养法)
        - ⑯________
        - 角色扮演法
        - 合作学习法
      - 选择德育方法的依据

刷真题

链接答案本 P362

一、单项选择题(每小题 2 分,共 19 小题。参考时限 20 分钟)

1. [2023 上半年]张铭非常喜欢王老师,愿意接受王老师的教导,并在观点、行动方面与王老师的要求保持一致。这说明张铭的品德发展处于哪一个阶段(　　)

A. 认同阶段　　B. 服从阶段　　C. 依恋阶段　　D. 内化阶段

2. [2022 下半年]“其身正,不令而行;其身不正,虽令不从。”这体现的德育方法是(　　)

A. 实际锻炼法　　B. 个人修养法

C. 榜样示范法　　D. 品德评价法

3. [2021 下半年]学校实施德育的基本途径是(　　)(常考)

A. 班主任工作　　B. 课外、校外活动

C. 团队活动　　D. 品德课与其他学科教学

4. [2021 下半年]国强认为欺负弱小是不可取的,不道德的,因此他在生活中总是能自觉杜绝这样的行为。这说明其品德发展处于(　　)

A. 依从阶段　　B. 内化阶段　　C. 自主阶段　　D. 外化阶段

5. [2021 上半年]孟子说:"天将降大任于是人也,必先苦其心志,劳其筋骨,饿其体肤,空乏其身,行拂乱其所为,所以动心忍性,曾益其所不能。"这段话体现的德育方法是(　　)

A. 实际锻炼法　　B. 品德评价法　　C. 情感陶冶法　　D. 榜样示范法

6. [2020 下半年]班主任王老师在"每月一星"活动中,将表现好、进步大的学生照片贴在"明星墙"上以示奖励。王老师运用的德育方法是(　　)

A. 说服教育法　　B. 实际锻炼法

C. 品德评价法　　D. 情感陶冶法

7. [2020 下半年]子路对教育的作用不以为然,说:南山有竹,人不去管它照样长得直;砍来当箭,照样能穿透犀牛皮。孔子对他说:若是将砍来的竹子刮光装上箭头,磨得很利,岂不射得更深吗?子路接受了孔子的教诲,成为孔子的学生。孔子的做法体现了哪一德育原则(　　)

A. 教育影响的一致性和连贯性原则　　B. 理论联系实际原则

C. 长善救失原则　　D. 疏导原则

8. [2020 下半年]晓旭认为,服从听话的孩子就是好孩子,于是他对老师和家长绝对遵从,并希望得到他们的赞许。根据柯尔伯格的道德发展理论,他的道德发展处于(　　)(易混)

A. 社会契约取向阶段　　B. 相对功利取向阶段

C. 寻求认可取向阶段　　D. 遵守法规取向阶段

9. [2019 下半年]"动之以情,晓之以理,导之以行,持之以恒"的做法主要反映了哪一德育过程规律(　　)(常考)

A. 德育过程是具有多种开端的对学生知、情、意、行的培养提高过程

B. 德育过程是促进学生思想内部矛盾斗争的过程

C. 德育过程是组织学生活动与交往,统一多方面教育影响的过程

D. 德育过程是长期的、反复的、逐步提高的过程

10. [2019 下半年]张丽在进行道德判断时,能够超越某种规章制度,更多考虑道德的本质,而非具体的原则。根据柯尔伯格的道德发展阶段论,其道德发展处于哪一阶段(　　)

A. 社会契约　　B. 相对功利　　C. 遵守法规　　D. 普遍伦理

11. [2019 上半年]"一把钥匙开一把锁"体现的德育原则是(　　)

A. 理论联系实际　　B. 长善救失　　C. 教育影响的一致性　　D. 因材施教

12. [2018 下半年]班主任王老师经常通过立志、学习、反思、箴言、慎独等方式来培养学生的良好思想品德,这种德育方法是(　　)

A. 说服教育法　　B. 榜样示范法　　C. 情感陶冶法　　D. 自我修养法

13. [2018 下半年]上学路上,徐燕看到一个同学正艰难地推着一位坐轮椅的老人上斜坡路,她非

常激动。这种道德情感属于(　　)

A. 动作性道德情感体验　　B. 形象性道德情感体验

C. 想象性道德情感体验　　D. 伦理性道德情感体验

14. [2018 上半年]我国学校德育包括的三个基本组成部分是(　　)

A. 思想教育、品德教育和纪律教育　　B. 政治教育、道德教育和公民教育

C. 道德教育、政治教育和思想教育　　D. 道德教育、政治教育和纪律教育

15. [2018 上半年]张校长特别重视学校文化建设,提出"让学校的每一面墙都开口说话",以此来促进学生品德的发展。张校长强调的德育方法是(　　)

A. 陶冶教育法　　B. 榜样示范法　　C. 实际锻炼法　　D. 说服教育法

16. [2017 下半年]在小组讨论中,关于什么是道德行为培养的关键,同学们有下列四种不同的看法,其中正确的是(　　)

A. 形成良好的道德意志　　B. 形成良好的道德环境

C. 形成良好的道德情感　　D. 形成良好的道德习惯

17. [2017 上半年]小星判断道德问题时,不仅能依据规则,而且能出于同情和关心做出判断。根据皮亚杰道德发展阶段理论,小星的道德认知发展处于(　　)

A. 自我中心阶段　　B. 权威阶段　　C. 可逆性阶段　　D. 公正阶段

18. [2016 下半年]小华认为法律或道德是一种社会契约,根据柯尔伯格的道德发展理论,小华的道德判断属于(　　)

A. 前习俗水平　　B. 习俗水平　　C. 后习俗水平　　D. 超习俗水平

19. [2016 上半年]中学生小张认为遵守交通法规是人人应尽的责任和义务。根据柯尔伯格的道德发展阶段理论,小张的道德判断处于(　　)阶段。

A. 服从与惩罚的道德定向　　B. 相对功利的道德定向

C. 寻求认可取向　　D. 社会契约取向

二、辨析题(每小题 8 分,参考时限 8 分钟。共 2 小题)

1. [2017 下半年]德育的起点是提高道德认识。

2.［2017 上半年］根据柯尔伯格的观点，道德发展的阶段是固定的，相同年龄阶段的人都能达到同样的发展水平。

三、简答题（每小题 10 分，参考时限 10 分钟。共 2 小题）

1.［2019 下半年］简述品德的心理结构。

2.［2017 下半年］简述态度与品德形成的三阶段及其主要内容。

四、材料分析题（每小题 18 分，参考时限 15 分钟。共 1 小题）

［2022 下半年］材料：

初中生王力擅长绘画，也是个积极上进的学生，但他行为散漫、目无纪律，常画些小动物，写上同学的名字来取笑。当班主任李老师批评他时，他低着头，声音颤颤地说："老师，我错了，以后再也不画了。"李老师温和地说："喜欢画画没错啊，可画家是用画笔来表现思想情感的，应歌颂美的事物。"说到这儿，王力的头又低了下去。李老师接着说："咱班想请你负责黑板报，你要把特长充分发挥出来。"他一听，高兴地说："老师，我保证把板报办好！"此后，王力发生了不小的变化，办板报也很认真负责。

有一天，宣传委员找到李老师，气呼呼地说："李老师，王力把板报全擦了，还说我们是笨蛋，我们的字配不上他的画，他画得再好，我们也得不了奖。"李老师一进教室，便看见王力也在生气，他说他担心班级的板报取不上名次。李老师肯定了他热爱集体、精心设计的工作态度，接着又帮他分析个人与集体的关系，教育他要尊重别人的劳动，树立正确的荣誉观。他频频点头，虚心承认了错误，并保证重新设计，完善板报，结果板报在全校评比中获得了二等奖。

王力的进步是可喜的，但有时还比较散漫，以为只要笔下有功夫，其他无关紧要。在学校举办的"新风画展"评比中，他以为夺魁稳操胜券，结果只得了第四，便非常失望。李老师问他对评选结果有何感想，他振振有词："李老师，我认为被评为第四名的原因有两条：一是我画的位置摆得不好；二是同学们不会欣赏水墨画。"李老师严肃地说："你的画立意不够深，境界不够高，从你画上的题诗来看，语言比较贫乏，文法也不很通顺。如果你想当画家，应严格要求自己，树立正确的人生观，努力学习好各门功课，打好文化基础。"听完李老师的话，王力脸红了，额头渗出了汗珠。后来，王力像变了一个人，各方面都取得了长足的进步。

问题：材料中班主任李老师的做法主要贯彻了哪些德育原则？请结合案例加以分析。

刷专题

专题一　中学生品德心理与发展

链接答案本 P367

一、单项选择题（每小题 2 分，共 18 小题。参考时限 20 分钟）

1. "三军可夺帅也，匹夫不可夺志也"体现了（　　）

A. 道德认知　　B. 道德情感　　C. 道德意志　　D. 道德行为

2. 学生能相信并接受他人的观点，从而改变自己的态度与行为，同时将这些观点纳入自己的价值体系，说明其品德发展已达到（ ）

A. 服从阶段 B. 依从阶段 C. 认同阶段 D. 内化阶段

3. 小赵把冒险当作勇敢，做出违反纪律的事情，其原因是他缺乏（ ）

A. 正确的道德认识 B. 积极的道德体验

C. 良好的道德意志 D. 高尚的道德动机

4. 班主任与班级学生一起讨论早恋对生活和学习的影响，认识早恋的危害，形成了要把爱慕转化为纯洁的友谊的共识，共同提出相应的具体要求并被全班同学所认可。这种品德培养方法属于（ ）

A. 有效说服 B. 树立榜样 C. 群体约定 D. 价值辨析

5. 如果某学生在校园内，将喝完奶的奶盒随手扔掉，此行为恰巧被老师看到，该学生马上感到非常不好意思。该生此时的情感体验最有可能属于（ ）

A. 直觉的道德情感 B. 形象的道德感情

C. 理想的道德情感 D. 伦理的道德情感

6. "亲其师，信其道"体现了（ ）的作用。

A. 道德认知 B. 道德情感 C. 道德动机 D. 道德行为

7. 学生的品德好坏是评判一所学校办得好坏的一个重要标准，因此，学生良好品德行为的培养是学校教书育人工作的重中之重。对于学生来说，良好品德的教育是绝不能忽视的，对学生品德起主导作用的因素是（ ）

A. 社会 B. 家长 C. 学生 D. 学校

8. 小美经常顺手牵羊拿走其他同学的文具盒，老师发现后严厉地批评了她。小美感到很困扰，自己明明知道偷东西是不对的，可就是控制不住自己的手。这说明小美目前缺乏（ ）（常考）

A. 道德认识 B. 道德意志 C. 道德情感 D. 道德行为

9. "狐假虎威"和"东施效颦"体现了学生在学习过程中的（ ）心理。

A. 从众 B. 依从 C. 认同 D. 内化

10. 课间，阳阳在教室外的走廊上见到一张废纸，本想装作没有看见走过去，但发现冯老师正在不远处看着自己，于是他把废纸捡起来丢进了垃圾桶。阳阳的行为表明其品德的形成正处于社会规范的（ ）阶段。

A. 信奉 B. 认同 C. 依从 D. 建立

11. 美国心理学家班杜拉通过实验提出的培养学生良好品德的重要方法是（ ）

A. 说服教育法 B. 榜样示范法

C. 角色扮演法　　D. 群体约定法

12. 初中阶段学生的品德发展具有(　　)

A. 稳定性　　B. 波动性　　C. 延缓性　　D. 爆发性

13. 国家乒乓球队的健儿团结拼搏,为祖国和人民赢得金牌。这种爱国主义情感和集体主义情感属于(　　)

A. 动作的道德情感　　B. 伦理的道德情感

C. 想象的道德情感　　D. 直觉的道德情感

14. 某班老师总要求学生讲究卫生,但班里经常有学生随地吐痰,乱扔纸屑。教师应侧重(　　)

A. 提高学生认识　　B. 磨炼学生意志

C. 丰富学生道德情感　　D. 培养学生道德行为习惯

15. 心理学家大卫·艾肯德认为:“家长没有办法控制青少年所看到和所听到的一切。”所以在尽可能控制不良信息对青少年影响的同时,应培养和增强青少年对形形色色的信息的鉴别能力。这种鉴别能力属于(　　)

A. 道德意志　　B. 道德行为　　C. 道德情感　　D. 道德认知

16. 表现为“富贵不能淫,贫贱不能移,威武不能屈”的阶段是(　　)(常考)

A. 依从　　B. 认同　　C. 内化　　D. 坚定

17. 教师通常会用一些正面或反面的例子,对学生进行思想教育。这种品德培养的方法属于(　　)

A. 有效的说服　　B. 树立良好的榜样

C. 价值辨析　　D. 利用群体的约定

18. “君子欲讷于言而敏于行”强调的品德因素是(　　)

A. 道德认识　　B. 道德情感　　C. 道德意志　　D. 道德行为

二、辨析题(每小题 8 分,参考时限 8 分钟。共 2 小题)

1. 道德意志是道德行为的直接动因。

2. 从抑制不良行为的角度看，惩罚不利于良好的态度与品德的形成。

三、简答题（每小题10分，参考时限10分钟。共3小题）

1. 简述中学生品德发展的特点。

2. 简述影响品德形成和发展的条件。

3. 简述态度与品德的培养方式。

专题二　道德发展理论

链接答案本 P370

一、单项选择题(每小题 2 分,共 14 小题。参考时限 15 分钟)

1. 皮亚杰将儿童品德结构的发展划分为四个阶段,按形成时间排序正确的是(　　)

A. 自我中心阶段→权威阶段→可逆性阶段→公正阶段

B. 自我中心阶段→权威阶段→公正阶段→可逆性阶段

C. 权威阶段→可逆性阶段→公正阶段→自我中心阶段

D. 权威阶段→自我中心阶段→可逆性阶段→公正阶段

2. 小青常在课堂上玩手机,小娜提醒小青学校规定课堂上不能玩手机,可小青不听,因此小娜认为小青不是好学生。根据柯尔伯格道德发展理论,小娜的道德发展处于哪一阶段(　　)

A. 惩罚与服从取向阶段　　B. 相对功利取向阶段

C. 遵守法规取向阶段　　D. 普遍伦理取向阶段

3. 采用"对偶故事法"研究儿童道德发展阶段的心理学家是(　　)

A. 华生　　B. 皮亚杰　　C. 柯尔伯格　　D. 加涅

4. 小刚自学法律之后,认为某些法律条文太过无情,不符合大众权益,应该适度修改。根据柯尔伯格的理论,小刚可能处于道德发展的(　　)(常考)

A. 服从与惩罚取向阶段　　B. 维护权威或秩序取向阶段

C. 社会契约取向阶段　　D. 普遍伦理取向阶段

5. 在道德两难故事测验中,小明认为海因茨不应该偷药,因为偷药被抓住的话要被惩罚。这表明小明可能处在柯尔伯格道德发展理论的(　　)

A. 9 岁之前　　B. 9 ~ 15 岁　　C. 15 ~ 20 岁　　D. 20 岁以上

6. 云丰是一个性格外向,爱耍"小聪明"的学生,凡事以自我为中心,很少顾及他人的感受。根据道德发展理论,云丰此时的道德发展最可能处于(　　)

A. 权威阶段　　B. 公正阶段　　C. 可逆性阶段　　D. 自我中心阶段

7. 当同学向小军借学习用品时,小军从不拒绝,因为他希望得到同学的赞赏和认可,让大家觉得他是个"好孩子"。根据柯尔伯格的道德发展阶段理论,小军处于(　　)

A. 前习俗水平　　B. 习俗水平　　C. 后习俗水平　　D. 超习俗水平

8. 皮亚杰将儿童道德发展划分为四个阶段,其中,8 ~ 10 岁的儿童属于哪一阶段(　　)

A. 权威阶段　　B. 可逆性阶段　　C. 公正阶段　　D. 自我中心阶段

9. 根据柯尔伯格的道德发展阶段理论，小丽的道德发展处于相对功利取向阶段。在听完海因茨偷药的故事后，小丽可能的回答是(　　)

A. "该偷，他的妻子需要这种药，他需要同他的妻子共同生活"

B. "该偷，他做的是好丈夫应做的事"

C. "不该偷，他要救妻子的命是应该的，但偷东西犯法"

D. "不该偷，别人说不定也像他妻子一样急需这药，要考虑所有人生命的价值"

10. 小霞能根据他人的具体情况，以平等为标准，在同情、关心的基础上对学习和生活中的道德事件进行判断。根据皮亚杰的道德发展阶段理论，小霞的道德发展处于(　　)

A. 自我中心阶段　　B. 权威阶段　　C. 可逆阶段　　D. 公正阶段

11. 根据柯尔伯格道德发展阶段理论，学生在某一阶段遵守社会规范，并认为契约和法律规定是绝对的、不可更改的。这一阶段是(　　)(易混)

A. 相对功利取向阶段　　B. 社会契约取向阶段

C. 惩罚与服从取向阶段　　D. 遵守法规取向阶段

12. 在玩捉迷藏之前，小东和同学决定重新制定游戏规则，且需要全体成员协商并投票一致通过才行。根据皮亚杰的儿童道德发展阶段理论，小东和同学最有可能处于(　　)

A. 权威阶段　　B. 自我中心阶段　　C. 可逆性阶段　　D. 公正阶段

13. 出租车司机为送急症病人连续闯红灯，小周认为该司机违反了交通法规，理应受到处罚。按柯尔伯格的道德发展阶段理论，小周的道德发展水平最可能处于(　　)

A. 前习俗水平　　B. 习俗水平　　C. 中习俗水平　　D. 后习俗水平

14. 儿童的道德判断只注重行为的客观效果，不关心主观动机，是受自身以外的价值标准所支配。这种道德水平处于皮亚杰道德发展的(　　)

A. 他律阶段　　B. 自律阶段　　C. 无律阶段　　D. 超自律阶段

二、辨析题(每小题 8 分，参考时限 8 分钟。共 1 小题)

10 岁是个体从他律道德向自律道德转化的分水岭。

三、简答题(每小题 10 分,参考时限 10 分钟。共 2 小题)

1. 皮亚杰把儿童的品德发展划分为哪几个阶段?

2. 简述柯尔伯格的道德发展阶段理论。

专题三　德育内容

链接答案本 P372

一、单项选择题(每小题 2 分,共 5 小题。参考时限 5 分钟)

1. 中小学德育的核心内容是(　　)

A. 理想教育　　B. 爱国主义教育

C. 劳动教育　　D. 集体主义教育

2. 疫情期间,某中学改为线上授课,每周一早晨八点半的升旗仪式正常举行,学生们每周一早早地起床,穿好校服,等待着升旗仪式。当国歌声响起时,学生们面对家里的电视屏幕,庄严地举起右手,向国旗敬礼。这体现了学校德育内容中的(　　)

A. 理想教育　　B. 集体主义教育　　C. 爱国主义教育　　D. 劳动教育

3. 对学生进行辩证唯物主义和历史唯物主义的人生观与世界观的教育,这是德育中的(　　)

A. 道德教育　　B. 政治教育　　C. 思想教育　　D. 心理教育

4. 新时期德育发展的新主题不包括(　　)

A. 安全教育　　B. 生存教育与生活教育

C. 升学就业指导教育　　D. 爱国主义教育

5. 近年来,青少年由于学业压力大、亲子关系差、痴迷游戏等原因,导致自杀事件频发。对此,应加强学生的(　　)

A. 安全教育　　B. 生存教育　　C. 生活教育　　D. 生命教育

二、简答题(每小题 10 分,参考时限 10 分钟。共 1 小题)

教师如何进行生活教育?

专题四　德育过程

链接答案本 P373

一、单项选择题(每小题 2 分,共 8 小题。参考时限 10 分钟)

1. 某学校通过组织学生交流分享与父母之间的故事、去儿童福利院献爱心、在新四军纪念馆当讲解员等系列主题活动来培养学生的品德。这体现了该学校充分认识到德育(　　)

A. 培养和发展了学生

B. 能够促进学生思想转变

C. 是长期的、反复的、逐步提高的过程

D. 是在活动和交往中接受多方面影响的过程

2. 德育过程是培养学生的知、情、意、行统一发展的过程,人们对客观事物的是非、善恶进行判断时产生的内心体验属于(　　)(常考)

A. 知　　B. 情　　C. 意　　D. 行

3. 在德育过程中,德育的主体是(　　)

A. 教育者　　B. 受教育者　　C. 社会　　D. 家长

4. 教育者在德育过程中起(　　)

A. 指导作用　　B. 主导作用　　C. 辅助作用　　D. 决定作用

5. 德育过程的构成要素是( )

A. 教育者、受教育者　　B. 教育者、受教育者、德育内容

C. 教育者、受教育者、德育内容、德育方法　　D. 教育者、受教育者、德育环境

6. 德育过程的一般顺序可以概括为知、情、意、行,其中________是基础,________是关键。( )

A. 知　情　　B. 知　意　　C. 情　意　　D. 知　行

7. 德育过程就是对知、情、意、行培养提高的过程,知、情、意、行是品德心理结构的四个要素,衡量一个人思想品德水平高低的重要标志是( )

A. 知　　B. 情　　C. 意　　D. 行

8. 在培养学生道德行为习惯的过程中,常常会遇到"屡教不改"的学生,这说明( )

A. 德育过程是一个需要长期反复培养、实践的过程

B. 德育过程是社会道德内化为个体的思想品德的过程

C. 德育过程是促使学生思想内部矛盾运动的过程

D. 德育过程是教育和自我教育的统一过程

二、辨析题(每小题 8 分,参考时限 8 分钟。共 4 小题)

1. 德育过程是对学生知、情、意、行的培养与提高过程,从任何一个方面都可以开始进行品德教育。

2. 只要方法得当,德育过程可以一蹴而就,不会出现反复。

3. 德育过程中的活动和交往不同于一般的社交活动。

4. 学校教育在学生身心发展中起主导作用，因此，学生在学校中受到良好的德育，就能形成良好的品德。

专题五 德育原则

链接答案本 P375

一、单项选择题（每小题 2 分，共 13 小题。参考时限 15 分钟）

1. 要统一学校内部各方面和社会各方面的教育力量，争取家长和社会的配合，逐步形成以学校为中心的“三位一体”的德育网络，处理好衔接工作，保持德育工作的经常性、制度化、连续性、系统性。这体现的德育原则是（　　）

A. 知行统一原则　　B. 教育影响的一致性与连贯性原则

C. 导向性原则　　D. 疏导原则

2. 陶行知任育才学校校长时，发现一个同学要拿砖头砸人，他制止后，不但没有批评这个同学，反而使用四颗糖果分别奖励他尊重老师、守时、有正义感、敢于承认错误，促进学生积极反省，不断成长。这体现的德育原则是（　　）

A. 知行统一原则　　B. 因材施教原则　　C. 长善救失原则　　D. 疏导原则

3. 在教育过程中，教师如果用简单粗暴、讽刺挖苦的做法来处理问题就违反了德育原则中的（　　）

A. 知行统一原则

B. 依靠积极因素，克服消极因素原则

C. 疏导原则

D. 尊重信任学生与严格要求学生相结合原则

4. 在德育过程中，教师要有目的地对各方面的影响加以组织、调节、控制，使其相互配合、协调一致，从而共同促进学生思想品德健康发展的教育原则是(　　)

A. 知行统一原则

B. 教育影响的一致性和连贯性原则

C. 集体教育原则

D. 正面教育原则

5. 苏联教育家马卡连柯所倡导的"平行教育"的德育原则是指(　　)

A. 长善救失原则

B. 严格要求与尊重信任学生相结合原则

C. 教育影响的一致性与连贯性原则

D. 集体教育与个别教育相结合原则

6. 课堂上李老师向同学们强调："同学们，我们都知道中国是礼仪之邦，崇德尚礼是中华民族的优良传统，我们不仅要知道这些礼仪，更重要的是在生活当中去积极践行这些传统礼仪。"这主要体现了德育原则中的(　　)原则。

A. 反面教育

B. 知行统一

C. 导向性

D. 正面教育

7. "视其所以，观其所由，察其所安。"这句话反映了德育的(　　)

A. 导向性原则

B. 疏导原则

C. 尊重信任学生与严格要求学生相结合原则

D. 因材施教原则

8. 苏霍姆林斯基说："一个好老师意味着什么？首先意味着他是这样一个人，他热爱孩子，感到和孩子在一起交往是一种乐趣，相信每个孩子都能成为好人，善于跟他们交朋友，关心孩子们的快乐和悲伤，了解孩子的心理，时刻不忘自己曾经是个孩子。"这体现的德育原则的基本要求是(　　)

A. 尊重和信赖学生

B. 以表扬、激励为主，坚持正面教育

C. "一分为二"地看待问题

D. 因势利导，循循善诱

9. 贯彻德育工作的导向性原则，应该注意(　　)

A. 用社会主义的共同理想教育受教育者

B. 对学生晓之以理，因势利导

C. 要一分为二地看待学生

D. 要通过集体教育学生个人

10. 既强调说理教育法，又强调建立健全学校的规章制度的德育原则是(　　)

A. 正面教育与纪律约束相结合的原则

B. 因材施教原则

C. 尊重信任学生与严格要求学生相结合的原则

D. 导向性原则

11. “夫子循循然善诱人，博我以文，约我以礼，欲罢不能”，这句话体现的德育原则是(　　)(常考)

A. 导向性原则　　B. 因材施教原则

C. 疏导原则　　D. 教育影响的一致性和连贯性原则

12. 在德育过程中，体现运用“一分为二”的观点认识学生的德育原则是(　　)

A. 依靠积极因素，克服消极因素原则

B. 知行统一原则

C. 集体教育和个别教育相结合原则

D. 尊重信任学生与严格要求学生相结合原则

13. “要尽量多地要求一个人，也要尽可能地尊重一个人。”这体现了(　　)的德育原则。(易混)

A. 疏导

B. 知行统一

C. 集体教育和个别教育相结合

D. 尊重信任学生和严格要求学生相结合

二、辨析题(每小题 8 分，参考时限 8 分钟。共 1 小题)

德育应该遵循疏导原则，因此，正确的德育要严禁惩罚。

三、简答题(每小题 10 分，参考时限 10 分钟。共 3 小题)

1. 贯彻正面教育与纪律约束相结合原则的基本要求有哪些？

2. 简述贯彻知行统一原则的基本要求。

3. 简述依靠积极因素,克服消极因素的原则的含义及贯彻要求。

四、材料分析题(每小题 18 分,参考时限 15 分钟。共 3 小题)

1. 材料:

七年级(2)班全体同学首次参加实践基地活动。第一天晚上,有同学向班主任徐老师报告,男生刘同学在宿舍不停地哭,同学们劝不了,也问不出原因。徐老师一番劝导后得知,刘同学在家没有自己洗过澡,同寝室的同学都洗完回来了,他还在望着满满一箱子衣物和洗涤用品不知所措。经徐老师提议,一位班干部自告奋勇答应帮助他学会一些生活自理技能。

第二天上午组织学生到地里拔草,基地辅导员发现,刘同学居然把菜苗和杂草一起拔光,原来他根本就分不清楚哪些是菜苗,哪些是杂草。于是,部分同学在一旁悄悄议论着,刘同学又羞又愧。这时徐老师向同学们提出问题:“哪位同学能准确说出菜园里所有蔬菜的名称?”同学们互相望着,嘀咕着,没有一位同学举手回答。徐老师建议基地辅导员给同学们开一堂现场讲座——《认识家乡农作物》,刘同学听得特别认真。

午休时,徐老师巡查中发现赵同学躲在被窝里玩手机,本次活动明确规定禁止学生带手机,徐老师本想立即批评制止,又担心会影响同学们休息,便放慢脚步继续往前走,转眼发现赵同学已藏好手机装睡。下午劳动结束后,徐老师将赵同学叫到一旁,严肃批评了她,要求她交出手机并承认错误。赵同学万分不舍地交出手机,低声地解释道:“徐老师,我都没有玩游戏,也没有打电话,我想着这次基地活动一定很有趣,我平时又很喜欢拍照,就忍不住把手机偷带进来,我错了。”徐老师略有所思,说:“那你‘偷拍’到照片了吗?能和我分享一下吗?”赵同学同意了。徐老师发现，虽然手机里的照片效果明显受到了拍摄角度等因素影响，但有几张特写非常有价值。当晚的班会上，徐老师肯定了赵同学的初衷，并宣布一个决定：基地活动由赵同学负责拍照。

后来，班级在学校宣传栏成功举办了全校唯一的活动成果展，大多数照片是赵同学负责拍摄的。从那以后，徐老师还感受到，赵同学纪律性更强了，学习的积极性也明显提高了。

问题：结合材料，分析徐老师贯彻了哪些德育原则。

2. 材料：

有个学生，在老师上课板书时，常用食指敲打桌沿，发出“哒哒哒”的响声。虽然有老师警告说查出来要处分，可总是禁而不绝。后来，一位音乐老师找到了这个学生。他怯生生地站在老师面前，等待批评和处分。出乎他预料的是老师不仅没有责备他，反而笑着说：“你愿意参加乐队打鼓吗？”学生愣了，以为老师是在讽刺他，不敢答话。老师接着说：“学生乐队缺一名鼓手，我觉得你可以胜任。但是，你在上课时要认真听课，遵守课堂纪律，不要再敲桌子了，好吗？”学生点点头，泪水却止不住地流了下来。后来，这个学生敲鼓进步很快，上课也不再敲桌沿了。

问题：结合上述材料，分析材料中音乐老师突出运用了哪些德育原则。

3. 材料：

初二的时候，我数学总是考不好。有一次，我发现数学老师每次出考试题都是在习题册里面选几题叫我们做。当我发现这个秘密时，就每天把数学题目背下来。由于我记忆力很好，那阵子我一连考了6个100分。数学老师开始怀疑我了，这个数学一向差劲的小孩功课怎么会突然好了起来呢？一天，她把我叫到办公室，丢了一张试卷给我，并且说："陈平，这十分钟里，你把这些习题算出来。"我一看上面全是初三的考题，整个人都呆了。我在办公室里坐了十分钟后，对老师说不会做。下一节课开始时，她当着全班同学的面说："我们班上有一个同学最喜欢吃鸭蛋，今天老师想请她吃两个。"然后，她叫我上讲台，拿起笔在我眼睛周围画了两个大黑圈。她边画边笑着对我说："不要怕，一点也不痛不痒，只是晾晾而已。"画完后，她又厉声地对我说："转过身去让全班同学看一看！"当时，我是一个不知道怎样保护自己的小女孩，就乖乖地转过身去，全班同学哄堂大笑起来。第二天早上，我悲伤地去上学，两只脚像灌了铅似的迈不动，走到教室门口，我昏倒在地上，失去了知觉。从此，我离开学校，把自己封闭在家里。

问题：请运用德育原则对材料中数学老师的行为进行分析。

专题六　德育的途径与方法

链接答案本 P380

一、单项选择题（每小题2分，共15小题。参考时限15分钟）

1. 班主任王老师经常安排学生分组办黑板报、布置教室、筹备晚会节目等，以培养学生的责任感和集体主义品质。王老师的行为所体现的德育方法是(　　)

A. 榜样示范法　　B. 自我修养法　　C. 实际锻炼法　　D. 情感陶冶法

2. 教师让学生扮演《变色龙》中的人物，体会奥楚蔑洛夫的虚伪与贪婪，属于(　　)

A. 榜样示范法　　B. 说理教育法　　C. 激励法　　D. 角色扮演法

3. 我国古代教育很重视学生立志，《学记》中强调"士先志"，对学生的考查要求第一年就是"离经辨志"，即让学生找到自己的志向。"立志"属于德育方法中的(　　)

A. 实际锻炼法　　B. 陶冶教育法　　C. 个人修养法　　D. 品德评价法

4. 心忧天下的领袖、感动中国的人物、新冠疫情中勇敢的逆行者、抗震救灾的英雄等，都代表了这个社会的道德良心。在德育活动中，如果教育者用这些人物的事迹鼓励学生努力去做一个有道德的人，那么这种德育方法是(　　)(常考)

A. 情感陶冶法　　B. 说服教育法　　C. 榜样示范法　　D. 自我教育法

5. 学校在抗战纪念日组织学生开展参观历史博物馆、走访抗日老战士的活动，这些活动体现的德育途径是(　　)

A. 思想品德课教学　　B. 课外与校外活动　　C. 其他学科教育　　D. 班会

6. 班主任王老师经常在班级管理的过程中对学生进行思想品德教育，王老师进行德育的途径是(　　)

A. 思想政治课和其他学科教学　　B. 课外、校外活动

C. 社会实践活动　　D. 班主任工作

7. 根据学生善于模仿、崇拜英雄的特点，我们可以使用(　　)

A. 榜样示范法　　B. 陶冶教育法　　C. 说服教育法　　D. 品德评价法

8. 某中学把戏曲、剪纸、刺绣等引入校园活动，这是通过情感陶冶法中的(　　)进行德育。

A. 环境陶冶　　B. 人格感化　　C. 艺术陶冶　　D. 文化陶冶

9. 下列德育方法有助于增强个体的群体意识、归属感、自尊心和成就感的是(　　)

A. 说服教育法　　B. 陶冶教育法　　C. 合作学习法　　D. 实际锻炼法

10. "君子博学而日参省乎己，则知明而行无过矣""吾日三省吾身"等名言均蕴含了(　　)

A. 德育的自我修养法　　B. 德育的榜样示范法

C. 德育的实际锻炼法　　D. 德育的说服教育法

11. 刚工作不久的李老师担任某班的班主任，她发现该班的学生不接纳自己。此后，她在学生的学习和生活等多个方面关心学生，以真诚的爱来感化他们。一个学期下来，学生们都亲切地称呼她为"大姐姐"。李老师运用的德育方法是(　　)

A. 个人修养法　　B. 榜样示范法

C. 情感陶冶法　　D. 实际锻炼法

12. 小明和小华平时亲如兄弟，有一次因琐事争吵不休，打起架来。李老师把他俩叫到办公室，告

诉他们，牙齿和舌头也有打架的时候，人和人之间发生冲突在所难免，但大家要各退一步。小明和小华听后认识到了自己的错误，从此以后再也不打架了。此处，李老师进行思想品德教育时所采取的方法是(　　)

A. 榜样示范法　　B. 品德评价法　　C. 说服教育法　　D. 情感陶冶法

13. 为培养学生艰苦奋斗、吃苦耐劳的坚强毅力和集体主义精神，增强学生的国防观念和组织纪律性，养成良好的学风和生活作风，我国各级学校纷纷组织新生军训。从德育方法看，军训属于(　　)

A. 实际锻炼法　　B. 情感陶冶法　　C. 榜样示范法　　D. 自我修养法

14. 某校长在谈到学校的校园环境时讲道："这些长长的回廊和雄伟的石柱，这些随风摇曳的棕榈树就像化学实验室和讲堂一样在学生的教育中起着重要的作用。这个庭院的每块石头都有教育意义。"这主要体现的德育方法是(　　)(易混)

A. 实际锻炼法　　B. 情感陶冶法　　C. 说服教育法　　D. 榜样示范法

15. 为使学生认识某些思想和行为的不当，促使其克服、纠正和彻底根除这些思想和行为，班主任根据学校及班级管理制度对学生进行批评或处分。这种德育方法是(　　)

A. 说理教育法　　B. 实际锻炼法　　C. 品德评价法　　D. 自我修养法

二、辨析题(每小题 8 分，参考时限 8 分钟。共 2 小题)

1. "春风化雨"体现了德育的说服教育法。

2. 选择和运用德育方法首先要考虑的是学生的年龄特点和个性差异。

三、简答题(每小题 10 分,参考时限 10 分钟。共 4 小题)

1. 简述运用合作学习法的要求。

2. 简述德育的途径。

3. 简述运用榜样示范法的要求。

4. 选择德育方法的依据有哪些?

四、材料分析题(每小题18分,参考时限15分钟。共2小题)

1. 材料:

开学接任一个新班没几天,阎老师在无意中发现不少男生的头发很长。过去他遇到这种情况时,常常是当面指出,但效果往往不佳。现在,阎老师琢磨用什么办法劝告他们,帮助他们真正从思想上提高认识。终于,阎老师想出了一种合适而又有效的教育方法。在一天中午,阎老师特意去了理发店,把自己不长的头发又精心地理了一次。下午上课前,阎老师不露声色地来到班里,召集全班同学开了个五分钟交流会。阎老师首先问:"看谁最先发现班中有哪些新变化?包括我和你们。"当学生发现并说出老师理发了,阎老师话锋一转:"现在,我很想知道老师理发之后给你们的感觉怎样?这样好吗?"于是,阎老师听到了一片赞扬声。最后,阎老师说:"有位名家说得好:'真心诚意地赞美别人一句,就能让人多活二十分钟!'因此,我感谢同学们今天对我真心诚意的夸奖!"五分钟交流会在愉快的氛围中结束了。阎老师没点一个留长发的男生姓名。第二天阎老师再去上课时,欣喜地发现那几个男生的长发变短了,有的还剪成了小平头。

问题:阎老师的做法体现了哪些德育方法?请结合材料分析。

2. 材料：

开学不久，王老师发现陈剑同学有许多坏习惯。王老师心想，像陈剑这样的同学缺少的不是批评而是肯定和鼓励。一次，王老师找他谈话说："你有缺点，但你也有不少优点，可能你自己还没有发现。这样吧，我限你在两天内找到自己的一些长处，不然我可要批评你了。"第三天，陈剑很不好意思地找到王老师，满脸通红地说："我心肠好，力气大，毕业后想当兵。"王老师听了说："这就是了不起的长处。心肠好，乐于助人，到哪里都需要这种人。你力气大，想当兵，保家卫国，是很光荣的事，你的理想很实在。不过当兵同样需要学习科学文化知识，需要有真才实学。"听了老师的话，陈剑高兴极了，脸上露出了微笑。

问题：分析材料中王老师在教育过程中主要运用了哪些德育方法。

第八章　中学班级管理与教师心理

刷考点

链接答案本 P384

- 中学班级管理与教师心理
  - 班级与班主任
    - 班级与班级管理
    - 班集体及其发展阶段
    - 班主任工作
      - 班主任的概念
      - 班主任工作的内容与方法★★★
  - 中学课堂管理
    - 课堂管理概述
      - 课堂管理的功能★
      - 课堂管理模式的取向★
      - 影响课堂管理的因素
    - 课堂群体管理
      - 群体概述
      - 正式群体与非正式群体
      - ①________★★
    - 课堂纪律管理
      - 课堂纪律的②________★
      - 课堂纪律的发展阶段★
      - 课堂结构与课堂纪律
      - 维持课堂纪律的策略
    - 课堂问题行为
      - 课堂问题行为的类型
      - 课堂问题行为产生的原因
      - 课堂问题行为的③________★★
  - 课外活动的组织与管理
    - 课外活动的概念、意义与特点
    - 课外活动的内容与形式
    - 课外活动组织管理要求
    - 充分利用校外资源，保证课外活动顺利进行
  - 教师心理
    - 教师的角色心理★
    - 教师的心理特征
      - 教师的认知特征★★
        - 教学认知能力
        - ④________能力
        - 教学监控能力
      - 教师的人格特征：教学效能感★
      - 教师的行为特征：⑤________★★★
    - 教师成长心理
      - 专家型教师与新手型教师的区别
      - 教师成长的阶段★★
        - 关注生存阶段
        - 关注情境阶段
        - ⑥________阶段
      - 教师成长的途径与方法★
    - 教师的心理健康
      - 教师心理健康的标准
      - 影响教师心理健康的主要因素
      - 教师职业压力与⑦________★★
      - 教师心理健康的维护★

刷真题

链接答案本 P384

一、单项选择题(每小题 2 分,共 13 小题。参考时限 15 分钟)

1.[2022 下半年]王老师讲课时发现有些同学注意力不集中,于是提问:"我刚才讲的问题大家是怎么理解的?"以引起全班同学的注意。王老师采用的这种课堂管理方法属于(　　)

A. 个人问责　　B. 团体警觉　　C. 转换管理　　D. 全体责任

2.[2022 上半年]语文课上,张老师非常注重营造宽松的课堂氛围,鼓励每个学生自由表达,并建设性地吸收学生的观点以帮助和指导学生。这种课堂管理方式属于(　　)

A. 民主式　　B. 权威式　　C. 放任式　　D. 专制式

3.[2021 下半年]"学生过度兴奋,各行其是,随便插嘴,故意捣乱"等词语描述的是哪一类课堂气氛的表现(　　)

A. 积极型　　B. 消极型　　C. 对抗型　　D. 顺从型

4.[2021 上半年]在课堂教学中,张老师能考虑学生的不同需要,关注他们的个体差异。按福勒等人所划分的教师成长阶段,张老师处于(　　)(易混)

A. 关注生存阶段　　B. 关注学生阶段　　C. 关注情境阶段　　D. 关注结果阶段

5.[2020 下半年]王老师在教学工作中善于采用各种教学策略,取得了很好的教学效果,这反映了王老师的哪一方面能力突出(　　)

A. 教学操作　　B. 教学归因　　C. 教学迁移　　D. 教学反思

6.[2019 下半年]王建在课堂上玩手机,老师没有直接提出批评,而是表扬了认真听讲的冯军,王建看了看冯军,也开始认真听讲了。该老师使用的课堂管理方法是(　　)

A. 直接干预　　B. 替代强化　　C. 团体警觉　　D. 处理转换

7.[2019 上半年]皮格马利翁效应的主要启示是,教师对学生应该(　　)

A. 鼓励合作学习　　B. 给予积极期望　　C. 提出纪律要求　　D. 引导发现学习

8.[2018 下半年]朱老师很关心学生,但对学生很严格,常对学生提出各种要求。大部分学生都喜欢朱老师,也能按他的要求去做。朱老师对班级的领导类型属于(　　)

A. 强硬专断型　　B. 放任自流型　　C. 仁慈专断型　　D. 民主平等型

9.[2017 上半年]华老师认为课堂管理是教学的一部分,课堂管理本身可以教给学生一些行为准则,促使学生从他律走向自律,使学生逐步走向成熟。这主要说明课堂管理具有哪一功能(　　)

A. 维持功能　　B. 导向功能　　C. 发展功能　　D. 调节功能

10. [2017 上半年]每学期开学前,王老师总是根据自己所教班级的人数、课时量以及备课资料是否充分等来安排自己的教学方式与教学进度。根据福勒与布朗的观点,王老师处于教师成长的哪个阶段(　　)(常考)

A. 关注生存　　B. 关注情境　　C. 关注学生　　D. 关注自我

11. [2017 上半年]李老师经常自觉地对自己的讲课过程进行分析,进行全面深入的归纳和总结,以不断地改善自己的教学行为,提高自己的教学水平。李老师的做法基于下列哪种专业发展方式(　　)

A. 教学实践　　B. 教学研究　　C. 自我发展　　D. 教学反思

12. [2016 上半年]孟老师近期工作比较消极,漠视学生的存在,对学生态度麻木,缺乏应有的尊重。依据职业倦怠的特征,孟老师的这些表现属于(　　)

A. 情感枯竭　　B. 去人性化　　C. 成就感低　　D. 知识枯竭

13. [2016 上半年]中学生小华和几个同学为了参加全省航模大赛,组成了航模小组,他们为了在大赛中表现出色,达成了共识,牺牲各自的一些课余休息时间,放弃各自的一些爱好,以规范自己的参赛行为。这种情况下,小组成员遵循的纪律属于(　　)的纪律。

A. 教师促成　　B. 群体促成　　C. 任务促成　　D. 自我促成

二、简答题(每小题 10 分,参考时限 10 分钟。共 1 小题)

[2022 上半年]简述教师自我促进心理健康的有效方法。

三、材料分析题(每小题 18 分,参考时限 15 分钟。共 1 小题)

[2021 上半年]**材料:**

初中开学第一天,七年级(1)班班主任李老师到班级开班会,她在点名的过程中,看到了一个比较熟悉的名字。

"上官文俐?"

"到!"

"你是不是有个姐姐叫上官文伶?"

"是的。"

"我记得上官文伶,她是我前几年带过的学生。她学习很努力,成绩优秀,平时很有礼貌,大家都很喜欢她。我看你和她长得非常像,在各个方面你也应该像她一样优秀。"

两个月后,班主任推荐她参加学校的中学生创新竞赛,结果她取得了好成绩。得到这个好消息后,李老师对她说:"正如我想的那样,你不但爱学习,还很有创新意识。"

在随后的日子里,上官文俐努力学习,团结同学,积极为班级服务,努力使自己成为李老师所期望的那样,像她姐姐一样优秀的学生。

问题:

(1)结合案例阐述教师期望效应的作用。

(2)分析教师期望效应对教育的启示。

刷专题

专题一　班级与班主任

链接答案本 P387

一、单项选择题(每小题2分,共21小题。参考时限25分钟)

1. 最早提出"班级"一词的是(　　)

A. 埃拉斯莫斯　　B. 马卡连柯　　C. 夸美纽斯　　D. 赫尔巴特

2. 某班主任总是对同学们说:"咱们班犹如海洋上航行的船,你们都是勇斗巨浪的海员,我就是你们的老船长,目标都是彼岸。"该班主任的话体现了班集体具备(　　)

A. 明确的共同目标　　B. 一定的组织结构

C. 共同生活的准则　　D. 团结、和谐、向上的人际关系

3. “没有规矩，不成方圆”，因此在组织和培养班集体时应(　　)

A. 确立班集体的目标　　B. 全面了解和研究学生

C. 开展丰富多彩的集体活动　　D. 建立健全必要的班级规则

4. 下列不属于班主任了解学生常用的方法的是(　　)

A. 实验法　　B. 书面材料分析法

C. 谈话法　　D. 调查法

5. (　　)是学校教育教学工作的基本单位，也是学习活动的基层组织。

A. 同桌　　B. 班级　　C. 小组　　D. 年级

6. 班级管理的功能不包括(　　)

A. 有助于维护教师权威，确立教师主体地位

B. 有助于实现教学目标，提高学习效率

C. 有助于维持班级秩序，形成良好的班风

D. 有助于锻炼学生能力，学会自治自理

7. 教师以教育目的为指导思想，以“学生守则”为基本依据，对学生一个学期内在学习、劳动、生活、品行等方面进行小结与评价属于(　　)

A. 操行评定　　B. 成绩评定　　C. 素质评定　　D. 道德评定

8. 班主任对学生健康成长起着比一般教师更为重要的作用，班主任工作的中心环节是(　　)(常考)

A. 搞好班级教育工作　　B. 组织和培养班集体　　C. 了解和研究学生　　D. 教育个别学生

9. 班集体形成的基础和前进的动力是(　　)

A. 共同的奋斗目标　　B. 班主任的要求

C. 班级内部的矛盾斗争　　D. 共同的活动

10. 班主任工作最繁忙的时期，也是班主任工作能力经受考验的关键期是在(　　)

A. 初建期的松散群体阶段　　B. 形成期的合作群体阶段

C. 成熟期的集体阶段　　D. 形成后的巩固阶段

11. 班主任工作中，最常用、最基本的了解学生的教育方法是(　　)

A. 书面材料分析法　　B. 谈话法

C. 观察法　　D. 调查研究法

12. 面对班级中的后进生，教师应当采取的正确态度是(　　)

A. 培养和激发学习动机　　B. 交给家长教育

C. 不要特别关注，给予充分自由　　D. 以上都不对

13. 班上的小芳同学从来不参与学校或者班集体组织的课外活动，作为她的班主任，在和小芳谈心时，首先应该(　　)

A. 向小芳详细说明学校或班集体组织课外活动的重要意义

B. 询问和了解小芳不参加或者不愿意参加集体活动的原因

C. 让小芳知道参加课外活动也是课程学习的重要组成部分

D. 使小芳明白自己在班集体中所处的位置和应发挥的作用

14. 六年级(2)班的班主任认为，班级目前是培养班级骨干的重要时期，应当放手让班干部去组织和开展班级活动。由此可以推断，六年级(2)班最有可能处于班集体发展的哪一阶段(　　)

A. 初建期的松散群体阶段　　B. 形成期的合作群体阶段

C. 成熟期的集体阶段　　D. 发展期的集体阶段

15. 李老师作为一名刚毕业踏上工作岗位的新人，接手了一个初中低年级班主任的工作。李老师成为班主任后，为了有效开展工作，他应该首先(　　)

A. 选好班级干部　　B. 组织培养班集体

C. 了解和研究学生　　D. 做好思想品德教育

16. 班主任工作总结一般是在(　　)进行。

A. 学期开始前　　B. 学期开始一半时

C. 学期、学年末　　D. 出现工作问题时

17. 班主任通过学生的成绩单了解学生的学习情况，这种研究方法属于(　　)

A. 观察法　　B. 调查法

C. 书面材料分析法　　D. 谈话法

18. 班主任工作的内容不包括(　　)

A. 及时与家长沟通　　B. 维持正常的班级秩序

C. 教授学生各科知识　　D. 组织多种多样的教育活动

19. 个别教育是指(　　)

A. 学优生的个别教育　　B. 中等生的个别教育

C. 后进生的个别教育　　D. 全体学生的教育

20. 良好的班集体形成的重要标志是(　　)

A. 选出班干部，成立班委会　　B. 拥有正确舆论和良好班风

C. 开展一系列的班级活动　　D. 制订班集体的工作计划

21. 班主任刘老师常以诚恳的态度、亲切的语言与学生在良好的氛围中交流内心的真实想法。刘老师采用的研究方法属于(　　)

A. 调查法　　B. 谈话法　　C. 书面材料分析法　　D. 观察法

二、简答题(每小题10分,参考时限10分钟。共2小题)

1. 简述班主任工作的内容与方法。

2. 班主任应怎样做好先进生教育工作?

三、材料分析题(每小题18分,参考时限15分钟。共1小题)

材料:

某班级是全校有名的“乱班”,近半年内已先后有两位同学因为打架等违纪行为而受到学校的批评和处理。教室里经常垃圾遍地、脏乱不堪。这个班级有几个“刺儿头”学生经常在上课时敲桌子、乱起哄,扰乱课堂秩序。该班任课的几位老师对这几名学生也颇感“头痛”,多次向班主任老师表达对该班状况的不满。有一位青年女老师上课时甚至被学生乱起哄而气得大哭,向学校提出不再担任该班任课老师的要求。班里的学生干部对少数同学的违纪行为也是束手无策。班里虽然也有不少同学希望能够有一个理想的班级环境,但面对班级的种种乱象,也感到心灰意冷。

问题:

(1)你认为一个班集体应当具备什么特征?

(2)如果你担任这个班的班主任,你将采用哪些措施来改变这个班级的面貌?

专题二　中学课堂管理

链接答案本 P390

一、单项选择题(每小题 2 分,共 15 小题。参考时限 15 分钟)

1. 在课堂纪律形成的原因与类型中,以“别人也这么干”为理由而从事某件事,属于(　　)

A. 自我促成的纪律　　B. 任务促成的纪律

C. 教师促成的纪律　　D. 集体促成的纪律

2. 约束群体内成员的行为准则称为(　　)

A. 群体气氛　　B. 群体压力　　C. 群体凝聚力　　D. 群体规范

3. 某班学生总是在做眼保健操的时候嬉戏打闹,班主任吴老师告诉大家:“做眼保健操期间会有专门的纪律小组来检查各班的纪律情况,这会直接影响到我们班是否能拿到下个月的流动红旗。”于是全班同学为了能拿到下个月的流动红旗,在此后做眼保健操时都十分遵守纪律。这主要体现了该班学生的纪律是(　　)

A. 集体促成的纪律　　B. 任务促成的纪律

C. 自我促成的纪律　　D. 教师促成的纪律

4. 一个月前,李老师的家庭发生了重大变故。事假结束后,李老师回到学校继续开展教学工作。可是同学们普遍感受到李老师不在状态,导致课堂气氛比较压抑,学生课堂学习的效果较差。这一现象体现了(　　)对课堂气氛的影响。

A. 教师的领导方式　　B. 教师的期望

C. 教师的情绪状态　　D. 教师的认知风格

5. 小玲和班里的几名同学都非常热爱音乐,于是他们自发形成一个音乐兴趣小组。这种学生群体属于(　　)

A. 参照群体　　B. 消极群体　　C. 非正式群体　　D. 正式群体

6. 班主任张老师建议新教师,第一堂课应首先建立积极、有效的课堂规则,之后通过转移注意、正确批评等方法,对课堂上出现的小声说话、小动作等消极行为进行及时制止,从而根除学生的课堂不良行为。这一观点体现了课堂管理取向中的(　　)

A. 建构主义取向　　B. 行为主义取向

C. 认知主义取向　　D. 人本主义取向

7. 课堂管理能够有效地排除课堂中的各种干扰因素,维持良好的课堂学习环境,使学生充分地参与到学习活动中。这说明课堂管理具有(　　)

A. 维持功能　　B. 缓冲功能　　C. 发展功能　　D. 解释功能

8. 课堂纪律管理的终极目标是(　　)

A. 形成教师促成的纪律　　B. 形成集体促成的纪律

C. 形成自我促成的纪律　　D. 形成任务促成的纪律

9. 课堂上学生表现很安静,但纪律松散,并且学生反应较迟钝呆板,那么这种课堂气氛是(　　)

A. 对抗型　　B. 积极型　　C. 消极型　　D. 失控型

10. 分配学生座位时,教师最需要关注的应该是(　　)

A. 对人际关系的影响　　B. 减少课堂混乱

C. 听课的效果　　D. 家长的意见

11. 某班学生以建立融洽的同学关系为行为取向,以"如何才能让同学喜欢或接纳"为行为准则。该班处于课堂纪律发展的(　　)

A. 自我服务行为阶段　　B. 人际纪律阶段

C. 自我约束阶段　　D. 反抗行为阶段

12. (　　)是一个班集体成功的重要标志。

A. 一致的群体规范　　B. 积极的课堂气氛

C. 良好的班级人际关系　　D. 很强的群体凝聚力

13. 小玲和她的同学都非常喜欢自己的学校,在很多方面都能很好地与学校保持一致。这体现了群体的(　　)

A. 归属功能　　B. 支持功能　　C. 认同功能　　D. 塑造功能

14. 某班学生当班主任在的时候很规矩,但班主任一离开班级,纪律等就明显松懈,缺乏责任心,班级不团结,犹如一盘散沙。由此推测,该班主任的领导方式属于(　　)(常考)

A. 民主管理型　　B. 仁慈专断型

C. 放任自流型　　D. 强硬专断型

15. 影响课堂管理效果的直接因素是(　　)

A. 教师的领导风格　　B. 教师的授课水平

C. 学生的配合程度　　D. 班级规模

二、辨析题(每小题 8 分,参考时限 8 分钟。共 2 小题)

1. 课堂气氛的形成受多方面因素的影响,其中学生对良好的课堂气氛的形成起着决定作用。

2. 非正式群体对个体的影响是积极的还是消极的，主要取决于教师对它的管理。

三、简答题(每小题 10 分，参考时限 10 分钟。共 2 小题)

1. 简述影响课堂气氛的因素。

2. 简述非正式群体的管理应注意的问题。

四、材料分析题(每小题 18 分，参考时限 15 分钟。共 1 小题)

材料：

新入职的张老师最近很焦虑，因为她的课堂这段时间总是出问题，尤其是课堂氛围和她课前预想的活泼有序、积极互动的良好氛围大相径庭。有一天刚开始上课时，她发现班级气氛过于沉闷，学生学习兴趣不高。为了活跃课堂气氛，调动学生的学习积极性，她随即提出了一个问题。话音刚落，同学们立马来了精神，七嘴八舌地讨论起来，有的学生过度兴奋，出现了故意捣乱、起哄的情况，张老师多次制止都无济于事，场面一度失控。这种对抗的课堂气氛让张老师不知所措。

问题：

(1)请分析出现上述情况，教师方面的主要原因有哪些？

(2)请结合上述材料，说明如何创设良好的课堂气氛。

专题三　课外活动的组织与管理

链接答案本 P393

单项选择题(每小题 2 分，共 5 小题。参考时限 5 分钟)

1. 学校应当加强与学生家庭的联系，做好沟通工作，相互配合，共同促进学生发展。下列选项中，不属于学校与家庭联系方式的是(　　)

A. 互访　B. 民主评议　C. 家长会　D. 家长委员会

2. 某班开展以“小发明、小创造”为主题的兴趣活动，这属于课外活动中的(　　)

A. 文体活动　B. 班会活动

C. 科技活动　D. 社会公益活动

3. 学生在教师的帮助和指导下，根据个人的特长、能力水平和兴趣爱好独立地进行各种学习和实践活动的组织形式是(　　)

A. 个别活动　B. 小组活动　C. 群众性活动　D. 团体活动

4. 参观、游览活动属于课外活动组织形式中的(　　)

A. 群众性活动　B. 小组活动　C. 个别活动　D. 科技活动

5. 在课外教育活动中，让学生通过自己设计、动手获得知识和技能，体现了课外教育活动的(　　)

A. 开放性　B. 实践性　C. 综合性　D. 探究性

专题四 教师心理

链接答案本 P394

一、单项选择题(每小题 2 分,共 21 小题。参考时限 25 分钟)

1. 人的情感和观念会受到他人不同程度的影响。例如,小明的老师经常鼓励小明要努力学习,不懂的问题应该多向他人请教,并且在小明受到挫折的时候也一直鼓励他不要放弃,最终小明的学习成绩明显提高。该教育现象属于(　　)

A. 皮格马利翁效应　　B. 最近发展区理念

C. 情境教学理念　　D. 学习迁移理论

2. 王老师当班主任后,用了一个月的时间了解班里每个学生的性格特点和兴趣爱好,建立档案,并依此进行教育教学工作。王老师的成长阶段属于(　　)

A. 关注生存阶段　　B. 关注情境阶段

C. 关注学生阶段　　D. 关注自我感受阶段

3. 根据玛勒斯的理论,下列选项中,不属于教师职业倦怠的表现的是(　　)

A. 情绪耗竭　　B. 去人性化

C. 个人成就感低　　D. 人际关系障碍

4. 一开始就以人数众多的学生为对象,进行正规的一个课时的课堂教学,对于经验较少的新老师来说,是一件困难的事。在这种情况下,最佳的处理方法是采取(　　)

A. 教学决策训练　　B. 教学反思训练

C. 微格教学　　D. 教学观摩

5. "教师成长 = 经验 + 反思"这一教师成长公式的提出者是(　　)

A. 奥苏伯尔　　B. 皮亚杰　　C. 布鲁纳　　D. 波斯纳

6. 邓老师在教新知识前,会用与新知识有联系的"先行组织者"策略进行教学,以提高学生的学习效果。邓老师采用教学策略进行教学是教师(　　)的体现。

A. 教学监控能力　　B. 教学认知能力　　C. 教学反思能力　　D. 教学操作能力

7. 新教师更多关注课堂中的细节,专家型教师很少谈论课堂管理问题和自己的教学是否成功。这是反映二者在(　　)方面的差异。

A. 课时计划　　B. 教学过程　　C. 课后评价　　D. 教学策略

8. 教师不仅掌握了所教学科的定理、法则,而且还能分析学生的心理特点与教学策略的密切关系。这主要体现了教师的哪种教学能力(　　)

A. 教学监控能力　　B. 教学操作能力

C. 教学认知能力　　　　D. 教学反思能力

9. 刚参加工作的梁老师在上课时很注重学生的感受，担心学生不喜欢自己的为人与教学风格，由此可见，梁老师最可能处于(　　)(易混)

A. 关注生存阶段　　　　B. 关注情境阶段

C. 关注学生阶段　　　　D. 关注自我阶段

10. 刘美丽做了多年的班主任，感觉自己每天都在做着重复的工作，而且经常需要教育问题学生。这导致她对教育工作失去了热情，教学方面得过且过，对班里的学生也放任自流。刘美丽的表现最适合概括为(　　)

A. 情绪耗竭　　　　B. 去人性化

C. 低个人成就感　　　　D. 高度自控

11. 教学反思是教师成长与发展的途径之一。下列选项中不属于布鲁巴奇等人提出的反思方法的是(　　)

A. 理性思考　　B. 详细描述　　C. 交流讨论　　D. 行动研究

12. 王老师是数学老师，相当自信。他认为，只要他努力，就能提高数学学习困难学生的成绩。这说明王老师哪种心理特征较好(　　)

A. 教学监控能力　　　　B. 教学应变能力

C. 角色认同感　　　　D. 教学效能感

13. 为了提高新教师的教学能力，学校组织新入职的老师观看优秀教师的教学录像，这种方法属于(　　)

A. 教学观摩　　B. 微格教学　　C. 专门训练　　D. 行动研究

14. 教师角色形成的(　　)阶段，教师角色的社会要求转化为个体需要，形成教师职业特有的自尊心和荣誉感。

A. 角色奉献　　B. 角色信念　　C. 角色认同　　D. 角色认知

15. 王老师经常思考“如何教好这节课”这样一些问题，该教师处于(　　)阶段。

A. 关注自我　　B. 关注情境　　C. 关注学生　　D. 关注生存

16. 教师将自己的教学实践活动定期进行梳理，总结出自己的教学经验，同时不断听取学生、同事、专家的反馈，以改进教学。这种反思方法属于(　　)

A. 行动研究　　B. 撰写日记　　C. 观摩讨论　　D. 案例分析

17. 某老师总是消极地评价自己，贬低自己工作的意义和价值。该教师表现出的职业倦怠特征是(　　)

A. 去人性化　　　　B. 个人成就感低

C. 情绪耗竭　　　　D. 缺乏工作动机

18. 美国学者福勒和布朗提出的有关教师专业发展理论的划分依据是(　　)

A. 教师不同时期关注的焦点问题　　B. 知识、经验和技能的获得

C. 教龄、职称　　D. 教学学科

19. 某教师近半年来刻意与学生保持距离,态度冷漠。该教师表现出的职业倦怠特征是(　　)

A. 情绪耗竭　　B. 去人性化

C. 个人成就感低　　D. 自我效能感低

20. 教师主动对自身教学活动进行计划、检查、评价、反馈、控制和调节。这是(　　)

A. 教学认知能力　　B. 教学操作能力

C. 教学监控能力　　D. 教学研究能力

21. 下列选项中,不属于教师职业心理特征的是(　　)

A. 教师的认知特征　　B. 教师的示范特征

C. 教师的人格特征　　D. 教师的行为特征

二、简答题(每小题 10 分,参考时限 10 分钟。共 2 小题)

1. 简述教师心理健康的标准。

2. 简述促进教师成长的方法。

下篇　全真模考

国家教师资格考试全真模拟试卷(一)

链接答案本 P399

教育知识与能力(中学)

注意事项:

1. 考试时间为120分钟,满分为150分。
2. 请按规定在答题卡上填涂、作答,在试卷上作答无效,不予评分。

一、单项选择题(本大题共21小题,每小题2分,共42分)

在每小题列出的四个备选项中只有一个是符合题目要求的,请用2B铅笔把答题卡上对应题目的答案字母按要求涂黑。错选、多选或未选均无分。

1. 作为一种培养人的社会活动,教育有其自身的规律,在特定的时期,教育存在"超前"或"滞后"的现象。这说明教育具有( )

A. 永恒性　　B. 民族性　　C. 相对独立性　　D. 历史性

2. 下列现象中,不属于教育现象的是( )

A. 新生儿握紧筷子　　B. 妈妈教孩子洗袜子

C. 厨师教徒弟厨艺　　D. 收银员学习电脑知识

3. "不愤不启,不悱不发"这一教育思想出自( )

A.《学记》　　B. 孟子　　C. 孔子　　D. 荀子

4. 墨子认为:"国有贤良之士众,则国家之治厚;贤良之士寡,则国家之治薄。"这一思想体现的是教育的( )

A. 政治功能　　B. 经济功能　　C. 文化功能　　D. 人口功能

5. "人之性恶,需教之,否则必危害他人"反映了教育目的价值取向中的( )

A. 个人本位论　　B. 文化本位论　　C. 社会本位论　　D. 无目的论

6. 以杜威为代表的现代教育思想的核心一般被概括为学生中心、经验中心和( )

A. 学校中心　　B. 活动中心　　C. 教材中心　　D. 课堂中心

7. 某学校借助该地特有的醒狮、龙形拳等非遗项目，由该校体育教研室老师集体开发了《醒狮表演》和《龙形拳》的课程，并且定期在学校开展“我是文化传承人”的系列活动。该课程属于(　　)

A. 校本课程　　B. 隐性课程　　C. 显性课程　　D. 地方课程

8. 宋老师在教学过程中通过口头提问的方式引导学生自己寻找正确的答案，而不是一味地牵着学生鼻子走。这体现的教学原则是(　　)

A. 直观性原则　　B. 启发性原则　　C. 巩固性原则　　D. 量力性原则

9. 小伟同学在观看了学校组织播放的电影《战狼》之后，受到了很好的爱国主义教育，增强了为祖国而努力学习的信念。该学校运用的德育方法是(　　)

A. 情感陶冶法　　B. 说服教育法　　C. 心理咨询法　　D. 品德评价法

10. 古人云：“唯仁者能好人，能恶人”，这属于德育过程中的(　　)

A. 道德认识　　B. 道德情感　　C. 道德意志　　D. 道德行为

11. 教师在教育某一学生时，只看到其缺点而粗暴对待他，这违背了德育中的(　　)

A. 长善救失原则　　B. 因材施教原则

C. 疏导原则　　D. 在集体中教育原则

12. 在知觉、思维、记忆等认知活动中，往往强调速度而不是准确度的认知风格属于(　　)

A. 场独立型　　B. 沉思型　　C. 场依存型　　D. 冲动型

13. 张明在快速阅读英语课文时发现某段语句没有读懂，就放慢了阅读速度，重新仔细地进行阅读。张明使用的学习策略是(　　)

A. 注意策略　　B. 复述策略

C. 元认知策略　　D. 精细加工策略

14. 当同学们获悉本班取得学校合唱比赛第一名的成绩时欣喜若狂，这属于(　　)

A. 心境　　B. 激情　　C. 应激　　D. 热情

15. 初次与某人交往，当得知他是一名大学教授时，马上断定他很有学问、有修养、性情温和、待人民主。从心理学的观点看，这种现象属于(　　)

A. 首因效应　　B. 晕轮效应　　C. 社会刻板效应　　D. 近因效应

16. 教育教学中，某教师尊重学生的看法，鼓励学生质疑、发表不同的意见，以讨论、协商的方式解决争端。这种领导方式是(　　)

A. 仁慈专断型　　B. 强硬专断型　　C. 民主管理型　　D. 放任自流型

17. 一些学生回家后习惯关上房门以“写作业”为由玩手机，家长一旦进来就急忙把手机藏起来。这些学生正处于态度与品德形成的(　　)

A. 依从阶段　　B. 认同阶段　　C. 孤立阶段　　D. 内化阶段

18. 做作业时,彤彤常常根据身边老师的面部表情来判断自己做题的对错,一看到老师的表情不对,就会立刻更改答案。彤彤的认知风格很可能属于(　　)

A. 冲动型　　B. 沉思型　　C. 场独立型　　D. 场依存型

19. 小强同学经常上学迟到,在新学期他决定改掉这个坏习惯,可冬天一到,他仍然无法克服这个坏习惯,结果还是经常迟到。教师在对该学生进行教育时,应该重点培养其(　　)

A. 道德认识　　B. 道德意志　　C. 道德情感　　D. 道德行为

20. 学生兴趣小组的纪律主要属于(　　)

A. 教师促成的纪律　　B. 集体促成的纪律

C. 任务促成的纪律　　D. 自我促成的纪律

21. 对于不能够真实地表达自己意见和情感的学生,有效的行为改变的方法是(　　)

A. 肯定性训练　　B. 全身松弛训练　　C. 系统脱敏法　　D. 改变认知法

二、辨析题(本大题共 4 小题,每小题 8 分,共 32 分)判断正误,并说明理由。

22. 教师备课就是钻研教材、编写教案。

23. 教学反思就是回顾一节课的教学过程。

24. 上课时，学生既要听教师讲课，又要记笔记，还要看实验演示或幻灯片。这时学生的注意状态是稳定的。

25. “余音绕梁，三日不绝于耳”是感觉的补偿作用。

三、简答题（本大题共 4 小题，每小题 10 分，共 40 分）

26. 班级授课制的缺点有哪些？

27. 简述教学过程是一种特殊的认识过程的表现。

28. 简述建构主义的知识观。

29. 简述教师维持课堂纪律的策略。

四、材料分析题(本大题共 2 小题,每小题 18 分,共 36 分)阅读材料,并回答问题。

30. 材料:

班里有一位女生经常上课迟到,自习课上又不安心学习,多次跑出教室,科任教师和其他学生都纷纷向班主任反映,希望班主任严肃批评她。班主任了解到她以前挨批评已是"家常便饭",似乎"习以为常"了,再严厉的批评她好像都不在乎。因此,班主任没有正面批评指责她,而是采取了"旁敲侧击"的方法去教育、影响、鼓励她。一次,班主任因公务上课迟到两分钟,走进教室,便主动向学生检讨,较详细而深刻地分析此事的严重性。老师感叹道,如果所有老师都迟到几分钟,那么要浪费全校同学多少时光?并向学生保证以后决不再出现类似现象,请大家监督,也请大家每天准时上下课。此后那个女生果然不再迟到或早退了。一天放学前,她到班主任办公室,主动承认了以前的错误,并表示以后一定准时到校,言传身教的效果在她身上体现了出来。

问题:

(1)班主任老师贯彻了哪些德育原则?结合材料加以分析。(9 分)

(2)班主任运用了哪个德育方法?结合该方法的运用要求分析材料。(9 分)

31. 材料:

考试成绩出来了,小明和小华都考了85分。小明很开心地说:“我太幸运了,昨天刚做了一套模拟题,有三道题跟考试题一样。”小华则情绪不高,他说:“我已经很认真地复习了,但还是有很多题不会,很多知识弄不清楚,我还得仔细看看课本。”

问题:

(1)根据韦纳的归因理论,分析小明和小华两人归因的倾向性和特点。(10分)

(2)假如你是老师,你应该如何对他们进行引导?(8分)

国家教师资格考试全真模拟试卷(二)

链接答案本 P405

教育知识与能力(中学)

注意事项:

1. 考试时间为120分钟,满分为150分。

2. 请按规定在答题卡上填涂、作答,在试卷上作答无效,不予评分。

一、单项选择题(本大题共21小题,每小题2分,共42分)

在每小题列出的四个备选项中只有一个是符合题目要求的,请用2B铅笔把答题卡上对应题目的答案字母按要求涂黑。错选、多选或未选均无分。

1. 根据马克思主义教育学的基本观点,培养全面发展的人的唯一方法是(　　)

A. 创新与动手实践相结合　　B. 认知与情感体验相结合

C. 道德与知识学习相结合　　D. 教育与生产劳动相结合

2. “干、越、夷、貉之子,生而同声,长而异俗,教使之然也。”这句话体现了哪种因素对人发展的重要影响(　　)

A. 环境　　B. 遗传

C. 教育　　D. 个体主观能动性

3. (　　)的颁布和实施,标志着中国资产阶级新教育制度的确立,标志着中国近代以来的学制体系建设的基本完成。

A. 壬寅学制　　B. 癸卯学制

C. 壬子癸丑学制　　D. 壬戌学制

4. 某校教师在做自我介绍时说:我从事人文社会类的课程教学,这类课程是我国学校教育的主导课程,能够使学生获得系统的知识与技能。他所教的这类课程我们叫作(　　)

A. 综合课程　　B. 活动课程

C. 学科课程　　D. 相关课程

5. 开展“教学与发展”实验,以尽可能好的教学效果来促进学生的一般发展。“一般发展”概念的提出者是( )

A. 巴班斯基 B. 维果斯基 C. 杜威 D. 赞可夫

6. 诺笃尔普认为:“在事实上个人是不存在的,因为人之所以为人,只是因为他生活在人群之中,并且参加社会生活。”这种教育目的的价值取向是( )

A. 伦理本位论 B. 科学本位论

C. 社会本位论 D. 个人本位论

7. 王老师教学《满江红》时讲到了抗金英雄岳飞,她从历史事实出发,高度赞扬了岳飞舍身为国的精神,使同学们受到了感染。王老师的教学主要体现了教学原则中的( )

A. 启发性原则 B. 因材施教原则

C. 直观性原则 D. 科学性和思想性相结合原则

8. 班主任于老师通过委托任务和组织班级活动对学生进行思想品德教育的方法是( )

A. 榜样示范法 B. 品德评价法

C. 实际锻炼法 D. 情感陶冶法

9. 个体内差异评价法是教育教学过程中常用的评价方法之一,其最大的优点是( )

A. 充分体现了尊重个体差异的因材施教原则,并适当地减轻了评价对象的压力

B. 没有把被评价者与他人相比较,更易于找出真正的差距

C. 评价本身不带有客观标准,而带有主观性

D. 易给评价对象提供明确的目标,有利于发挥评价的应有功能

10.《基础教育课程改革纲要(试行)》中提出,从小学到高中设置( )并作为必修课程。

A. 艺术课 B. 综合实践活动

C. 综合课 D. 体育课

11. 孙老师关心学生的一举一动,对学生的各种愿望都有求必应,其做法违背了德育原则中的( )

A. 疏导原则 B. 因材施教原则

C. 尊重学生与严格要求学生相结合原则 D. 平行教育原则

12. 在讲授《认识我们身边的植物和动物》一课时,孙老师带领学生们深入校园,分组观察校园里不同的植物。有的观察教学楼旁的花,有的观察操场后的大树,有的观察图书馆旁的草坪,同学们认真又积极。随后,孙老师让同学们组成学习小组,分享自己的观察结果。孙老师的教学体现的是( )的理论观点。

A. 联结主义 B. 行为主义 C. 建构主义 D. 认知主义

13. 考试后,学生分析考试成败的原因,总结经验教训,并做出下一步的计划和安排。他所运用的学习策略是(　　)

A. 精细加工策略　　B. 元认知策略

C. 组织策略　　D. 复述策略

14. 学生在解决脑筋急转弯"小明吹电扇的时候为什么越吹越热"时,只想到了电扇吹小明,而想不到是小明去吹电扇。这里体现出来的影响问题解决的因素是(　　)

A. 思维定势　　B. 原型启发　　C. 问题表征　　D. 灵感

15. 让小丽先学习两组难易相当、性质相似的材料,随后的检查发现她对前面一组材料的记忆效果不如后面一组好。这是由于受到了(　　)的影响。

A. 倒摄抑制　　B. 前摄抑制

C. 分化抑制　　D. 延缓抑制

16. 袁老师中途接手某班的班主任工作,发现有相当一部分学生在进行体育活动时总是叫苦叫累,哪怕运动量没有超出他们可以承受的范围也是如此。如果你是袁老师,可在全班进行(　　)

A. 良好性格的教育　　B. 人际交往教育

C. 积极的情感教育　　D. 意志品质的培养

17. 杨艺最近对食物吃到胃里是如何消化、转化为身体所需的养料并被身体吸收的过程十分感兴趣,因此她在生物课上十分认真,并受到了生物老师的表扬,之后一段时间,杨艺对生物课学习的积极性更高了。根据奥苏伯尔的分类,杨艺的学习动机属于(　　)

A. 外部动机,附属内驱力　　B. 认知内驱力,附属内驱力

C. 内部动机,自我提高内驱力　　D. 认知内驱力,自我提高内驱力

18. 在智力技能形成的过程中,依据智力活动的实践模式,以展开的、外显的方式付诸实施的阶段是(　　)

A. 原型定向　　B. 操作定向　　C. 原型操作　　D. 原型内化

19. 小童在课堂上做出一些怪异行为,引起了同学们的注意,此时教师最为适宜的处理策略是(　　)

A. 言语提示　　B. 反复提示　　C. 应用后果　　D. 有意忽视

20. 对同一个体而言,不同心理的各个组成成分的发展速度有所不同,达到成熟水平的时期不尽相同,发展所需的最佳条件也不同。这体现了个体心理发展的(　　)

A. 顺序性　　B. 阶段性　　C. 个别差异性　　D. 不平衡性

21. (　　)是指学生由于过度和不恰当地使用网络而导致的一种难以抗拒再度使用网络的着迷状态,并影响到其正常的学习和生活。

A. 多动症　　B. 恐惧症　　C. 网络成瘾　　D. 强迫症

二、辨析题(本大题共 4 小题,每小题 8 分,共 32 分)判断正误,并说明理由。

22. 招聘、升学等选拔性考试通常采用绝对性评价。

23. 德育过程的基本矛盾是教育者与受教育者之间的矛盾。

24. “江山易改,禀性难移”说明气质是不可以改变的。

25. 学生在学习情境中通过自己的探索、寻找来获得问题答案的学习方式属于接受学习。

三、简答题（本大题共 4 小题，每小题 10 分，共 40 分）

26. 根据评价作用的不同可将教学评价分为哪几种？

27. 简述教学过程的基本规律。

28. 简述短时记忆的概念和特点。

29. 简述培养学生的心智技能的要求。

四、材料分析题(本大题共2小题,每小题18分,共36分)阅读材料,并回答问题。

30. 材料:

王老师和张老师同时入职,各自担任一个平行班的班主任。两位教师都有良好的敬业精神和工作态度,学校领导也很信任他们。

王老师为了把班级带好,几乎把全部精力都投入到班级工作中,找学生谈话,督促学生做作业,管理课堂纪律、教室环境卫生等,甚至亲力亲为,代替学生完成部分学校布置的班级活动任务。张老师的班级管理风格和王老师有所不同,她尊重每个学生的个性,注重班集体建设,相信班集体的力量,创造条件让每个学生在集体中成长成才。几年下来,无论是学生的精神风貌与学业成绩,还是班级的教室环境卫生、体育运动和文艺演出等,张老师所带的班级都在全校前列,今年张老师还被评选为校级优秀班主任。

一天,两人聊起班主任工作,王老师问:"张老师,你把班级带得那么好,有什么绝招?"张老师说:"其实也没有什么特别的,就是首先要相信每个学生都是可造之材,都能成功,同时最主要的是把班集体培养好,发挥班集体的作用。"

问题:

(1)请你说说班集体对学生健康成长具有哪些作用。(6分)

(2)如何培养一个良好的班集体?请提出你的建议。(12分)

31. 材料：

李老师刚入职时，为了得到学校和学生的肯定和认可，把大量时间花在如何与学生搞好关系上。一段时间后，他发现虽然自己与学生的关系非常密切，但是学生的学习成绩并不理想。于是，李老师开始把主要精力放在教学上。为了上好每一堂课，他认真准备材料，虚心地向老教师们请教，积极参加公开课观摩优秀教师的教学，坚持写教学日志，不断反思自己的教学活动，还通过校本教研这个平台，寻找解决问题的方法和努力的方向。经过不懈的努力，李老师在教学上成了一把“好手”，他不仅通过各种途径了解学生，还能考虑学生的不同需要，关注他们的个别差异，并根据学生的不同发展水平设计课堂教学和作业，因此取得了良好的教学效果。由于教学成绩突出，李老师被学校评选为“教学名师”。

问题：

(1)请结合材料分析李老师的专业发展所经历的阶段。(12 分)

(2)谈谈教师专业发展的方法。(6 分)

山香教育

国家教师资格考试

高分过关题库

教育知识与能力·中学

答案

山香教师资格考试命题研究中心　主编

首都师范大学出版社
CAPITAL NORMAL UNIVERSITY PRESS

目　录

上篇　过关快刷

第一章　教育基础知识和基本原理 …… 217
刷考点 …… 217
刷真题 …… 217
刷专题 …… 227
专题一　教育的产生与发展 …… 227
专题二　教育学的产生与发展 …… 231
专题三　教育与社会发展 …… 237
专题四　教育与人的发展 …… 240
专题五　教育目的 …… 245
专题六　教育制度 …… 250
专题七　常用的教育研究方法 …… 253
第二章　中学课程 …… 255
刷考点 …… 255
刷真题 …… 255
刷专题 …… 258
专题一　课程与课程理论 …… 258
专题二　课程类型 …… 259
专题三　课程开发 …… 262
专题四　基础教育课程改革 …… 265
第三章　中学教学 …… 267
刷考点 …… 267
刷真题 …… 267
刷专题 …… 271
专题一　教学的意义和任务 …… 271
专题二　教学过程 …… 272
专题三　教学原则与教学方法 …… 276
专题四　教学组织形式与教学工作的基本环节 …… 281
专题五　教学评价 …… 284
第四章　中学生学习心理 …… 286
刷考点 …… 286
刷真题 …… 286
刷专题 …… 295
专题一　认知过程 …… 295
专题二　学习与学习理论 …… 307
专题三　学习动机 …… 312
专题四　学习迁移 …… 318

专题五　学习策略 …… 323
专题六　知识与技能 …… 325
第五章　中学生发展心理 …… 329
刷考点 …… 329
刷真题 …… 329
刷专题 …… 334
专题一　中学生的心理发展特征概述 …… 334
专题二　中学生的认知发展 …… 334
专题三　中学生的情绪情感发展 …… 337
专题四　中学生的意志发展 …… 341
专题五　中学生的人格发展 …… 343
专题六　中学生的能力与自我意识发展 …… 348
专题七　中学生的性心理发展与异性交往辅导 …… 351
第六章　中学生心理辅导 …… 352
刷考点 …… 352
刷真题 …… 352
刷专题 …… 354
专题一　心理健康概述 …… 354
专题二　中学生常见的心理健康问题 …… 355
专题三　学校心理辅导 …… 359
第七章　中学德育 …… 362
刷考点 …… 362
刷真题 …… 362
刷专题 …… 367
专题一　中学生品德心理与发展 …… 367
专题二　道德发展理论 …… 370
专题三　德育内容 …… 372
专题四　德育过程 …… 373
专题五　德育原则 …… 375
专题六　德育的途径与方法 …… 380
第八章　中学班级管理与教师心理 …… 384
刷考点 …… 384
刷真题 …… 384
刷专题 …… 387
专题一　班级与班主任 …… 387
专题二　中学课堂管理 …… 390
专题三　课外活动的组织与管理 …… 393
专题四　教师心理 …… 394

下篇　全真模考

国家教师资格考试全真模拟试卷(一) …… 399
国家教师资格考试全真模拟试卷(二) …… 405

上篇　过关快刷

第一章　教育基础知识和基本原理

刷考点

①个体功能

②隐性功能

③心理起源说

④《学记》

⑤卢梭

⑥洛克

⑦文化教育学

⑧批判教育学

⑨布鲁纳

⑩内发论

⑪外铄论

⑫顺序性

⑬不平衡性

⑭个体主观能动性

⑮个人本位论

⑯壬寅学制

⑰癸卯学制

刷真题

一、单项选择题

答案速查

1～5	DBDBA	6～10	ADDBC	11～15	CABAC	16～20	CCACA
21～25	DBBCB	26～30	ACDBB	31～35	ABDAC	36～40	ACDAC
41～45	BCBCC			46～48	ABA		

1. D　【解析】本题考查陶行知的教育思想。陶行知提出了生活教育理论。他主张“生活即教育”，应以人类的生活作为教育内容，在生活实践中接受教育；“社会即学校”，要“把学校里的一切延伸到大自然界中去”；“教学做合一”，强调学做结合。在陶行知的生活教育理论中，“生活即教育”是生活教育的本质论及核心，“社会即学校”是生活教育的范围论，“教学做合一”是生活教育的方法论。故本题选 D 项。

A 项，蔡元培是我国近代著名的民主革命家和教育家，他提出了“五育并举”的教育方针和教育独立思想，推崇“尚自然、展个性”的儿童教育思想，并对北京大学进行了全面的教育改革。B 项，黄炎培是我国职业教育的先驱，提倡“大职业教育主义”，其主要思想有：(1) 认为职业教育的目的是“使无业者有业，有业者乐业”；(2) 倡导手脑并用的职业教育教学原则；(3) 提倡敬业乐群的职业道德教育基本规范；(4) 认为职业教育的要旨是“为个人谋生之准备”“为个人服务社会之准备”“为世界、国家增进生产力之准备”。C 项，杨贤江是我国第一位系统传播马克思主义教育理论的教育理论家，他以李浩吾为化名于 1930 年出版的《新教育大纲》是我国第一部马克思主义的教育学著作。

2. B 【解析】本题考查教育起源论。生物起源说的代表人物是法国的利托尔诺、英国的沛西·能，该学说认为教育是一种生物现象，教育起源于动物界中各类动物的生存本能活动，其缺点是没有把握人类教育的目的性和社会性，把教育的起源问题生物学化。心理起源说的代表人物是美国的孟禄，该学说认为教育起源于日常生活中儿童对成人无意识的模仿。心理起源说把人类有意识的教育行为混同于无意识模仿，否定了教育活动的目的性和意识性，同样导致了教育的生物学化，否认了教育的社会属性。因此，生物起源论和心理起源论都忽视或否认了教育的社会属性，故本题选 B 项。

A 项属于心理起源说的观点，孟禄认为教育过程的基础是儿童对成人的一种出于本能的模仿，模仿是教育的手段和本质。C 项，生物起源说肯定动物界存在教育，而心理起源说则将教育从动物界拉回到人类社会，否认动物界存在教育。故 C 项属于两者的不同点之一。D 项说法错误，生物起源说和心理起源说都忽视或否认了教育的目的性，并未强调教育的目的性。

3. D 【解析】本题考查 20 世纪教育学的多样化发展阶段的理论流派及其代表人物。A 项，19 世纪末 20 世纪初，欧美的教育学者开始用实验、统计的方法研究教育问题，出现了“实验教育学”理论。实验教育学最早是由德国的教育学家梅伊曼于 1901 年首先提出的。1903 年，德国的另一名教育家拉伊出版了《实验教育学》，完成了对实验教育学的系统论述。B 项，批判教育学产生于 20 世纪 70 年代，代表人物有美国的鲍尔斯、金蒂斯、阿普尔，法国的布厄迪尔，代表著作主要有《资本主义美国的学校教育》《教育与权力》《教育、社会和文化的再生产》等。C 项，文化教育学又称精神科学教育学，产生于 19 世纪末的德国，代表人物有狄尔泰、斯普兰格、利特。代表著作主要有《关于普遍妥当的教育学的可能》《教育与文化》等。D 项，20 世纪初美国出现了实用主义教育学理论，这种理论是由美国教育家杜威创立的，他于 1916 年出版了《民主主义与教育》一书。故本题选 D 项。

易混辨析：20 世纪教育学多样化发展阶段中的各理论流派及其代表人物是易混点，考生可通过下表进行识记。

理论流派	代表人物
实验教育学	德国的梅伊曼和拉伊、法国的比纳、美国的霍尔和桑代克
批判教育学	美国的鲍尔斯、金蒂斯、阿普尔，法国的布厄迪尔
文化教育学	德国的狄尔泰、斯普兰格和利特
实用主义教育学	美国的杜威、克伯屈
社会主义教育学	苏联的克鲁普斯卡娅、加里宁、马卡连柯、凯洛夫，我国的杨贤江

4. B 【解析】本题考查形式教育论的观点。形式教育论起源于古希腊,代表人物是洛克、裴斯泰洛齐。该理论认为,教学的主要任务在于通过开设希腊文、拉丁文、逻辑、文法和数学等学科发展学生的智力,至于学科内容的实用意义则是无关紧要的。形式教育只强调训练学生的思维形式,忽视知识的传授。故答案为B项。

A项,实质教育论起源于古希腊和古罗马,代表人物是斯宾塞、赫尔巴特。该理论认为,教学的主要任务在于传授给学生有用的知识,至于学生的智力无需进行特别的培养和训练。实质教育论只向学生传授对实际生活有用的知识,忽视了对学生认识能力的训练。C项,德国教育家赫尔巴特是传统教育论的代表,提出传统教育"三中心论",即课堂中心、教材中心、教师中心。D项,美国教育家杜威作为实用主义哲学的创始人以及现代教育的代言人,其教育思想与赫尔巴特针锋相对,提出了"儿童中心""活动中心"和"经验中心"的"新三中心论"。

5. A 【解析】本题考查教育制度的特征。教育制度是指一个国家或地区各级各类教育机构与组织的体系及其各项规定的总称,具有客观性、规范性、历史性和强制性。其中,客观性是指教育制度的制定虽然反映着人们的一些主观愿望和特殊的价值需求,但是,人们并不是也不可能随心所欲地制定或废止教育制度,某种教育制度的制定或废止,有它的客观基础和发展的规律性。题干描述体现了教育制度的客观性。故答案为A项。

6. A 【解析】本题考查杨贤江的教育思想。A项,杨贤江是我国第一位系统传播马克思主义教育思想的教育理论家,他于1930年以李浩吾为化名出版的《新教育大纲》是我国第一部马克思主义的教育学著作。B项,陶行知提出了生活教育理论,主张"生活即教育""社会即学校""教学做合一"。C项,黄炎培是我国职业教育的先驱,提倡"大职业教育主义"。D项,李大钊是伟大的马克思主义者、杰出的无产阶级革命家、中国共产党的主要创始人之一。故本题选A。

7. D 【解析】本题考查卢梭的教育著作。卢梭于1762年出版的教育名著《爱弥儿》系统阐述了他的自然主义教育思想,故本题选D。A项,《理想国》的作者是柏拉图;B项,《巨人传》的作者是拉伯雷;C项,《太阳城》的作者是康帕内拉。

方法技巧:考生可结合口诀"卢梭性善爱弥儿"记忆卢梭的观点及著作。卢梭支持"性善论",其著作《爱弥儿》系统地阐述了他的自然主义教育思想。

8. D 【解析】本题考查环境对个体身心发展的影响。由"有的人在逆境中消沉""有的人在顺境中却虚度光阴"可知,AC两项说法错误。由"有的人在逆境中奋起""有的人在顺境中如鱼得水"可知,环境对人的身心发展具有一定的影响,但环境不决定人的发展,人在一定程度上可以发挥主观能动性,超越环境的制约。故B项说法错误,D项说法正确。

9. B 【解析】本题考查行动研究的内涵。行动研究是指实际工作者(如教师)基于解决实际问题的需要，与专家、学者及本单位的成员共同合作，将实际问题作为研究的主题，进行系统的研究，以解决实际问题的一种研究方法。行动研究的指向是“改进”教育实践，它以实际问题为研究对象，力求使中小学教师在实践—反思—实践的过程中，不断总结经验，改进研究方法，使教育科研成果对教育教学实践更具有针对性和指导性。故本题选 B。

10. C 【解析】本题考查教育的生产性的内涵。现代教育具有明显的生产性，现代教育越来越与人类的物质生产结合起来，越来越与生产领域发生密切的、多样化的关系；生产的发展也越来越对教育系统提出新的要求。人们日益认识到，今天的教育就是明天的经济。教育的消费是明显的消费，潜在的生产；是有限的消费，扩大的生产；是今日的消费，明日的生产。教育已经成为经济发展的杠杆。故本题选 C。

11. C 【解析】本题考查人的身心发展规律的教育要求。A 项，人的身心发展的顺序性要求教育要循序渐进地促进学生的身心发展。B 项，人的身心发展的稳定性要求在一定时期内，教育内容、方法等要保持相对稳定性。C 项，人的身心发展的不平衡性要求教育要掌握和利用人的发展成熟机制，抓住发展的关键期，不失时机地采取有效措施，卓有成效地促进学生健康地发展。D 项，人的身心发展的个别差异性要求教育必须因材施教，充分发挥每个学生的潜能和积极因素，有的放矢地选择适宜、有效的教育途径和方法手段，使每个学生都能得到最大的发展。故本题选 C。

易混辨析：个体身心发展的各个规律的教育要求如下：(1) 顺序性——要循序渐进，不能“揠苗助长”“陵节而施”。(2) 阶段性——要有针对性，分阶段进行。(3) 稳定性和可变性——一定时期内，教育内容、方法等保持相对稳定，同时也要不断变革。(4) 不平衡性——要适时而教，抓住关键期。(5) 互补性——要扬长避短、长善救失。(6) 个别差异性——要因材施教。

12. A 【解析】本题考查义务教育的基本特征。义务教育是国家统一实施的所有适龄儿童、少年必须接受的教育，是国家必须予以保障的公益性事业。就其性质而言，义务教育具有强制性（义务性）、普及性（普遍性、统一性）、免费性（公益性）、公共性（国民性）和基础性。其中，强制性、免费性、普及性是三个最基本的特征。故本题选 A。

13. B 【解析】本题考查孔子的教育思想。有教无类出自《论语·卫灵公》：“子曰：‘有教无类。’”孔子在教育对象上主张有教无类，将教育对象扩大到平民，促进了教育公平。故选 B 项。

14. A 【解析】本题考查布卢姆的教育理论。布卢姆提出了教学目标分类理论，将教学目标分为认知、情感、动作技能三大领域。B 项，苏联教育家巴班斯基提出了教学过程最优化理论。C 项，苏联教育家赞可夫著有《教学与发展》一书并提出了发展性教学理论的五条教学原则。D

项,教学特殊认识论认为教学过程是一种特殊的认识过程,教学的主要任务是如何使学生掌握知识,形成技能,发展能力,其他方面都是传授知识过程中的副产品。故本题选 A。

15. C 【解析】本题考查个体身心发展的动因。内发论也称遗传决定论,该理论强调人的身心发展的力量主要源于人自身的内在需要,身心发展的顺序也是由身心成熟机制决定的。即在人的身心发展过程中起决定作用的是遗传素质。我国历史上出现过"生而知之"的"天才论",或"性也者,与生俱生也"或"唯上智与下愚不移"等"先天决定论",都属于遗传决定论的范畴。

易混辨析:关于内发论与外铄论,考生可抓住关键字词进行区分。内发论强调内部因素,即生理、遗传素质等;外铄论强调外在因素,即环境、教育等。

16. C 【解析】本题考查教育目的的层次结构。教育目的包括三个层次:国家的教育目的、各级各类学校的培养目标和教师的教学目标。各级各类学校的培养目标居于第二个层次,它是根据国家的教育目的制定的某一级或某一类学校、某一专业对人才培养的具体要求,是国家教育目的在不同教育阶段、不同级别的学校、不同专业方向的具体化。

17. C 【解析】本题考查国外教育学家及其著作。1939 年凯洛夫主编的《教育学》被公认为世界上第一部马克思主义的教育学著作,并对新中国成立后乃至现在的教育都产生了很大的影响,该书也是我国建立初期师范院校教育学课程普遍采用的教材。

18. A 【解析】本题考查维果斯基的教学理论。最近发展区是儿童在有指导的情况下,借助成人的帮助所能达到的解决问题的水平与独自解决问题所达到的水平之间的差异,实际上是两个邻近发展阶段间的过渡状态。"跳一跳,摘到桃"说明教师在教学过程中要注意学生的最近发展区,教师的教学既要符合学生的发展水平,又要有一定难度,以充分挖掘学生的潜力。

19. C 【解析】本题考查马克思主义关于人的全面发展的学说。马克思主义认为教育起源于生产劳动,教育与生产劳动相结合是培养全面发展的人的根本途径,也是唯一途径。

20. A 【解析】本题考查《学记》的地位。《学记》(收入《礼记》)是中国也是世界教育史上第一部教育专著,成文大约在战国末期。B 项,《论语》记录了孔子及其弟子的言行,集中体现了孔子的教育思想和理论主张。C 项,昆体良的著作《论演说家的教育》(也称《雄辩术原理》)被誉为古代西方的第一部教学法论著。D 项,《理想国》是柏拉图的代表作,集中体现了其教育思想。故本题选 A。

21. D 【解析】本题考查现代学制的类型。分支型学制是介于单轨学制和双轨学制之间的一种学制,前段是单轨,后段分叉,既有上下级学校间的相互衔接,又有职业技术学校横向的相互联系,形成了立体式的学制。故题干中表述的学制类型属于分支型学制。

22. B 【解析】本题考查教育目的的价值取向。教育目的的价值取向包括:社会本位论、个人本位论、宗教本位论和教育无目的论等。D 项为干扰项。个人本位论认为教育的根本目的是人的本性和本能的高度发展。卢梭是个人本位论的代表人物,倡导自然教育。他认为,人生来具有良心、理性、自由,具有善良的天性。个人自由、幸福是人与生俱来的"自然权利",教育的目的就是要培养具有独立人格的"自然人",促进人的自然发展。卢梭的观点体现了个人本位论的内涵。故本题选 B。

23. B 【解析】本题考查影响个体身心发展的主要因素。影响个体身心发展的因素主要有遗传、环境、教育(学校教育)、个体主观能动性等。其中,环境为个体的发展提供了多种可能,在不同环境生活的人,其思想、品行、才能与习性等都会有明显的差异。"近朱者赤,近墨者黑""蓬生麻中,不扶而直"以及"孟母三迁"的故事,都说明了环境对人发展的影响。

24. C 【解析】本题考查教育与社会发展。人口、生产力水平、社会政治经济制度、文化等都会对教育的发展产生影响。其中,人口从数量、结构、分布、流动等方面制约着教育的发展。我国对农村中小学的布局结构进行了调整,主要反映的是人口变化对教育的影响。

25. B 【解析】本题考查古代社会教育的特征。题干中不同级别官员的子孙进入不同的学校,说明社会地位不同接受的教育不同,体现了我国封建社会教育制度的等级性。

易混辨析:考生可结合下表区分教育的阶级性和等级性。

社会属性	典型表现
阶级性	夏、商、西周的"学在官府",限定只招收王太子、王子、诸侯之子、公卿大夫之嫡子入学,乡学只收奴隶主贵族子弟学习"六艺"
等级性	唐朝的中央官学设有"六学二馆",规定弘文馆招收皇帝及一品大臣以上的子孙;国子学、太学、四门学分别招收三品、五品、七品以上文武官员的子孙;书学、算学、律学则招收"八品以下子孙及庶人通其学者"

26. A 【解析】本题考查赫尔巴特及其教育思想。赫尔巴特是传统教育学派的代表人物,他提出的"三中心"即教师中心、教材中心、课堂中心。

27. C 【解析】本题考查赞可夫及其教育理论。赞可夫倡导的是教学与发展理论。发现学习理论是布鲁纳提出的,教学过程最优化理论是巴班斯基提出的,范例教学理论是瓦·根舍因提出的。故本题选 C。

28. D 【解析】本题考查教育的社会属性。教育作为一种培养人的社会活动,有其自身独特的发展规律和能动性,并不是全部都随着社会的改变而改变,它有自身的相对独立性,在一定范围内、一定程度上独立于政治、经济等其他社会现象。题干所述是教育相对独立性的表现。

29. B 【解析】本题考查夸美纽斯的教育著作及其教育思想。夸美纽斯提出了普及教育的思想,论述了班级授课制。他出版的《大教学论》被认为是近代第一本教育学著作。

易混辨析:在教育学发展过程中,有很多"最早""第一"的著作,对此考生需要准确识记,切忌混淆。

《学记》——中国及世界最早的教育专著;《雄辩术原理》——西方最早的教育著作;《大教学论》——近代第一本教育学著作;《普通教育学》——第一本现代教育学著作。

30. B 【解析】本题考查个体身心发展的动因。"染于苍则苍,染于黄则黄"出自《墨子·所染》,意思是"(丝)染了青颜料就变成青色,染了黄颜料就变成黄色",引申的意思是环境的熏陶、社会风气的感染,会对人的思想、品质产生重要的影响。因此题干所述体现的是环境决定论的观点。

31. A 【解析】本题考查巴班斯基的教育理论。巴班斯基提出了教学过程最优化理论;维果斯基提出了最近发展区理论;建构主义教学理论的代表人物是皮亚杰;瓦·根舍因提出了范例教学理论。

32. B 【解析】本题考查培根及其教育成就。英国哲学家培根为独立形态教育学的出现做出了重要贡献。1632 年,培根首次把"教育学"作为一门独立的学科提了出来,与其他学科并列。

33. D 【解析】本题考查科学知识再生产的最重要途径。科学知识的再生产有多种途径,学校教育是科学知识再生产的最主要途径。教育再生产科学知识具体表现在:(1)教育可以高效能地扩大科学知识的再生产,使原来为少数人所掌握的科学知识在较短的时间内为更多的人所掌握,从而提高劳动生产效率,促进生产力的发展。(2)教育也担负着发展科学、再生产科学的任务,这在高校表现得尤为明显。

34. A 【解析】本题考查夸美纽斯及其教育思想。夸美纽斯的代表著作是《大教学论》,他提出了泛智教育,"把一切事物教给一切人","一切男女青年都应该进学校"。

35. C 【解析】本题考查教育的社会属性。永恒性是指教育与人类社会共始终,只要人类社会存在,教育就存在。教育是人类社会存在、延续和发展不可缺少的活动,只要人类社会存在,就离不开教育。题干的描述体现了教育的永恒性。

易错提示:考生可结合下表内容记忆教育的社会属性,以便快速答题。

社会属性	特点或例子
社会性	动物没有,人独有
目的性	不盲目
永恒性	教育与人类社会共始终
历史性	春秋战国时期"百家争鸣",秦朝"焚书坑儒",西汉初期"独尊儒术"
相对独立性	与社会发展不完全同步
生产性	生产劳动力和科学知识
长期性	十年树木,百年树人
民族性	运用民族语言教学

36. A　**【解析】**本题考查教育的功能。教育的社会流动功能是指社会成员通过教育的培养、筛选和提高，能够在不同的社会区域、社会层次、职业岗位以及科层组织之间转换、调整和变动，以充分发挥其个性特长，展现其智慧才能，实现其人生抱负。

37. C　**【解析】**本题考查教育目的的确立依据。教育目的的确立受政治经济制度、生产力发展水平、文化、教育理想、人的身心发展特点与需要等因素的影响。其中，决定教育目的的性质、方向和内涵的因素是生产力发展水平和政治经济制度。

38. D　**【解析】**本题考查个体身心发展的规律。个体身心发展的个别差异性，是指个体之间的身心发展以及个体身心发展的不同方面之间，存在着发展程度和速度的不同。个别差异性的表现之一是不同儿童具有不同的个性心理倾向，如不同年龄的儿童具有不同的兴趣、爱好和性格等。题干中李老师的做法就是适应了人身心发展的差异性的特点。

39. A　**【解析】**本题考查关键期。关键期是指人的某种身心潜能在人的某一年龄段有一个最好的发展时期。关键期也叫敏感期、最佳期，在这一时期内，对个体某一方面进行训练可以获得最佳成效，并能充分发挥个体在这一方面的潜力。错过了关键期，训练的效果就会降低。因此，教育要掌握和利用人的发展的成熟机制，抓住发展的关键期，不失时机地采取有效措施，促进学生发展。

40. C　**【解析】**本题考查斯宾塞及其教育思想。斯宾塞是 19 世纪英国著名的实证主义哲学家、社会学家、教育理论家，在斯宾塞看来，教育的目的是为未来“完满生活”做准备，因此，他明确要求必须教给学生有价值的知识。此外，他主张运用实证的方法来研究知识的价值，强调实用学科的重要性。

41. B　**【解析】**本题考查《学记》的教育思想。《学记》是我国也是世界教育史上第一部教育专著，它阐述了“教学相长”“尊师重道”“藏息相辅”“启发诱导”“长善救失”“学不躐等”“豫时孙摩”等教学原则。“学不躐等”即教学要循序渐进，不陵节而施。

42. C　**【解析】**本题考查教育的起源。美国教育学家孟禄在批判教育的生物起源论（说）的基础上提出了教育的心理起源论（说），他认为教育起源于日常生活中儿童对成人的无意识模仿。

43. B　**【解析】**本题考查孔子的教育思想。题干中的话意思是上位者重视礼仪，百姓就没有敢不恭敬的；上位者重视道义，百姓就没有敢不服从的；上位者重视诚信，百姓就没有敢不诚实的。若是上位者能做到这一点，各地的老百姓都会背负着儿女前来投奔，何必还要自己来种庄稼呢？这段话说明孔子强调和推崇“礼”“义”“信”，教学内容偏重社会人事与文事，轻视科技与生产劳动，也即他的施教内容与社会生产劳动相脱离。

44. C　**【解析】**本题考查旧中国的学制沿革。壬子癸丑学制明显反映了资产阶级在学制方面的要求，明令废除在受教育权方面的性别和职业限制，在法律上体现了教育机会均等。该学制第一次规定了男女同校，废除读经，充实了自然科学的内容，将学堂改为学校。

45. C 【解析】本题考查布鲁纳的教育思想及其著作。美国教育家布鲁纳在其《教育过程》一书中提出"结构教学论"，倡导发现学习法。布鲁纳认为课程改革的趋势是让学生掌握学科的基本结构；改革的重点就是提高教育质量，发展儿童智力，教学要促进学生认知能力的发展；在课程设计方面，认为学科的基本结构要与儿童的认知结构相适应，要把知识改造成为与儿童智慧发展相切合的形式。《普通教育学》是赫尔巴特的著作，它的出版标志着规范教育学的建立，同时这本书也被认为是第一本现代教育学著作。《大教学论》是夸美纽斯的著作，该书被认为是近代第一本教育学著作。《论教学过程最优化》是巴班斯基的著作。

46. A 【解析】本题考查影响个体身心发展的主要因素。遗传素质的成熟程度为一定年龄阶段的身心发展提供了限制与可能，制约着年青一代身心发展的过程及其阶段。题干中，六个月的婴儿难以学会走路、四岁的孩子很难学会高数，这是受个体当前的身心发展程度所制约，体现了遗传素质的成熟程度制约着人的学习和发展。

47. B 【解析】本题考查我国教育目的的确立依据。马克思阐述了关于人的全面发展学说，这一学说是我国确立教育目的的理论依据和基础。

48. A 【解析】本题考查现代学校教育制度的类型。双轨学制的学校系统分为两轨：一轨是学术教育，为特权阶层子女所占有，学术性很强，学生可升到大学以上；另一轨是职业教育，为劳动人民的子弟所开设，属生产性的一轨。题干所述内容正是双轨学制的典型体现。

二、辨析题（参考答案）

1. 全面发展就是学生德智体美劳五方面平均发展。

(1)这种说法是不正确的。(2)全面发展不是人的各方面平均发展、均衡发展。把全面发展看成是平均发展，这种认识是非常机械的。实质上，全面发展是指人的各方面素质的和谐发展。它意味着人高尚的思想信念、道德品质、审美情趣、智力发展以及物质需要和精神需要的有机结合，使人在工作和生活中体现出力量、能力、热情和需要的完美和谐，使人的身与心、灵与肉、情与理、才与德、个性与社会性等方面有机结合、相得益彰、健康发展。综上所述，全面发展是指人的各方面素质的和谐发展，并不是要求学生各方面平均发展。因此，题干表述错误。

2. 教育必然促进社会的发展。

(1)这种说法是不正确的。(2)按照作用的方向，教育的功能可分为正向功能和负向功能。教育的正向功能是指教育有助于社会进步和个体发展的积极影响与作用。教育的负向功能使教育在不同程度上对社会和人的发展产生阻碍作用。对任何社会、任何时候的教育来说，正向和负向的功能都是存在的，只不过比重不同。在实施教育的过程中，要促进教育正向功能的实现，必须充分遵循社会发展和人的发展的客观规律。故题干说法片面。

3. 美育就是艺术教育。

(1)这种说法是不正确的。(2)美育又称审美教育,是运用艺术美、自然美和社会生活美培养学生健康的审美观,发展他们感受美、鉴赏美、创造美的能力,培养他们高尚的情操和文明素养的教育。学校美育的内容包括形式教育、理想教育、艺术教育。艺术教育只是美育的一种形式。因此,把美育等同于艺术教育,窄化了美育的概念。故题干说法错误。

4. 教育具有自身的发展规律,不受社会发展的制约。

(1)这种说法是不正确的。(2)教育具有自身的发展规律,但这不意味着教育完全独立于社会的发展。在社会历史发展的过程中,教育的目的与制度、内容与方法、规模与速度,无不受到一定社会的生产力、经济政治与文化等因素的制约。因此,题干说法错误。

5. 母猴带着小猴爬树也是教育。

(1)这种说法是不正确的。(2)教育的本质属性是育人,即教育是一种有目的地培养人的社会活动,这是教育区别于其他事物现象的根本特征。教育是人类所特有的一种有意识的社会活动,只存在于人类社会,动物界没有教育。故题干说法错误。

方法技巧:做此类试题时,谨记"三不原则":(1)动物的学习、动物之间的本能活动不是教育,如幼猴学跳跃、母鸡带小鸡;(2)人的先天本能活动不是教育,如新生儿吮吸母乳、膝跳反射;(3)无目的的偶然发生的影响不是教育,如孩子偶然被火灼烧而获得关于火的知识。

6. 遗传在人的发展中起决定作用。

(1)这种说法是不正确的。(2)遗传素质是人的身心发展的前提,为人的发展提供了可能性,但不能决定人的发展。影响人身心发展的因素还有环境、教育(学校教育)和个体主观能动性等。环境为个体的发展提供了多种可能。教育对人的身心发展起主导作用。主观能动性是人的身心发展的内因和动力,也是促进个体发展从潜在的可能状态转向现实状态的决定性因素。这些因素彼此关联、相互配合,共同发挥作用,促进人的身心发展。因此题干说法不正确。

三、简答题(参考答案)

1. 简述教育的文化功能。

(1)教育能够传承文化;(2)教育能够改造文化(选择、整理和提升文化);(3)教育能够传播、交流和融合文化;(4)教育能够更新和创造文化。

2. 简述学校美育的基本任务。

(1)树立学生正确的审美观点,提高审美能力;(2)培养学生健康的审美情趣,对美的热爱和追求;(3)发展学生表现美和创造美的能力。其中,形成创造美的能力是美育的最高层次的任务。

3. 为什么教育(学校教育)对人的发展起主导作用?

(1)学校教育是有目的、有计划、有组织地培养人的活动;(2)学校有专门负责教育工作的教师,相对而言效果较好;(3)学校教育能有效地控制和协调影响学生发展的各种因素。

···刷专题···

专题一　教育的产生与发展

一、单项选择题

答案速查

1~5	ADCCA	6~10	BAAAB	11~15	CCABB	16~20	CCDCA
21~25	DDCCD	26~30	BCBCB	31~35	CDDBD		

1. A 【解析】教育的本质属性是育人,即教育是一种有目的地培养人的社会活动,这是教育区别于其他事物现象的根本特征,也是教育的质的规定性。

2. D 【解析】教育的社会流动功能是指社会成员通过教育的培养、筛选和提高,能够在不同的社会区域、社会层次、职业岗位、科层组织之间转换、调整和变动,以充分发挥其个人的智慧才能,实现其人生价值。现代社会中,教育已成为个人社会流动的基础。我们必须认识到:“基础教育”是必不可少的“走向生活的通行证”,它使享受这一教育的人能够选择自己将要从事的职业,参与建设集体的未来和继续学习。

3. C 【解析】教育是一种生产性活动,教育再生产劳动力和再生产科学知识属于教育的经济功能,体现了教育的生产性。

4. C 【解析】雅典在西方最早形成体育、德育、智育、美育和谐发展的教育,教育内容比较丰富,教育方法也比较灵活,教育目的是培养有文化、有修养和多种才能的政治家和商人。

5. A 【解析】我国的朱熹是神话起源说的代表人物之一。该学说认为,教育与其他万事万物一样,都是由人格化的神(上帝或天)所创造,教育的目的就是体现神或天的意志,使人皈依于神或顺从于天。

6. B 【解析】张老师所教学生的合作意识和能力有所提高,这既是对学生的积极影响,也是张老师采用小组合作学习形式所预期的结果,体现了教育的正向显性功能。

7. A 【解析】我国封建社会时期的主要教育内容是“四书”“五经”,“四书”是《大学》《中庸》《论语》《孟子》的合称,“五经”是《诗》《书》《礼》《易》《春秋》的合称。

8. A 【解析】教育的历史性指在人类社会的不同时期,由于生产力发展水平不同,生产关系和政治制度不同,教育也就具有不同的性质、特点、内容和形式。题干中,原始社会和现代社会的教育内容不同,说明不同时期的教育有着不同的内容、形式和特点,这体现了教育的历史性。

9. A 【解析】原始社会的教育与社会生活、生产劳动紧密相连,教育内容也很简单,主要是传递生产生活经验。

10. B 【解析】教育的生物起源说是教育史上第一个正式提出的有关教育起源的学说,它标志着在教育起源问题上开始转向科学解释。

11. C 【解析】教育的起源学说包括神话起源说、生物起源说、心理起源说和劳动起源说等。其中,劳动起源说是在马克思历史唯物主义理论的指导下形成的,认为教育起源于人类特有的生产劳动。

12. C 【解析】A、B 两项属于动物之间的“哺育”,是一种基于亲子和生存本能的自发行为,其产生与动物的生理需求直接相关,内容与动物的生存本能(如捕食、逃避天敌等)相关,动物的学习以本能为依据,因此不能称为“教育”。教育是人类特有的一种现象,D 项不符合题意。故本题选 C 项。

13. A 【解析】构成教育活动的基本要素包括教育者、受教育者和教育媒介。其中,教育者是主导性因素。受教育者是教育的对象及学习的主体。教育媒介(教育影响)是教育活动的中介。

14. B 【解析】在我国,“教育”一词最早见于《孟子·尽心上》中的“得天下英才而教育之,三乐也”。孟子说:“君子有三件快乐的事。第一件快乐的事情是父母都健在,兄弟没有病患;第二件快乐的事情是仰头对天不觉得内疚,低头对人不觉得惭愧;第三件快乐的事情是得到天下优秀的人才并教育他们。”故本题选 B。

15. B 【解析】教育的负向功能是指教育阻碍社会进步和个体发展的消极影响和作用。题干阐述的是标准化的教学对学生发展的消极影响和作用,体现了教育的负向功能。

16. C 【解析】教育的民主化有四层含义,其中一层含义即追求教育的自由化,包括教育自主权的扩大、根据社会要求设置课程、编写教材的灵活性等。故题干所述体现的是教育的民主化特点,选 C 项。

17. C 【解析】斯巴达教育以军事体育训练和政治道德灌输为主,教育内容单一,教育方法比较严厉。古印度的教育是与种姓制度和宗教教育密切联系在一起的。其中,婆罗门教育以家庭教育为主,记诵《吠陀》经,僧侣是唯一的教师;佛教教育的目的在于让人们弃绝人间享乐,通过修行,追求虚幻的来世,教育活动主要是背诵经典和钻研经义。古埃及的教育强调“以僧为师”“以吏(书)为师”。雅典在西方最早形成体育、德育、智育、美育和谐发展的教育,教育内容比较丰富,教育方法也比较灵活,教育目的是培养有文化、有修养和多种才能的政治家和商人。

18. D 【解析】东汉灵帝时设立了鸿都门学，它是一种专门学校，是我国最早专门研究文学艺术的学校。鸿都门学作为一种办学的新型形式，为后代专门学校的发展提供了经验。同时，它也是世界上最早的文学艺术专门学校。

19. C 【解析】教育受一定社会的政治、经济等因素的制约，但作为一种培养人的社会活动，教育有其自身的规律，具有相对独立性。所以题干这一观念违背了教育的相对独立性。

20. A 【解析】“稷下学宫”是养士的缩影，是由官家举办、私家主持的高等学府，特点是学术自由。

21. D 【解析】教会教育的目的是培养教士和僧侣，教育内容是“七艺”，包括“三科”（文法、修辞、辩证法）和“四学”（算术、几何、天文、音乐）。

22. D 【解析】在近代社会的教育中，教育的世俗化是指教育从宗教中分离出来。有些国家明确规定，宗教、政党不得干预学校教育。题干的描述反映了教育的世俗化。

23. C 【解析】狭义的教育指学校教育，是教育者依据一定的社会要求，依据受教育者的身心发展规律，有目的、有计划、有组织地对受教育者施加影响，促使其朝着所期望的方向发展变化的活动。

24. C 【解析】教育媒介，也称教育影响，指教育活动中教育者作用于学习者的全部信息，既包括信息的内容，也包括信息选择、传递和反馈的形式，是形式与内容的统一。从内容上说，教育影响主要就是教育内容、教学材料或教科书；从形式上说，教育影响主要就是教育手段、教学方法、教育组织形式。因此，题干中的教科书、教学参考书属于教学媒介。

25. D 【解析】题干引文出自《论语》，意思是：我十五岁就立志学习，三十岁能够自立，四十岁遇到事情不再感到困惑，五十岁就知道哪些是不能为人力支配的事情而乐知天命，六十岁时能听得进各种不同的意见，七十岁可以随心所欲（收放自如）却又不超出规矩。这句话是孔子自述的其学习和修养的过程，这个过程贯穿了孔子的一生，体现的是终身教育思想。

26. B 【解析】大体说来，西周时期的学校分为“国学”和“乡学”两种。“国学”是设在周王朝都城和诸侯国都城的学校，专门供奴隶主贵族子弟就读。按照学习的程度，国学又分为“大学”和“小学”两类。“乡学”是各地设立的地方学校，只有“小学”一级，供普通贵族子弟就读。“太学”始设于汉代。“书院”产生于唐，发展于五代，繁荣和完善于宋代。

27. C 【解析】教育具有长期性，无论从一项教育活动完成的角度，还是从一个个体的教育生长的角度，其时间周期都比较长。父母打着“不让孩子输在起跑线上”的旗号，想方设法让孩子上各种培训班，培养孩子的各种才能，并且想立竿见影，立刻看到直观成果，这种想法违背了教育的长期性。

28. B 【解析】教育的本质属性是育人，即教育是一种有目的地培养人的社会活动，这是教育区别于其他事物现象的根本特征，也是教育的质的规定性。夸美纽斯认为，只要通过教育，任何人的德行和才能都能得到发展。“假如要形成一个人，就必须由教育去形成”，“只有受过恰当的教育之后，人才能成为一个人”。夸美纽斯的话强调了教育对人的发展的影响，在一定程度上揭示了“教育是有目的地培养人的社会活动”这一本质属性。故本题答案选 B 项。

29. C 【解析】比较有代表性的教育起源论有神话起源论、生物起源论、心理起源论和劳动起源论。A 项，神话起源论认为教育是由人格化的神（上帝或天）所创造的；B 项，心理起源论认为教育起源于儿童对成人的无意识模仿；C 项，生物起源论认为教育是一种生物现象，教育起源于动物界中各类动物的生存本能活动；D 项，劳动起源论认为教育起源于人类特有的生产劳动。因此，本题的正确答案为 C。

30. B 【解析】1990 年在泰国宗迪恩举行的“世界全民教育大会”通过了《世界全民教育宣言》，它提出全民教育的最终目标在于满足全体儿童、青年以及成人的基本学习需要。它指出，“每一个人，无论他是儿童、青年或是成人，都应能获益于旨在满足其基本学习需要的受教育机会”，也就是说教育是所有人的一项基本权利，不论他们是女性还是男性，也不论他们的年龄大小，这充分体现了教育对象的全民化。故本题选 B。

31. C 【解析】教育与生产劳动的关系演变：原始社会（结合）→古代社会（分离）→现代社会（结合）。

32. D 【解析】A 项，正规教育指由国家教育部门认可的教育机构（学校）所提供的有目的、有组织、有计划、由专职人员承担的，以影响入学者的身心发展为直接目标的全面系统的训练和培养活动。B 项，狭义的教育主要指学校教育。C 项，形式化教育指以某种相对稳定的组织形式所实施的教育，学校教育从一产生便是一种形式化的教育。D 项，广义的教育指增进人的知识与技能、发展人的智力与体力、影响人的思想观念的活动，包括社会教育、学校教育和家庭教育。因此，“生活的磨难教育了我们”中的“教育”属于广义的教育，选 D 项。

33. D 【解析】“四书”是《大学》《中庸》《论语》《孟子》的合称，“五经”是《诗》《书》《礼》《易》《春秋》的合称。《学记》不属于“四书五经”。

34. B 【解析】春秋战国时期，官学衰微，私学兴起，冲破了“学在官府”的限制，使教育对象由贵族扩大到平民。

35. D 【解析】古代埃及主要有四种学校类型：宫廷学校、僧侣学校、职官学校、文士学校。其教育的总体特征为“以僧为师”“以吏（书）为师”。

二、辨析题（参考答案）

1. “教育”一词最早见于《论语》中的“得天下英才而教育之，三乐也”一句。

（1）这种说法是不正确的。（2）“教育”一词最早见于《孟子·尽心上》中的“得天下英才而教育之,三乐也"。《论语》是记载孔子及其弟子言行的著作。故题干说法错误。

2. 教育对受教育者和社会的发展产生的都是正向功能。

(1)这种说法是不正确的。(2)教育对受教育者和社会的发展产生的既有正向功能,也有负向功能。正向功能指教育有助于社会进步和个体发展的积极影响和作用。教育的育人功能、经济功能、政治功能、文化功能等往往是强调教育正面的、积极的功能。负向功能指教育阻碍社会进步和个体发展的消极影响和作用。教育的负向功能是由于教育与政治、经济发展不相适应,教育者的价值观念与思维方式不正确,教育内部结构不合理等因素,使教育在不同程度上对社会和人的发展产生阻碍作用。

三、简答题(参考答案)

1. 简述原始社会的教育特征。

原始社会的教育主要有以下三个特征:(1)教育与生产劳动相结合。教育具有非独立性,教育和社会生活、生产劳动紧密相连。(2)教育具有自发性、全民性(普及性)、广泛性、无等级性(平等性)和无阶级性,是原始状态下的教育机会均等,只因年龄、性别和劳动分工不同而有差别。(3)教育具有原始性。教育内容简单,主要是传递生产经验;教育方法单一,只限于动作示范与观察模仿、口耳相传与耳濡目染。

2. 简述20世纪后期教育改革和发展的特点。

(1)教育的终身化。(2)教育的全民化。(3)教育的民主化。(4)教育的多元化。(5)教育技术的现代化。(6)教育全球化。(7)教育信息化。(8)教育具有科学性。

专题二　教育学的产生与发展

单项选择题

答案速查

1~5	ADCBC	6~10	BACBB	11~15	ADBAB	16~20	DCADC
21~25	CBCCB	26~30	CDBBD	31~35	DBDCD	36~40	ABDAB
41~46	BDBDDB						

1. A　【解析】康德认为教育的根本就是要对人的本性进行适当的控制,"人是唯一需要教育的动物"。他还提出自由是道德教育的最高目的,必要的"管束"和"训导"是实现自由的必要保证。此外,康德是最早在大学开设教育学讲座的有影响力的学者之一。所以,题干所述的教育家为康德。

2. D　【解析】亚里士多德在教育史上首次提出了"教育遵循自然"的观点,主张按照儿童心理发展的规律对儿童进行分阶段教育。

3. C　【解析】"生活即教育""社会即学校""教学做合一"属于陶行知的生活教育理论,毛泽东称赞他是“伟大的人民教育家”。

易混辨析：关于不同人物对陶行知和蔡元培的评价考生应注意区分：

陶行知：伟大的人民教育家（毛泽东）、万世师表（宋庆龄）、一个无保留追随党的党外布尔什维克（周恩来）。

蔡元培：学界泰斗，人世楷模（毛泽东）。

4. B 【解析】斯宾塞提出了“什么知识最有价值”这一经典课程论命题。他明确要求必须教给学生有价值的知识。此外，他主张运用实证的方法来研究知识的价值，强调实用学科的重要性。

5. C 【解析】A 项出自《学记》，体现的是教育的目的；B 项出自《学记》，体现的是长善救失原则；C 项出自《荀子·劝学》，体现的是环境对个体身心发展的影响；D 项出自《学记》，体现的是启发诱导原则。故本题选 C 项。

6. B 【解析】题干引文意为：大学教学，按照时序进行，必须有正式的课业，课后休息时也得有课外练习。这强调了课内与课外相结合的教育思想。

7. A 【解析】题干中的言论出自洛克，他反对天赋观念，提出了“白板说”；他认为教育的目的就是培养绅士，而这种培养只能通过家庭教育，由此提出了“绅士教育论”。他的代表作是《教育漫话》。《爱弥儿》是卢梭的代表作。

8. C 【解析】在西方教育史上，裴斯泰洛齐是第一个明确提出“教育心理学化”口号的教育家。所谓“教育心理学化”就是把教育提高到科学的水平，将教育科学建立在人的心理活动规律的基础上。

9. B 【解析】昆体良所著的《雄辩术原理》（《论演说家的教育》或《论演说家的培养》）是西方最早的教育著作，也被誉为古代西方的第一部教学法论著。夸美纽斯的《大教学论》被认为是近代第一本教育学著作。泰勒的《课程与教学的基本原理》被誉为“现代课程理论的圣经”。赫尔巴特的《普通教育学》被认为是第一本现代教育学著作。

易错提示：考生在做题时需注意题干中的关键字眼，如“我国最早”的教育著作对应《学记》，“西方最早”的教育著作对应《雄辩术原理》，由于《学记》的出现时间早于《雄辩术原理》，所以《学记》也是世界上最早的教育著作。

10. B 【解析】实验教育学重视研究儿童发展与教育的关系，重视实验，并强调从实验的结果中寻找教育的途径和方法。

11. A 【解析】赫尔巴特将伦理学和心理学作为其教育理论的基础。把道德教育理论建立在伦理学的基础上，把教学理论建立在心理学的基础上。

12. D 【解析】《学记》提出“道而弗牵，强而弗抑，开而弗达”，主张引导学生，但不要牵着学生走；

对学生多加鼓励，而不是抑制学生的进取精神；指导学习的门径，而不把答案直接告诉学生。故 D 项符合题干所述观点。

13. B 【解析】亚里士多德被称为古希腊百科全书式的哲学家，其教育思想反映在他的著作《政治学》中；《民主主义与教育》是杜威的代表作；《理想国》是柏拉图的代表作；《大教学论》是夸美纽斯的代表作。

14. A 【解析】1939 年，凯洛夫主编的《教育学》被公认为是世界上第一部马克思主义的教育学著作。教育家杨贤江的《新教育大纲》是中国第一部马克思主义的教育学著作。

15. B 【解析】苏霍姆林斯基在其著作《给教师的一百条建议》和《把整个心灵献给孩子》中阐述了其全面和谐发展的教育思想，认为学校教育的理想是培养全面和谐发展的人。

16. D 【解析】斯宾塞是 19 世纪英国著名的实证主义哲学家、社会学家、教育理论家，其教育代表作是《教育论》，这部著作是由题为《智育》《德育》《体育》《什么知识最有价值》的四篇论文汇集而成的。

17. C 【解析】范例教学理论是指教师在教学中选择真正基础的本质的知识作为教学内容，通过"范例"内容的传授，使学生举一反三，掌握同一类知识规律的方法。它是由德国教育家瓦·根舍因提出来的。

18. A 【解析】苏格拉底是古希腊的哲学家，以其雄辩和与青年智者的问答法著名。柏拉图是西方客观唯心主义的创始人，其教育思想集中体现在《理想国》一书中；亚里士多德的教育思想主要体现在他的著作《政治学》中，他在教育史上首次提出"教育遵循自然"的观点；德谟克利特率先提出原子论，认为万物由原子构成。

19. D 【解析】实用主义教育学是 19 世纪末 20 世纪初兴起于美国的一种教育思潮，对 20 世纪整个世界的教育理论研究和教育实践发展产生了极大的影响，代表人物是杜威、克伯屈。其基本主张有：(1)教育即生活，教育的过程与生活的过程是合一的；(2)教育即学生个体经验持续不断的增长；(3)学校是一个雏形的社会；(4)课程组织应以学生的经验为中心；(5)师生关系以儿童为中心；(6)教学过程注重学生的独立发现和体验，尊重学生发展的个体差异。D 项是传统教育学派的观点。

20. C 【解析】题干译文：尽管有美味可口的菜肴，不吃是不会知道它的美味的；尽管有高深完善的道理，不学习也不会了解它的好处。所以，通过学习才能知道自己的不足，通过教人才能感到困惑。知道自己学业的不足，才能反过来严格要求自己；感到困惑，然后才能不倦地钻研。这体现的是教学相长的原则。

21. C 【解析】赫尔巴特的《普通教育学》是教育理论发展史上的伟大里程碑，是近代教育理论走向科学的奠基石。A 项是夸美纽斯的著作，B 项是昆体良的著作，D 项是杜威的著作，均可排除。

22. B　【解析】赫尔巴特在西方教育史上第一次明确提出"教育性教学"的思想。他所说的"教育性教学",就是说任何教学都必须具有教育性,教育不能离开教学。赫尔巴特曾说:"我想不到有任何'无教学的教育',正如在相反方面,我不承认有任何'无教育的教学'。"

23. C　【解析】杜威的理论是现代教育理论的代表,区别于传统教育"课堂中心""教材中心""教师中心"的"旧三中心论",他提出了"儿童中心(学生中心)""活动中心""经验中心"的"新三中心论"。

易混辨析:考生可结合下表识记并区分赫尔巴特和杜威的"三中心论"。

人物	地位	三中心论
赫尔巴特	传统教育理论代表人物	教师中心、课堂中心、教材中心
杜威	现代教育理论代表人物	儿童中心(学生中心)、活动中心、经验中心

24. C　【解析】孔子是世界上最早提出启发式教学的教育家,比苏格拉底提出的"产婆术"早几十年,故C项正确。A项荀子主张"性恶论";B项孟子持"性善论";D项墨子以"兼爱""非攻"为教。

25. B　【解析】题干引文的意思是:只学习却不思考就会感到迷茫而无所适从,只空想而不学习就会心中充满疑惑,强调了学习与思考相结合的重要性,因此B项正确。

26. C　【解析】教育适应自然(亦称自然适应性原则),是夸美纽斯整个教育思想体系的根本性原则。它主要有两方面的内容:(1)教育要遵循自然界存在着的普遍秩序,即自然规律;(2)教育要适应人的自然本性和儿童的年龄特征。

27. D　【解析】赫尔巴特被誉为"现代教育学之父"或"科学教育学的奠基人"。他的《普通教育学》的出版(1806年)标志着规范教育学的建立。

28. B　【解析】认知领域的教学目标分为知识、领会(理解)、运用(应用)、分析、综合、评价六级。领会(理解)指在知识记忆的基础上对知识的掌握,能抓住事物的实质,把握材料的主题和意义。其包括转换、解释和推断。其中,转换指要求学生用不同的语言表达相同的意思,即用自己的话语或用与原先表达方式不同的方式来表达所学的内容。根据题干中的关键词"用自己的话描述"可知,这属于理解水平。

29. B　【解析】赫尔巴特把教育的目的分为"可能的目的"和"必要的目的",认为教育的最高目的是道德和性格的完善。

30. D　【解析】卢梭的著作《爱弥儿》被誉为教育史上的"哥白尼式的革命",它与柏拉图的《理想国》和杜威的《民主主义与教育》并称西方教育史上的三大里程碑。A项是裴斯泰洛齐的著作。

B 项,《荷马史诗》相传为生活在公元前 8 世纪的盲诗人荷马所作,包括《伊利亚特》和《奥德赛》两个部分。史诗主要叙述了希腊人攻打小亚细亚的特洛伊城的前后经过,歌颂了阿喀琉斯、奥德修斯等希腊英雄的业绩。因此,荷马时代又被称为“英雄时代”。C 项是夸美纽斯的著作。故选 D 项。

31. D 【解析】ABD 三项均为《学记》主张的教学原则,其中 D 项“藏息相辅”意为正课学习与课外练习兼顾,课内与课外相结合,相互补充,故选 D 项。C 项“兼陈中衡”为荀子的主张,他认为认识事物应从正反两方面去分析,进而认识事物的全貌和实质。

32. B 【解析】洛克反对天赋观念,提出了“白板说”。他认为人的心灵原来就像一块白板,没有一切特性,没有任何观念,天赋的智力人人平等。

33. D 【解析】蔡元培是我国近代著名的民主革命家和教育家。他为中华民族的进步和发展,为我国的教育事业,尤其是高等教育事业的改革和发展,做出了重大贡献。毛泽东评价他为“学界泰斗,人世楷模”。

34. C 【解析】苏霍姆林斯基的著作被称为“活的教育学”和“学校生活的百科全书”,他本人被誉为“教育思想的泰斗”。

易混辨析:本题的易混选项是 B 项陈鹤琴,考生应注意辨别。

陈鹤琴提出了“活教育”思想,苏霍姆林斯基的著作和思想被称为“活的教育学”,都有一个“活”字,但意义是不同的。因为苏霍姆林斯基的教育著作既有着现实的生动形象性,又有着理论上的鲜明独创性;既有大量生动活泼的事例,又有深思熟虑的理论概括。所以他的书被誉为“活的教育学”“学校生活的百科全书”。

35. D 【解析】赞可夫在《教学与发展》一书中提出了发展性教学理论的五条教学原则,即高难度、高速度、理论知识起主导作用、理解学习过程、使所有学生包括“差生”都得到一般发展的原则。

36. A 【解析】克鲁普斯卡娅的《国民教育与民主主义教育》是最早以马克思主义为基础探讨教育学问题的著作;凯洛夫的《教育学》被公认为世界上第一部马克思主义的教育学著作;杨贤江的《新教育大纲》是我国第一部马克思主义的教育学著作;《教育过程》是布鲁纳的代表作。

易错提示:考生应注意区分马克思主义与教育学研究相结合的三部著作的地位。

(1)最早以马克思主义为基础探讨教育学问题的著作:克鲁普斯卡娅的《国民教育与民主主义教育》;

(2)世界上第一部马克思主义的教育学著作:凯洛夫的《教育学》(1939 年);

(3)我国第一部马克思主义的教育学著作:杨贤江(化名李浩吾)的《新教育大纲》(1930 年)。

37. B 【解析】由于认定学科形成的标准不同,人们对教育学成为一门独立学科的标志有不同的看法。教育学的学科形成时期是指教育学成为一门独立学科所经历的时期。一般认为,这个时期的起点是 17 世纪捷克教育家夸美纽斯的《大教学论》的问世,终点是 19 世纪初德国教育家赫尔巴特的《普通教育学》的发表。即夸美纽斯的《大教学论》的出版是教育学开始形成一门独立学科的标志,赫尔巴特的《普通教育学》的出版标志着规范教育学的建立。故选 B 项。

易错提示:考生需注意区分教育学学科独立过程中的三位教育家的贡献。

(1)培根:首次提出把教育学作为一门独立的学科。

(2)夸美纽斯:1632 年《大教学论》的出版标志着教育学开始形成一门独立的学科。

(3)赫尔巴特:1806 年《普通教育学》的出版标志着教育学正式成为一门独立的学科。

38. D 【解析】《给教师的一百条建议》和《把整个心灵献给孩子》是苏联教育家苏霍姆林斯基的代表作,他在书中阐述了和谐教育思想,认为学校教育的理想是培养全面和谐发展的人。

39. A 【解析】美国教育家布鲁纳是结构主义教育流派的代表人物之一。斯金纳是行为主义教育的代表人物之一;赞可夫提出了发展性教学理论的五条教学原则;罗杰斯是人本主义教育的代表人物之一。

40. B 【解析】苏格拉底在向人传授知识时不是强制别人接受,而是发明和使用了以师生共同谈话、共同探讨问题而获得知识为特征的问答式教学法,也叫"产婆术"或"苏格拉底法"。

41. B 【解析】在西方教学史上,赫尔巴特第一次提出了"教育性教学"的概念。"教育性教学"指没有任何无教学的教育,也没有任何无教育的教学。

42. D 【解析】裴斯泰洛齐的代表性教育著作是《林哈德和葛笃德》,A 项说法正确。裴斯泰洛齐具体研究了初等学校各科教学法,是现代初等学校各科教学法的奠基人,B 项说法正确。在西方教育史上,也可以说在世界教育史上,裴斯泰洛齐是第一个明确提出"教育心理学化"口号和诉求的教育家,C 项说法正确。赫尔巴特提出了教学四阶段论,即明了、联合(联想)、系统、方法,D 项说法错误。

43. B 【解析】作为墨家的代表人物,墨翟以"兼爱""非攻"为教,同时注重文史知识的掌握和逻辑思维能力的培养,还注重实用技术的传习。对于获得知识的理解,墨翟认为,人的知识来源可分为三个方面,即亲知、闻知、说知。所以,题干所述是墨家的教育思想。

44. D 【解析】洛克在其著作《教育漫话》一书中,详细论述了绅士教育的内容及方法。

45. D 【解析】杜威的教育学说提出以后,西方教育学便出现了以赫尔巴特为代表的传统教育学派和以杜威为代表的现代教育学派的对立局面。

46. B 【解析】赫尔巴特指出教学活动经历的四个阶段即明了、联合(联想)、系统、方法。

专题三　教育与社会发展

一、单项选择题

答案速查

1～5	ADABD	6～10	CBAAA	11～15	CCDAB	16～20	DBAAA
21～27	ABCDCCA						

1. A 【解析】题干中的引言通常用以教育人既要致力于读书,又要关心政治。二者要紧密结合,做到学以致用。这体现的是教育对政治的影响,即教育的政治功能。

2. D 【解析】20 世纪 60 年代,以美国舒尔茨为代表的西方经济学家,提出了人力资本理论。倡导该理论的学者尤其重视教育投资的作用,认为教育不但是一种消费活动,也是一种投资活动。教育投资是人力资本的核心,是一种可以带来丰厚利润的生产性投资。

3. A 【解析】生产力的发展促进了科学技术的发展与更新,从而也要求教育内容不断调整与更新。题干的描述体现了生产力的发展水平促使教育的内容不断更新。

4. B 【解析】教育通过传播文化,使不同国家和民族的文化相互交流、交融,促进文化的优化和发展。题干所述体现了教育具有传播和交流文化的作用。

5. D 【解析】教育的人口功能之一是有助于人口迁移。教育对人口迁移的影响主要表现为:(1)受过教育的人口更容易做远距离迁移;(2)文化教育发达的城市和地区对人口迁移更有吸引力;(3)教育本身就在实现着人口的迁移。小周毕业后选择留在北京工作体现了教育有助于人口迁移。

6. C 【解析】教育具有经济功能。教育对经济发展的作用,不是表现为直接创造物质财富,而是表现在为经济活动再生产劳动力和再生产科学知识。教育再生产科学知识的一个重要表现,即教育可以高效能地扩大科学知识的再生产,使原来为少数人所掌握的科学知识在较短的时间内为更多的人所掌握,从而提高劳动生产效率,促进生产力的发展。故题干所述表明教育可以高效能地再生产科学知识,体现了教育的经济功能。

7. B 【解析】教育促进民主化进程,一个国家的民主程度直接取决于一个国家的政体,但又间接取决于这个国家人民的文化程度和教育事业发展的程度,一个国家普及教育的程度越高,人的知识越丰富,就越能增强人民的权利意识,认识民主的价值,推崇民主的政策,推动政治的改革和进步。题干中,列宁认为只有先教文盲识字,才能有政治,体现的正是教育促进民主化的功能。

8. A 【解析】唐朝的“六学二馆”在入学方面针对不同阶级的人群有不同的规定,这很鲜明地反映了社会政治经济制度对受教育权的影响。

9. A 【解析】教育与经济的关系,总的来说,是经济决定教育,教育反作用于经济。故选 A 项。

10. A 【解析】依据题干所述可知,蒸汽时代、电力时代和自动化时代处于不同的社会发展阶段,每个时代的生产力发展水平不同,因此对教育和人才的要求也不相同,这体现了生产力发展水平对教育的影响,说明生产力发展制约人才培养的规格。本题选 A。

11. C 【解析】题干中的这些学校开设的校本课程能够传递和保存传统文化,体现了学校教育对文化的传承功能。

12. C 【解析】生产力发展水平制约着学校的专业设置。随着科技发展和社会进步,社会结构不断调整变化,社会所需的专业人才也在变动,学校作为培养人才的场所,其专业设置必须依据社会需求进行调整,即学校的专业设置受制于社会生产力发展状况。

13. D 【解析】社会必须根据生产力发展水平以及在此基础上形成的经济结构,采取与之相适应的教育结构,生产出一定数量和质量的人才,才能满足生产力发展的需要。故生产力发展水平制约着教育结构的变化。

14. A 【解析】三孩政策的放开,有利于人口数量的增长,进而影响到教师数量的增长。这体现了人口数量和增长速度对教育发展的制约作用。

15. B 【解析】社会政治经济制度决定着教育内容的取舍。不同政治经济制度的社会具有不同的政治方向、思想意识和主流文化,并且不同的政治经济制度要求培养具有不同政治立场和思想意识的人,这自然要求传递不同的教育内容,特别是思想道德方面的内容。秦始皇焚书坑儒,汉武帝独尊儒术体现了政治经济制度决定教育内容的取舍。

16. D 【解析】教育通过传播文化,使不同国家和民族的文化相互交流、交融,促进文化的优化和发展。来中国学习的留学生把中国文化带回自己的祖国,反映了教育具有文化传播功能。

17. B 【解析】教育的社会流动功能,按其流向可分为横向流动功能与纵向流动功能。教育的社会横向流动功能,是指社会成员因受到教育和训练而提高了能力,可以根据社会需要,结合个人意愿与可能,更换其工作地点、单位等,做水平的流动,改变其环境而不提升其在社会阶层或科层结构中的地位,亦称水平流动。如 A 校某数学教师因工作需要,被调去 B 校教数学。虽然工作地点改变了,但职称、社会地位等未变,还是数学教师。教育的纵向流动功能则是指社会成员因受教育的培养与筛选,能够在社会阶层、科层结构中做纵向的提升,包括职称晋升、职务升迁、薪酬提级等,以提高其社会地位及作用,亦称垂直流动。如"朝为田舍郎,暮登天子堂"(早晨还是农家子弟,晚上便登上了金銮宝殿,拜卿相,当皇帝)、"寒门出贵子"、某数学教师晋升为学校校长等,都体现了社会阶层等的提升。故本题选 B 项。

18. A 【解析】社会政治经济制度决定教育的性质。在同一政治经济制度下,各国的教育虽然也有差异,但其本质属性是相同的。

19. A 【解析】教育的政治功能主要体现在以下几个方面:(1)教育培养出社会政治经济制度所需要的人才;(2)教育通过传播思想、形成舆论作用于一定的政治经济制度;(3)教育促进民主化进程,但对社会政治经济制度不起决定作用。由题干中的“初步培养合格的公民和社会治理人才”可知,这体现的是教育的政治功能。

20. A 【解析】教育的经济功能表现为:(1)教育再生产劳动力;(2)教育再生产科学知识。教育再生产劳动力的表现包括:教育可以提高劳动力的质量和素质,使之获得一定劳动部门认可的技能和技巧,成为发达的和专门的劳动力;教育可以改变劳动力的形态,把一个简单劳动力训练成一个复杂劳动力,把一个体力劳动者培养成一个脑力劳动者等。所以题干所述体现的是教育的经济功能。

21. A 【解析】A 项属于教育的人口功能,BC 两项属于教育的政治功能,D 项属于教育的经济功能。

22. B 【解析】教育发展的规模与速度,取决于生产力发展所提供的物质条件和生产力发展对教育事业所提出的要求。故选 B 项。

23. C 【解析】教育可以传递和保存文化,教育是文化传递和保存最为基本和最为有效的手段。题干所述体现了教育的文化功能。

24. D 【解析】老师通过给学生传授生态和环境知识,可以影响学生的生态意识,激发学生自觉保护环境的行为,这体现的是教育的生态功能。

25. C 【解析】亚当·斯密在《国富论》中提出人的才能与其他任何种类的资本同样是重要的生产手段的观点。他还详细分析了人的经验、知识和能力作为财富和生产财富的重要作用,并据此指出,“学习一种才能,须受教育,须进学校……学习的时候,固然要花费一笔费用,但这种费用,可以得以偿还,赚取利润”。由于要受教育才能学会特殊技巧,所以他既承认人的经验、知识能力是财富并可生产财富的观点,还提出为获得才能资本而受教育是一种投资的观点。这是教育的经济功能的体现,故选 C 项。

26. C 【解析】文化选择是对某种、某部分文化的吸收或舍弃。对传统文化要取其精华、去其糟粕即体现了教育对文化的选择功能。

27. A 【解析】题干所述出自《学记》,意思是古代的君主在建立国家、统治百姓时,总是把教育放在首要的位置。这揭示的是教育与政治的关系。

二、辨析题(参考答案)

1. 教育程度的提高客观上推迟了人们的初婚年龄和生育年龄,这体现了教育的经济功能。

(1)这种说法是不正确的。(2)受教育程度高,在校学习时间就延长,毕业后又面临就业压力,使初婚年龄推迟,育龄期相应缩短。这是教育能起到控制人口增长作用的原因之一。这体现的是教育的人口功能,故题干说法错误。

2. 教育可以改变政治经济制度发展的方向。

(1)这种说法是不正确的。(2)教育对社会政治经济制度起着巨大的影响作用,但它不起决定作用。社会政治经济制度发展的根本动力是生产力与生产关系的矛盾运动,教育在这种矛盾运动中只起加速或延缓作用,而不起决定作用。因此,教育不能改变政治经济制度发展的方向,题干说法错误。

3. 教育是文化传递和保存最为基本和最为有效的手段。

(1)这种说法是正确的。(2)教育是文化传递和保存最为基本和最为有效的手段。随着社会的不断发展,文化的传递、保存方式不断发生变化。但无论发生何种变化,都离不开教育这一最基本的方式。故题干说法正确。

三、简答题(参考答案)

1. 简述文化对教育的影响。

(1)文化对教育具有价值定向作用;(2)文化发展促进学校课程的发展;(3)文化影响教育目的的确立;(4)文化影响教育内容的选择;(5)文化影响着教育教学方法的使用。

2. 生产力发展水平对教育的制约作用体现在哪些方面?

(1)生产力的发展水平制约着教育发展的规模和速度;(2)生产力的发展水平制约着教育结构的变化;(3)生产力发展水平制约着教育的内容、方法与手段;(4)生产力发展水平制约着学校的专业设置;(5)教育相对独立于生产力的发展水平。

3. 简述教育的人口功能。

(1)控制人口数量;(2)改善人口素质,提高人口质量;(3)使人口结构趋向合理化;(4)有助于人口迁移。

4. 简述社会政治经济制度对教育发展的影响和制约。

(1)社会政治经济制度决定教育的领导权;(2)社会政治经济制度决定受教育权;(3)社会政治经济制度决定教育目的;(4)社会政治经济制度决定教育内容的取舍;(5)社会政治经济制度决定教育体制;(6)社会政治经济制度制约教育的改革与发展;(7)教育相对独立于社会政治经济制度。

专题四 教育与人的发展

一、单项选择题

答案速查

1~5	CDACD	6~10	BBCCB	11~15	CCCDB	16~20	CCDDB
21~25	DCBDA	26~30	CDCDA	31~35	ABCDD	36~39	DDCC

1. C　【解析】高尔顿主张个体的发展及其个性品质早在基因中就决定了，创立了优生学；霍尔提出了“复演说”；格塞尔强调成熟机制对人的发展的决定作用。这三者都是遗传决定论的代表人物，都强调遗传的决定作用。墨子的素丝说强调的是环境的决定作用，属于环境决定论。故C选项不属于遗传决定论。

2. D　【解析】个体的主观能动性是人的身心发展的内在动力，也是促进个体发展从潜在的可能状态转向现实状态的决定性因素。同一课堂中，学生学习的积极性不同，产生的结果也就不同，这体现了个体主观能动性对人的发展的作用。

3. A　【解析】美国当代生物社会学家威尔逊把“基因复制”看作是决定人的一切行为的本质力量。

4. C　【解析】人的某种身心潜能在人的某一年龄段有一个最好的发展时期，即关键期（也叫最佳期、敏感期）。在这一时期内，对个体某一方面进行训练可以获得最佳成效，并能充分发挥个体在这一方面的潜力。错过了关键期，训练的效果就会降低，甚至永远无法补偿。个体身心发展的不平衡性要求教师在教育过程中要把握施教的关键期或最佳期，适时而教、及时施教。

5. D　【解析】个体身心发展的个别差异性的表现之一为不同个体同一方面的发展速度和水平不同，如有些人“少年得志”，有些人则“大器晚成”。故题干所述是个体身心发展个别差异性的体现。

6. B　【解析】人的身心发展的顺序性是指人的身心发展是一个由低级到高级、由简单到复杂、由量变到质变的连续不断的发展过程。例如，个体身体的发展遵循着从上到下、从中间到四肢（从中心向周围发展）、从骨骼到肌肉的顺序发展。所以题干所述说明了人的身心发展具有顺序性。

7. B　【解析】格塞尔通过双生子爬梯实验证明了他的“成熟势力说”，他认为成熟机制对人的发展有关键影响。

8. C　【解析】遗传素质是人的身心发展的物质前提，为人的发展提供了可能性。

9. C　【解析】根据题干的描述可知，董仲舒认为“圣人”和“斗筲”的品性是先天就有的，无法通过后天教育改变，这种观点夸大了遗传的作用，属于遗传决定论。

10. B　【解析】环境对人的发展的影响要通过个体的主观努力和社会实践活动才能实现。主观能动性是外部影响转化为内部发展要素的根据。根据题干的描述可知，人在发展的过程中不是消极被动地接受环境的影响的过程，而是积极主动的实践过程。

11. C　【解析】个体身心发展的个别差异性，是指个体之间的身心发展以及个体身心发展的不同方面之间，存在着发展程度和速度的不同。根据个体身心发展的个别差异性规律，教育要因材施教。

12. C　【解析】题干中的小明在不求上进的学习环境中，学习热情受到了影响，而转学到学风很好的班级之后，学习成绩突飞猛进，这体现了环境在教育中的重要作用。

13. C　【解析】辐合论，也称为二因素论。这种观点肯定先天遗传因素和后天环境对儿童发展的重要作用，而且二者的作用各不相同，且不能相互替代。

14. D 【解析】教育的个体个性化发展功能主要体现在三个方面:教育促进人的主体意识的形成和主体能力的发展;教育促进个性差异的充分发展,形成人的独特性;教育开发人的创造性,促进个体价值的实现。D 项属于教育的个体社会化功能的主要体现。

15. B 【解析】题干所述比喻环境变了,事物的性质也变了,强调的是环境对人发展的影响。

16. C 【解析】个体身心发展的顺序性是指个体身心发展是一个由低级到高级、由简单到复杂、由量变到质变的连续不断的发展过程。人的发展的顺序性是客观的、不以人的意志为转移的。教育工作要遵循这种顺序性,循序渐进地促进人的发展。

17. C 【解析】内发论强调内在因素,如"需要""成熟",强调人的身心发展的力量主要源于人自身的内在需要,身心发展的顺序也是由身心成熟机制决定的。即在人的身心发展过程中起决定作用的是遗传素质。题干中霍尔的话是典型的内发论观点。

18. D 【解析】个体主观能动性是指人的主观意识和活动对于客观世界的积极作用,包括能动地认识客观世界和改造客观世界,并统一于人们的社会实践活动中。每个学生学习的需要和动机不同,对教学的态度和行为也各式各样,这反映了个体主观能动性因素对学生身心发展的影响。

19. D 【解析】环境决定论(外铄论)认为人的发展主要依靠外在的力量,诸如环境的刺激和要求、他人的影响和学校的教育等。题干中的观点表明,教师教育学生的过程就是园丁修剪花朵的过程,突出强调了教育的作用,这种观点属于环境决定论。

20. B 【解析】遗传素质存在着个别差异,表现在高级神经活动类型、感觉器官的结构和机能方面。这些差异是个性形成的生理基础,是人的个性差异的最初原因。天赋异禀和智力有缺陷的儿童在生理基础上存在一定差异,受其影响,这两类儿童在教育的难易程度、学习和发展的速度上就会存在差异,故题干说明遗传素质的差异是造成个体间个别差异的原因之一。

21. D 【解析】个体主观能动性由三个层次构成,第一层次是人作为生命体进行的生理活动,第二层次是个体的心理活动,第三层次也即最高层次是社会实践活动。

22. C 【解析】个体身心发展的阶段性规律决定了教育工作必须根据不同年龄阶段的学生的特点分阶段进行。如果不顾学生的年龄特征和接受能力,在教育工作中搞"一刀切""一锅煮""齐步走",把对儿童和青少年的教育"成人化",就违反了个体身心发展的阶段性规律。题干所述显然违背了这一规律。

23. B 【解析】个体身心发展的不平衡性(不均衡性)一方面是指身心发展的同一方面的发展速度,在不同的年龄阶段是不平衡的;另一方面是个体身心发展的不同方面发展速度也不相同。题干中的王阳明 5 岁时不能开口说话,却能默背众多藏书,这说明他在语言方面发展比较晚,而在记忆方面发展较早,即体现了个体身心发展在不同方面具有不均衡性。

24. D　【解析】个体身心发展的个别差异性表现在不同个体不同方面的发展存在着差异。题干表述说明不同个体在记忆力、感知力、语言表达能力、写作能力等方面的发展存在差异，即人的发展具有个别差异性。

25. A　【解析】个体身心发展的顺序性是指人的身心发展是一个由低级到高级、由简单到复杂、由量变到质变的连续不断的发展过程。“返老还童”明显违背了个体身心发展的顺序性。

26. C　【解析】个体的主观能动性是人的身心发展的内在动力，也是促进个体发展从潜在的可能状态转向现实状态的决定性因素。“同流而不合污”“出淤泥而不染”“威武不能屈”这些句子都表现出人的主观能动性在个体发展中的作用。

27. D　【解析】个别差异性表现在不同个体所具有的不同个性心理倾向上，比如同一年龄的儿童具有不同的兴趣、爱好和性格等。苏霍姆林斯基创立大量不同的兴趣小组以供学生选择，这体现了教育必须适应人的身心发展的个别差异性规律。

28. C　【解析】外铄论（环境决定论）认为人的发展主要依靠外在的力量，该理论的代表人物有荀子、洛克、华生等。内发论（遗传决定论）的代表人物有孟子、弗洛伊德、威尔逊、高尔顿、格塞尔、霍尔等。

29. D　【解析】个体身心发展的不平衡性的表现之一是个体身心发展的不同方面是不同步的。研究表明，青少年身心的不同方面所达到的某种发展水平或成熟的时期是不平衡的，有的方面可能在较早年龄就达到较高水平，而有的方面则晚些。故题干所述内容反映了个体身心发展的不同方面不同步。

30. A　【解析】个体身心发展的个别差异性要求教育必须因材施教，充分发挥每个学生的潜能和积极因素，有的放矢地选择适宜、有效的教育途径和方法手段，使每个学生都能得到最大的发展。

31. A　【解析】个体身心发展包括身体和心理两方面的发展。身体的发展（也可称为生理的发展）与心理发展是紧密相连的：生理发展是心理发展的物质基础，心理发展影响着生理发展。

32. B　【解析】题干所述说明教育工作必须从学生的实际出发，针对不同年龄阶段的学生，采取不同的教育内容与教育方法，即教育要适应儿童身心发展的阶段性。

33. C　【解析】个体的主观能动性是人的身心发展的内在动力，也是促进个体发展从潜在的可能状态转向现实状态的决定性因素。

34. D　【解析】个体身心发展的不平衡性的表现：一方面是指身心发展的同一方面的发展速度，在不同的年龄阶段是不平衡的。另一方面是就个体身心发展的不同方面而言的。研究表明，青少年身心的不同方面所达到的某种发展水平或成熟的时期是不平衡的，有的方面可能在较早年龄就达到较高水平，而有的方面则晚些。小谷体育运动发展水平较高，背诵课文却较困难，体现的就是不同方面发展的不平衡性。

35. D 【解析】个体主观能动性是指人的主观意识和活动对于客观世界的积极作用，包括能动地认识客观世界和改造客观世界，并统一于人们的社会实践活动中。个体的主观能动性是人的身心发展的内在动力，也是促进个体发展从潜在的可能状态转向现实状态的决定性因素。题干所述勤奋好学的历史故事反映了人的主观能动性在个体发展中的作用，故选D项。

36. D 【解析】个体身心发展的整体性对教育的要求是：(1)面对学生的整个身心；(2)着眼于学生的整体性，促进学生的一般发展，注意做到认知因素与非认知因素、意识与潜意识、科学与艺术的统一。

37. D 【解析】个体身心发展的个别差异性的表现之一是不同儿童所具有的个性心理倾向不同，如同年龄的儿童具有不同的兴趣、爱好和性格等。个体身心发展的个别差异性要求教育必须因材施教。王老师根据不同学生的兴趣爱好进行因材施教，遵循了学生发展的个别差异性。

38. C 【解析】"人只有靠教育才能成为人，人完全是教育的结果"说明康德认为人完全是教育的产物，这属于教育万能论的观点。

39. C 【解析】根据题干所述，搬运工与哲学家之间的原始差别是很小的，随着分工的不同差别也越来越大，这说明遗传素质具有一定的可塑性，它会随着环境、教育的改变和人类实践活动的深入等作用而逐渐发生变化。遗传素质仅仅为人的发展提供了最初的可能性，不能决定人的发展。故选C项。

二、辨析题(参考答案)

1. 为适应个体发展的顺序性，教育应遵循循序渐进的教学原则。

(1)这种说法是正确的。(2)个体身心发展的顺序性是指人的身心发展是一个由低级到高级、由简单到复杂、由量变到质变的连续不断的发展过程。为适应个体发展的顺序性，教育工作要遵循这种顺序性，循序渐进地促进人的发展。故题干说法正确。

2. 只要教育得法，人人都可以成为歌唱家、科学家、诗人。

(1)这种说法是不正确的。(2)学校教育在人的身心发展中起主导作用。但教育也不是万能的，学校教育的主导作用和促进作用的实现是相对的，有条件的。低估遗传、环境等的影响和作用而片面夸大教育的作用是不正确的。个体身心发展是遗传、环境、教育(学校教育)和个体主观能动性等多种因素综合作用的结果。故题干说法错误。

三、简答题(参考答案)

1. 简述个体身心发展的个别差异性的具体表现。

(1)个别差异性表现在不同个体同一方面的发展速度和水平不同。

(2)个别差异性表现在不同个体不同方面的发展存在着差异。

(3)个别差异性还表现在不同个体所具有的不同个性心理倾向上。

(4)个别差异性也表现在群体间。

2. 简述遗传素质在人的身心发展中的作用。

(1)遗传素质是人的身心发展的前提,为人的发展提供了可能性,但不能决定人的发展;(2)遗传素质的个别差异是人的身心发展的个别差异的原因之一;(3)遗传素质的成熟程度制约着人的身心发展的水平及阶段。

专题五　教育目的

一、单项选择题

答案速查

1~5	BABAB	6~10	CAADA	11~15	BACCA	16~20	ACDAC
21~25	BCCBB			26~32	CCCDBDB		

1. B　【解析】社会本位论重视教育的社会价值,教育的目的是为社会培养合格的成员和公民,使受教育者社会化,社会价值高于个人价值,教育质量和效果可以用社会发展的各种指标来评价。社会本位论以凯兴斯泰纳为代表人物之一。因此,B 项符合题意。

2. A　【解析】劳动技术教育是引导学生掌握劳动技术知识和技能,形成劳动观点和习惯的教育。题干描述的是劳动技术教育的内涵。

3. B　【解析】个人本位论的代表人物有孟子、卢梭、裴斯泰洛齐、福禄贝尔、马利坦、赫钦斯、奈勒、马斯洛、萨特等。社会本位论的代表人物有荀子、柏拉图、赫尔巴特、涂尔干、纳托普、凯兴斯泰纳、孔德、巴格莱等。斯宾塞是生活本位论的代表人物。

4. A　【解析】在全面发展教育中,德育对其他各育起着保证方向和保持动力的作用,它体现了社会主义教育的方向,是"五育"的灵魂;智育为其他各育的实施提供了认识基础;体育则是实施各育的物质保证;美育和劳动技术教育是德育、智育、体育的具体运用和实施。故选 A 项。

5. B　【解析】社会本位论认为,确立教育目的的根据是社会的要求,个人的发展必须服从社会需要,因为个人生活在社会中,受制于社会环境。教育以社会的稳定和发展为最高宗旨。

6. C　【解析】美育又称审美教育,是运用艺术美、自然美和社会生活美培养学生健康的审美观,发展他们感受美、鉴赏美、创造美的能力,培养他们高尚的情操与文明素养的教育。培养学生创造美的能力是美育最高层次的任务。

7. A　【解析】马克思阐述了关于人的全面发展学说,这一学说是我国确立教育目的的理论依据和基础。其主要内容之一是,旧式分工造成了人的片面发展。马克思认为社会分工是导致人片面发展的根本原因。

8. A　【解析】个人本位论认为确立教育目的的根据是人的本性,教育的目的是培养健全发展的人,发展人的本性，挖掘人的潜能，增进受教育者的个人价值，个人价值高于社会价值，而不是为某个社会集团或阶级服务。题干中的话是个人本位论者马利坦的观点。

9. D 【解析】教育目的包括三个层次：国家的教育目的、各级各类学校的培养目标和教师的教学目标。其中，教学目标是教育目的和培养目标在教学活动中的进一步具体化。

10. A 【解析】我国的教育目的较好地体现了个人本位和社会本位的历史的、具体的统一。这表现在两方面：(1)我们培养的人是德智体美劳全面发展的人，体现了对个人价值的尊重；(2)我们培养的人又是社会主义的建设者和接班人，体现了社会对人的要求。

11. B 【解析】题干中海伦·凯勒的话致力于让学生善于发现美，体现了美育的重要性。

12. A 【解析】智育是传授给学生系统的科学文化知识、技能，发展他们的智力和与学习有关的非认知因素的教育。智育的根本任务是培育或发展学生的智慧，尤其是智力。

13. C 【解析】体育是实施各育的物质保证。德育对其他各育起着保证方向和保持动力的作用，它体现了社会主义教育的方向，是"五育"的灵魂；智育则为其他各育的实施提供了认识基础；美育和劳动技术教育是德育、智育、体育的具体运用和实施。

14. C 【解析】题干所述体现了教育的目的是为社会培养合格的成员和公民，使受教育者社会化。这属于社会本位的教育目的观。

15. A 【解析】教育目的的制定受制于特定的社会政治、经济、文化背景。从美国和苏联这两个政治制度不同的国家的教育目的的表述中，我们可以看到不同的社会政治、经济、文化等因素对教育目的的制约。

16. A 【解析】个人本位论认为教育的目的是培养健全发展的人，发展人的本性，挖掘人的潜能，增进受教育者的个人价值，个人价值高于社会价值。"教育应当根据儿童的身心发展规律和兴趣需要去促进其生长与发展"强调确立教育目的的根据是人的本性，体现的是个人本位论的观点。因此答案选 A 项。

17. C 【解析】教育目的即指教育要达到的预期结果，是根据一定社会发展和受教育者自身发展需要及规律，对受教育者提出的总的要求，规定了把受教育者培养成什么样的人，是培养人的质量规格标准，同时也反映了教育在人的努力方向和社会倾向性等方面的要求。由此可见，教育目的所要回答的根本问题是"教育要培养什么样的人"。

18. D 【解析】教育目的是由国家提出来的，其决策要经过一定的组织程序，一般体现在国家的教育文本和教育法令中。培养目标是根据国家的教育目的制定的某一级或某一类学校、某一专业对人才培养的具体要求，是国家教育目的在不同教育阶段、不同级别的学校、不同专业方向的具体化。教育目的与培养目标不能等同，两者是普遍与特殊的关系。A、B、C 项说法均错误。

19. A 【解析】个人本位论认为教育的根本目的是人的本性和本能的高度发展。马斯洛的需要层次理论强调发展人的潜能，罗杰斯的非指导性教学强调以学生为本，让学生自发地学习，他们的理论都符合个人本位论的观点。

20. C 【解析】教育目的指教育要达到的预期结果，是根据一定社会发展和受教育者自身发展需要及规律，对受教育者提出的总的要求。它规定了把受教育者培养成什么样的人，是培养人的质量规格标准，同时也反映了教育在人的努力方向和社会倾向性等方面的要求。

21. B 【解析】教学目标是指教学活动结束后学生所能达到的预期标准，也即教育者在教育教学过程中，在完成某一阶段的工作时，希望受教育者达到的要求或产生的变化。题干中，王老师要求学生体会老王临死前的生命状态，体会作者对底层人民的感情，用赏析文字传达文章的写作特色，就是本节课学生所要达到的预期标准，这种要求属于教学目标。

22. C 【解析】教育目的与教育方针既有联系又有区别。教育目的只包括"为谁培养人""培养什么样的人"的问题，在对人培养的质量规格方面要求较为明确。教育方针除了包括"为谁培养人""培养什么样的人"的问题，还含有"怎样培养人"的问题和教育事业发展的基本原则，侧重"办什么样的教育"和"怎么办教育"。因此，教育方针包括教育目的。在归属范畴方面，教育目的是学术性概念，属于教育基本理论范畴；教育方针是政治性概念，属于教育政策学范畴。故C项说法正确。

23. C 【解析】A项，宗教本位论主张教育的最高目标是培养青年对于上帝的虔诚信仰。B项，个人本位论主张教育的根本目的是人的本性和本能的高度发展。C项，社会本位论主张教育以社会的稳定和发展为最高宗旨。D项，文化本位论主张教育的最终目的在于唤醒人们的意识，使其具有自动追求理想价值的意志，并使文化有所创造，形成与发展新的文化。由题干中"公民教育的目的是……维护城邦稳定有序"可知，柏拉图持社会本位的教育目的价值取向，故选C项。

24. B 【解析】教育方针是国家或政党在一定历史阶段提出的有关教育工作的总方向和总指针，是确定教育事业发展方向、指导整个教育事业发展的战略原则和行动纲领。教育方针既包含"为谁培养人""培养什么样的人"的问题，也包含"怎样培养人"的问题和教育事业发展的基本原则。故选B项。

> **易错提示**：关于教育目的与教育方针，考生应注意以下内容：
>
> 教育目的——"为谁培养人""培养什么样的人"。
>
> 教育方针——"为谁培养人""培养什么样的人""怎样培养人""办什么样的教育""怎样办教育"。

25. B 【解析】教育目的指教育要达到的预期结果，是根据一定社会发展和受教育者自身发展需要及规律,对受教育者提出的总的要求,规定了把受教育者培养成什么样的人,是培养人的质量规格标准,同时也反映了教育在人的努力方向和社会倾向性等方面的要求。

26. C 【解析】社会本位论认为,确立教育目的的根据是社会的要求,个人的发展必须服从社会需要。其代表人物有荀子、柏拉图、赫尔巴特、涂尔干、纳托普、凯兴斯泰纳、孔德、巴格莱等。孟子、裴斯泰洛齐、卢梭是个人本位论的代表人物。

27. C 【解析】"君子如欲化民成俗,其必由学乎……"意为:君子想要教化百姓,并形成好的风俗,就一定要重视设学施教啊!"古之王者,建国君民,教学为先"意为:古代的君王,建设国家,统治百姓,首先要设学施教。这体现了教育的目的是为社会培养合格的成员和公民,属于社会本位的教育目的观。

28. C 【解析】杜威是教育无目的论的代表人物,他并非主张真正教育无目的,而是认为无教育过程之外的"外在"目的。

29. D 【解析】教师的教学目标是指教学活动结束后学生所能达到的预期标准。它是教育者在教育教学过程中,在完成某一阶段的工作时,希望受教育者达到的要求或产生的变化。根据题干所述,老师要求学生在学完"昆虫的种类"这节课后能准确识别昆虫,这属于教师的教学目标。

30. B 【解析】社会本位论认为教育的目的是为社会培养合格的成员和公民,教育以社会的稳定和发展为最高宗旨。"教育应当服务于政治"体现了社会本位论的观点。

31. D 【解析】个人本位论盛行于 18 ~ 19 世纪上半叶,认为确立教育目的的根据是人的本性,教育的目的是培养健全发展的人,发展人的本性,挖掘人的潜能,增进受教育者的个人价值,个人价值高于社会价值,而不是为某个社会集团或阶级服务。这一思潮旨在反对当时宗教神学及封建制度对于人的思想禁锢,要求个性解放,但也具有局限性。故本题选 D 项。

32. B 【解析】教育目的可分为三个层次:国家的教育目的、各级各类学校的培养目标和教师的教学目标。教育目的也可分为四个层次:教育目的、培养目标、课程目标和教学目标。无论哪种分法,各级各类学校的培养目标都居于第二个层次。

二、辨析题(参考答案)

1. 我国现行教育目的体现的价值取向是社会本位的教育目的论。

(1)这种说法是不正确的。(2)社会需要与个人发展是辩证统一的,教育目的必须体现这种辩证统一的关系。我国的教育目的体现了个人本位和社会本位的历史的、具体的统一。首先,我们培养的人是德智体美劳全面发展的人,体现了对个人价值的尊重。其次,我们培养的人又是社会主义的建设者和接班人,体现了社会对人的要求。故题干说法错误。

2. 教育目的是国家制定的,与教师平时的教学没有直接的联系。

(1)这种说法是不正确的。(2)教育目的是国家制定的,和教师的教学有着一定的联系。教学目标与教育目的、培养目标之间是具体与抽象的关系。教育目的是最高层次的概念,教学目标要依据教育目的制定。教育目的是制定教学目标的依据,教学目标日积月累地得以实践,就会渐次达到培养目标,以至实现教育目的。

3. 教育方针是评价教育效果的根本依据。

(1)这种说法是不正确的。(2)教育方针是国家或政党在一定历史阶段提出的有关教育工作的总方向和总指针,是教育基本政策的总概括,是教育目的的政策性表达,在一定时期内具有必须贯彻的强制性。教育目的是整个教育工作的核心,是教育活动的依据和评判标准、出发点和归宿,在教育活动中居于主导地位。同时它也是全部教育活动的主题和灵魂,是教育的最高理想。它贯穿教育活动的全过程,对一切教育活动都有指导意义,也是确定教育内容、选择教育方法和评价教育效果的根本依据。因此,教育目的是评价教育效果的根本依据,题干的说法是不正确的。

4. 教育目的对整个教育活动起指导性作用。

(1)这种说法是正确的。(2)教育目的一般由国家或国家教育行政部门制定,指导一定时期各级各类的教育工作。教育目的贯穿教育活动的全过程,对一切教育活动都有指导意义,也是确定教育内容、选择教育方法和评价教育效果的根本依据。故题干说法正确。

三、简答题(参考答案)

1. 简述确立教育目的的依据。

(1)社会政治、经济、文化因素;(2)人的身心发展特点和需要;(3)制定者的教育理想和价值观。

2. 智育的任务有哪些?

(1)向学生系统传授科学文化知识,为学生各方面发展奠定良好的知识基础;(2)培养训练学生,使其形成基本技能;(3)培养和发展学生的智力才能,增强学生各个方面的能力;(4)培养学生良好的学习品质和热爱科学的精神。其中,智育的根本任务是培育或发展学生的智慧,尤其是智力。

3. 简述德育的基本任务。

(1)培养学生良好的道德品质;(2)培养学生正确的政治方向;(3)培养学生正确的价值观;(4)培养学生良好、健康的心理品质;(5)培养学生良好的思想品德能力等。

4. 马克思主义关于人的全面发展学说的主要内容包括什么?

(1)人的全面发展的含义。所谓人的全面发展是指人的劳动能力,即人的体力和智力的全面、和谐、充分地发展,还包括人的道德的发展。(2)旧式分工造成了人的片面发展。(3)机器大工业生产为人的全面发展提供了基础和可能。(4)社会主义制度是实现人的全面发展的社会条件。(5)教育与生产劳动相结合是培养全面发展的人的唯一途径。

四、材料分析题(参考答案)

(1)这所学校的做法明显不符合我国的教育方针。我国当前的教育方针是:"教育必须为社会主义现代化建设服务,为人民服务,必须与生产劳动和社会实践相结合,培养德智体美劳全面发展的社会主义建设者和接班人。"

(2)材料中的学校把分数作为评价学生和教师的唯一标准或全部依据,学校不开设体育、音乐、美术课,几乎所有时间都用来上语文、数学课。这些做法都体现了该学校只注重对学生智育的培养,忽视了学生德育、美育、体育等方面的发展,有违教育方针中全面发展的要求,这样培养出来的学生是有缺陷的,如材料中提到的"体质普遍下降、近视率增高""不知五线谱为何物""没有学习的兴趣和信心,更谈不上有什么业余爱好"就是这种应试教育的产物。这是我们应极力反对的教育。

专题六 教育制度

一、单项选择题

答案速查

1~5	CCDCD	6~10	AAAAA	11~15	CBCDD	16~22	BBDACDA

1.C 【解析】义务教育具有强制性(义务性)、普及性(普遍性、统一性)、免费性(公益性)、公共性(国民性)和基础性。其中,义务教育的普及性是义务教育的基本性质。

2.C 【解析】"允许智力超常的学生跳级、设立特殊学校与特殊班"是依据个体身心发展的个别差异性而进行的因材施教,说明学制的制定受人的身心发展规律的影响。

3.D 【解析】从层次结构上来看,我国现行学校教育包括学前教育、初等教育、中等教育和高等教育四个层次;从类型结构上来看,我国现行学校教育可划分为基础教育、职业技术教育、高等教育、成人教育和特殊教育五个大类。

4.C 【解析】壬戌学制以美国学制为蓝本,采用美国式的六三三分段法,即小学六年、初中三年、高中三年,又称"新学制"或"六三三学制"。

5.D 【解析】1922年,在北洋军阀统治下,留美派主持的全国教育会联合会以美国学制为蓝本,颁布了"壬戌学制"。国民党政府于1928年就壬戌学制做了一些修改,但基本上继承了"壬戌学制",并一直沿用到全国解放初期。故选D项。

6.A 【解析】"癸卯学制"是中国近代由中央政府颁布并首次得到施行的全国性法定学制系统,较"壬寅学制"更为系统详备。该学制明文规定教育目的是"忠君、尊孔、尚公、尚武、尚实",指导思想是"中学为体,西学为用"。因此,A项正确。"壬寅学制"是中国近代教育史上最早由国家正式颁布的学制系统,虽然正式公布,但并未实施。"壬子癸丑学制"是我国教育史上第一个具有资本主义性质的学制。“壬戌学制”明确以学龄儿童和青少年身心发展规律作为划分学校教育阶段的依据，这在我国现代学制史上是第一次。

7. A　【解析】1904 年初，清政府颁布了《奏定学堂章程》，亦称“癸卯学制”。这个学制的指导思想是“中学为体，西学为用”，其宗旨是：“无论何等学堂，均以忠孝为本，以中国经史之学为基。俾学生心术壹归于纯正，而后以西学瀹其智识、练其艺能，务期他日成材，各适实用，以仰副国家造就通才、慎防流弊之意。”故题干所述为癸卯学制。

8. A　【解析】单轨制最早产生于美国，这种学制开创了从小学直至大学、形式上任何儿童都可以入学的形式。单轨学制后来被世界许多国家采用，是因为它有利于教育的逐级普及，有利于现代生产和现代科技的发展。

9. A　【解析】教育制度有狭义、广义之分，狭义的教育制度指学校教育制度，简称学制，是一个国家各级各类学校的总体系，具体规定各级各类学校的性质、任务、要求、入学条件、修业年限及它们之间的相互关系。题干所述内容体现了学校教育制度的内涵。

10. A　【解析】从类型结构上来看，我国现行学校教育可划分为基础教育、职业技术教育、高等教育、成人教育和特殊教育五个大类。

11. C　【解析】壬子癸丑学制，又称 1912 ~ 1913 年学制，该学制明显反映了资产阶级在学制方面的要求，明令废除在受教育权方面的性别和职业限制，在法律上体现了教育机会均等；第一次规定了男女同校，废除读经，充实了自然科学的内容，将学堂改为学校。

12. B　【解析】“壬寅学制”以日本学制为蓝本，由当时的管学大臣张百熙起草，是中国近代教育史上最早由国家正式颁布的学制系统，虽然正式公布，但并未实行。

13. C　【解析】十月革命后，苏联制定了单轨的社会主义统一劳动学校系统。后来在发展过程中，形成了既有单轨制特点又有双轨制某些因素的苏联型学制。苏联型学制不属于欧洲双轨制，因为它一开始并不分轨，而且职业学校的毕业生也有权进入对口的高等学校学习。但它和美国的单轨制也有区别，因为它进入中学阶段时又开始分叉。也就是说，苏联型学制前段是单轨，后段分叉，是介于双轨学制和单轨学制之间的分支型学制。“上通（高等学校）下达（初等学校），左（中等专业学校）右（中等职业技术学校）畅通”是分支型学制的特点和优点。

易混辨析：考生应注意区分单轨学制、双轨学制和分支型学制的特点。

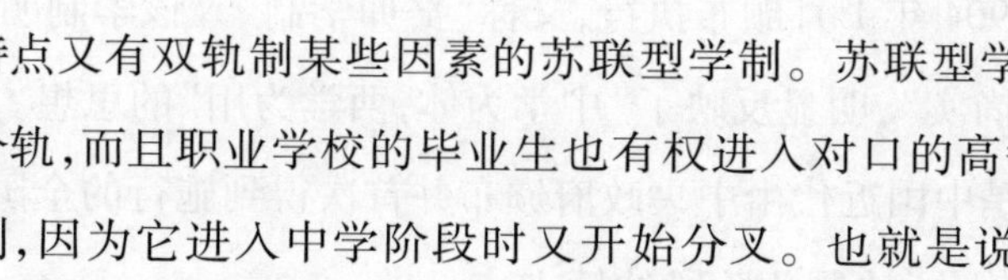

14. D 【解析】建立学制的依据之一是青少年儿童身心发展规律。青少年儿童身心发展的各个阶段,都有明显的年龄特征。正是由于学制受青少年儿童身心发展规律的制约,所以不同国家在学制的很多方面是一致的,如入学年龄,大、中、小学阶段的划分等。

15. D 【解析】狭义的教育制度指学校教育制度,简称学制,是一个国家各级各类学校的总体系,具体规定各级各类学校的性质、任务、要求、入学条件、修业年限及它们之间的相互关系。

16. B 【解析】分支型学制也称中间型学制或"Y"型学制,以苏联和中国为代表。这种学制既有上下级学校间的相互衔接,又有职业技术学校横向的相互联系,形成了立体式的学制。

17. B 【解析】教育制度具有客观性、规范性、历史性和强制性。其中,教育制度的规范性主要表现为入学条件即受教育权的限定和各级各类学校培养目标的日益标准化。故选 B 项。

18. D 【解析】壬子癸丑学制明显反映了资产阶级在学制方面的要求,明令废除在受教育权方面的性别和职业限制,在法律上体现了教育机会均等,是我国第一个具有资本主义性质的学制。

易混辨析:旧中国的四个主要学制涉及的"第一"是易混点,考生应注意区分。

(1)壬寅学制:第一个正式颁布,但未实施的学制。

(2)癸卯学制:第一个正式实施的学制。

(3)壬子癸丑学制:①第一次规定男女同校、废除读经、将学堂改为学校;②第一个具有资本主义性质的学制。

(4)壬戌学制:①第一次明确规定以学龄儿童和青少年身心发展规律作为划分学校教育阶段的依据;②中国近代实施时间最长的学制。

19. A 【解析】1903 年,清政府任命张之洞、荣庆、张百熙三人重新拟订了一系列学制系统文件,统称《奏定学堂章程》,1904 年 1 月颁布执行,又称"癸卯学制"。该学制明文规定教育目的是"忠君、尊孔、尚公、尚武、尚实",明显反映了"中学为体,西学为用"的思想。

20. C 【解析】癸卯学制是中国近代由中央政府颁布并首次得到施行的全国性法定学制系统,成为中国近代教育走向制度化、法制化阶段的标志。

21. D 【解析】教育制度的发展经历了从前制度化教育到制度化教育,再到非制度化教育的过程。其中,我国近代制度化教育兴起的标志是清朝末年的"废科举,兴学校",以及颁布了全国统一的教育宗旨和近代学制。

22. A 【解析】从类型上看,我国现行学制是从单轨学制发展而来的分支型学制。

二、辨析题(参考答案)

义务教育是为高一级学校输送优质生源的教育。

(1)这个说法是不正确的。(2)义务教育是根据法律规定,适龄儿童和青少年都必须接受的,国家、社会、家庭必须予以保证的国民教育。其实质是国家依照法律的规定对适龄儿童和青少年实施的一定年限的强迫教育的制度。义务教育又称强迫教育或免费义务教育，具有普及性、基础性等特点，其目的是为提高民族素质、培养“四有”社会主义人才奠定基础，并非给高一级学校输送优质生源。题干对义务教育的理解是不正确的。

三、简答题(参考答案)

简述当代发达国家学校教育制度改革的主要趋势。

(1)加强学前教育并重视与小学教育的衔接;(2)强化普及义务教育，延长义务教育年限;(3)中等教育中普通教育与职业教育朝着相互渗透的方向发展;(4)高等教育大众化、普及化，教育的类型日益多样化;(5)终身教育体系的建构和进一步完善;(6)教育社会化与社会教育化;(7)教育的国际交流加强;(8)学历教育与非学历教育的界限逐渐淡化。

专题七　常用的教育研究方法

单项选择题

答案速查

1～5	DBBCC	6～10	BBAAB

1. D 【解析】行动研究法的基本过程大致分为循序渐进的四个环节，即计划、行动、考察和反思。反思是最后一个环节。

2. B 【解析】教育研究的基本过程包括:(1)选择研究课题;(2)教育文献检索与综述;(3)制订研究计划;(4)教育研究资料的收集、整理与分析;(5)教育研究论文与报告的撰写。确定所要研究的课题是进行教育研究活动的第一个步骤。

3. B 【解析】实验研究法是根据研究目的，运用一定的人为手段，主动干预或控制研究对象的发生、发展过程，通过观察、测量、比较等方式探索、验证所研究现象因果关系的研究方法。题干中教师对两个班级实施干预，一个班级采用讲授法，另一个班级采用讨论法，并使两班学生在智力、学业基础等方面尽量保持均衡，期末时测量成绩差异，以此来探索讲授法与讨论法的教学效果，这种教育研究方法就是教育实验法。

4. C 【解析】实验研究的目的是发现事物间的因果关系，是各类研究中唯一能确定因果关系的研究。

5. C 【解析】在教育调查研究中，常用的调查方法有查阅资料、问卷法、开调查会、访谈法和调查表法，其中最基本、使用最广泛的方法是问卷调查。

6. B 【解析】行动研究法是指实际工作者(如教师)基于解决实际问题的需要，与专家、学者及本单位的成员共同合作，将实际问题作为研究的主题，进行系统的研究，以解决实际问题的一种研究方法。李老师以教学中发现的实际问题为研究对象，制订并实施了解决计划，将研究结果应用到课堂中以解决教学问题，这种研究方法是行动研究。故选 B 项。

7. B 【解析】观察研究法是指人们有目的、有计划地通过感官和辅助仪器，对处于自然状态下的客观事物进行系统考察，从而获取经验事实的一种科学研究方法。

8. A 【解析】根据观察时是否借助仪器设备，观察可分为直接观察与间接观察。直接观察是凭借人的感官，在现场直接对观察对象进行感知和描述。间接观察是利用一定的仪器或其他技术手段为中介对观察对象进行的观察。故本题选 A 项。B 项，根据观察者是否直接参与被观察者所从事的活动，可以将观察分为参与性观察和非参与性观察。参与性观察是研究者直接参加到所观察的群体和活动中去，不暴露研究者的真正身份，在参与活动中进行隐蔽性的研究观察。非参与性观察不要求研究人员站到与被观察对象同一地位，而是以“旁观者”身份，可采取公开的，也可以采取秘密的方式进行。C 项，根据对观察的环境条件是否进行控制和改变，可以将观察法分为自然情境中的观察和实验室中的观察。D 项，根据对观察对象的控制强弱或观察提纲的详细程度，可将观察分为结构性观察与非结构性观察。结构性观察是有明确的目标、问题和范围，有详细的观察计划、步骤和合理设计的可控制性观察。非结构性观察则是对研究问题的范围目标采取弹性态度，观察内容项目与观察步骤没有预先确定，亦无具体记录要求的非控制性观察。

9. A 【解析】调查研究法是在教育理论指导下，通过运用观察、列表、问卷、访谈、个案研究及测验等方式，收集教育问题的资料，从而对教育的现状做出科学分析，并提出具体工作建议的一整套实践活动。

10. B 【解析】查阅文献资料的途径有很多，既可利用目录、索引、文摘等检索工具进行，也可利用联机检索、光盘检索、上网检索等计算机检索方法进行。其中，网络检索是查阅资料最快捷的方法。

第二章　中学课程

刷考点

①学科课程(分科课程)	⑥教材	⑪课程结构
②地方课程	⑦螺旋式	⑫发展性
③校本课程(学校课程)	⑧纵向组织	⑬三级
④隐性课程	⑨心理顺序	
⑤课程标准	⑩儿童发展	

刷真题

一、单项选择题

答案速查

1～5	DCDBB	6～10	ABDBB	11～13	BBD

1. D 【解析】本题考查基础教育课程改革的内容。基础教育课程改革对课程结构进行了调整,具体包括:(1)整体设置九年一贯的义务教育课程;(2)高中以分科课程为主;(3)从小学至高中设置综合实践活动并作为必修课程;(4)农村中学课程要为当地社会经济发展服务。故本题选 D 项。A、B、C 三项不符合题意,故排除。

2. C 【解析】本题考查校本课程。根据课程管理层次来分,可将课程分为国家课程、地方课程与校本课程。校本课程即学校课程,是学校在确保国家课程和地方课程有效实施的前提下,针对学生的兴趣和需要,结合学校的传统和优势以及办学理念,充分利用学校和社区的课程资源,自主开发或选用的课程。校本课程的主导价值在于通过课程展示学校的办学宗旨和特色,提升学校的办学水平,促进学生的个性发展。题干中,某中学根据本地特色开设了初级杂技课程,这种课程属于校本课程。故答案为 C 项。

3. D 【解析】本题考查我国中学的课程管理体制。2001 年颁布的《基础教育课程改革纲要(试行)》明确规定实行国家、地方和学校三级课程管理体制。这样做是为了改变我国原有课程管理过于集中的状况,通过确立地方和学校参与课程改革的权力主体地位,完善课程管理体系,进一步增加课程对地方、学校及学生的适应性。故本题选 D。

4. B 【解析】本题考查课程理论及其代表人物。活动中心课程理论又称学生中心课程理论、儿童中心课程理论,主要倡导者是美国实用主义教育家杜威。活动中心课程理论具有实用性、综合性、实践性等特点，是以儿童的现实生活特别是活动为中心来编制课程的理论。

易错提示：不同课程理论流派的观点与代表人物是易错点。

<table>
<tr><th colspan="2">课程理论</th><th>代表人物</th><th>理论观点</th></tr>
<tr><td colspan="2">活动中心课程理论</td><td>杜威</td><td>强调儿童的实践活动与经验，从做中学</td></tr>
<tr><td rowspan="3">学科中心课程理论</td><td>结构主义</td><td>布鲁纳</td><td rowspan="3">强调学科知识与技能，按学科教学</td></tr>
<tr><td>要素主义</td><td>巴格莱</td></tr>
<tr><td>永恒主义</td><td>赫钦斯</td></tr>
<tr><td colspan="2">社会中心课程理论</td><td>布拉梅尔德</td><td>强调适应社会需要，关注社会现实问题</td></tr>
</table>

5. B　**【解析】**本题考查课程的文本形式。课程的文本形式是指课程的书面表现形式，从宏观到微观，依次包括课程计划、课程标准、教材（教科书）。

6. A　**【解析】**本题考查课程类型。学科课程是指以文化知识为基础，按照一定的价值标准，从不同的知识领域或学术领域选择一定的内容，根据知识的逻辑体系，将所选出的知识组织为学科的课程类型。题干中的“六艺”“七艺”以及物理、化学等课程都属于学科课程。

7. B　**【解析】**本题考查基础教育课程改革的内容。我国新课改规定小学阶段以综合课程为主，初中阶段设置分科与综合相结合的课程，高中阶段以分科课程为主。

8. D　**【解析】**本题考查课程设计的概念。课程设计是以一定的课程观为指导，制定课程标准、选择和组织课程内容、预设学习活动方式的活动，是对课程目标、教育经验和预设学习活动方式的具体化过程。

9. B　**【解析】**本题考查课程标准。课程标准是指在一定课程理论指导下，依据培养目标和课程方案，以纲要形式编制的关于课程的性质与价值、目标与内容、教学实施建议以及课程资源开发等方面的指导性文件。

易混辨析：理解课程计划、课程标准和教材的关系时应注意，从课程计划到课程标准再到教材是一个由宏观到微观、不断具体化的过程。其中，对课程计划和课程标准进行区分时，要把握关键信息，如下表所示：

	主要针对的对象	具体规定	地位
课程计划	学校	①教学科目的设置（课程设置）；②学科顺序（课程开设顺序）；③课时分配（教学时数）；④学年编制和学周安排	学校组织教育和教学工作的重要依据
课程标准	学科	①学科的教学目标、任务；②教学进度以及有关教学方法的基本要求	①编写教科书和教师进行教学的直接依据；②衡量各科教学质量的重要标准

10. B 【解析】本题考查课程内容的组织形式。螺旋式是指在不同阶段、单元或不同课程门类中，使课程内容重复出现，逐渐扩大知识面，加深知识难度，使之呈现“螺旋式上升”的形状。依照螺旋排列式设计的课程在学习的深度和广度上是不同的。题干中的学生在小学和中学阶段所学数学知识的深度和难度不同，这种课程内容组织形式属于螺旋式。

11. B 【解析】本题考查课程类型。地方课程是省级教育行政部门以国家课程为基础，依据当地的政治、经济、文化、民族等发展的需要而开发设计的课程。题中的海洋教育课程是围绕地方特色而设置的课程，属于地方课程。

12. B 【解析】本题考查课程类型。经验课程是指围绕着学生的需要和兴趣、以活动为组织形式的课程形态。学生的兴趣、动机、经验等是经验课程的基本内容，其主导价值在于使学生获得关于现实世界的直接经验和真切体验。

13. D 【解析】本题考查课程类型。隐性课程是学校情境中以间接的、内隐的方式呈现的课程。学校的校风、教风、学风，有关领导与教师的教育理念、价值观、知识观、教学风格、教学指导思想等，属于观念性隐性课程。

二、辨析题（参考答案）

教材编写的直接依据是课程计划。

（1）这种说法是错误的。（2）教材是根据学科课程标准系统阐述学科内容的教学用书，它是知识授受活动的主要信息媒介，是课程标准的进一步展开和具体化。课程标准是指在一定课程理论指导下，依据培养目标和课程方案，以纲要形式编制的关于课程的性质与价值、目标与内容、教学实施建议以及课程资源开发等方面的指导性文件。课程标准是编写教科书和教师进行教学的直接依据，也是衡量各科教学质量的重要标准。因此题干的说法是错误的。

三、简答题（参考答案）

1. 简述制约课程内容选择的因素。

课程内容是课程目标的具体化。因而，从总体上说，制约课程内容选择的直接依据是课程目标，具体地说，制约课程内容选择的因素主要包括社会因素、学生因素和学科因素。（1）社会因素。社会发展对学生素质发展的一般要求，是课程内容选择的客观依据。（2）受教育者身心发展的规律。受教育者身心发展规律、水平和需要，制约着课程内容。（3）科学文化知识。课程内容的基本要素是知识。因而，课程内容的选择必须考虑人类科学文化知识和技术本身的特点及其发展趋势。知识是制约课程内容选择的基本因素。

2. 简述综合实践活动的主要领域。

综合实践活动课是基于学生直接经验，密切联系学生自身生活和社会生活，体现对知识的综合运用的课程形态。其主要领域包括:(1)信息技术教育;(2)研究性学习;(3)社区服务与社会实践;(4)劳动与技术教育。

3. 简述活动课程的特点。

活动课程的特点是:(1)从儿童的需要、兴趣和个性出发设计课程,是儿童本位、经验本位;(2)以儿童的心理发展顺序为中心编制课程;(3)主张儿童在活动中探索,尝试错误,学到方法。

···刷专题···

专题一 课程与课程理论

一、单项选择题

答案速查

1~5	CADDB	6~9	ADBC

1. C 【解析】以赫钦斯为代表的永恒主义课程理论认为课程涉及的第一个根本问题就是:为了实现教育目的,什么知识最有价值或如何选择学科。永恒主义的回答是:具有理智训练价值的传统的"永恒学科"的价值高于实用学科的价值。"永恒学科"是课程的核心。题干强调"中小学课程是不变的学问""学习者要学习广泛流传的经典著作",这体现了永恒主义课程理论的观点。

2. A 【解析】"课程"一词在我国始见于唐宋期间。唐朝孔颖达在《五经正义》里为《诗经·小雅·巧言》中"奕奕寝庙,君子作之"一句注疏:"维护课程,必君子监之,乃依法制也。"这是"课程"一词在汉语文献中的最早显露。

3. D 【解析】结构主义课程理论强调学科基本结构的学习要与学生的认识发展水平相一致,在编制学科课程时,要依据学习者的思维发展水平,采用螺旋上升的方式编制课程。题干所述是结构主义课程理论的观点。

4. D 【解析】在西方,"课程"一词最早出现在英国教育家斯宾塞的《什么知识最有价值》一文中。

5. B 【解析】活动中心课程理论又称学生中心课程理论、儿童中心课程理论,是以儿童的现实生活特别是活动为中心来编制课程的理论。该理论的主要倡导者是美国实用主义教育家杜威,他认为,教育应以儿童实际经验为起点,从做中学。一切学习都要通过"做",由"做"而得到的知识才是真正的知识。题干描述的是活动课程理论的教育主张。

6. A 【解析】社会、知识、学生是制约课程内容选择的三大因素。

7. D 【解析】广义的课程是指学校为实现培养目标而选择的教育内容及其进程的总和,它包括学校所教的各门学科和有目的、有计划的教育活动。狭义的课程是指某一门学科,故选 D 项。

8. B 【解析】宋朝朱熹在《朱子全书·论学》中多次提及课程，如“宽着期限，紧着课程”，这里的课程已含有学习范围、进程、计划的程序之义，与我们现在许多人对课程的理解有相似之处。

9. C 【解析】社会中心课程理论亦称社会改造主义课程理论，该理论认为应该把课程重点放在当代社会的问题、社会的主要功能、学生关心的社会现象以及社会改造与社会活动计划等方面。题干所述内容体现了社会改造主义课程理论的观点。

二、简答题（参考答案）

简述杜威倡导的学生中心课程理论的基本主张。

(1)认为教育应以儿童实际经验为起点，从做中学。一切学习都要通过“做”，由“做”而得到的知识才是真正的知识。

(2)重视课程的组织要考虑儿童的心理顺序。

(3)主张课程的组织应从儿童的经验出发，将教材心理学化，在教学过程中将儿童的个体经验逐渐提升到教材的逻辑水平。

专题二　课程类型

一、单项选择题

答案速查

1～5	DBCCA	6～10	BABBC	11～17	BCDCABB

1. D 【解析】综合课程是指打破传统的学科课程的知识领域，组合两门以上学科领域而构成的一门学科，其主导价值在于通过相关学科的集合，促使学生认识的整体发展并形成把握和解决问题的全面视野与方法。“从政治的、经济的、地理的和历史的角度探讨英国与欧盟关系的问题”就是通过相关学科的集合，使学生全面认识英国与欧盟的关系问题，故属于综合课程。

2. B 【解析】相关课程、融合课程、广域课程、核心课程都是综合课程的形式，但是它们的综合程度不同。相关课程将两种或两种以上学科在一些主题或观点上相互联系起来，但又维持各学科原来的独立状态。融合课程指把有内在联系的学科内容融合在一起而形成一门新的学科，原来的科目不再单独存在。例如将植物学、动物学、微生物学等内容融合为生物学。广域课程是合并几门内容相近学科形成新的课程，比融合课程的范围更广。核心课程是综合程度最高的组织形式，以现实生活中的问题为核心，将其他学科的内容围绕主题组织起来，由一位教师或教师小组进行连续的教学。社会研究课综合了历史、地理、经济学、政治学、法学、人类学等多种不同的学科课程，其课程类型属于广域课程。

3. C 【解析】目前，世界绝大多数国家学校中最主要、最常用的一种课程类型是学科课程。

4. C 【解析】综合课程是指打破传统的分科课程的知识领域，组合两门以上学科领域而构成的一门学科。题干所述体现了综合课程的内涵。

5. A 【解析】从课程存在状态来划分，课程分为显性课程与隐性课程。显性课程亦称公开课程，是指在学校情境中以直接的、明显的方式呈现的课程。隐性课程亦称潜在课程、自发课程，是指在学校情境中以间接的、内隐的方式呈现的课程。校徽作为学校文化的一部分，是以潜移默化的形式影响学生的，故包括“校徽”这类教育内容的课程是以间接的、内隐的方式呈现的课程，属于隐性课程。

6. B 【解析】地方课程是一种为突出地方特色与地方文化，满足地方发展需要而设置的课程，具有区域性、本土性的特点。A 市组织开发的课程，满足了本市发展实际需要，充分体现了本土特色，属于地方课程。故本题选 B 项。

7. A 【解析】学校课程即校本课程，是学校在确保国家课程和地方课程有效实施的前提下，针对学生的兴趣和需要，结合学校的传统和优势以及办学理念，充分利用学校和社区的课程资源，自主开发或选用的课程。题干中由学校开设的武术课属于校本课程。

8. B 【解析】活动课程亦称经验课程，是指围绕着学生的需要和兴趣、以活动为组织方式的课程形态，即以学生的主体性活动的经验为中心组织的课程。题干中杜威根据儿童兴趣，在学校开设的烹饪、金工等课程属于经验课程。

9. B 【解析】活动课程亦称经验课程，是指围绕着学生的需要和兴趣、以活动为组织方式的课程形态，即以学生的主体性活动的经验为中心组织的课程。其主导价值在于使学生获得关于现实世界的直接经验和真切体验。题干所述符合活动课程的特点。

10. C 【解析】隐性课程是学校情境中以间接的、内隐的方式呈现的课程。它是所有学校文化要素的集合，几乎无所不在、无所不包，涉及学校生活各个方面。从课程类型来看，学校的人际关系状况，师生特有的心态、行为方式等都属于隐性课程。

11. B 【解析】选修课程是为发展学生的兴趣、爱好和个性特长而开设的课程。它是考虑到学生的差异而设计的，具有选择性、多样性的特点。题干所述为“选修课程”的概念。

12. C 【解析】地方课程是省级教育行政部门以国家课程为基础，依据当地的政治、经济、文化、民族等发展的需要而开发设计的课程。

13. D 【解析】学者们一般认为，核心课程既指所有学生都要学习的一部分学科或学科内容，如美国的科学、数学和外语，英国的科学、数学和英语，中国的语文、数学和外语；也指对学生有直接意义的学习内容。核心课程的研制者既不主张以学科为中心，也不主张以儿童为中心，而是主张以人类社会的基本活动为中心。这种课程既可以避免学科本身距离生活过于遥远，又可以避免单凭儿童的兴趣和动机来组织课程，以致酿成概念模糊和体系混乱的后果。（具体内容参见全国十二所重点师范大学联合编写的《教育学基础》）

14. C 【解析】以课程存在状态为依据，课程可分为显性课程与隐性课程。本题选 C。从课程管理层次来分，课程可分为国家课程、地方课程与校本（学校）课程。根据课程实施的要求进行分类，课程可分为必修课程与选修课程。从课程性质来划分，课程可分为学科课程、综合课程和活动课程。

15. A 【解析】活动课程（经验课程）的主导价值在于使学生获得关于现实世界的直接经验和真切体验。学科课程的主导价值在于传承人类文明，强调使学生掌握、传递和发展人类积累下来的文化遗产。必修课程的主导价值在于培养和发展学生的共性。综合课程的主导价值在于通过相关学科的集合，促进学生认识的整体发展并形成把握和解决问题的全面视野与方法。所以本题答案选 A 项。

16. B 【解析】校本课程是学校在确保国家课程和地方课程有效实施的前提下，针对学生的兴趣和需要，结合学校的传统和优势以及办学理念，充分利用学校和社区的课程资源，自主开发或选用的课程。其主导价值在于通过课程展示学校的办学宗旨和特色，提升学校的办学水平，促进学生的个性发展。题干中某农村学校开设的课程符合地方特色和学生的兴趣爱好，属于校本课程。

17. B 【解析】从课程内容的固有属性来划分，课程可分为学科课程与活动课程。题干中物理老师在教学时，注意考虑学生的兴趣和需要，并让学生动手做实验，在实践中获得知识。这类课程属于活动课程。

二、简答题（参考答案）

1. 简述学科课程的主要特征。

（1）从知识体系、社会需要出发设计课程，是知识本位、社会本位；（2）以知识的逻辑体系为中心编制课程；（3）重视理论知识，强调把各门科学中的基本概念、基本原理、规律和事实教给学生。

2. 简要回答综合课程的优缺点。

优点：（1）打破学科界限，有利于培养学生对事物的整体认识能力；（2）减少了课程的门类，有利于减轻学生的负担；（3）从生活、社会的实际出发，具有较强的实践性，有利于培养学生分析解决问题的能力和动手能力。

缺点：（1）教科书的编写较为困难，只专不博的教师很难胜任综合课程的教学，教学具有一定的难度。（2）难以向学生提供系统完整的专业理论知识，不利于高级专业化人才的培养。

3. 与显性课程相比,隐性课程有哪些特点?

隐性课程的特点主要体现在以下几方面:

(1)隐蔽性,即隐性课程主要是以不明显的、间接的、内隐的方式,通过学生无意识的、非特定的心理反应机制影响学生。

(2)广泛性,即隐性课程是所有学校文化要素的集合,几乎无所不在、无所不包,涉及学校生活各个方面。

(3)非预期性,即隐性课程的影响一般是在潜移默化中进行的,教育者一般不能事先准确估计和预料。

专题三　课程开发

一、单项选择题

答案速查

1~5	AACAA	6~10	DCABD	11~16	ADCDBA

1. A 【解析】编写教科书要注重科学性与思想性的统一,要注重课程内容的时代性,反映科学技术最新成果,并要做到在科学性上准确无误。根据"寓思想政治教育于学科教学内容之中"可知,题干所述体现了编写教科书要遵循的原则是科学性与思想性统一。

2. A 【解析】泰勒原理可概括为:目标、内容、方法、评价,即:(1)确定课程目标;(2)根据目标选择课程内容(经验);(3)根据目标组织课程内容(经验);(4)根据目标评价课程。他认为一个完整的课程编制过程都应包括这四项活动。泰勒原理的实质是以目标为中心的模式,因此又被称为"目标模式"。故选 A 项。

3. C 【解析】教材是根据学科课程标准编制的、系统阐述学科内容的教学用书,它是知识授受活动的主要信息媒介,是课程标准的进一步展开和具体化。教科书是教材的主体,是学生获取系统知识的重要工具,也是教师进行教学的主要依据。

4. A 【解析】课程计划具体规定了教学科目的设置(课程设置)、学科顺序(课程开设顺序)、课时分配(教学时数)、学年编制和学周安排。其中,开设哪些科目(课程设置)是课程计划的中心和首要问题。

5. A 【解析】课程标准的要求是所有学生基本要达到的要求,而非最高要求。

6. D 【解析】忠实取向认为,课程实施过程是忠实地执行课程计划的过程。李老师课前写好教案,在课堂上严格按照自己的教案来上课的行为体现了课程实施的忠实取向。

7. C 【解析】在教材的编排方式中,螺旋排列式是针对学生的接受能力,按照繁简、深浅、难易的不同程度，使一科教材的基本概念和基本原理分层次地重复出现、逐步扩展、螺旋上升的排列方式。题干中，按照由浅入深、由易到难的方式编排学科知识，使关键概念和基本原理得以重复出现，内容逐步深入、扩展，这符合螺旋排列式的特点。

8. A 【解析】CIPP 评价模式由美国学者斯塔弗尔比姆及其同事于 20 世纪 60 年代末、70 年代初提出。它由四种评价组合而成：背景评价、输入评价、过程评价和成果评价。B 项，泰勒评价模式（目标评价模式）是美国课程评价专家、有着“课程评价之父”美誉的泰勒，针对 20 世纪初形成并流行的常模参照测验的不足而提出的。这种模式以目标为中心展开。C 项，CSE 评价模式是旨在为教育改革服务的综合性评价模式。该模式包括四个步骤：需要评定、方案计划、形成性评价、总结性评价。D 项，目的游离评价模式是由美国学者斯克里文针对目标评价模式的弊病而提出来的。他主张把评价的重点从“课程计划预期的结果”转向“课程计划实际的结果”上来。

9. B 【解析】“知识与技能”目标强调基础知识和基本技能的获得，相当于传统的“双基”教学。题干中表述的“依法服兵役和参加民兵组织是公民的光荣义务以及军人的职责”，属于基础知识，因此属于知识与技能目标。

10. D 【解析】泰勒原理可概括为：目标、内容、方法、评价，其中，确定课程目标是最为关键的一步，其他所有步骤都是围绕目标展开的。

11. A 【解析】目标评价模式强调要用明确的、具体的行为方式来陈述目标，并以预先规定和界说的目标为中心来设计、组织和实施评价，从而确定学生通过课程教学所取得的进步，亦即确定学生达到目标的程度，找出实际结果与课程目标之间的差距，并利用这种信息反馈作为修订课程计划或更新课程目标的依据。题干的描述体现了目标评价模式的内涵。目的游离评价模式强调评价的重点应放在课程计划实际的结果上。CIPP 评价模式强调课程评价不应局限在评定目标达到的程度上，而应该是一种过程，旨在描述、取得及提供有用的资料，为判断各种课程计划、课程方案服务。差距评价模式主要体现在“差距”上，即标准与实际的表现之间的差距，并以此作为改进课程计划的依据。

12. D 【解析】目的游离评价模式是由美国学者斯克里文针对目标评价模式的弊病而提出来的。他主张把评价的重点从“课程计划预期的结果”转向“课程计划实际的结果”上来。

13. C 【解析】针对目标模式过分强调预期行为结果即“目标”而忽视“过程”的缺陷，英国课程论专家斯腾豪斯提出了“过程模式”。

14. D 【解析】课程实施的创生取向认为课程实施的过程是在具体教育情境中由师生共同创生新的教育经验的过程，原来设计好的课程只是这个“经验”创生过程中可供选择的材料之一。在这个过程中教师是课程的开发者,故本题选 D 项。

15. B 【解析】课程实施的相互调适(适应)取向认为,设计好的课程计划是可以变动的,课程实施过程是课程计划与班级或学校实际情境在课程目标、内容、方法、组织模式诸方面相互调整、改变与适应的过程。

16. A 【解析】课程实施是指把课程计划付诸实践的过程,它是达到预期的课程目标的基本途径。

二、辨析题(参考答案)

1. 课程计划与课程标准是同一概念。

(1)这种说法是不正确的。(2)课程计划(课程方案)、课程标准、教材(教科书)都属于课程的文本形式。课程计划是根据一定的教育目的和培养目标,由教育行政部门制定的有关学校教育和教学工作的指导性文件。课程标准是指在一定课程理论指导下,依据培养目标和课程方案,以纲要形式编制的关于课程的性质与价值、目标与内容、教学实施建议以及课程资源开发等方面的指导性文件。由此可见,课程计划与课程标准的概念不同,故题干说法错误。

2. 新课程特别强调三维目标中的"过程与方法""情感态度与价值观",这说明"知识与技能"不重要。

(1)这种说法是不正确的。(2)"知识与技能"目标强调基础知识和基本技能的获得,相当于传统的"双基"教学。"过程与方法"目标突出的是让学生"学会学习",使学生获得知识的过程同时成为获得学习方法和能力发展的过程。"情感态度与价值观"目标强调教学过程中激发学生的情感共鸣,引起积极的态度体验,形成正确的价值观。三维课程目标应是一个整体,知识与技能、过程与方法、情感态度与价值观三个方面互相联系,融为一体。在教学中,既没有离开情感态度与价值观、过程与方法的知识与技能的学习,也没有离开知识与技能的情感态度与价值观、过程与方法的学习。故题干说法错误。

三、简答题(参考答案)

1. 简述确定课程目标的依据。

(1)学习者的需要(对学生的研究);(2)当代社会生活的需求(对社会的研究);(3)学科知识及其发展(对学科的研究)。

2. 简述影响课程开发的因素。

(1)儿童发展。课程的一个基本职能就是要促进儿童的发展。因此,课程的开发应关注儿童发展的各种要求。

(2)社会需求。社会生产力的发展决定课程内容的选择、教学手段的使用以及评估方式的改革;

社会制度与政策直接制约课程目标的制定与课程内容的筛选(特别是人文科学方面);社会结构对课程结构会产生影响。因此,我们要根据社会所能提供的办学条件,根据社会对各种人才的需求,设计出适应广泛需求的多层次、多类型的课程方案。

(3)学科特征。学科特征是影响课程开发的重要因素。课程开发从其本质上说是从学科庞大的知识体系中选择什么、按什么标准进行选择、根据什么逻辑进行编排的过程。

(4)此外,课程属于观念形态的文化,或多或少地会受到社会文化传统的影响。

专题四 基础教育课程改革

一、单项选择题

答案速查

1~5	DCCAD	6~10	BBDCA

1. D 【解析】《中国学生发展核心素养》的基本内涵中的"健康生活"主要是学生在认识自我、发展身心、规划人生等方面的综合表现。具体包括珍爱生命、健全人格、自我管理等基本要点。故本题选 D 项。

2. C 【解析】由"敢于大胆地演说、表演节目、回答问题"可知,新课程改革注意培养学生的表达能力。故选 C 项。

3. C 【解析】新课程结构的综合性是针对过分强调学科本位、科目过多和缺乏整合的现状而提出的。

4. A 【解析】我国基础教育课程改革中,为保障和促进课程对不同地区、学校、学生的适应性,实行有指导的逐步放权,建立国家、地方和学校的三级管理模式,明确各自的职责。

5. D 【解析】《基础教育课程改革纲要(试行)》要求重建课程结构,课程结构应体现课程的综合性、均衡性和选择性。

6. B 【解析】新课程改革的具体目标之一是实现课程功能的转变,改变课程过于注重知识传授的倾向,强调形成积极主动的学习态度,使获得基础知识与基本技能的过程同时成为学生学会学习和形成正确价值观的过程。题干所述体现了这一目标的内涵。

7. B 【解析】基础教育课程改革的核心理念是:为了中华民族的复兴,为了每一位学生的发展。

8. D 【解析】新课程改革的六项具体目标包括:(1)实现课程功能的转变;(2)体现课程结构的均衡性、综合性和选择性;(3)密切课程内容与生活和时代的联系;(4)改善学生的学习方式;(5)建立与素质教育理念相一致的评价与考试制度;(6)实行三级课程管理制度。故选 D 项。

9. C 【解析】2001 年我国启动了解放以后规模最大、深度最深的一次课程改革,通常被称为"第八次基础教育改革”,它的标志是2001年颁布的《基础教育课程改革纲要(试行)》。

10. A　【解析】传统课程倡导的教学观认为课程是教学的方向、目标或计划,是在教学过程之前和教学情境之外预先规定的,教学的过程就是忠实而有效地传递课程的过程,教师是既定课程的阐述者和传递者,学生则是课程的接受者和吸收者。新课程所倡导的教学观认为教师和学生是课程的有机构成部分,是课程的创造者和主体,他们共同参与课程开发的过程。教学成为课程内容持续生成与转化、课程意义不断建构与提升的过程。A项属于传统课程倡导的教学观。

二、简答题(参考答案)

1. 简述基础教育课程改革的具体目标。

(1)实现课程功能的转变;(2)体现课程结构的均衡性、综合性和选择性;(3)密切课程内容与生活和时代的联系;(4)改善学生的学习方式;(5)建立与素质教育理念相一致的评价与考试制度;(6)实行三级课程管理制度。

2. 第八次基础教育课程改革对课程结构的调整有哪些?

(1)整体设置九年一贯的义务教育课程;(2)高中以分科课程为主;(3)从小学至高中设置综合实践活动课程并作为必修课程;(4)农村中学课程要为当地社会经济发展服务。

第三章　中学教学

刷考点

①间接经验与直接经验相结合
②掌握知识和发展能力相统一
③教师主导作用与学生主体作用相统一
④传授知识与思想品德教育相统一
⑤领会知识
⑥运用知识
⑦理论联系实际原则
⑧启发性原则
⑨因材施教原则
⑩讲授法
⑪讨论法
⑫实验法
⑬欣赏教学法
⑭班级授课制
⑮复式教学
⑯上课
⑰课外辅导
⑱形成性评价
⑲个体内差异评价

刷真题

一、单项选择题

答案速查

1～5	ABDBA	6～10	BDBAC	11～15	CBDBD

1. A　【解析】本题考查备课的要求。教师备课要做好三方面的工作,即钻研教材、了解学生、设计教法,也就是备教材、备学生、备教法。故本题选 A 项。B、C、D 三项不符合题意,故排除。

2. B　【解析】本题考查教学评价的类型。诊断性评价是在学期开始或一个单元教学开始时,为了了解学生的学习准备状况及影响学习的因素而进行的评价。题干中,赵老师在新学期开始,为了了解学生化学学科核心素养发展的基本情况而进行的摸底测验属于诊断性评价。故答案为 B 项。

易混辨析:诊断性评价、形成性评价和总结性评价是易混点,考生可结合下表内容进行对比记忆。此外,考生在理解这三种评价时,可结合这三种评价的实施时期来区分。

评价类型	概念要点	主要手段
诊断性评价	在学期开始或一个单元教学开始时,为了了解学生的学习准备状况及影响学习的因素而进行	摸底考试
形成性评价	在教学过程中为改进和完善教学活动而进行	口头提问和书面测验
总结性评价	在一个大的学习阶段、一个学期或一门课程结束时对学生学习结果的评价	期中、期末考试

3. D 【解析】本题考查教学方法的概念。教学方法是指教师和学生为了完成教学任务、实现教学目标而采取的共同活动方式，是教师引导学生掌握知识技能、获得身心发展而共同活动的方法。它包括教师教的方法和学生学的方法。故答案为D项。

4. B 【解析】本题考查教学组织形式。复式教学是指把两个或两个以上年级的学生合编在一个班级，采用直接教学和布置、完成作业轮流交替的方式，在同一节课内由一位教师对不同年级学生进行教学的组织形式。故本题选B。A项，合作学习是以异质小组为基本形式，以小组为主体，以小组成员合作性活动为机制，以小组目标达成为标准，以小组成绩为奖励依据的教学组织形式。C项，小班教学在发达国家基础教育各阶段已经普遍实行，许多国家在教育法中规定的每班学生人数通常在15～25人之间。D项，分层教学是将学生按照智力测验分数和学业成绩分成不同水平的班组，教师根据不同班组的实际水平进行教学。

5. A 【解析】本题考查教学原则。理论联系实际原则是指教师在教学中，应使学生从理论与实际的结合中来理解和掌握知识，并引导他们运用新获得的知识去解决各种实际问题，培养他们分析问题和解决问题的能力。田老师在学生学完理论知识后要求学生举例说明所学原理在生活中的运用，这是理论联系实际原则在教学中的体现。

6. B 【解析】本题考查教学方法。演示法是指教师通过展示实物、教具和示范性的实验来说明与印证某一事物和现象，使学生掌握新知识的一种教学方法。题干中，于老师为了让学生理解知识亲自动手操作，演示给学生看，这运用的是演示法。故本题选B。

7. D 【解析】本题考查教学方法。实习作业法是指教师根据学科课程标准的要求，指导学生运用所学知识在课上或课外进行实际操作，将知识运用于实践的教学方法。这种方法在自然学科的教学中占有重要的地位，如数学课的测量练习、生物课的植物栽培和动物饲养等。故题干所述教学方法属于实习作业法。

8. B 【解析】本题考查教学过程的本质。教学过程是一种特殊的认识过程，具有间接性的特点。学生要以掌握人类长期积累起来的科学文化知识为中介间接地认识客观世界。即学习的内容是已知的、他人的，也是经过提炼的认识成果。因而，学生在教学过程中以学习间接经验为主。

9. A 【解析】本题考查教学组织形式。特朗普制由美国教育家劳伊德·特朗普在20世纪50年代创立。它把大班上课、小组讨论、个人自学（个人独立研究）结合在一起，以灵活的时间单位代替固定统一的上课时间，以大约20分钟为计算课时的单位。题干所述体现了特朗普制的内涵。

10. C 【解析】本题考查罗杰斯的非指导性教学。非指导性教学是一种以学生为中心、以情感为基调、教师是促进者、学生自我发起的学习与教学模式。这种教学模式是针对传统教学模式的弊端提出来的，主张教学不是直接地教学生，而是以学生"自我实现"为目标的"自发学习"和"自由学习”。非指导性教学法由美国人本主义学者罗杰斯提出。故本题选 C。

11. C 【解析】本题考查教学方法。谈话法也叫问答法,它是教师按一定的教学要求向学生提出问题让学生回答,通过问答、对话的形式来引导学生思考、探究,获取或巩固知识,促进学生智能发展的方法。苏格拉底在哲学研究和讲学中,形成了由讥讽、助产术、归纳和定义四个步骤组成的独特的方法,称为苏格拉底方法,也称为问答法。讥讽是就对方的发言不断提出追问,迫使对方自陷矛盾,无词以对,终于承认自己的无知。助产术即帮助对方自己得到问题的答案。归纳即从各种具体事物中找到事物的共性、本质,通过对具体事物的比较寻求“一般”。定义是把个别事物归入一般概念,得到关于事物的普遍概念。故本题选 C。

12. B 【解析】本题考查课的类型。在实际的教学中,有时一节课只完成一个任务,即单一课;有时一节课则需完成多项任务,即综合课。李老师一节课上要完成多项教学任务,所以是综合课。

13. D 【解析】本题考查教学评价的基本类型。相对性评价又称为常模参照性评价,是运用常模参照性测验对学生的学习成绩进行的评价,它主要依据学生个人的学习成绩在该班学生成绩序列或常模中所处的位置来评价和判定他的成绩的优劣,而不考虑是否达到教学目标的要求。

14. B 【解析】本题考查教学原则。思想性和科学性相统一原则是指教学要以马克思主义为指导,授予学生科学知识,并结合知识教学对学生进行社会主义品德和正确人生观、科学世界观的教育。王老师在授予学生科学知识的同时,又结合居里夫人的事迹对学生进行思想教育,这体现了思想性和科学性相统一的原则。

15. D 【解析】本题考查教学评价的基本类型。形成性评价是在教学过程中为改进和完善教学活动而进行的对学生学习过程及结果的评价。它包括在一节课或一个课题的教学中对学生的口头提问和书面测验。

二、辨析题(参考答案)

1. 教学是学校教育的唯一途径。

(1)这种说法是不正确的。(2)教学与教育是部分与整体的关系。教学只是学校进行教育的一个基本途径。除教学外,学校还通过课外活动、生产劳动、社会活动等途径向学生进行教育。综上所述,教学并不是学校进行教育的唯一途径,题干表述错误。

2. 教学评价就是某一学段结束后,对学生学业成绩的总评价。

(1)这种说法是不正确的。(2)教学评价是指以教学目标为依据,通过一定的标准和手段,对教学活动及其结果给予价值上的判断,即对教学活动及其结果进行测量、分析和评定的过程。教学评价一般包括对教学过程中教师、学生、教学内容、教学方法、教学设备等因素的评价。题干只体现了教学评价的其中一个方面,因而是错误的。

3. 教学的任务就是向学生传授知识。

(1)这种说法是不正确的。(2)教学的一般任务包括:①引导学生掌握科学文化基础知识和基本技能,这是教学的首要任务。②发展学生智能,特别是培养学生的创新精神和实践能力。③发展学生体能,提高学生身心健康水平。④培养学生高尚的审美情趣和审美能力。⑤培养学生具备良好的道德品质和个性心理特征,形成科学的世界观。这五项基本任务是相互联系、相互促进的,其中使学生掌握基础知识、形成基本技能是基础,发展智能是核心,发展体能是保证,思想品德是方向,良好的个性心理品质是理想目标。因此,题干的说法是不正确的。

三、简答题(参考答案)

1. 简述中学教师布置作业的基本要求。

(1)布置作业要有目的、有重点,作业内容符合课程标准的要求;(2)考虑不同学生的能力需求;(3)分量适宜、难易适度;(4)作业形式与内容要多样化,具有多选性,难度要逐步提高;(5)要求明确,规定作业完成时间;(6)作业反馈清晰、及时;(7)作业要具有典型意义和举一反三的作用;(8)作业应有助于启发学生的思维,含有鼓励学生独立探索并进行创造性思维的因素;(9)尽量同现代生产和社会生活中的实际问题结合起来,力求理论联系实际。

2. 简述贯彻启发性教学原则的基本要求。

(1)加强学习的目的性教育,调动学生学习的主动性;(2)设置问题情境,启发学生独立思考,培养学生良好的思维方法和思维能力;(3)让学生动手,培养学生独立解决问题的能力,鼓励学生将知识创造性地运用于实际;(4)发扬教学民主。

3. 简述教学工作的基本环节。

(1)备课;(2)上课;(3)作业的布置与反馈;(4)课外辅导;(5)学业成绩的检查与评定。

4. 简述贯彻科学性和思想性相统一教学原则的基本要求。

(1)教师要保证教学的科学性;(2)教师要结合教学内容的特点进行思想品德教育;(3)教师要通过教学活动的各个环节对学生进行思想品德教育;(4)教师要不断提高自己的业务能力和思想水平。

四、材料分析题(参考答案)

(1)周老师贯彻了启发性原则、因材施教原则、直观性原则和量力性原则。

(2)分析如下:

①启发性原则是指在教学活动中,教师要调动学生的主动性和积极性,引导他们通过独立思考、积极探索,生动活泼地学习,自觉地掌握科学知识,提高分析问题和解决问题的能力。材料中,周老师在课

堂教学中采用多种形式的教学方法,调动了学生学习的积极性和主动性,激发了学生的学习兴趣;还提出问题让学生深入思考,并且让学生自己动脑动手找到解决问题的方法,这些举措体现了启发性原则。

②因材施教原则是指教师在教学中,要从课程计划、学科课程标准的统一要求出发,面向全体学生,同时又要根据学生的个别差异,有的放矢地进行有差别的教学,使每个学生都能扬长避短,获得最佳的发展。材料中,周老师对不同程度的学生提出不同任务和要求,促进了全体学生的发展,体现了因材施教原则。

③直观性原则是指在教学活动中,教师应尽量利用学生的多种感官和已有的经验,通过各种形式的感知,使学生获得生动的表象,从而比较全面、深刻地掌握知识。材料中,周老师通过创设情境、使用多媒体等方式进行教学,使学生对知识理解得更加全面深刻,体现了直观性原则。

④量力性原则,也称可接受性原则,是指教学的内容、方法、分量和进度要适合学生的身心发展,使他们能够接受,但又要有一定的难度,需要他们经过努力才能掌握,以促进学生的身心发展。材料中,周老师对于不同程度的学生设定了不同的学习任务,并在此基础上稍作拔高,学生完成状况良好,体现了量力性原则。

···刷专题···

专题一 教学的意义和任务

一、单项选择题

答案速查

1~4	DCAA

1. D 【解析】教学是在一定教育目的规范下,教师的教和学生的学共同组成的传递和掌握社会经验的双边活动。

2. C 【解析】教学与教育是部分与整体的关系。教育包括教学,教学只是学校进行教育的一个基本途径。

易混辨析:考生在掌握教学的概念时,需要与以下几个概念相区分:(1)教学与教育:部分与整体。(2)教学与智育:既有联系又有区别。教学是智育的主要途径,但不是唯一途径。(3)教学与自学:教学包括教师指导下的自学,不包括学生自主进行的自学。

3. A 【解析】教学是贯彻教育方针,实施全面发展教育,实现教育目的的基本途径。

4. A 【解析】教学的特点之一是:教学以培养全面发展的人为根本目的。故本题选 A 项。

二、辨析题(参考答案)

1. 智育只能通过课堂教学活动得以实现。

(1)这种说法是不正确的。(2)作为教育的一个组成部分的智育,即向学生传授系统的科学文化知识和发展学生的智力,主要是通过教学进行的。但智育也需要通过课外活动等才能全面实现。故题干说法错误。

2. 教学的首要任务是发展学生智力,培养学生的创造能力。

(1)这种说法是不正确的。(2)教学的首要任务是使学生掌握系统的科学文化基础知识,形成基本技能、技巧,其他任务的实现都是在完成这一任务的过程中和基础上进行的。故题干说法错误。

3. 常言道,做事先做人,因此学校的中心工作是德育。

(1)这种说法是不正确的。(2)做事先做人,体现了德育的重要性,因此,在学校工作中应该树立"德育为先"的理念,但这并不代表学校的中心工作就是德育。学校是专门培养人的机构,教学是传授系统知识、促进学生发展的最有效的形式,也是进行全面发展教育、实现培养目标的基本途径。教学是学校教育的中心工作。因此,题干说法错误。

专题二　教学过程

一、单项选择题

答案速查

1～5	CDDAB	6～10	DBBBC	11～15	CABAB	16～20	BACAC

1. C 【解析】一般认为,教师、学生、教学内容和教学手段是构成教学过程的基本要素。

2. D 【解析】由"要求学生保持安静,不要插嘴""学生举手提出疑问时他也不予理会"可知,张老师在教学过程中只强调发挥自己的主导作用,而忽视了发挥学生主体参与教学的能动性,这违背了教师主导作用与学生主体作用相统一的规律。

3. D 【解析】传授知识与思想品德教育相统一的规律是指在教学过程中,学生掌握科学文化知识和提高思想品德修养水平是相辅相成的。知识是思想品德形成的基础,思想品德修养水平的提高为学生积极地学习知识提供动力,在教学过程中要注意把二者有机结合起来。题干中,张老师在讲授完人物描写方法之后,让学生描写自己的母亲,从而使学生更尊重和理解自己的母亲,这种做法体现了传授知识与思想品德教育相统一的规律。

4. A 【解析】间接经验与直接经验相结合(间接性规律)主要是指:教学活动是学生认识客观世界

的过程,要以间接经验为主、直接经验为辅,将二者有机结合起来。学生学习间接经验要以直接经验为基础,教师在教学中要充分利用学生已有经验,增加学生学习新知识所需的感性认识,以保证教学的顺利进行。

5. B　【解析】魏老师把大部分时间交给学生讨论问题,充分发挥了学生的主体作用;同时魏老师作为课堂的引导者,保证学生不偏离主道,这体现了魏老师的主导作用。魏老师的课取得了良好的教学效果,这说明在教学过程中要遵循教师主导作用与学生主体作用相统一的规律。

6. D　【解析】"指引者,师之功也"的意思是:教师的功劳在于引导、指导学生。"师傅领进门,修行靠个人"的意思是:师傅只起着引导作用,学业或技艺上的钻研与提高,还得靠学子自身的努力。题干中"师傅"和"个人"的关系体现了教学中教师主导作用与学生主体作用相统一的规律。

7. B　【解析】感知教材主要是使学生获得关于所学内容的一个整体的表象,是所有教学活动的必经阶段。

8. B　【解析】传授知识与思想教育相统一是教学过程的基本规律之一,这一规律强调在教学过程中,教师在传授知识的同时,一定要注重对学生进行思想品德教育,并使二者有机结合起来,使学生在知识能力和思想品德等方面都取得进步和发展。题干中的教师只注重传授知识,不注重学生的行为习惯和心理健康,这说明该教师在教学中忽视了传授知识与思想教育相统一的规律。

9. B　【解析】教学活动是学生认识客观世界的过程,学校的教学活动以教授间接经验为主。题干的描述体现了学生认识的对象突破了他们个人生活的狭小范围,表明了学生的认识对象是间接经验,具有间接性。

10. C　【解析】教育性规律即传授知识与思想品德教育相统一的规律。题干中的班主任在向学生讲解"共和国勋章"时,借用钟南山的事迹对学生进行了思想品德教育,体现了教学过程中传授知识与思想品德教育相统一的规律。

11. C　【解析】教学过程的阶段之一是运用知识。在教学中,运用知识、形成技能技巧主要是通过教学实践来实现的,如完成各种书面或口头作业、实验等。此外,运用知识不只局限于技能和技巧的掌握,还包括知识迁移的能力和创造能力的发挥等。题干所述属于运用知识阶段。

12. A　【解析】认识—发展说认为,教学过程是教师有目的、有计划地引导学生能动地进行认识活动,自觉地调节自己的志趣和情感,循序渐进地掌握文化科学基础知识和基本技能的过程。在此过程中可以促进学生智力、体力和社会主义品德、审美情趣的发展,并为学生奠定科学世界观的基础。题干中“现代教学应当是一种发展性教学”“能够有效促进学生的发展”，体现了认识—发展说的观点。故本题选 A。

B 项，认识—实践说认为，教学过程是一个包括认识过程和实践过程两个方面的活动过程，是认识与实践相统一的过程。也就是说，教学过程不仅是学生掌握人类已有的知识经验、发展认识世界的技能、能力的认识过程，而且还是一种师生共同参与改造主观世界、促进个性的改造和形成、促进个体社会化的实践过程。

C 项，交往说指教学活动是教师的教和学生的学组成的双边活动，是发生在师生之间的一种特殊的交往活动。

D 项，特殊认识说是一种影响较大、被较多理论工作者认同的教学过程本质观。特殊认识说包含两方面的涵义：第一，教学过程本质上是一种认识过程；第二，这种认识又不同于一般认识或其他形式的认识，有其特殊性。教学认识的特殊性在于它是学生个体的认识，主要是间接性的，有领导的，有教育性的。

13. B 【解析】教学过程的交往说认为，教学是教师教与学生学的统一，这种统一的实质是交往，教师与学生是“交互主体的关系”，因此，教学过程是教师与学生以课堂为主渠道的交往过程。

14. A 【解析】教学过程大致分为以下五个阶段：(1)激发学习动机；(2)领会知识；(3)巩固知识；(4)运用知识；(5)检查知识。其中，领会知识是教学过程的中心环节。

15. B 【解析】“授人以鱼仅供一饭之需，授人以渔则终身受用无穷”的意思是给人一条鱼，只能满足他一顿饭的需要；教给他打鱼的方法，那他终身都会受用。题干所述说明了在教学中应重视培养学生自身的能力，即强调“能力”的重要性。

16. B 【解析】激发学习动机是教学过程的第一个阶段，学习动机是推动学生学习的一种内部动力，它往往与学习兴趣、求知欲和责任感联系在一起。教师要使学生明确学习目的，激发学生学习的责任感和积极性。题干中教师向学生提出一连串的问题，意在诱发和激起学生的求知欲，故选 B 项。

17. A 【解析】以间接经验为主是教学活动的主要特点。“秀才不出门，能知天下事”说的就是通过学习间接经验来获得知识，强调了在教学过程中以传授书本知识为主的道理。故选 A 项。

18. C 【解析】教学过程的本质特征具体体现在以下几方面：(1)间接性。(2)引导性。(3)简捷性。(4)教育性。其中，简捷性是指教学过程中，学生走的是一条认识的捷径，许多知识是人类经过数百年甚至上千年才总结出来的，但学生在很短的时间内就能掌握。故本题选 C。

19. A 【解析】人们认识客观事物主要有两条途径：一是获取直接经验，即通过亲自探索、实践所获得的经验；二是获取间接经验，即他人的认识成果。教学活动是学生认识客观世界的过程，要以间接经验为主、直接经验为辅，将二者有机结合起来。题干中的路老师给大家讲解知识是学生获取间接经验的体现，同时，路老师带大家到植物园观察和操作，是学生自主探索，获得直接经验的过程。因此，题干所述体现了路老师遵循了教育过程的直接经验与间接经验相统一的规律。

20. C 【解析】在教学过程中应遵循教师主导作用与学生主体作用相统一的规律。一方面要充分发挥教师的主导作用，另一方面要充分发挥学生主体参与教学的能动性。刘老师上课前先了解学生的学习准备情况，然后才设计教学过程，这说明刘老师是教学活动的领导者和组织者，在教学过程中发挥了主导作用。在实际教学中，刘老师不断启发学生思考，调动学生的积极性、主动性，这说明刘老师充分发挥了学生主体参与教学的能动性。故选 C 项。

二、辨析题（参考答案）

1. 学生的认识活动是教学中最主要的活动。

(1)这种说法是正确的。(2)教学过程中有两类不同性质的活动（教师教和学生学），但教学过程的主要矛盾是学生与其所学的知识之间的矛盾，实际上也就是学生认识过程的矛盾，是认识主体与其客体之间的矛盾，因此学生的认识活动是教学中最主要的活动。故题干说法正确。

2. 在教学过程中，学生要将课本上传递的知识转化为自己的知识，能理解和运用这些知识，必须以一定的间接经验为基础。

(1)这种说法是不正确的。(2)教学活动是学生认识客观世界的过程，要以间接经验为主、直接经验为辅，将二者有机结合起来。学习间接经验是学生认识客观世界的基本途径。学生学习间接经验要以直接经验为基础。书本知识一般表现为概念、定理、原理等，这对学生来说是间接经验。学生要把这些知识转化为自己的知识，必须以个人以往积累的或现时获得的感性经验（即直接经验）为基础。故题干说法错误。

3. 教学过程中强调教师的主导作用势必会降低学生的主体地位。

(1)这种说法是不正确的。(2)教师主导作用是针对能否引导学生积极学习与上进而言的。学生的主体性调动得怎样，学习的效果怎样，是衡量教师主导作用发挥得好坏的主要标志。教师的主导作用和学生的主体作用是相互促进的。所以，题干说法错误。

三、简答题（参考答案）

1. 怎样使知识的掌握真正促进智力的发展？

(1)从传授知识的内容来看，传授给学生的知识应是规律性的知识；(2)从传授知识的量来看，一定时间范围内所授知识的量要适当，不能过多；(3)采用启发式教学；(4)培养学生良好的个性，重视学生的个别差异，注重因材施教。

2. 简述教学过程中的教育性规律。

在教学过程中，学生掌握科学文化知识和提高思想品德修养是相辅相成的，具体体现在以下三点：(1)知识是思想品德形成的基础；(2)思想品德修养的提高为学生积极地学习知识提供动力；(3)贯彻传授知识与思想品德教育相统一的规律时，既不能脱离知识进行思想品德教育，也不能只强调传授知识，忽视思想品德教育，要注意把二者有机结合起来。

专题三　教学原则与教学方法

一、单项选择题

答案速查

1~5	AACCB	6~10	DDBDB	11~15	CDCBA	16~20	CAABC
21~23	DDC						

1. A 【解析】讨论法是全班或小组成员在教师的指导下，围绕某一中心问题发表自己的看法和见解，从而进行相互学习的一种方法。题干所述体现了讨论法。

2. A 【解析】思想性(教育性)和科学性相统一原则是指教学要以马克思主义为指导，授予学生科学知识，并结合知识教学对学生进行社会主义品德和正确人生观、科学世界观的教育。这一原则的实质是要求在教学活动中把教书和育人有机地结合起来。题干中，王老师在传授知识的同时对学生进行思想教育，这体现的是科学性与思想性相统一的教学原则。

3. C 【解析】启发性原则是指在教学活动中，教师要调动学生的主动性和积极性，引导他们通过独立思考、积极探索，生动活泼地学习，自觉地掌握科学知识，提高分析问题和解决问题的能力。题干所述是启发性原则的内涵。

4. C 【解析】巩固性原则是指教师在教学中要引导学生在理解的基础上牢固地掌握基本知识和基本技能，而且在需要的时候，能够准确无误地呈现出来，以利于知识技能的利用。陈老师在给学生讲解完理论概念后，不断给学生出新的题目进行练习，加深学生对知识的理解，遵循了巩固性原则。

5. B 【解析】循序渐进原则是指教师要严格按照科学知识的内在逻辑和学生的认知发展规律进行教学，使学生掌握系统的科学文化知识，能力得到充分的发展。“不陵节而施”强调教学要按一定顺序进行，这体现了循序渐进原则。

6. D 【解析】“学而时习之”指不断地温习学过的知识，使之不断巩固、积累，并不是只求死记硬背;“温故而知新”指复习已学过的知识,可以获得新的理解和体会。两者都体现了巩固性教学原则。

7. D 【解析】启发性教学原则的贯彻要求包括:(1)加强学习的目的性教育,调动学生学习的主动性;(2)设置问题情境,启发学生独立思考,培养学生良好的思维方法和思维能力;(3)让学生动手,培养学生独立解决问题的能力,鼓励学生将知识创造性地运用于实际;(4)发扬教学民主。D项是直观性教学原则的贯彻要求。

8. B 【解析】因材施教原则是指教师在教学中,要从课程计划、学科课程标准的统一要求出发,面向全体学生,同时又要根据学生的个别差异,有的放矢地进行有差别的教学,使每个学生都能扬长避短,获得最佳的发展。题干中的罗老师对反应迟钝的学生,鼓励他们思考;对语言表述缺乏条理的学生,让他们多做复述和发言。这说明罗老师能根据学生的个别差异采取不同的教育措施,以促进每个学生获得最佳的发展,遵循了因材施教原则。

9. D 【解析】实验法是指教师引导学生使用一定的仪器和设备,进行独立操作,引起某些事物和现象产生变化,从而使学生获得直接经验,培养学生技能和技巧的教学方法。题干中学生在教师指导下进行实验,验证了“光合作用产生氧气”这一现象,这种教学方法属于实验法。

10. B 【解析】练习法是指学生在教师的指导下运用知识去反复完成一定的操作,或解决某类作业与习题,以加深理解和形成技能技巧的方法。题干描述的是练习法的内涵。

11. C 【解析】暗示教学法是保加利亚的医学和心理学博士洛扎诺夫创立的教学方法,是运用心理学、生理学、精神治疗学等方面的知识,精心设计教学环境,通过暗示、联想、想象调动潜意识的积极作用,使学生在心情愉快的情况下学习大量教材的一种教学方法。题干所述符合暗示教学法的内涵。

12. D 【解析】情境教学法是指在教学过程中,教师有目的地引入或创设具有一定情绪色彩的生动具体的场景,以引起学生一定的情感体验,从而帮助学生理解教材,并使学生的心理机能得到发展的教学方法。该教师通过播放与教学内容相关的视频来创设一定的情境,使学生能够更好地领会诗中所蕴含的意境,这种教学方法是情境教学法。

13. C 【解析】运用讨论法需要学生具备一定的基础知识、一定的理解能力和独立思考能力,因此,讨论法在高年级运用得比较多。

14. B 【解析】直观性原则是指在教学活动中,教师应尽量利用学生的多种感官和已有的经验,通过各种形式的感知,使学生获得生动的表象,从而比较全面、深刻地掌握知识。“不闻不若闻之,闻之不若见之”的意思是:没有听过的,不如去听一听;听说的不如亲眼看见的。这句话体现了直观性原则。

15. A 【解析】讨论法是全班或小组成员在教师的指导下,围绕某一中心问题发表自己的看法和见解,从而进行相互学习的一种方法。题干中,刘老师让学生各抒己见,充分表达自己的看法,采用的就是讨论法。

16. C 【解析】情境教学法是指在教学过程中,教师有目的地引入或创设具有一定情绪色彩的生动具体的场景,以引起学生一定的情感体验,从而帮助学生理解教材,并使学生的心理机能得到发展的教学方法。教师创设的情境一般包括生活展现的情境、图画再现的情境、实物演示的情境、音乐渲染的情境、言语描述的情境等。教师模拟话剧并让学生扮演故事中的角色,运用的就是情境教学法。

17. A 【解析】讲授法是教师运用口头语言系统连贯地向学生传授知识、技能,发展学生智力的教学方法。演示法是指教师通过展示实物、教具和示范性的实验来说明、印证某一事物和现象,使学生掌握新知识的一种教学方法。3 名航天员在空间站演示了各种实验,展示了空间科学设施,运用的是演示法;展示空间科学设施的同时进行语言讲解与介绍,运用的是讲授法。

18. A 【解析】发现法又称探索法、研究法,是指学生在教师指导下,对所提出的课题和所提供的材料进行分析、综合、抽象和概括,自行发现并掌握相应的原理和结论的一种教学方法。

19. B 【解析】演示法是指教师通过展示实物、教具和示范性的实验来说明、印证某一事物和现象,使学生掌握新知识的一种教学方法。题干中老师通过做实验让学生了解有关电荷的知识,这种教学方法是演示法。

20. C 【解析】量力性原则,也称可接受性原则,是指教学的内容、方法、分量和进度要适合学生的身心发展,使他们能够接受,但又要有一定的难度,需要他们经过努力才能掌握,以促进学生的身心发展。墨子这句话的意思是:深者深求,浅者浅求,该增者增,该减者减。这说明墨子要求根据学生的知识水平量力而教,体现了量力性原则。

21. D 【解析】讲授法是教师运用口头语言系统连贯地向学生传授知识、技能,发展学生智力的教学方法。题干描述的是讲授法的概念。

22. D 【解析】量力性教学原则又称为可接受性原则,是指教学的内容、方法、分量和进度要适合学生的身心发展特点,使他们能够接受,但又要有一定的难度,需要他们经过努力才能掌握,以促进学生的身心发展。"最近发展区"是儿童在有指导的情况下,借助成人的帮助所能达到的解决问题的水平与独自解决问题所能达到的水平之间的差异,实际上是两个邻近发展阶段间的过渡状态。"语之而不知,虽舍之可也"的意思是:如果老师开导了(学生)还是不懂,那就暂时先放一放,等以后再讲。这都在一定程度上表明教学的内容、方法、分量和进度要适合学生的身心发展,使他们能够接受。故题干所述体现了量力性的教学原则。

23. C 【解析】"文以载道""教书育人"都强调在传授知识的同时,注重对人的教化。这体现的是科学性和思想性(教育性)相统一的教学原则。

二、辨析题(参考答案)

1. "教学有法,但无定法",在教学中可以任意采用某一种教学方法。

(1)这种说法是不正确的。(2)"教学有法,但无定法"的意思是我们的教育教学活动是有规律可遵循、有法则可遵守、有模式可遵照的,是有可以掌握的基本方法、基本规律的。但是教学的模式、方法、技能等不是机械的、教条的,而是灵活多变、富有个性、充满灵性的。教师劳动的创造性要求教师不断更新教学方法,但绝不意味着教师可以任意选择教学方法。在实际教学中,教师要根据教学目的和任务、教学内容的性质和特点、教学对象的实际情况、教师自身素养及所具备的条件、教学方法的类型与功能等因素科学、合理地选择和有效地运用某一种或某几种教学方法。故题干观点错误。

2. "一个坏的教师奉送真理,一个好的教师教人发现真理。"这句话体现了教师在教学过程中应遵循循序渐进的原则。

(1)这种说法是不正确的。(2)启发性原则是指在教学活动中,教师要调动学生的主动性和积极性,引导他们通过独立思考、积极探索,生动活泼地学习,自觉地掌握科学知识,提高分析问题和解决问题的能力。第斯多惠的这句话说明教师要充分发挥学生的主动性,引导学生发现真理,这是启发性原则的表现。故题干表述错误。

三、简答题(参考答案)

1. 简述理论联系实际教学原则的含义和贯彻要求。

(1)理论联系实际原则的含义:理论联系实际原则是指教师在教学中,应使学生从理论与实际的结合中来理解和掌握知识,并引导他们运用新获得的知识去解决各种实际问题,培养他们分析问题和解决问题的能力。

(2)贯彻此原则的要求:①重视书本知识的教学,在传授知识的过程中注重联系实际;②重视引导和培养学生运用知识的能力;③加强教学的实践性环节,逐步培养与形成学生综合运用知识的能力,进行"第三次学习";④正确处理知识教学与能力训练的关系;⑤补充必要的乡土教材。

2. 简述选择教学方法的基本依据。

选择教学方法的基本依据如下:(1)教学目的和任务的要求;(2)课程性质和特点;(3)每节

课的重点、难点;(4)学生年龄特征;(5)教学时间、设备、条件;(6)教师业务水平、实际经验及个性特点。此外,教学方法的选择与运用还受教学手段、教学环境等因素的制约,这就要求我们全面、具体、综合地考虑各种相关因素,进行权衡取舍。

四、材料分析题(参考答案)

1. 谢老师主要采用了演示法、谈话法、发现法、讲授法和讨论法。

(1)演示法是指教师通过展示实物、教具和示范性的实验来说明、印证某一事物和现象,使学生掌握新知识的一种教学方法。谢老师播放短视频、用 PPT 展示动植物的图片,运用的是演示法。

(2)谈话法也叫问答法,它是教师按一定的教学要求向学生提出问题让学生回答,通过问答、对话的形式来引导学生思考、探究,获取或巩固知识,促进学生智能发展的方法。谢老师提出一系列的问题让学生自己发现问题、分析问题,运用的是谈话法。

(3)发现法又称探索法、研究法,是指学生在教师指导下,对所提出的课题和所提供的材料进行分析、综合、抽象和概括,自行发现并掌握相应的原理和结论的一种教学方法。谢老师先是提出一系列问题,启发学生自己去发现、分析问题,然后在讲解完课堂内容之后组织学生讨论并绘制食物网,反复验证之前提出的问题,从而提高学生分析问题、解决问题的能力,这一系列过程运用的是发现法。

(4)讲授法是教师运用口头语言系统连贯地向学生传授知识、技能,发展学生智力的教学方法。谢老师讲解食物链和食物网的概念,运用的是讲授法。

(5)讨论法是全班或小组成员在教师的指导下,围绕某一中心问题发表自己的看法和见解,从而进行相互学习的一种方法。谢老师将全班学生分为 4 组,要求他们讨论并绘制食物网,运用的是讨论法。

2. (1)材料中的孙老师在教学中贯彻了直观性原则和因材施教原则。①直观性原则是指在教学活动中,教师应尽量利用学生的多种感官和已有的经验,通过各种形式的感知,使学生获得生动的表象,从而比较全面、深刻地掌握知识。材料中,孙老师让学生走向大自然,在观察自然的过程中感受春天,体现了对直观性教学原则的运用。②因材施教原则是指教师在教学中,要从课程计划、学科课程标准的统一要求出发,面向全体学生;同时又要根据学生的个别差异,有的放矢地进行有差别的教学,使每个学生都能扬长避短,获得最佳的发展。材料中,孙老师根据全班学生的能力差异,布置程度不同的作业,说明其注意到了学生的个别差异性,做到了因材施教。

(2)①贯彻直观性原则的要求包括:正确选择直观教具和教学手段;将直观教具的演示与语言讲解结合起来;重视运用言语直观。②贯彻因材施教原则的要求包括:坚持课程计划和学科课程标准的统一要求;教师要了解学生,从实际出发进行教学;教师要善于发现每个学生的兴趣、爱好,并创造条件,尽可能使每个学生的不同特长都得以发挥。

专题四 教学组织形式与教学工作的基本环节

一、单项选择题

答案速查

1~5	CACAB	6~10	DDDBB	11~15	DDBAC	16~19	ABDA

1. C 【解析】备课就是教师根据学科课程标准的要求和本门课程的特点,结合学生的具体情况,选择最合适的表达方法和顺序,以保证学生有效地学习。备课分个人备课和集体备课两种。个人备课是教师自己钻研学科课程标准和教材的活动。集体备课是由相同学科和相同年级的教师共同钻研教材,解决教材的重点、难点和教学方法等问题的活动。因此题干所述教学环节属于备课。

2. A 【解析】教学组织形式是指教学活动中教师与学生为实现教学目标所采用的社会结合方式。题干是对"教学组织形式"概念的阐述。

3. C 【解析】个别教学是教师针对不同学生的情况进行个别辅导的教学组织形式。它是班级授课制的一种辅助形式。张老师在课间或放学后单独辅导小兰,属于个别教学。

4. A 【解析】复式教学是把两个或两个以上不同年级的学生编在一个教室里,由一位教师分别用不同的教材,在一节课里对不同年级的学生进行教学的一种特殊组织形式。它适用于学生少、教师少、校舍和教学设备较差的农村以及偏远地区。故本题选 A 项。

5. B 【解析】分组教学中的外部分组就是取消按年龄编班,按学生的能力或某些测验成绩编班。把同一年级的学生按英语测试水平的等级编入不同班级上课,这属于外部分组。

6. D 【解析】道尔顿制是由美国教育家柏克赫斯特创建的一种新的教学组织形式。运用这种方法时,教师不再讲授,只为学生指定自学参考书、布置作业,由学生自学和独立完成作业后,向教师汇报学习情况和接受考查。

7. D 【解析】班级授课制可用班、课、时三个字来概括,具体表现为:(1)以班为单位集体授课,学生人数固定。(2)按课教学。"课"是教学活动的基本单元,一般分为单一课和综合课。(3)按时授课。把每一"课"规定在固定的单位时间内进行,这个单位时间称为"课时",课与课之间有一定的间歇和休息。

8. D 【解析】布置作业的其中一个要求是作业应有助于启发学生的思维,含有鼓励学生独立探索并进行创造性思维的因素。D 项很明显没有遵循这一要求。

9. B 【解析】捷克教育家夸美纽斯在其著作《大教学论》中首先对班级授课制进行研究并确定了班级授课制的基本轮廓。

10. B 【解析】分组教学是指在按年龄编班或取消按年龄编班的基础上，根据学生的能力、成绩分组进行编班的教学组织形式。其类型有外部分组和内部分组、能力分组和作业分组等。外部分组，即取消按年龄编班，而按学生的能力或某些测验成绩编班。

11. D 【解析】根据一节课完成教学任务的数量，可以把课划分为单一课和综合课。单一课在一节课内主要只完成一项教学任务，综合课需要在一节课内完成多项教学任务。

12. D 【解析】课时计划即教案，它通常是指教师为某一节课而拟订的上课计划，一般包括班级、学科名称、授课时间、课题、教学目的、课的类型、教学进程等。其中教学进程是教案的主要部分。

13. B 【解析】在我国，最早采用班级授课制的是清政府于 1862 年设于北京的京师同文馆，并在癸卯学制中以法令形式确定下来，随之在全国范围内推广。“癸卯学制”即《奏定学堂章程》，故本题选 B。

14. A 【解析】葛雷制亦称“双校制”“二部制”或“分团学制”，是由美国教育家沃特创立的一种教学组织形式。沃特在教学中采用二重编制法，即将全校学生一分为二，一部分在教室上课，另一部分则在体育场、图书馆、工厂、商店以及其他场所活动，上下午对调，废除寒暑假和星期日，昼夜开放，从而为更多的学生提供了入学受教育的机会，解决了葛雷地区学校少，供不应求的矛盾。故本题选 A。

15. C 【解析】课外辅导是上课的必要补充，是适应学生个别差异、贯彻因材施教的重要措施。

16. A 【解析】现场教学是指教师把学生带到事物发生、发展的现场进行教学活动的形式。题干中，教师组织学生到田间地头、工厂等地方进行实地考察、研究，使学生获取新知识，这运用的是现场教学法。

17. B 【解析】班级授课制的优点包括：(1)有利于经济有效地大面积培养人才，提高教学效率；(2)它以“课”为教学活动单元，能保证学习活动循序渐进，有利于学生获得系统的科学知识；(3)有利于发挥教师的主导作用；(4)有利于发挥学生集体的教育作用；(5)有利于学生德、智、体多方面的发展；(6)有利于进行教学管理和教学检查。

18. D 【解析】课的结构是指一节课包含哪些组成部分以及各组成部分的顺序、时限和相互关系。课的结构是由课的类型决定的，不同类型的课有不同的结构。题干所述在“教学论”中具体指的是课的结构。

19. A 【解析】教师布置的作业要分量适宜，难易适度，具有典型意义和举一反三的作用。B 项说法正确。教师布置的作业应有助于启发学生的思维，含有鼓励学生独立探索并进行创造性思维的因素。C 项说法正确。教师布置作业时要考虑不同学生的能力需求，因人而异，最大限度地发挥作业的作用，帮助学生成长。故 D 项说法正确。教师并不是在每一堂课后都要给学生布置家庭作业。A 项说法错误。

二、辨析题（参考答案）

1. 检查学生学业成绩只能通过考试。

（1）这种说法是不正确的。（2）学业成绩的检查与评定是教学工作的一个重要环节，它对教学工作的顺利进行和教学质量的提高具有十分重要的意义。检查学生学业成绩的方法是多种多样的。常用的检查方式有两大类：平时考查和考试。平时考查的方式主要有口头提问、检查书面作业等。考试是对学生知识、技能等进行总结性检查时所采用的一种方式。综上所述，检查学生学业成绩只能通过考试来进行的说法是错误的。

2. 备课是整个教学活动的中心环节，是提高教学质量的关键环节。

（1）这种说法是不正确的。（2）备课是教师教学的起始环节，是上好课的先决条件。上课是整个教学工作的中心环节，是教师教和学生学的最直接的体现，是提高教学质量的关键。故题干说法错误。

3. 作业是课堂教学的延续，是教学活动的有机组成部分。

（1）这种说法是正确的。（2）作业是结合教学内容，要求学生独立完成的各种类型的练习。无论是课内作业还是课外作业，作用都在于加深和加强学生对教材的理解和巩固，帮助学生掌握相关的技能、技巧。通过作业的布置、检查和批改，教师可以及时发现学生在知识或技能方面的缺陷并加以纠正，同时对学生的作业完成情况做出评价并提出进一步学习的建议。所以，作业是课堂教学的延续，是教学活动的有机组成部分。题干说法正确。

4. 教学与上课是相同的，没有区别。

（1）这种说法是不正确的。（2）教师的教学工作包括五个基本环节：备课、上课、作业的布置与反馈、课外辅导、学业成绩的检查与评定。上课是整个教学工作的中心环节，是教师教和学生学的最直接的体现，是提高教学质量的关键。由此可见，教学与上课是不同的，故题干说法错误。

三、简答题（参考答案）

1. 简述课外辅导的内容。

（1）帮助学生解答疑难问题，指导学生做好作业；（2）为基础差和因事、因病缺课的学生补课；

(3)为成绩特别优异的学生做个别辅导;(4)对学生进行学习方法上的辅导;(5)对学生进行学习目的和学习态度的教育。

2. 简述组织复式教学的要求。

(1)合理编班,要根据学生人数、教室大小、师资质量等情况全面考虑,灵活掌握;(2)编制复式班课表;(3)培养小助手;(4)建立良好的课堂常规。

3. 简述班级授课制的概念及其基本特点。

(1)概念:班级授课制是把学生按年龄和文化程度分成固定人数的班级,教师根据课程计划和规定的时间表进行教学的一种组织形式。

(2)基本特点:①以班为单位集体授课,学生人数固定。②按课教学。"课"是教学活动的基本单元,一般分为单一课和综合课。③按时授课。把每一"课"规定在固定的单位时间内进行,这个单位时间称为"课时",课与课之间有一定的间歇和休息。

专题五　教学评价

一、单项选择题

答案速查

1~5	CDCCD	6~10	DBBCA

1. C 【解析】形成性评价是在教学过程中为改进和完善教学活动而进行的对学生学习过程及结果的评价。它包括在一节课或一个课题的教学中对学生的口头提问和书面测验。形成性评价的目的不是注重成绩的评定,而是使师与生都能及时获得反馈信息,更好地改进教与学,以促进教师和学生的发展、提高。题干中的英语老师在课堂上对学生进行提问以了解学生的学习情况,属于形成性评价。故本题选C项。

2. D 【解析】个体内差异评价是对被评价者的过去和现在进行比较,或将评价对象的不同方面进行比较。"班主任认为小黄偏科严重"是对评价对象不同方面进行的评价,属于个体内差异评价。

3. C 【解析】形成性评价是在教学过程中为改进和完善教学活动而进行的对学生学习过程及结果的评价。它包括在一节课或一个课题的教学中对学生的口头提问和书面测试。题干中的教师在课堂上进行提问,想要了解学生对这首诗的理解情况,这属于教学过程中的形成性评价。

4. C 【解析】诊断性评价是在学期开始或一个单元教学开始时,为了了解学生的学习准备状况及影响学习的因素而进行的评价。诊断性评价的主要功能有:(1)检查学生的学习准备程度;(2)决定对学生的适当安置;(3)辨别造成学生学习困难的原因。题干中,教师分析造成学生学习困难的原因，了解学生的学习情况，这种评价方式属于诊断性评价。

5. D 【解析】根据评价采用的标准，教学评价可以分为绝对性评价（目标参照性评价、标准参照评价）、相对性评价（常模参照评价）和个体内差异评价。其中，个体内差异评价是对被评价者的过去和现在进行比较，或将评价对象的不同方面进行比较。题干中的老师以小明之前的表现为标准，判断其现在明显有进步，并为其颁发“进步奖”。因此，这一评价属于个体内差异评价，选D项。

6. D 【解析】形成性评价是在教学过程中为改进和完善教学活动而进行的对学生学习过程及结果的评价。形成性评价的主要功能包括：(1)改进学生的学习；(2)确定学生的学习进度；(3)强化学生的学习；(4)给教师提供反馈。D项属于诊断性评价的功能。

7. B 【解析】形成性评价是在教学过程中为改进和完善教学活动而进行的对学生学习过程及结果的评价。题干中的张老师进行的正是这种评价。

8. B 【解析】绝对性评价又称为目标参照性评价（标准参照评价），是运用目标参照性测验对学生的学习成绩进行的评价。它主要依据教学目标和教材编制试题来测量学生的学业成绩，判断学生是否达到了教学目标的要求，而不以评定学生之间的差异为目的。绝对性评价可以衡量学生的实际水平，了解学生对知识、技能的掌握情况，宜用于升级考试、毕业考试和合格考试。故本题选B项。

9. C 【解析】相对性评价又称为常模参照性评价，是运用常模参照性测验对学生的学习成绩进行的评价，它主要依据学生个人的学习成绩在该班学生成绩序列或常模中所处的位置来评价和决定他的成绩的优劣，而不考虑是否达到教学目标的要求。

10. A 【解析】诊断性评价是在学期开始或一个单元教学开始时，为了了解学生的学习准备状况及影响学习的因素而进行的评价。题干中的认知水平测试是在新生入学后立即组织的，目的是了解学生的认知情况，这与诊断性评价的概念相符合，故本题答案选择A项。

二、辨析题（参考答案）

如果将对期末考试结果的解释视为总结性评价，那么对于在教学过程中实施测验的解释就是考查性评价。

(1)这种说法是不正确的。(2)形成性评价是在教学过程中为改进和完善教学活动而进行的对学生学习过程及结果的评价。它包括在一节课或一个课题的教学中对学生的口头提问和书面测验。因此，对于在教学过程中实施测验的解释属于形成性评价。

第四章　中学生学习心理

刷考点

①联觉
②恒常性
③无意注意(不随意注意)
④稳定性
⑤保持
⑥巴甫洛夫
⑦操作性条件作用理论
⑧有意义接受学习
⑨自我提高内驱力
⑩学习效果
⑪自我效能感
⑫复述
⑬精细加工
⑭监控
⑮并列结合(组合)

刷真题

一、单项选择题

答案速查

1 ~ 5	CAABC	6 ~ 10	BBDCD	11 ~ 15	BCDBC	16 ~ 20	DCACA
21 ~ 25	CDABD	26 ~ 30	CDAAB	31 ~ 35	AABBD	36 ~ 41	BDBACC

1. C 【解析】本题考查记忆的分类。根据信息保持时间的长短,记忆可分为感觉记忆、短时记忆和长时记忆。(1)瞬时记忆也叫感觉记忆、感觉登记,是指外界刺激以极短的时间呈现一次后,信息在感觉通道内迅速被登记并保留瞬间的记忆。(2)短时记忆也叫工作记忆,是指对信息的保存时间在1分钟以内的记忆。(3)长时记忆是指信息保持时间在1分钟以上,直至保持终身的记忆。题干中,苏菲在拨打电话的过程中短暂记住了电话号码,通话结束后就忘记了,故苏菲对电话号码的记忆属于短时记忆。故本题选C项。根据记忆时意识参与的程度,可将记忆分为外显记忆和内隐记忆。内隐记忆是指在不需要意识参与或不需要有意回忆的情况下,个体的已有经验自动对当前任务产生影响而表现出来的记忆。A项排除。

2. A 【解析】本题考查自我效能感。A项,自我效能感由班杜拉首次提出,是指人对自己能否成功从事某一成就行为的主观判断。题干中曹虹确信自己能出色地完成各科作业,是对自己能否完成作业的主观判断。故本题选A项。B项为干扰选项,排除。C项,自我监控即对自己的意志控制,如自我检查、自我监督、自我调节、自我追求等。D项,自我强化是指对自己表现出的符合或超出标准的行为进行自我奖励。C、D两项排除。

3. A 【解析】本题考查思维的种类。根据思维的指向性,可将思维分为聚合思维和发散思维。发散思维是指人们解决问题时，思路朝着各种可能的方向扩散，从而求得多种答案。例如，数学中的"一题多解"，作文中的"一事多写"。题干中李强不仅写出了与口的活动有关的字，还写出了含有"口"的其他类别的字，这体现了李强的发散思维能力。聚合思维是指人们根据已知的信息和利用熟悉的规则，产生符合逻辑的结论从而解决问题。抽象思维是以词为中介来反映现实的思维过程，也叫词的思维或逻辑思维。动作思维是以实际动作为支柱的思维过程。故答案为A项。

4. B 【解析】本题考查强化的分类。强化是采用适当的强化物而使有机体的反应频率、强度和速度增加的过程。强化有正强化和负强化之分。正强化也称积极强化，是通过呈现想要的愉快刺激来增强反应频率；负强化也称消极强化，是通过消除或中止厌恶、不愉快刺激来增强反应频率。题干中学校撤销警告处分（消除厌恶刺激）有利于何雷在各方面继续保持进步，学校采用的行为矫正方法属于负强化。故答案为B项。

易混辨析：考生可通过下面的表格区分正强化、负强化、正惩罚和负惩罚。

规律	措施	行为结果
正强化	给予愉快刺激	行为频率增加
负强化	撤销厌恶刺激	
正惩罚（呈现性惩罚）	给予厌恶刺激	行为频率减少
负惩罚（移除性惩罚）	撤销愉快刺激	

5. C 【解析】本题考查学习的分类。阿瑟·雷伯按学习时的意识水平，将学习分为内隐学习和外显学习。内隐学习是指有机体在与环境接触的过程中不知不觉地获得了一些经验，并因此改变其事后某些行为的学习。例如，人们能够辨别哪些语句符合语法，却不一定能够说出这些语法规则是什么。外显学习则类似于有意识的问题解决，是有意识的和清晰的、需要付出心理努力并需按照规则做出反应的学习。例如，学习物理中的牛顿运动定律。题干中，王琳在所处环境的影响下，不知不觉就会唱许多流行歌曲，这种学习属于内隐学习。故答案为C项。

6. B 【解析】本题考查学习迁移的种类。根据迁移发生的方向，可将迁移分为顺向迁移和逆向迁移。顺向迁移是指先前学习对后继学习产生的影响；逆向迁移指后继学习对先前学习产生的影响。题干中，刘杰先前学过的物理平衡概念，对后来学习的化学平衡概念产生了促进作用，这种先前学习对后继学习的影响属于顺向迁移。排除D项，选B项。A项，负迁移也叫"抑制性迁移"，是指一种学习对另一种学习产生阻碍作用。C项，垂直迁移也称纵向迁移，是指先行学习内容与后续学习内容是不同水平的学习活动之间产生的影响。

7. B 【解析】本题考查注意的品质。注意的分配是指人在进行两种或多种活动时能把注意指向不同对象的现象。题干中,郭老师上课时边讲课、边板书、边观察学生的课堂表现,这种"一心三用"的现象体现了注意的分配。因此答案选 B 项。A 项,注意的稳定性是指注意保持在某一对象或某一活动上的时间长短特性。C 项,注意的范围也称注意的广度,是指在同一时间内,人们能够清楚地知觉出的对象的数目。D 项,注意的转移是根据新的任务,主动地把注意从一个对象转移到另一个对象或由一种活动转移到另一种活动的现象。

易混辨析:同时进行几项活动为注意的分配;从一项活动转移到另一项活动为注意的转移;使注意集中在某一对象上不分散为注意的稳定性;强调同一时间内注意对象的数量为注意的范围。

8. D 【解析】本题考查知觉的基本特征。知觉的恒常性是指客观事物本身不变,但知觉条件在一定范围内发生变化时,人的知觉映像仍相对不变。人们不受光线明暗的影响,一直将白衬衫知觉为白色,这反映了知觉的恒常性。

9. C 【解析】本题考查发散思维的特征。灵活性是指摒弃以往的习惯思维方法而开创不同方向的能力,也叫思维的变通性。例如,让被试"举出报纸的用途",如果回答"阅读""学习""获取信息",就只是把报纸的用途局限在"阅读材料"上;如果回答"包东西""折玩具"等,则范围更加广泛,变通性也就比较大。题干中,学生甲答出的数量多,但都局限在食物这一范围内;学生乙虽然答出的数量相对较少,但开创了不同方向,故乙的思维变通性更好。

10. D 【解析】本题考查学习策略的种类。监控策略是指在认知过程中,根据认知目标及时检测认知过程,寻找两者之间的差异,并对学习过程及时进行调整,以期顺利实现有效学习的策略。监控策略包括阅读时对注意加以跟踪、对材料进行自我提问、考试时监视自己的速度和时间等。

11. B 【解析】本题考查影响遗忘进程的因素。系列位置效应是影响遗忘进程的因素之一。系列位置效应是指接近开头和末尾的记忆材料的记忆效果好于中间部分的记忆效果的趋势。开头部分和结尾部分的记忆效果较好,分别称为首因效应和近因效应。根据题干描述,最后呈现的单词的记忆效果较好,这种现象是近因效应。

易错提示:首因效应和近因效应、前摄抑制和倒摄抑制都是与"记忆"相关的知识点,考生应注意区分。

现象	含义	对学习的影响
首因效应	开头部分的材料记忆效果好	能加深对材料的记忆,有利于学习
近因效应	结尾部分的材料记忆效果好	
前摄抑制	先前的学习干扰到后面的学习	两者互相作用、影响,都对材料记忆起干扰、阻碍作用
倒摄抑制	后面的学习干扰到先前的学习	

12. C 【解析】本题考查注意的分类。无意注意也称不随意注意，是没有预定目的、无需意志努力、不由自主地对一定事物所发生的注意。题干中，同学们在课堂上不由自主地看向突然飞入教室的小鸟，这时所产生的注意既没有预定目的，也不需要意志努力，属于无意注意。

13. D 【解析】本题考查班杜拉的自我效能感理论。效能期待是指人对自己能够进行某一行为的能力的推测或判断，它意味着人是否确信自己能够成功地进行带来某一结果的行为。当个体确信自己有能力进行某一活动时，他就会产生高度的“自我效能感”，并努力实施该活动。依据题干表述，李伟如果相信自己能够听懂老师讲的知识就会认真听课，这属于效能期待。

14. B 【解析】本题考查想象的种类。无意想象又称不随意想象，是没有预定目的，不由自主产生的想象。题干中，伟华看到天上的浮云就在脑海中产生了“骏马”“恐龙”等动物形象，这种想象属于无意想象。

15. C 【解析】本题考查奥苏伯尔的学习动机分类。附属内驱力指个体为了获得长者（如家长、教师）的赞许或认可而表现出把工作、学习做好的一种需要。它既不直接指向学习任务本身，也不把学业成就看作赢得地位的手段，而是为了从长者那里获得赞许和接纳。题干中，晓磊努力学习是为了获得老师或家长的表扬，这体现的是附属内驱力，故选 C 项。

16. D 【解析】本题考查普雷马克原理。凡是能增强行为频率的刺激或事件都叫作强化物。在选择强化物时，可以遵循普雷马克原理，又称为“祖母法则”，即用高频活动作为低频活动的有效强化物。在运用此原理时需注意，行为和强化的关系不能颠倒，必须先有行为，再有强化。根据普雷马克原理可知，最合理的安排是用玩游戏这个高频活动来强化写作业这一低频活动。即当孩子完成作业后，就奖励他玩游戏，以此增加孩子认真完成作业这一行为出现的频率。故本题选 D 项。

17. C 【解析】本题考查成败归因理论。根据成败归因理论，努力属于内在的、不稳定的、可控制的因素。晓斌把自己学习成绩好归因于刻苦努力，这属于可控的内部归因。

方法技巧：关于成败归因理论中的六种归因方式，考生可用以下口诀帮助记忆：浑（环境）身（身心）力（努力）气（运气）不稳，内在两力（能力、努力）与身心，只有努力是可控。

18. A 【解析】本题考查耶克斯—多德森定律。根据耶克斯—多德森定律，一般来讲，最佳水平为中等强度的动机。当任务较难时，动机水平偏低一点可以使行为效果达到最佳；当任务较简单时，动机水平偏高一点会使行为效果达到最佳。

19. C 【解析】本题考查记忆的分类。根据记忆的内容和经验的对象，可将记忆分为形象记忆、情景记忆、逻辑记忆、情绪记忆和动作记忆。其中，逻辑记忆是个体对以各种有组织的知识为内容的记忆。例如，对概念、定理、公式和规则等的记忆。题干中林菁对物理定律、数字公式、化学方程式的记忆就属于逻辑记忆。

20. A 【解析】本题考查注意的分类。有意注意也称随意注意，是指有预定目的，也需要意志努力的注意。学生带着问题有目的性地听课，这种注意方式属于有意注意。

21. C 【解析】本题考查遗忘及其规律。遗忘的进程是不均衡的，其趋势是先快后慢、先多后少，呈负加速，并且到一定的程度就几乎不再遗忘了。

22. D 【解析】本题考查学习策略的类型。做笔记策略是使用较为普遍的精细加工策略。题干中晓春上课时把老师的讲解内容用自己的语言写在课本上，运用的是做笔记策略。

23. A 【解析】本题考查各流派的学习理论。行为主义学习理论流派中，桑代克的联结—试误学习理论认为，学习的过程是一种渐进的、盲目的、尝试错误的过程，因此题干所述是行为主义流派的观点。

24. B 【解析】本题考查班杜拉的社会学习理论。替代强化是指观察者因看到榜样的行为被强化而受到强化。题干中陈冬看到自己的朋友因为学习成绩优异受到校长的嘉奖，也加倍努力学习，这种强化属于替代强化。

25. D 【解析】本题考查思维的种类。发散思维，是指人们解决问题时，思路朝着各种可能的方向扩散，从而求得多种答案，如“一题多解”“一事多写”“一物多用”等。

26. C 【解析】本题考查联觉。一种感觉兼有另一种感觉的心理现象叫联觉。题干中由可怕的声音引发“冷”的感觉，就属于联觉。

27. D 【解析】本题考查学习迁移的种类。正迁移也叫“助长性迁移”，是指一种学习对另一种学习的促进作用。题干中，学习了三角形和长方形的面积公式之后，再学习梯形的面积公式就比较顺利，“顺利”指的就是促进作用，题干所述属于正迁移。

28. A 【解析】本题考查巴甫洛夫的经典性条件作用理论的主要规律。刺激的分化，指机体只对条件刺激做出条件反应，而对其他相似刺激不做反应。小狗通过训练能区分清楚圆形光圈和椭圆形光圈，对圆形光圈做出反应，而对椭圆形光圈不做反应，这体现了刺激的分化。

易混辨析：考生易混淆泛化与分化，考生可以抓住关键词来进行区分理解。泛化：对事物相似性的反应（分不清）；分化：对事物差异性的反应（分得清）。

29. A 【解析】本题考查知觉的基本特征。知觉的整体性是指人根据自己的知识经验把直接作用于感官的客观事物的多种属性整合为统一整体的过程。个体将题中的图片知觉为两个三角形和三个圆形，是根据自己的经验补充图形信息形成的，符合知觉的整体性的特征。

30. B 【解析】本题考查学习策略的类型。精细加工策略是指把新信息与头脑中的旧信息联系起来从而增加新信息意义的深层加工策略。精细加工策略常被描述成一种理解记忆的策略，其要旨在于建立信息间的联系。联系越多,能回忆出信息原貌的途径就越多,即提取的线索就越多。精细加工越深入越细致,回忆就越容易。题干中地理老师为教学生记忆“乞力马扎罗山”,将之戏称为“骑着马打着锣”是对缺乏意义的材料人为添加意义,应用的是精细加工策略中的记忆术。

31. A 【解析】本题考查知识学习的类型。下位学习又称类属学习,是一种把新的观念归属于认知结构中原有观念的某一部分,并使之相互联系的过程。原有观念在包容和概括水平上高于新学习的知识。题干中英语老师先让学生学习上层概念(蔬菜、水果、肉),后学习下层概念(胡萝卜、芒果、羊肉等),再要求学生把新学习的下层概念纳入原有上层概念中,属于下位学习。

32. A 【解析】本题考查记忆的分类。陈述性记忆是指对有关事实和事件的记忆,如知识和生活常识。题干中小兰对游泳知识的记忆是通过有意识地阅读书籍获得的,是对课本知识的识记,不涉及游泳技能的练习,属于陈述性记忆。

33. B 【解析】本题考查学习迁移的类型。水平迁移也叫横向迁移,是指先行学习内容与后继学习内容在难度、复杂程度和概括层次上属于同一水平的学习活动之间产生的影响。题干中,“锐角三角形”和“钝角三角形”是同一水平的两个概念,对这两个概念的学习属于同一水平的学习,故题干所述是横向迁移。

34. B 【解析】本题考查功能固着的内涵。人们把某种功能赋予某物体的倾向称为功能固着。小丽只想到纽扣可以扣衣服,是受到了纽扣用途的固有观念的影响。

35. D 【解析】本题考查知识的分类。程序性知识即操作性知识,是一种经过学习后自动化了的关于行为步骤的知识,表现为在信息转换活动中进行具体操作。它主要用来解决“做什么”和“怎么做”的问题。题干中,小刚能够利用改变物体接触面的大小或光滑程度的方法,来增强或减弱滑板的摩擦力,说明他能够运用程序性知识。

36. B 【解析】本题考查奥苏伯尔的有意义接受学习理论。接受学习是指学生通过教师呈现出的材料来掌握现成知识的一种学习方式。奥苏伯尔强调有意义的接受学习,因为有意义的接受学习可以在短时期内使学生获得大量的系统知识。

37. D 【解析】本题考查学习策略的分类。组织策略是指将经过精加工提炼出来的知识点加以构造,形成更高水平的知识结构的信息加工策略。常用的组织策略有:(1)列提纲;(2)利用图示,如系统结构图、流程图、模式或模型图、网络关系图;(3)利用表格,如一览表、双向表。题干中学生利用图示对知识进行归纳整理是组织策略的运用。

38. B 【解析】本题考查短时记忆。米勒提出了组块的概念。所谓组块是指若干小单位联合成大单位的信息加工,也指这样组成的单位。米勒认为,短时记忆容量是以组块来计算的。

39. A　【解析】本题考查注意的品质。注意的广度，也称注意的范围，是指在同一时间内，人们能够清楚地知觉出的对象的数目。"一目十行""一目一行"指的就是注意的范围的差异。

40. C　【解析】本题考查问题解决的策略。算法策略是将所有可能的针对问题解决的方法都一一列举出来并进行尝试，直到最终从根本上解决问题。

41. C　【解析】本题考查成就目标理论。掌握趋近的个体关注的是任务掌握、学习和理解，根据自己的进步提高和对任务的理解深度来评价自身表现。题干中的小黄学习是为了掌握知识、提升能力，不是为了分数，这表明他确立的是掌握趋近目标。

二、辨析题(参考答案)

1. 情绪与认知是互不影响的心理过程。

(1)这种说法是不正确的。(2)心理过程是心理活动的一种动态过程，是人脑对客观现实的反映过程。它包括认知过程(包含感觉、知觉、记忆、思维、想象)、情绪情感过程和意志过程三个方面。情绪与认知相互影响。认知对情绪的影响主要表现在：①感觉和知觉是诱发情绪的首要条件；②思维能影响情绪反应的方式和速度；③记忆与想象决定着情绪：情绪的产生与表现需要先前记忆的经验来激活，想象在一定程度上也决定着情绪的复杂表现。不管何种情绪，只要一经产生，便会影响整个认知过程，使整个认知过程都感染上情绪的色彩。因此，题干所说的"情绪与认知是互不影响的心理过程"这一说法是错误的。

2. 阿特金森认为，力求成功者旨在获取成就感，他们倾向于选择稳操胜券的任务。

(1)这种说法是不正确的。(2)阿特金森把个体的成就动机分为两类：力求成功的动机和避免失败的动机。力求成功者的目的是获取成就，即通过各种活动努力提高自尊心和获得心理上的满足，成功概率为50%的任务是他们最有可能选择的。避免失败者则往往通过各种活动防止自尊心受伤害和产生心理烦恼，倾向于选择非常容易或非常困难的任务。依据题干所述，"稳操胜券的任务"是指任务的成功概率可能接近或达到100%，成功概率极高，这与力求成功者的任务选择倾向不符，故题干说法错误。

3. 后继学习对先前学习产生负迁移作用。

(1)这种说法是不正确的。(2)逆向迁移是指后继学习对先前学习产生的影响。而负迁移是指一种学习对另一种学习产生阻碍作用。题干中所说的"后继学习对先前学习产生作用"属于逆向迁移，而后继学习既可能促进先前学习(即正迁移)，也可能对先前学习产生阻碍作用(即负迁移)。因此，题干认为后继学习只能对先前学习产生负迁移作用的说法过于绝对，是错误的。

4. 思维定势对问题解决的影响可能是积极的,也可能是消极的。

(1)这种说法是正确的。(2)定势是指重复先前的操作所引起的一种心理准备状态。在定势的影响下,人们会以某种习惯的方式对刺激情境做出反应。它对问题解决既有积极影响,也有消极影响。积极影响表现在人们遇到相似的问题更加易于解决,而消极影响则表现在不利于创造性地解决问题。因此,题干说法正确。

三、简答题(参考答案)

1. 培养学生创造性的主要途径有哪些?

(1)培养创造性认知能力;(2)注重创造性个性的塑造;(3)创设有利的社会环境;(4)培养创造型的教师队伍。

2. 简述建构主义学习理论的主要观点。

(1)知识观:建构主义在一定程度上对知识的客观性和确定性提出质疑,强调知识的动态性。(2)学习观:建构主义在学习观上强调学习的主动建构性、社会互动性和情境性三方面。(3)学生观:建构主义非常强调学习者本身已有的经验结构,认为学习者在学习新信息、解决新问题时往往可以基于相关的经验,依靠其认知能力形成对问题的解释。教学不能无视学生的已有经验,而是要把学生现有的知识经验作为新知识的生长点,引导学生从原有的知识经验中发展出新的知识经验。

3. 简述元认知策略的种类。

元认知策略是指学生对自己整个学习过程的有效监视及控制的策略。元认知策略大致可分为:计划策略、监控策略、调节策略。

(1)计划策略是指根据认知活动的特定目标,在认知活动开始之前计划完成任务所涉及的各种活动、预计结果、选择策略,设想解决问题的方法,并预估其有效性等。(2)监控策略是指在认知过程中,根据认知目标及时检测认知过程,寻找两者之间的差异,并对学习过程及时进行调整,以期顺利实现有效学习的策略。(3)调节策略是指在学习过程中根据对认知活动监视的结果,找出认知偏差,及时调整策略或修正目标的策略;在学习活动结束时,评价认知结果,采取相应的补救措施,修正错误,总结经验教训等。

4. 简述知觉的基本特征。

(1)知觉的选择性。知觉的选择性是指当面对众多的客体时,知觉系统会自动地将刺激分为对象和背景,并把知觉对象优先地从背景中区分出来。(2)知觉的理解性。知觉的理解性是指人以知识经验为基础对感知的事物进行加工处理,并用语词加以概括、赋予说明的加工过程。(3)知觉的整体性。知觉的整体性是指人根据自己的知识经验把直接作用于感官的客观事物的多种属性整合为统一整体的过程。(4)知觉的恒常性。知觉的恒常性是指客观事物本身不变，但知觉条件在一定范围内发生变化时，人的知觉映像仍相对不变。

5. 加涅将学习结果分为哪几类？

按照学习结果的不同，心理学家加涅将学习分为以下五种类型：

(1)智慧技能，指运用符号或概念与环境交互作用的能力。

(2)认知策略，指调控自己的注意、学习、记忆和思维等内部心理过程的技能。

(3)言语信息，指有关事物的名称、时间、地点、定义以及特征等方面的事实性信息。

(4)动作技能，指通过身体动作的质量的不断改善而形成的整体动作模式。

(5)态度，指影响个人对人、事、物采取行动的内部状态。

这五项内容分属于三个领域：前三项内容属于认知领域；第四项内容属于动作技能领域；第五项内容属于情感领域。

方法技巧：考生在做此类试题时，可采用口诀进行记忆：认知领域有三宝，言语智慧有策略，情态动作皆结果。

四、材料分析题(参考答案)

1. (1)美国心理学家韦纳把人经历过事情的成败归结为六种原因，即能力、努力程度、工作难度、运气、身心状况、外界环境。又把上述六项因素按各自的性质，分别归入三个维度：内部归因和外部归因、稳定性归因和不稳定性归因、可控制归因和不可控制归因。一个总是失败并把失败归因于内部的、稳定的和不可控的因素(即能力低)的学生会形成一种习得性无助的自我感觉。习得性无助感是指由于连续的失败体验而产生的对行为结果感到无力控制、无能为力的心理状态。晓奇出现的问题：晓奇考试失利，对自己的学习能力产生了怀疑，没有自信，认为自己不是学习的材料，学习劲头下降，这表明晓奇产生了习得性无助感。产生原因：通过信中的内容可知，晓奇数学、英语科目考试失利后，认为自己不是学习的材料，这属于能力归因，即内部、稳定、不可控归因。将失败归因于能力是一种消极归因，这种归因不仅削弱了晓奇的学习动机，更降低了其自我效能感，导致其形成了习得性无助感。

(2)张老师应该向家长提出以下建议：①改变晓奇不正确的归因，通过归因训练帮助晓奇进行正确归因。一方面可以从“努力归因”入手，即无论成功或失败都归因于努力与否的结果。另一方面可以从“现实归因”入手，针对一些具体问题引导晓奇进行现实归因，帮助晓奇分析除努力这个因素外，影响其成绩的因素还有哪些，这些因素在多大程度上影响其学习成绩，并尽力指出解决这些问题的方法。②利用好反馈的作用。家长应对晓奇学习上的变化及时给予反馈，并在反馈中给予鼓励和支持，帮助晓奇重塑自信。③家长要采取恰当、合理的态度与方式对待晓奇，不能因为晓奇的退步而严厉地批评或指责，要在生活、学习等方面多关心晓奇，给予晓奇情感上的支持。

2.（1）材料中王老师的做法运用了概括化理论。概括化理论也称经验类化（泛化）说，由美国心理学家贾德提出，其主要观点是：一个人只要对自己的经验进行了概括，就可以完成从一个情境到另一个情境的迁移。贾德认为，先前的学习之所以能迁移到后来的学习中，是因为在先前学习中获得了一般原理，这种一般原理可以部分或全部地运用于后面的学习中。对原理了解、概括得越好，迁移效果也越好。材料中，王老师引导学生总结、掌握了五言绝句、五言律诗的平仄规律，学生在之后的学习中能利用已掌握的方法很快总结出七言律诗的平仄规律，这种对方法、原理的一般迁移符合经验类化说的内涵。

（2）该理论对教学的主要启示是：根据概括化理论，在教学中，教师要注重提高学生的知识经验的概括水平，强调基本原理、基本概念的学习与掌握。这些原理掌握的程度越高，迁移到类似问题中的效果也就越明显。

刷专题

专题一　认知过程

一、单项选择题

答案速查

1～5	DBBBB	6～10	ADACD	11～15	BDBDA	16～20	BDCDC
21～25	CCCDB	26～30	DAABA	31～35	BCBCD	36～40	BCBBB
41～45	BDBCC	46～50	DBCDD	51～55	CDCBD	56～60	CCDCC
61～65	DBACB	66～70	CDABA	71～75	DBACA	76～80	DCAAD
81～85	DCCAA	86～90	ADDBB	91～95	CDCAA	96～99	ABBB

1. D　【解析】有意注意也称随意注意，是有预定目的、必要时需要意志努力、主动地对一定事物所发生的注意。有意注意是一种积极主动、服从于当前活动任务需要的注意，属于注意的高级形式。题干中学生对重难点知识的注意，是有预定目的且需要意志努力的注意，因此属于有意注意。

2. B　【解析】辐合思维是指人们根据已知的信息和利用熟悉的规则，产生符合逻辑的结论从而解决问题。这是一种有方向、有条理、有范围的思维方式。发散思维是指人们解决问题时，思路朝着各种可能的方向扩散，从而求得多种答案。题干中小伟的思维方式属于辐合型。

3. B　【解析】知觉的理解性是指人以知识经验为基础对感知的事物进行加工处理，并用语词加以概括、赋予说明的加工过程。“仁者见仁，智者见智”即不同的人看待同一个问题的侧重点不同，其理解也不同,这说明了知觉的理解性。

4. B 【解析】暗适应是指照明停止或由亮处转入暗处时视觉感受性提高的过程。电影院光线暗,起初什么也看不清,等一段时间后慢慢能看清了,这是视觉的暗适应。

5. B 【解析】社会刻板印象是指对某一类事物或人物的一种比较固定、概括而笼统的看法。它强调的是人对某类群体的固有印象。题干中,人们对护士、模特等职业的人员的固有看法在心理学上称为刻板印象。

6. A 【解析】思维的间接性是指思维能对感官所不能直接把握的或不在眼前的事物,借助某些媒介物与头脑加工来进行反映。题干中,李清照这首词的意思是:昨夜雨虽然下得稀疏,但是风却劲吹不停,酣睡一夜仍有余醉未消。问那正在卷帘的侍女,外面的情况如何,她却说海棠花依然和昨天一样。知道吗?知道吗?这个时节应该是绿叶繁茂,红花凋零了。通过"昨夜雨疏风骤"来推知今天的海棠花应是"绿肥红瘦",体现了思维的间接性。

7. D 【解析】感觉对比是指同一感受器接受不同的刺激,而使感受性发生变化的现象。教师把形近字的相异部分用不同颜色的粉笔写出来,体现的就是感觉对比。

8. A 【解析】知觉恒常性受各种因素的影响,其中视觉线索有重要的作用。视觉线索是指环境中的各种参照物给人们提供的物体距离、方位和照明条件的信息。

9. C 【解析】算法策略是指将所有可能的针对问题解决的方法都一一列举出来并进行尝试,直到最终从根本上解决问题。题干中采用逐个进行尝试的方法找回手机密码就属于算法策略。

10. D 【解析】人们把某种功能赋予某物体的倾向称为功能固着。在功能固着的影响下,人们不易摆脱事物用途的固有观念,从而直接影响问题解决的灵活性。小刚只想到用螺丝刀拧螺丝,没有想到可以用小刀,说明其摆脱不了功能固着的影响。故选 D 项。A 项为干扰项,可排除。B 项,定势(即心向)是指重复先前的操作所引起的一种心理准备状态。在定势的影响下,人们会以某种习惯的方式对刺激情境做出反应。C 项,酝酿效应是指当一个人长期致力于某一问题的解决而又百思不得其解的时候,如果他暂时停下对这个问题的思考而去做别的事情,几小时、几天或几周之后,他可能会忽然想到解决的办法。

11. B 【解析】感觉对比是同一感受器接受不同的刺激,而使感受性发生变化的现象。感觉对比可分为同时对比和继时对比。其中,刺激物先后作用于同一感受器会产生继时对比现象。题干强调小明先后听了两段语速不同的听力材料,会觉得正常语速比较慢,这是刺激物先后作用于听觉器官从而产生了继时对比现象。

12. D 【解析】在刺激作用停止后,感觉暂时保留一段时间的现象称为感觉后效,即感觉后像。在各种感觉中,视觉的后效很显著,又称视觉后像。视觉后像有正后像和负后像。注视发光的灯泡几秒钟，再闭上眼睛，就会感到眼前有一个同灯泡差不多的光源出现在黑暗的背景里，这时出现的就是正后像。

13. B 【解析】思维具有概括性和间接性两个特点。思维的间接性，是指思维能对感官所不能直接把握的或不在眼前的事物，借助于某些媒介物与头脑加工来进行反映。例如：内科医生不能直接看到病人内脏的病变，却能以听诊、化验、切脉、试体温等手段为中介，经过思维加工间接判断出病人的病情。题干中“人们可以根据宇宙中存在的种种现象以及相关的知识经验来推测它的形成”体现了思维的间接性。

14. D 【解析】无意注意也称不随意注意，是没有预定目的、无需意志努力、不由自主地对一定事物所发生的注意。题干中教师利用声音的变化吸引学生的注意，这是无意注意规律在教学中的应用。

15. A 【解析】知觉的整体性是指人根据自己的知识经验把直接作用于感官的客观事物的多种属性整合为统一整体的过程。人的面部特征是我们感知人体外貌的强的刺激部分。只要认得人的面部特征，不管他的发型、服饰等如何变化，只要面部没有变化，就不会认错人。

16. B 【解析】明适应是在光刺激由弱变强的情况下发生的感受性降低的过程。比如，从暗的环境到亮的环境，开始觉得光线刺得眼睛睁不开，很快就习惯了。明适应是从暗的环境到亮的环境，暗适应是从亮的环境到暗的环境，题干所述现象为明适应。

17. D 【解析】知觉的选择性是指当面对众多的客体时，知觉系统会自动地将刺激分为对象和背景，并把知觉对象优先地从背景中区分出来。因此，题干中学生用荧光笔画出优美的语句利用的就是知觉的选择性。故选 D 项。

18. C 【解析】思维的概括性，包含两层意思：(1)把同一类事物的共同特征和本质特征抽取出来加以概括；(2)将多次感知到的事物之间的联系和关系加以概括，得出有关事物之间的内在联系的结论。学生在认识了各种三角形之后，总结出了三角形的本质特征，即“三角形是由三条线段所围成的封闭图形”，这种从具体到抽象、由个别到一般的思维过程体现了思维的概括性。

19. D 【解析】知觉的恒常性是指客观事物本身不变，但知觉条件在一定范围内发生变化时，人的知觉映像仍相对不变。例如，平视桌面上的一本书与斜视桌面上同一位置的同一本书，在视网膜上成像的形状虽有不同，但人对书的形状知觉却仍然保持不变。

易混辨析：知觉的选择性强调对象与背景的关系；知觉的理解性强调知识经验的重要性；知觉的整体性强调部分与整体的关系；知觉的恒常性强调观测条件变化而事物不变。

20. C 【解析】感觉阈限与感受性在数值上成反比关系，感受性高，则感觉阈限低；感受性低，则感觉阈限高。

21. C 【解析】对问题解决起启发作用的事物叫原型。原型启发是指从其他事物上发现解决问题的途径和方法。人们受面包发酵后变得松软的启发，制造出泡沫橡胶，这种解决问题的过程与方法属于原型启发，故选 C 项。

22. C 【解析】无意注意也称不随意注意，是没有预定目的、无需意志努力、不由自主地对一定事物所发生的注意。引起无意注意的客观条件有：(1) 刺激物的强度；(2) 刺激物之间显著的对比关系；(3) 刺激物的活动和变化；(4) 刺激物的新异性。题干强调闪动着的霓虹灯容易引起人们的注意，即体现了刺激物的活动和变化对注意的影响。故选 C 项。

23. C 【解析】定势（即心向）是指重复先前的操作所引起的一种心理准备状态。在定势的影响下，人们会以某种习惯的方式对刺激情境做出反应。丽丽在铁比棉花重的心理定势下，很容易认为一斤铁比一斤棉花重。

24. D 【解析】题干中，“有的人”认为：有孩子的人可能会将虐待儿童这一现象联想到自己孩子身上，从而不敢看这类新闻。这表明题中“有的人”将自己的想法投射到了有孩子的他人身上，认为别人会做出符合自己设想的行动，这体现的正是投射效应。故选 D 项。A 项，晕轮效应是当我们认为某人具有某种特征时，就会对他的其他特征做相似判断。B 项为干扰项，可排除。C 项，社会刻板效应是指对某一类事物或人物的一种比较固定、概括而笼统的看法。

25. B 【解析】当我们认为某人具有某种特征时，就会对他的其他特征做相似判断，这就是晕轮效应，也称光环效应。父母因为小明学习不好，便否定了他的其他方面，这就是晕轮效应的体现。

26. D 【解析】感觉适应是指由于刺激对感受器的持续作用而使感受性发生变化的现象。题干所述是嗅觉的适应过程。

27. A 【解析】手段—目的分析法是指把所需达到的问题的目标状态分成若干个子目标，通过实现一系列的子目标而最终达到总目标。例如，完成一篇 20 页的论文，对某些学生来说是个难题，采用手段—目的分析策略，把任务分解成几个子任务，如选题、查找资料、阅读资料、组织材料、制定大纲、完成初稿、修改定稿等，问题就容易解决。故本题选 A 项。

28. A 【解析】短时记忆的容量一般是 7±2 个组块，即 5～9 个项目，平均值为 7。

29. B 【解析】注意的分配是指人在进行两种或多种活动时能把注意指向不同对象的现象。题干中唐代画家张璪的“双管齐下”就是注意分配的体现。

30. A 【解析】感觉对比是同一感受器接受不同的刺激，而使感受性发生变化的现象。感觉对比分为两种：同时对比和继时对比。几个刺激物同时作用于同一感受器会产生同时对比现象。题干所述体现了同时对比。

31. B 【解析】注意的集中性是指心理活动停留在被选择的对象上的强度或紧张度，它使心理活动离开一切无关的事物，并且抑制多余的活动，以保证注意的对象能得到比较鲜明和清晰的反映。人在注意力高度集中时，对目标物之外的其他事物就会“视而不见、听而不闻”了。

32. C 【解析】影响知觉选择性的客观因素之一是对象与背景的差别性。对象与背景的差别越大，对比越鲜明，知觉越容易；对象与背景的差别越模糊，知觉越困难。白色的兔子在白色的雪地上难以分辨出来是因为两者的颜色相同，刺激的对比不强烈。

33. B 【解析】题干中老师板书时用红色粉笔把重点内容突出出来运用的原理是色彩对比鲜明的物体容易引起人的无意注意。

34. C 【解析】注意的广度也称注意的范围，是指在同一时间内，人们能够清楚地知觉出的对象的数目。题干中，李峰能关注到整个黑板上的大部分内容，这表明他注意的范围广，即注意的广度这一品质较好，故答案选 C 项。

A 项，注意的分散是指注意离开了当前应当完成的任务而被无关的事物所吸引。与题干不符，排除。

B 项，注意的转移是根据新的任务，主动地把注意从一个对象转移到另一个对象或由一种活动转移到另一种活动的现象。与题干不符，排除。

D 项，注意的分配是指人在进行两种或多种活动时能把注意指向不同对象的现象。与题干不符，排除。

35. D 【解析】注意的转移是根据新的任务，主动地把注意从一个对象转移到另一个对象或由一种活动转移到另一种活动的现象。题干中小刘很快把精力投入到新任务中体现了注意的转移。

36. B 【解析】表象是事物不在面前时，人们在头脑中出现的关于事物的形象。题干中强调游览后在头脑中再现出南京长江大桥的形象，这一形象属于表象。

37. C 【解析】无意注意也称不随意注意，是没有预定目的、无需意志努力、不由自主地对一定事物所发生的注意。上课过程中钱冰突然推门而入，这一突然产生的外部刺激引起了同学们的无意注意，使他们不由自主地看向钱冰。故本题选 C 项。

38. B 【解析】听觉编码是短时记忆主要的编码形式，语义编码是长时记忆主要的编码形式。

39. B 【解析】下位学习又称类属学习，是一种把新的观念归属于认知结构中原有观念的某一部分，并使之相互联系的过程。原有观念在包容和概括水平上高于新学习的知识。

40. B 【解析】有意注意也称随意注意，是有预定目的、必要时需要意志努力、主动地对一定事物所发生的注意。题干中教师的做法是为了使学生明白这部分知识的重要性，从而自觉、主动地加强记忆和复习。故教师的目的是引起学生的有意注意，本题选 B 项。

41. B 【解析】再造想象是依据词语或符号的描述、示意在头脑中形成与之相应的新形象的过程。题干中学生在诵读诗句的时候，头脑中出现了相应的画面，这属于再造想象。故本题选 B 项。

42. D 【解析】提出假设就是提出解决问题的可能途径与方案，选择恰当的解决问题的操作步骤。因此，“想出两种以上可能的计算方法”属于问题解决的提出假设阶段。

43. B 【解析】瞬时记忆存储量大，它主要依靠信息的物理特征进行编码，信息处于相对未加工的原始状态，形象鲜明，但存储时间很短。

44. C 【解析】根据记忆的内容和经验的对象，可将记忆分为形象记忆、情景记忆、逻辑记忆、情绪记忆和动作记忆。其中，逻辑记忆是以各种有组织的知识为内容的记忆，如字词、符号、概念、公式、规则、思想观点等。如对哥伦布发现美洲这个事实的记忆就是逻辑记忆。

45. C 【解析】知觉的理解性是指人以知识经验为基础对感知的事物加工处理，并用语词加以概括、赋予说明的加工过程。人在知觉的过程中，不是被动地把知觉对象的特点登记下来，而是以过去的知识经验为依据，力求对知觉对象做出某种解释，使它具有一定的意义。因此，本题选 C 项。

46. D 【解析】晚上的学习效果优于白天，这是由于白天受前摄抑制和倒摄抑制的双重干扰较多。晚上只受前摄抑制的干扰。

47. B 【解析】前摄抑制是先学习的材料对识记和回忆后学习材料的干扰作用；倒摄抑制是后学习的材料对保持和回忆先学习材料的干扰作用。题干中老师指出初中阶段的函数知识与高中阶段函数知识的关系，使学生将新旧知识融合，防止学生在学习时出现前摄抑制和倒摄抑制。

48. C 【解析】奥苏伯尔提出的同化说（认知结构说）认为，遗忘是知识的组织和认知结构简化的过程。当人们学到了更高级的概念与规律之后，就可以以此来代替低级的观念，使低级观念简化，从而减轻记忆负担。

49. D 【解析】机械识记是根据材料的外在联系，采取多次重复的方式所进行的识记，即平时所说的死记硬背。题干中小学生通过多次读的方式记住了并不理解的古诗词，这种识记方式是机械识记。

50. D 【解析】提取失败说认为遗忘是一时难以提取出需要的信息，遗忘之所以发生是因为编码不准确，失去了检索线索或线索错误。一旦有了正确的线索，经过搜寻，所需要的信息就能提取出来。题干所述现象是提取失败说的典例。

51. C 【解析】感觉记忆的编码方式有图像记忆和声像记忆两种。图像记忆是感觉记忆的主要编码形式。

52. D 【解析】回忆是指过去经历的事物不在面前，人们在头脑中把它重新呈现出来的过程。学生回答问答题时的记忆活动是回忆。

53. C 【解析】有意后注意也叫随意后注意，是有预定目的，但不需要意志努力的注意。它是在有意注意的基础上，经过学习、训练或培养个人对事物的直接兴趣达到的。在有意注意阶段，主体从事一项活动需要意志努力，但随着活动的深入，个体由于兴趣的提高或操作的熟练，不用意志努力就能够在这项活动上保持注意。根据题干描述可知，小陈刚开始学习数学时，只是出于完成学习任务的目的，后来他对数学产生了兴趣，可以自然而然地将注意力集中在数学学习上，这种注意属于有意后注意。故C项正确。

54. B 【解析】由于刺激对感受器的持续作用而使感受性发生变化的现象叫感觉适应。感觉适应可以引起感受性的提高，也可以引起感受性的降低。游泳时，刚刚跳进水中时会觉得水很冷，不久后这种感觉就会消失，这是由于冷水对皮肤的持续刺激，使个体的感受性降低了，故属于感觉适应现象。

55. D 【解析】根据想象的目的和计划性，可将想象分为无意想象和有意想象。根据创造程度的不同，有意想象又可以分为再造想象和创造想象。其中，再造想象是依据词语或符号的描述、示意在头脑中形成与之相应的新形象的过程。题干中强调阅读《红楼梦》时根据文字描述在头脑中想象出王熙凤的形象，这属于有意想象中的再造想象。故本题选D项。

56. C 【解析】根据记忆的内容和经验的对象，可将记忆分为形象记忆、情景记忆、逻辑记忆、情绪记忆和动作记忆。其中，形象记忆是以感知过的事物形象为内容、以表象的形式储存在头脑中的记忆。题干中强调小芳脑海中浮现出看到过的苹果树和苹果的形象，这属于形象记忆。

易错提示：判断记忆类型的关键在于记忆的内容是什么。“事物形象”是形象记忆；“与亲身经历有关的事件”是情景记忆；“概念、定理、公式和规则”属于逻辑记忆；“情绪或情感”是情绪记忆；“运动或动作”属于动作记忆。

57. C 【解析】动作记忆又称运动记忆，是以过去的运动或动作为内容的记忆。在头脑中保留的体操动作、舞蹈动作等都属于动作记忆。

58. D 【解析】独创性是指产生不寻常的反应和不落常规的能力，以及重新定义或按新的方式对所见所闻加以组织的能力。“知人所不知，见人所不见”比喻有独到见解，符合独创性的定义。

59. C 【解析】意义识记是在理解的基础上，依据材料的内在联系，并运用已有的知识经验而进行的识记。题干所述是通过已有知识来记忆新知识，符合意义识记的概念。

60. C 【解析】压抑说认为，遗忘是由于情绪或动机的压抑作用引起的，如果压抑被解除，记忆就能恢复。由于情绪紧张而引起的遗忘（考试时经常发生）就属于这种类型。

61. D 【解析】影响遗忘进程的因素包括：（1）学习材料的性质；（2）系列位置效应；（3）识记材料

的数量和学习程度;(4)记忆任务的长久性与重要性;(5)识记的方法;(6)时间因素;(7)情绪和动机。

62. B 【解析】具体形象思维是以直观形象和表象为支柱的思维过程。例如,要考虑走哪条路能更快到达目的地,便需在头脑中出现若干条通往目的地的路的具体形象,并运用这些形象进行分析、比较来做出选择。

63. A 【解析】短时间内注意周期性地不随意跳跃现象称为注意的起伏(或注意的动摇),它是由于人的感受性不能长时间地保持固定的状态,而是间歇性地加强和减弱造成的。题干所述现象是注意的起伏。

64. C 【解析】首因效应指在总体印象形成上,最初获得的信息比后来获得的信息影响更大的现象。题干中老师第一次讲课时就给学生留下了良好印象,这种印象使学生认为老师之后讲得课也会很好。这是心理效应中的首因效应。

65. B 【解析】理解问题即明确问题,就是把握问题的性质和关键信息,摒弃无关因素,并在头脑中形成有关问题的初步印象,即形成问题的表征。根据题干描述可知,张老师的做法有利于学生形成对问题的表征。故本题选 B 项。

66. C 【解析】直觉思维是未经逐步分析就迅速对问题答案做出合理的猜测、设想或突然领悟的思维。直觉思维具有敏捷性、直接性、简缩性、突然性(突发性)、猜测性的特点。题干所述属于直觉思维的典型事例。

67. D 【解析】晕轮效应是指当我们认为某人具有某种特征时,就会对他的其他特征做相似判断,也称光环效应。当一个人的外表充满魅力时,那么他(她)的其他同外表无关的特征,也会得到更好的评价。

68. A 【解析】注意是心理活动或意识对一定对象的指向和集中,是心理过程的动力特征之一。注意有指向性与集中性两个特点。

69. B 【解析】刺激物之间的对比关系容易引起人的无意注意。题干中,一群孩子中站着一个成年人,一片绿色中存在着鲜艳的红色,两类不同的刺激物之间形成了鲜明的对比,因而能引起人的无意注意。本题选 B 项。

70. A 【解析】聚合思维,也叫求同思维、集中思维,是指人们解决问题时,思路集中到一个方向,从而形成唯一的、确定的答案。故选 A 项。

71. D 【解析】创造想象是按照一定目的、任务,使用自己以往积累的表象,在头脑中独立地创造出新形象的过程。作者对人物形象的塑造是创造想象的过程。

72. B 【解析】创造想象是按照一定目的、任务,使用自己以往积累的表象,在头脑中独立地创造出新形象的过程。设计蓝图属于创造想象。

73. A 【解析】根据思维的创造程度,可将思维分为再造性思维和创造性思维。其中,创造性思维是指以新颖、独特的方式来解决问题的思维方式。题干中后者使用了新颖、独特的方式来解决问题,这属于创造性思维,故本题选 A 项。

74. C 【解析】思维的灵活性是指摒弃以往的习惯思维方法而开创不同方向的能力,也叫思维的变通性。题干中李明可以不受消极思维定势的桎梏,触类旁通,从不同角度思考并解决问题,说明李明的思维具有变通性。

易混辨析:流畅性强调数量多,变通性强调种类多,独创性强调观念新。

75. A 【解析】流畅性是指在限定时间内产生观念数量的多少。在短时间内产生的观念越多,流畅性越好。

76. D 【解析】刚刚能引起差别感觉的刺激物间的最小差异量叫差别感觉阈限,又称最小可觉差;能够感受刺激物之间这一最小差异量的能力叫差别感受性。题干中强调刚刚能感觉到刺激物之间的最小差异量的能力,故属于差别感受性。

77. C 【解析】思维定势(即心向)是指重复先前的操作所引起的一种心理准备状态。在定势的影响下,人们会以某种习惯的方式对刺激情境做出反应。题干中教师给自己认为好的学生高分,差的学生低分,属于对学生的思维定势。

78. A 【解析】思维的间接性是指思维能对感官所不能直接把握的或不在眼前的事物,借助某些媒介物与头脑加工来进行反映。题干中教师通过学生的言行举止来了解学生的内心世界,这说明思维具有间接性。

79. A 【解析】短时记忆的特点有记忆时间很短、容量有限、意识清晰、操作性强、易受干扰等。A 项属于瞬时记忆的特点。

80. D 【解析】形象记忆是以我们感知过的事物形象为内容的记忆。题干所述是形象记忆的典型事例。

81. D 【解析】理论思维是以科学的原理、定理、定律等理论为依据,对问题进行分析、判断的思维。题干所述是理论思维的概念。

82. C 【解析】当一个人长期致力于某一问题的解决而又百思不得其解的时候,如果他暂时停下对这个问题的思考而去做别的事情,几小时、几天或几周之后,他可能会忽然想到解决的办法,这就是酝酿效应。酝酿效应实际上是产生了顿悟,使人们打破了以往不恰当的思路,从一个新的角度思考问题,从而使问题得以解决。

83. C 【解析】人们把某种功能赋予某物体的倾向称为功能固着。在功能固着的影响下,人们不易摆脱事物用途的固有观念,从而直接影响问题解决的灵活性。题干所述现象属于功能固着。

84. A 【解析】一种感觉兼有另一种感觉的心理现象叫联觉。根据题干所述,听觉引起了视觉上的联想,这种感觉现象属于联觉,本题选 A 项。

85. A 【解析】内隐记忆是指在不需要意识参与或不需要有意回忆的情况下,个体的已有经验自动对当前任务产生影响而表现出来的记忆。题干所述是内隐记忆的典型现象。

86. A 【解析】情绪记忆是个体以曾经体验过的情绪或情感为内容的记忆。因此,对被蛇咬过之后产生的恐惧情绪的记忆属于情绪记忆。

87. D 【解析】对两个同类的刺激物,只有达到一定的差异强度才能引起人们的差异感觉。刚刚能引起差别感觉的刺激物间的最小差异量叫差别感觉阈限,又称最小可觉差。题干中的 10 分贝是刚刚能引起小燕差别感觉的刺激量的最小差异,故属于差别感觉阈限。

88. D 【解析】算法策略是将所有可能的针对问题解决的方法都一一列举出来并进行尝试,直到最终从根本上解决问题。

89. B 【解析】实验证明:过度学习达到 50%,即学习的熟练程度达到 150% 时,学习的效果最好;超过 150% 时,效果并不递增,很可能引起厌倦、疲劳而成为无效劳动。

90. B 【解析】再造性思维也称常规性思维或习惯性思维,是指人们运用已获得的知识经验,按现成的方案和程序,用惯常的方法、固定的模式来解决问题的思维方式。例如,学生运用已学会的公式解决同一类型的问题。

91. C 【解析】过度学习是指学习达到恰能背诵之后再继续学习。实验证明:过度学习达到 50%,即学习的熟练程度达到 150% 时,学习的效果最好。题干中小明在 20 分钟后刚好能背诵,要想取得最好的记忆效果,他应该过度学习 50%,即再学习 10 分钟。

92. D 【解析】感觉是人脑对直接作用于感觉器官的客观事物的个别属性的反映。知觉是在感觉的基础上产生的,它是人脑对直接作用于感觉器官的客观事物的整体属性的反映。人们认出"一面红旗"是对"红旗"的颜色、形状等属性的整体的感知,因此是知觉的活动过程。

93. C 【解析】程序性记忆是指对如何做事情的记忆,包括对知觉技能、认知技能和运动技能的记忆。题干中,学生对于如何骑自行车的记忆属于对运动技能的记忆,因此属于程序性记忆。

94. A 【解析】经验思维是以日常经验为依据,判断生产、生活中的问题的思维。题干中的谚语就属于一种经验思维。

95. A 【解析】知觉的选择性是指当面对众多的客体时,知觉系统会自动地将刺激分为对象和背景,并把知觉对象优先地从背景中区分出来。被清晰反映的刺激物叫知觉的对象,被模糊反映的刺激物叫知觉的背景。题干中教师的做法会使形近字中用红色突出显示的部件成为学生优先知觉的对象，有助于学生更好地认识、辨别形近字，这一做法符合知觉的选择性规律。

96. A 【解析】直观动作思维是以实际动作为支柱的思维过程。思维活动往往是在实际操作中，借助触摸、摆弄物体而产生和进行的。成人也有动作思维，是在经验的基础上，在第二信号系统的调节下实现的。例如，技术工人在对一台机器进行维修时，一边检查一边思考故障的原因，直至发现问题排除故障为止，这一过程中动作思维占据主要地位。

97. B 【解析】长时记忆是指信息在头脑中储存的时间在1分钟以上，直至保持终生的记忆。

98. B 【解析】逆向工作法是指从目标状态出发，按照子目标组成的逻辑顺序逐级向初始状态递归。因此，“反向设计，正向施工”属于问题解决策略中的逆向工作法。

99. B 【解析】问题解决的过程一般可分为发现问题、理解问题、提出假设以及检验假设四个阶段。理解问题即明确问题，就是把握问题的性质和关键信息，摒弃无关因素，并在头脑中形成有关问题的初步印象，即形成问题的表征。题干所述属于问题解决的明确问题阶段。

二、辨析题（参考答案）

1. 定势是一种消极的心理准备状态。

(1)这种说法是不正确的。(2)定势（即心向）是指重复先前的操作所引起的一种心理准备状态。在定势的影响下，人们会以某种习惯的方式对刺激情境做出反应。定势对解决问题既有积极作用，也有消极作用。因此，题干说法错误。

2. 注意的起伏和注意的分散都是稳定性差的表现。

(1)这种说法是不正确的。(2)注意的稳定性是指注意保持在某一对象或某一活动上的时间长短特性。持续时间愈长，注意就愈稳定。注意的分散是指注意离开了当前应当完成的任务而被无关的事物所吸引，这是注意不稳定的表现。而注意的起伏是指短时间内注意周期性地不随意跳跃现象，它是由于人的感受性不能长时间地保持固定的状态，而是间歇性地加强和减弱造成的，这是一种正常的心理现象。因此，只有注意的分散是稳定性差的表现，故本题说法错误。

3. 学习程度超过150%，学习效果最好。

(1)这种说法是不正确的。(2)对学习材料的学习程度在一定程度上影响遗忘，学习程度太小或太大，都不利于对知识的记忆。实验证明：过度学习达到50%，即学习的熟练程度达到150%时，学习的效果最好；超过150%时，效果并不递增，很可能引起厌倦、疲劳而成为无效劳动。因此，题干表述错误。

三、简答题（参考答案）

1. 简述有效组织复习的方法。

有效组织复习的方法有：(1)复习时机要得当。①及时复习；②合理分配复习时间；③间隔复习;④循环复习。(2)复习方法要合理。①分散复习与集中复习相结合;②复习方法多样化;③运用多种感官参与复习;④尝试回忆与反复识记相结合。(3)复习次数要适宜。①复习内容的数量要适当;②适当的过度学习。(4)重视对记忆品质的培养。(5)注意用脑卫生。

2. 影响遗忘进程的因素有哪些?

影响遗忘进程的因素有:(1)学习材料的性质;(2)系列位置效应;(3)识记材料的数量和学习程度;(4)记忆任务的长久性与重要性;(5)识记的方法;(6)时间因素;(7)情绪和动机。

3. 简述教师培养中学生注意力的方法。

(1)培养间接兴趣;(2)养成良好的学习习惯;(3)让学生保持良好的心理状态;(4)重视集中注意的自我训练。

4. 简述问题解决的一般过程。

问题解决的一般过程包括:(1)发现问题;(2)理解问题;(3)提出假设;(4)检验假设。

5. 简述引起和保持有意注意的条件。

(1)加深对目的任务的理解。(2)合理组织活动。(3)培养稳定的间接兴趣。(4)排除内外因素的干扰,提高意志力水平。

四、材料分析题(参考答案)

1. (1)首先,教师把上课要演示的教具放在讲台上,分散了学生的注意力。其次,教师宣布考试成绩,这与接下来的教学无关,容易造成学生紧张的心理氛围。因此,恰当的做法是:①上课之前教师的教具应该放在隐蔽的位置;②教师应该在课堂结束后再宣布考试成绩。

(2)①根据注意的外部表现了解学生的听课状态。教师通过观察学生的外部表现,既能够判断学生是否在专心听讲,又能够了解自己的教学效果,从而保证课堂教学的最优化。

②运用无意注意的规律组织教学。创造良好的教学环境;注重讲演、板书技巧和教具的使用;注重教学内容的组织和教学形式的多样化。

③运用有意注意的规律组织教学。可使用的方法有:明确学习的目的和任务;培养间接兴趣;合理组织课堂教学,防止学生分心等。

④运用两种注意相互转换的规律组织教学。

2. (1)材料反映了记忆过程的特点,根据艾宾浩斯提出的著名的“遗忘曲线”可知,遗忘是有规律的,即遗忘的进程是不均衡的,其趋势是先快后慢、先多后少,呈负加速,且到一定的程度几乎就不再遗忘了。

(2)材料说明了正确运用复习策略,可以提高知识掌握的速度和延长记忆的保持时间。丰子恺充分运用了心理学中的复习策略,如及时复习、合理分配复习时间、间隔复习等,这样做就减少了遗忘的发生,使所学知识得到及时的巩固。

3. (1)发散思维是创造性思维的核心,目前比较公认的是以发散思维的基本特征来代表创造性思维的特征。

①流畅性。流畅性是指在限定时间内产生观念数量的多少。在短时间内产生的观念越多,流畅性越大。该特征能反映个体的心智灵活、思路通达的程度。

②灵活性。灵活性是指摒弃以往的习惯思维方法而开创不同方向的能力,也叫思维的变通性。

③独创性(独特性)。独创性是指产生不寻常的反应和不落常规的能力,以及重新定义或按新的方式对所见所闻加以组织的能力。

(2)一般而言,对学生创造性的培养可从以下方面着手:

①培养创造性认知能力。包括:培养创造性的知识基础;创造性思维的培养。②注重创造性个性的塑造。具体包括保护好奇心;解除个体对答错问题的恐惧心理;鼓励独立性和创新精神;重视非逻辑思维能力;给学生提供具有创造性的榜样。③创设有利的社会环境。包括:创设宽松的心理环境;给学生留有充分选择的余地;改革考试制度与考试内容。④培养创造型的教师队伍。要培养学生的创造性,必须对教师进行有关创造性的相应培训和专门指导。具体表现在:第一,要转变教师的教育教学观念,使教师形成理解并鼓励学生的创造,把培养创造性作为一种教学目标的现代教育理念;第二,要教给教师必要的创造技法和思维策略,增强他们自身的创造意识和创造能力;第三,要为教师提供比较明晰的具有实际应用价值的关于创造性的操作定义、相应的评价标准和程序、有效的教学策略和技能。

专题二 学习与学习理论

一、单项选择题

答案速查

1~5	ACCAC	6~10	ADCCA	11~15	BBBAD	16~20	ACCDD
21~25	CCAAA			26~28	ABD		

1. A 【解析】移除性惩罚是指在行为后移去满意刺激,以减少行为的发生。呈现性惩罚是指在行为后施加厌恶刺激以抑制或减少该行为的发生频率。小明的妈妈通过取消周末看电影这一愉快刺激,来降低小明在学校不遵守纪律的行为发生的频率,故属于移除性惩罚。

2. C 【解析】托尔曼的符号学习理论认为,学习是对完形的认知,是形成认知地图的过程。

3. C 【解析】负强化也称消极强化,是通过消除或中止厌恶、不愉快刺激来增强反应频率。未系安全带时的提示音对于司机和乘客来说是厌恶刺激,要想摆脱此厌恶刺激,司机和乘客会自觉系上安全带,因此这属于对负强化的应用。

4. A 【解析】奥苏伯尔认为学校应主要采用有意义的接受学习,因为有意义的接受学习可以在短时期内使学生获得大量的系统知识。

5. C 【解析】建构主义的学生观认为,学生不是空着脑袋走进教室的,他们本身具有一定的知识经验。因此,教学不能无视学生已有的经验,而是要把学生现有的知识经验作为新知识的生长点,引导学生从原有知识经验中发展出新的知识经验。

6. A 【解析】根据学习情境由简单到复杂、学习水平由低到高的顺序,加涅把学习分为八类:信号学习、刺激—反应学习、连锁学习、言语联结学习、辨别学习、概念学习、规则或原理学习、解决问题学习(高级规则的学习)。其中,刺激—反应学习是指学会对某一情境中的刺激做出某种反应,以获得某种结果。其过程是:情境—反应—强化。桑代克和斯金纳的操作性条件反射是该学习水平的典例。苗苗在课堂上积极回答问题,受到老师多次表扬后更加积极回答问题的现象体现了操作性条件反射原理的运用,故题干所述学习属于刺激—反应学习。概念学习是指对刺激进行分类时,学会对一类刺激做出同样的反应。辨别学习是指学会识别多种刺激的异同并做出不同的反应。规则学习是指学习两个或两个以上概念之间的关系。

7. D 【解析】强化是采用适当的强化物而使机体反应频率、强度和速度增加的过程。凡是能增强行为频率的刺激或事件都叫作强化物。题干中,老师对进步学生予以奖励是对强化的具体运用,小红花、小礼品则是强化物,强化是行为主义学习理论提出的观点,所以本题选 D 项。

8. C 【解析】格式塔学派的完形—顿悟学习理论认为,学习的实质是形成新的完形。A 项,桑代克的联结—试误学习理论认为,学习的实质是刺激与反应之间的联结。

B 项,奥苏伯尔从学习内容与学习者认知结构的关系上,将学习分为有意义学习和机械学习。根据学习对学习者的个人意义,人本主义将学习分为无意义学习和有意义学习。

D 项,布鲁纳的认知—发现学习理论认为学习的实质在于主动形成认知结构。

9. C 【解析】学习是个体在特定情境下由于练习或反复经验而产生的行为或行为潜能的相对持久的变化。A、B、D 三项属于本能。C 项老马在长时间的练习后可以认识路,这属于学习。

10. A 【解析】狗吃到食物时,会分泌唾液,这种反应叫无条件反射,引起这种反应的刺激是食物,称为无条件刺激。

11. B 【解析】观察学习是个体通过对他人的行为及其强化结果的观察,从而获得某些新的行为反应或已有的行为反应得到修正的过程。题干所述与观察学习的概念相吻合。

12. B 【解析】发现学习是指给学生提供有关的学习材料,让学生通过探索、操作和思考,自行发现知识、理解概念和原理的教学方法。

13. B 【解析】自我强化是指对自己表现出的符合或超出标准的行为进行自我奖励。正如题干所述,某学生用出去玩来强化自己按时完成作业的行为体现了自我强化。

14. A 【解析】桑代克认为,学习要遵循三条主律:准备律、练习律、效果律。其中,准备律是指联结的加强或削弱取决于学习者的心理准备和心理调节状态。良好的准备状态是学习顺利进行的基础。

15. D 【解析】刺激的泛化是指机体对与条件刺激相似的刺激做出条件反应。题干中,李玲由于数学老师的批评不喜欢上数学课,产生了条件反应,条件刺激是数学课。之后对与数学课堂相似的其他刺激,如其他课堂和学校,产生了讨厌和害怕的条件反应,符合泛化的定义,故选 D 项。消退现象指条件反射形成以后,如果得不到强化,条件反应会逐渐减弱,直至消失,排除 C 项。强化是采用适当的强化物而使机体反应频率、强度和速度增加的过程,题干中没有行为频率增加的过程,只涉及李玲对厌恶事物的泛化,排除 A、B 两项。

16. A 【解析】班杜拉认为,人类的大部分行为是通过观察习得的。学习是个体通过对他人的行为及其强化结果的观察,从而获得某些新的行为反应或已有的行为反应得到修正的过程。"其身正,不令而行;其身不正,虽令不从"强调的是榜样的作用,这可以用班杜拉提出的观察学习理论进行解释。

17. C 【解析】规则或原理学习是指学习两个或两个以上概念之间的关系。例如,各种规律、定理的学习。

18. C 【解析】桑代克认为,学习要遵循三条重要的原则:准备律、练习律、效果律。其中,效果律是指刺激和反应之间的联结可因导致满意的结果而加强,也可因导致烦恼的结果而减弱,它是最重要的学习规律。在实际教育过程中,教师应努力使学生的学习能得到自我满意的积极结果,防止一无所获或得到消极的后果。题干中胡老师在学生取得进步和好成绩时及时给予表扬和奖励,这符合效果律的内涵。

19. D 【解析】苛勒等人通过著名的黑猩猩取香蕉实验,对学习的实质及原因做出了解释,提出了完形—顿悟学习理论。

20. D 【解析】人本主义心理学是 20 世纪 50 ~ 60 年代在美国兴起的一个心理学流派,主张心理学者应关心人的价值和尊严,研究对人类进步富有意义的问题。人本主义学者认为,学习是人固有能量的自我实现过程,他们注重人的尊严和价值,强调无条件积极关注在个体成长过程中的重要作用。题干所述符合人本主义学派的观点。

21. C 【解析】原理学习又称规则学习。原理学习是指学习两个或两个以上概念之间的关系。例如,各种规律、定理的学习。

22. C 【解析】逃避条件作用是指当厌恶刺激出现时,有机体做出某种反应,从而逃避了厌恶刺激,则该反应在以后的类似情境中发生的概率便增加的一类条件作用。例如:看见路上的垃圾后绕道走开;感觉屋内人声嘈杂时暂时离开等。

23. A 【解析】在加涅的学习结果分类中,态度表现为个体对人、对物或对某些事件的选择倾向。学生观看电影后,对剧中英雄人物产生了敬佩之情,立志学好本领,成为国家有用之才。这体现的是加涅学习结果分类中态度的学习。

24. A 【解析】学习的主动建构性是指学生能够主动地对已有知识经验进行综合、重组和改造,从而用以解释新信息,并最终建构属于个人意义的知识内容。故A项符合题意,当选。

社会互动性主要表现为:学习是通过对某种社会文化的参与而内化相关的知识和技能、掌握有关工具的过程,这一过程常常需要通过一个学习共同体的合作互动来完成。学习的情境性主要指学习、知识和智慧的情境性。建构主义者认为知识是不可能脱离活动情境而孤立存在的,只有通过实际应用活动,知识才能真正被理解。D项不属于建构主义学习理论的内容。

25. A 【解析】布鲁纳认为学习包括三种几乎同时发生的过程,这三种过程是:新知识的获得、知识的转化、知识的评价。

26. A 【解析】普雷马克原理又称为"祖母法则",即用高频活动作为低频活动的有效强化物或者说用学生喜爱的活动去强化学生参与不喜爱的活动。在运用此原则时需注意,行为和强化的关系不能颠倒,必须先有行为,再有强化。题干中家长规定小涛阅读一篇文章(低频行为)后才能去做航空模型(高频行为),是对普雷马克原理的运用。

27. B 【解析】消退是指条件反射形成以后,如果得不到强化,条件反应会逐渐减弱,直至消失的现象。消退是一种无强化的过程,其作用在于通过这种强化的取消来降低某种反应在将来发生的概率,以达到消除某种行为的目的。题干中教师运用消退使学生不举手回答问题的行为消失了,从而完成了对举手回答问题的强化。本题选B项。

28. D 【解析】奥苏伯尔从两个维度对学习做了区分:从学生学习的方式上,将学习分为接受学习与发现学习;从学习内容与学习者认知结构的关系上,又将学习分为有意义学习和机械学习。其中,有意义学习的本质就是以符号为代表的新观念与学习者认知结构中原有的适当观念建立起非人为的和实质性的联系的过程,是原有观念对新观念加以同化的过程。

D项"学生李娟聚精会神地听教育专家的讲座"是接受学习,且学生是聚精会神地听,必然会深入理解所学知识,因此属于有意义的接受学习。故D项符合题意。

A、B两项属于发现学习;C项属于人为地增加联系,不属于有意义学习。这三项与题干不符,排除。

二、辨析题(参考答案)

1. 用语言教授的接受学习是被动机械的。

(1)这种说法是不正确的。(2)奥苏伯尔认为,接受学习未必都是机械学习,它可以而且也应该是有意义的学习。发现学习也未必都是有意义的学习，它也可能是机械学习。同时，必须把接受学习与被动学习区分开来。接受学习可能是主动的，也可能是被动的，它与被动学习、主动学习都没有必然联系。因此，题干说法错误。

2. 在知识、技能、行为方面的临时性变化也是学习。

(1)这种说法是不正确的。(2)学习是个体在特定情境下由于练习或反复经验而产生的行为或行为潜能的相对持久的变化。学习引起的是相对持久的行为或行为潜能的变化。因此，在知识、技能、行为方面的临时性变化不是学习。

3. 学生出现不良行为时，可以通过限制其参加某种娱乐活动的方式进行惩罚。

(1)这种说法是正确的。(2)惩罚有两类：呈现性惩罚(呈现厌恶刺激)和移除性惩罚(取消愉快刺激)。即当学生的不良行为出现时，通常可以采用两种惩罚方式：一是给予某种厌恶刺激，如批评、处分、谴责等；二是取消个体喜爱的刺激或剥夺某种特权等，如不许参加某种娱乐性活动。题干运用的是移除性惩罚，说法正确。

三、简答题(参考答案)

1. 简述经典性条件作用理论的主要规律。

(1)泛化与分化。泛化是对事物的相似性的反应，分化则是对事物的差异性的反应。

(2)习得与消退。在条件刺激与无条件刺激之间建立联结的过程叫作条件反应的习得过程。条件反射形成以后，如果得不到强化，条件反应会逐渐减弱，直至消失，这称为消退现象。

(3)恢复。未经强化而条件反射自动重现的现象被称为恢复。

2. 如何理解学习的内涵？

学习是个体在特定情境下由于练习或反复经验而产生的行为或行为潜能的相对持久的变化。学习的内涵可以从以下几方面去理解：(1)学习实质上是一种适应活动；(2)学习是人和动物共有的普遍现象；(3)学习是由反复经验引起的；(4)学习是有机体后天习得经验的过程；(5)学习的过程可以是有意的，也可以是无意的；(6)学习引起的是相对持久的行为或行为潜能的变化。

3. 简述桑代克的联结—试误学习理论。

(1)学习的实质在于形成刺激与反应之间的联结，联结公式是 S－R；(2)联结是一种渐进的过程，是通过不断地盲目尝试与逐步减少错误实现的；(3)学习要遵循三条主律，即准备律、练习律和效果律。

4. 简述奥苏伯尔提出的有意义学习的条件。

(1)客观条件，是指受学习材料本身性质的影响。有意义学习的材料本身必须合乎这种非人为的和实质性的标准，即具有逻辑意义。(2)主观条件，是指受学习者自身因素的影响。主要表现在:①学习者必须具有有意义学习的心向;②学习者认知结构中必须具有适当的知识,以便与新知识进行联系;③学习者必须积极主动地使这种具有潜在意义的新知识与认知结构中有关的旧知识发生相互作用。

5. 简述布鲁纳提出的掌握学科基本结构的原则。

布鲁纳认为,教学的目的在于理解学科的基本结构,他提出了掌握学科的基本结构的四个教学原则:

(1)动机原则。所有学生都具有内在的学习愿望,内在动机是维持学习的基本动力。

(2)结构原则。任何知识结构都可以用动作、图像和符号三种表象形式来呈现。

(3)程序原则。通常每门学科都存在着各种不同的程序,它们对学习者来说,有难有易,不存在对所有的学习者都适用的唯一的程序。

(4)强化原则。教学应当规定适合的强化时间和步调。

专题三　学习动机

一、单项选择题

答案速查

1~5	BCBDC	6~10	CBCBB	11~15	BADAA	16~20	ADABC
21~25	ADCAA			26~32	CADDBAB		

1. B 【解析】动机的功能有:激活功能、指向功能、维持和调节功能。其中,指向功能指动机不仅能激发行为,而且能将行为指向一定的对象或目标。题干中,不同的学生学习的目标指向不同,这体现了动机的指向功能。

2. C 【解析】期待包括结果期待和效能期待。结果期待是指人对自己的某一行为会导致某一结果的推测。效能期待是指人对自己能够进行某一行为的能力的推测或判断,它意味着人是否确信自己能够成功地进行带来某一结果的行为。题干中教师认为只要教学认真,就能取得优异成绩,这说明他结果期待高;但是又认为自己没有能力达到期待目标,说明其效能期待低。

3. B 【解析】替代经验是指个体的许多效能期望是来源于对他人的观察,如果看到一个与自己一样或不如自己的人成功,自己的效能感就会提高。

4. D 【解析】根据韦纳的成败归因理论可知,A 项归因于外界环境,属于外部归因;B 项归因于运气,属于外部归因;C 项归因于工作难度,属于外部归因;D 项归因于努力,属于内部归因。

5. C 【解析】“耶克斯—多德森定律”表明动机的最佳水平随着任务性质的不同而不同。在比较容易的任务中,行为效果(工作效率)随着动机的提高而上升,故③正确,④错误;随着任务难度的增加,动机的最佳水平有逐渐下降的趋势,故①错误,②正确。描述正确的是②③,本题选 C。

6. C　【解析】成就动机理论的代表人物是阿特金森。马斯洛是需要层次理论的代表人物，韦纳是成败归因理论的代表人物，班杜拉是自我效能感理论的代表人物。本题选 C 项。

7. B　【解析】A 项，学习动机是指激发个体进行学习活动，维持已引起的学习活动，并使行为朝向一定学习目标的一种心理倾向或内部动力。不符合题意。

B 项，学习需要是指个体在学习活动中感到有某种欠缺而力求获得满足的心理状态，它包括学习的兴趣、爱好和学习的信念等。符合题意。

C 项，学习兴趣是人对学习的一种认识倾向，对学习具有推动作用。不符合题意。

D 项，学习期待是个体对学习活动所要达到目标的主观估计。不符合题意。

8. C　【解析】内部学习动机是指诱因来自学习者本身的内在因素，即学生因对活动本身发生兴趣而产生的动机。认知内驱力是指个体要求了解、理解和掌握知识及解决问题的需要。这种动机指向学习任务本身（为了获得知识），满足这种动机的奖励（知识的实际获得）是由学习本身提供的，属于内部动机。

9. B　【解析】阿特金森把个体的成就动机分为两类：力求成功的动机和避免失败的动机。其中，避免失败者往往通过各种活动防止自尊心受伤害和产生心理烦恼，倾向于选择非常容易或非常困难的任务。

10. B　【解析】根据学校情境中的学业成就动机的不同，奥苏伯尔等人把动机分为认知内驱力、自我提高内驱力和附属内驱力三个方面。其中，认知内驱力是指个体要求了解、理解和掌握知识以及解决问题的需要，是内部动机。题干中强调激发学生的学习兴趣和好奇心，这体现的是认知内驱力。自我提高内驱力是指个体因自己的学业成就而获得相应地位和威望的需要。附属内驱力是指个体为了获得长者（如家长、教师）的赞许或认可而表现出把工作、学习做好的一种需要。故 C、D 两项不符合题意。A 项为无关选项，排除。

11. B　【解析】强化理论认为，动机是由外部刺激引起的一种对行为的冲动力量，强化是引起动机的重要因素。人的学习行为倾向完全取决于某种行为与刺激因强化而建立的稳固联系，受到强化的行为比没受强化的行为更倾向于再次出现。因此，本题答案选 B 项。

12. A　【解析】根据“耶克斯—多德森定律”，教师在教学时，要根据学习任务的不同难度，恰当控制学生学习动机的激起程度。所谓“平时如战时，战时如平时”，就是要求在学习较容易、较简单的课题时，应尽量使学生集中注意力，使学生尽量紧张一点，动机激起水平达到中等偏高的最佳状态；而在学习较复杂、较困难的课题时，则应尽量创造轻松自由的课堂气氛，让动机激起水平处于中等稍低的最佳状态；在学生遇到困难或出现问题时，要尽量心平气和地慢慢引导，以免学生过度紧张和焦虑。从这个角度来看,平日在学生中流传的"大考大玩,小考小玩,不考不玩"的俏皮话,在一定程度上是有积极意义的。

13. D 【解析】根据成就动机理论,力求成功者的目的是获取成就,即通过各种活动努力提高自尊心和获得心理上的满足,成功概率为50%的任务是他们最有可能选择的。避免失败者则往往通过各种活动防止自尊心受伤害和产生心理烦恼,倾向于选择非常容易或非常困难的任务。

14. A 【解析】学习期待是个体对学习活动所要达到目标的主观估计。它所指向的目标可以是成绩,也可以是奖品、教师的赞扬、名誉、地位等。题干描述的是学习期待的概念。

15. A 【解析】自我效能感的影响因素有:(1)个人自身行为的成败经验,这一效能信息源对自我效能感的影响最大。(2)替代经验。(3)言语劝说(言语暗示)。(4)情绪唤醒。

16. A 【解析】在韦纳的成败归因理论中,稳定因素包括个人的能力和工作难度。

17. D 【解析】自我提高内驱力是指个体因自己的学业成就而获得相应地位和威望的需要。题干中小明努力学习的动机是成为大学教授,这是为了赢得相应的社会地位。因此,小明的学习动机是自我提高内驱力。

易混辨析:在做此类题目时,考生应注意把握题干中的关键词,如追求知识乐趣的为认知内驱力,追求他人赞许的为附属内驱力,追求地位的为自我提高内驱力。

18. A 【解析】安全需要表现为人们要求稳定、安全、受到保护、有秩序、能免除恐惧和焦虑等。李彤在疫情期间感到未来不可预测,社会秩序会受到威胁,这说明其产生的主要需要是安全需要。

19. B 【解析】正确的归因观应该归因于内部、可控的因素(即努力),这样才能使学生发挥主观能动性。

20. C 【解析】美国心理学家韦纳把人经历过事情的成败归结为六种原因,即能力、努力程度、工作难度、运气、身心状况、外界环境。其中,学习能力属于稳定的、内部的、不可控的因素。

21. A 【解析】内部学习动机是指诱因来自学习者本身的内在因素,即学生因对活动本身发生兴趣而产生的动机。"知之者不如好之者,好知者不如乐之者"强调学习兴趣的重要性,故其强调的动机类型是内部动机。

22. D 【解析】王雷推测自己上课认真听讲、课后做好作业这些行为能使自己取得好成绩,也就是个人对自己的某一行为会导致某一结果的推测,所以属于结果期待。

23. C 【解析】一个总是失败并把失败归因于内部的、稳定的和不可控的因素(即能力低)的学生会形成一种习得性无助的自我感觉。

24. A 【解析】自我效能感的影响因素有:(1)个人自身行为的成败经验;(2)替代经验;(3)言语

暗示；(4)情绪唤醒。B 项属于替代经验，会影响小王的自我效能感。C 项小王自身的失败经验会影响自我效能感。D 项榜样的作用也会影响小王的自我效能感。A 项一个非常困难的任务的失败可能对小王的自我效能感没有影响，这可能是因为他本来就对困难任务完成的预期很低。

25. A 【解析】“耶克斯—多德森定律”表明，动机不足或过分强烈都会影响学习效果。具体表现在：(1)动机的最佳水平随着任务性质的不同而不同。在比较容易的任务中，行为效果(工作效率)随着动机的提高而上升；随着任务难度的增加，动机的最佳水平有逐渐下降的趋势。(2)一般来讲，最佳水平为中等强度的动机。(3)动机水平与行为效果呈倒 U 型曲线。因此，对于较难的学习任务，学习动机应当维持在中等偏下(适中偏低)的水平。

26. C 【解析】德韦克等人提出了成就目标理论。该理论认为，人们对能力持有两种不同的内隐观念，即能力增长观和能力实体观。由于人们持有的能力内隐观念不同，因而导致他们的成就目标也就存在差异。因此，题干说法体现的是成就目标理论的观点。

27. A 【解析】美国心理学家韦纳把人经历过事情的成败归结为能力、努力程度、工作难度、运气、身心状况、外界环境这六种原因，又把上述六项因素按各自的性质，分别归入内部归因和外部归因、稳定性归因和非稳定性归因、可控制归因和不可控制归因这三个维度。题干中王某将比赛落败归因于雨后跑道湿滑，这是将成败归因于外界环境因素，外界环境因素属于不稳定、外在、不可控的因素，故本题选 A 项。

28. D 【解析】小华中考失利后觉得自己能力不行，考不上理想的大学，这体现了个人自身行为的成败经验对自我效能感的影响。

29. D 【解析】行为主义者用强化来解释学习行为的发生。人的学习行为倾向完全取决于某种行为与刺激因强化而建立的稳固联系，受到强化的行为比没受强化的行为更倾向于再次出现。依据题干描述可知，学生愿意学习是因为可以得到奖赏、赞扬和优异的成绩作为回报，“奖赏、赞扬和优异的成绩”对学生的学习行为起到了强化作用，故题干所述符合强化理论的内涵。

30. B 【解析】德韦克认为，持有能力实体观的学生倾向于建立成绩目标，从而避免被别人看不起；持有能力增长观的学生，他们更多设置掌握目标并寻求那些能真正锻炼自己的能力、提高自己的技能的任务。根据题干描述可知，小明持有能力增长观，小可持有能力实体观。故本题选 B 项。

31. A 【解析】习得性无助感是指由于连续的失败体验而导致个体产生的对行为结果感到无力控制、无能为力的心理状态。题干中的学生因为屡次遭受学习失败的打击从而放弃学习，这是一种典型的习得性无助感现象。

32. B 【解析】"耶克斯—多德森定律"表明，一般情况下最佳水平为中等强度的动机。故答案选B项。

二、辨析题(参考答案)

1. 成就动机理论对教育实践的启示是：教师应多给学生布置容易的任务，以增强学生的自信心。

(1)这种说法是不正确的。(2)成就动机理论的教育启示为：①在教育实践中对力求成功者，应通过给予新颖且有一定难度的任务，安排竞争的情境，严格评定分数等方式来激发其学习动机；②对于避免失败者，则要安排少竞争或竞争性不强的情境，如果取得成功则要及时表扬并给予强化，评定分数时要求稍稍放宽些，并尽量避免在公共场合指责其错误；③由于力求成功的动机比避免失败的动机具有更大的主动性，因此，对学生还应增加他们力求成功的成分，使他们不以避免失败为满足，而以获取成功为快乐，这样才能真正调动一个人的积极性。由此可知，针对不同类型的成就动机的学生，布置的任务难度也应不同，故题干说法错误。

2. 只有在低级需要得到部分满足时，高一级需要才会产生。

(1)这种说法是正确的。(2)马斯洛根据需要出现的先后及强弱顺序，把需要分成了七个层次，即生理需要、安全需要、归属与爱的需要、尊重需要、求知需要、审美需要和自我实现的需要。前四种需要被称为缺失需要，它们是个体生存所必需的；后三种需要是成长需要，它们虽不是个体生存所必需的，但对于个体适应社会来说却有很重要的积极意义。较低级的需要至少必须部分满足之后才会出现对较高级需要的追求。因此，题干说法正确。

3. 表扬和奖励对于学习具有推动作用，因此应多用。

(1)这种说法是不正确的。(2)对学生的学习行为和学习结果给予奖励能有效地促进其学习。虽然表扬和奖励对学习具有推进作用，但使用过多或者使用不当，也会产生消极作用。有许多研究表明，如果滥用外部奖励，不仅不能促进学习，而且可能破坏学生的内部动机。只有当内部动机缺乏时，物质奖励才能起到很好的激励作用。因此，题干说法错误。

4. 学习动机是直接推动学习行为的原因和动力。

(1)这种说法是正确的。(2)学习动机是指激发个体进行学习活动，维持已引起的学习活动，并使行为朝向一定学习目标的一种心理倾向或内部动力。学习动机是直接推动学生进行学习的内部动力。一个学生是否想要学习、学习的努力程度、积极性、主动性等都与学习动机有关。

三、简答题(参考答案)

1. 简述自我效能感的作用。

(1)自我效能感决定人们对活动的选择，以及对活动的坚持性；(2)自我效能感影响人们在困难面前的态度;(3)自我效能感不仅影响新行为的习得,而且影响已习得行为的表现;(4)自我效能感还会影响活动时的情绪。

2. 奥苏伯尔认为学校情境中的成就动机由哪几个方面组成?

根据学校情境中的学业成就动机的不同,奥苏伯尔等人把动机分为认知内驱力、自我提高内驱力和附属内驱力三个方面。

(1)认知内驱力,指个体要求了解、理解和掌握知识以及解决问题的需要。

(2)自我提高内驱力,指个体因自己的学业成就而获得相应的地位和威望的需要。

(3)附属内驱力,指个体为了获得长者(如家长、教师)的赞许或认可而表现出把工作、学习做好的一种需要,是一种间接的学习需要。

3. 简述"耶克斯—多德森定律"。

"耶克斯—多德森定律"表明,动机不足或过分强烈都会影响学习效果。(1)动机的最佳水平随任务性质的不同而不同。在比较容易的任务中,行为效果(工作效率)随动机的提高而上升;随着任务难度的增加,动机的最佳水平有逐渐下降的趋势。(2)一般来讲,最佳水平为中等强度的动机。(3)动机水平与行为效果呈倒U型曲线。

四、材料分析题(参考答案)

1. (1)马斯洛根据需要出现的先后及强弱顺序,把需要分成了七个层次,即生理需要、安全需要、归属与爱的需要、尊重需要、求知需要、审美需要和自我实现的需要。前四种需要被称为缺失需要,它们是个体生存所必需的。归属与爱的需要,也称社交需要,是指每个人都有被他人或群体接纳、爱护、关注、鼓励及支持的需要。材料中,王同学家庭关系破裂,这会导致其归属与爱的需要缺失。尊重需要是在生理、安全、归属与爱的需要得到基本满足后产生的对自己社会价值追求的需要,包括自尊和受到别人的尊重两个方面。材料中李同学受到班主任的公开辱骂,其尊重需要没有得到满足。王、李两位同学均因为低级需要的缺失而使得学习动机降低,学习成绩下降。

(2)对于王同学,要满足其归属与爱的需要。教师和家长要尽可能地给学生以爱,要为学生创造一个良好和善的学习环境;要重视师生之间的交互作用,要让王同学在集体中受到欢迎和接纳,得到友情、友谊。对于李同学,要满足其尊重需要。首先,班主任应对其伤害李同学的行为公开道歉,并在以后的教育教学中尊重学生的人格尊严;其次,要使李同学有成功和获得赞许的机会,使他从中获得成功的体验,同时要重视和珍惜他的每一点进步和每一次成功。

2. (1)小明学习是为了获得老师和家长的认可,故小明的学习动机属于附属内驱力,同时也是一种外部学习动机。

(2)针对小明的情况,老师帮助小明的正确做法有:①帮助小明保持一种适度的学习动机强度,避免其过度紧张和焦虑;②由于小明的学习动机为外部动机,所以老师应激发他把外部学习动机转化为内部学习动机;③帮助小明树立正确的成败观,并保持良好的心态来对待考试的过程和结果;④改进自己的评价方式,通过适当的表扬对小明的学习活动予以强化,以巩固其学习动机;⑤帮助小明正确面对来自老师和家长的批评,将其变为前进的动力,并与家长合力创造一个宽松的心理环境,减轻小明的心理负担;⑥针对材料中小明成绩失利的表现,老师可以帮助小明做"努力归因"和"现实归因",进而提高小明学习的积极性和克服困难的勇气,增强其自信心。

专题四　学习迁移

一、单项选择题

答案速查

1~5	CADBB	6~10	BBDAD	11~15	CCCAB	16~20	DABBC
21~24	BDBB						

1. C 【解析】重组性迁移是指重新组合原有认知系统中某些构成要素或成分,调整各成分间的关系或建立新的联系,从而应用于新情境。在重组过程中,基本经验成分不变,但各成分间的结合关系发生了变化,即进行了调整或重新组合。题干中的"刷牙"一词可重组为"牙刷",故答案选C项。

易混辨析:考生易混淆同化性迁移、顺应性迁移和重组性迁移的内涵,考生需注意:同化性迁移强调原有经验的直接运用;顺应性迁移指调整原有经验,形成更高的认知结构;重组性迁移强调原有经验中的成分组合发生变化。

2. A 【解析】学习迁移也称训练迁移,是指一种学习对另一种学习的影响,或习得的经验对完成其他活动的影响。"举一反三"体现的是学习迁移。

3. D 【解析】具体迁移也称特殊迁移,是指学习迁移发生时,学习者原有的经验组成要素及其结构没有变化,只是将一种学习中习得的经验要素重新组合并移用到另一种学习之中。例如:学习了"日""月"对学习"明"的影响;掌握了加减法对做四则运算题的影响等。因此,题干所述属于具体迁移,故本题选D项。A项,逆向迁移是指后继学习对先前学习产生的影响。B项,一般迁移也称非特殊迁移、普遍迁移,是指一种学习中所习得的一般原理、原则和态度对另一种具体内容学习的影响,即原理、原则和态度的具体应用。C项,负迁移也叫"抑制性迁移",是指一种学习对另一种学习产生阻碍作用。

4. B　【解析】负迁移也叫“抑制性迁移”,是指一种学习对另一种学习产生阻碍作用。学会汉语语法后,会对英语语法的学习产生干扰作用,这属于负迁移。

5. B　【解析】学生因“凹透镜”知识掌握不好而影响了“凸透镜”知识的学习属于同一概括水平的经验之间的相互影响,所以属于横向迁移。

6. B　【解析】高等数学学习是后继学习,初等数学学习是先前学习,后继学习对先前学习产生的影响是逆向迁移;学过高等数学后有利于初等数学的进一步理解和掌握,这是正迁移。

7. B　【解析】概括化理论也称经验类化(泛化)说,由美国心理学家贾德提出,其主要观点是,一个人只要对自己的经验进行了概括,就可以完成从一个情境到另一个情境的迁移。他认为先前的学习之所以能迁移到后来的学习中,是因为在先前学习中获得了一般原理,这种一般原理可以部分或全部地运用于后面的学习中。对原理了解、概括得越好,迁移效果也越好。

8. D　【解析】奥苏伯尔提出的认知结构迁移理论指出,学生学习新知识时,认知结构可利用性高、可辨别性大、稳定性强,就能促进对新知识学习的迁移。“为迁移而教”实际上是塑造学生良好认知结构的问题。在教学过程中,可以通过改革教材内容和教材呈现方式改进学生的原有认知结构变量以达到迁移的目的。

9. A　【解析】题干描述的是先前学习对以后的学习产生促进作用。负向迁移强调阻碍作用,逆向迁移强调后一种学习对先前学习的影响,C、D 两项排除。横向迁移是指先行学习内容与后继学习内容在难度、复杂程度和概括层次上属于同一水平的学习活动之间产生的影响。纵向迁移是指先行学习内容与后续学习内容是不同水平的学习活动之间产生的影响。因为乘除法是比加减法更高级的学习活动,所以题干描述的这种迁移是纵向迁移。

10. D　【解析】影响学习迁移的因素有学习材料的特点、原有的认知结构、对学习情境的理解、学习的心理准备状态、学习策略的水平、智力与能力、教师的指导等。因此,答案选 D 项。

11. C　【解析】同化性迁移是指不改变原有的认知结构,直接将原有的认知经验应用到本质特征相同的一类事物中。原有认知结构在迁移过程中不发生实质性的改变,只是得到某种充实。

12. C　【解析】根据迁移的性质和结果,可将迁移分为正迁移、负迁移和零迁移。正迁移也叫“助长性迁移”,是指一种学习对另一种学习的促进作用。题干中学生学习鲸、蝙蝠的概念后有利于哺乳动物概念的学习,属于正迁移。负迁移也叫“抑制性迁移”,是指一种学习对另一种学习产生的阻碍作用。水平迁移也叫横向迁移,是指先行学习内容与后继学习内容在难度、复杂程度和概括层次上属于同一水平的学习活动之间产生的影响。一般迁移也称非特殊迁移、普遍迁移,是指一种学习中所习得的一般原理、原则和态度对另一种具体内容学习的影响,即原理、原则和态度的具体应用。

13. C　【解析】概括化理论也称经验类化说，由美国心理学家贾德提出，其主要观点是，一个人只要对自己的经验进行了概括，就可以完成从一个情境到另一个情境的迁移。对原理了解、概括得越好，迁移效果也越好。故选 C 项。

14. A　【解析】形式训练说是最早的关于迁移的理论，以官能心理学为基础，代表人物主要有德国的沃尔夫。

15. B　【解析】促进迁移的有效教学应从以下几方面考虑：(1)改革教材内容，促进迁移。具体措施包括精选教材，提高对概念和原理的理解水平；合理编排教学内容，突出知识的组织特点。(2)合理编排教学方式，促进迁移。教师在组织教学时，既要抓住教材内容的核心，也要合理安排教学程序。(3)教授学习策略，提高学生的迁移意识。(4)改进对学生的评价。

16. D　【解析】奥苏伯尔在有意义接受学习理论的基础上提出了认知结构迁移理论，该理论指出，学生学习新知识时，认知结构可利用性高、可辨别性大、稳定性强，就能促进对新知识学习的迁移。

17. A　【解析】一般迁移也称非特殊迁移、普遍迁移，是指一种学习中所习得的一般原理、原则和态度对另一种具体内容学习的影响，即原理、原则和态度的具体应用。例如，获得基本的运算技能、阅读技能后运用到各种具体的学科学习中。

18. B　【解析】水平迁移是指先行学习内容与后继学习内容在难度、复杂程度和概括层次上属于同一水平的学习活动之间产生的影响。垂直迁移是指先行学习内容与后续学习内容是不同水平的学习活动之间产生的影响，包括自上而下的迁移和自下而上的迁移。顺向迁移是指先前学习对后继学习产生的影响。逆向迁移是指后继学习对先前学习产生的影响。题干所述为不同层次、水平学习间的相互影响，并未体现知识学习的先后关系，故答案选择 B 项。

19. B　【解析】根据共同要素说，如果两种学习活动含有共同成分，无论学习者是否意识到这种成分的共同性，都会有迁移现象的产生。题干中“going”与其他带有“ing”的词都拥有共同的词缀，因此，学生拼读时变得更加熟练，这可以用共同要素说来解释。故本题选 B 项。

20. C　【解析】概括化理论也称经验类化说，由美国心理学家贾德提出，其主要观点是，一个人只要对自己的经验进行了概括，就可以完成从一个情境到另一个情境的迁移。他认为先前的学习之所以能迁移到后来的学习中，是因为在先前学习中获得了一般原理，这种一般原理可以部分或全部地运用于后面的学习中。题干中的同学们通过第一个问题掌握了乘法原理后，可以很快计算出第二个问题的答案，这符合经验类化说的观点。故选择 C 项。

21. B　【解析】负迁移也叫“抑制性迁移”，是指一种学习对另一种学习产生阻碍作用。顺向迁移是指先前学习对后继学习产生的影响。因此，先前掌握的骑自行车的动作技能对学骑三轮车造成了干扰属于顺向负迁移。

22. D 【解析】苛勒所做的"小鸡觅食"实验是支持关系转换理论的经典实验。

23. B 【解析】桑代克等人提出的相同要素说认为，只有当学习情境和迁移情境存在共同成分时，一种学习才能影响到另一种学习，即产生学习迁移。两种情境中的相同要素越多，迁移的量也就越大。

24. B 【解析】贾德在1908年所做的"水下击靶"实验，是概括化理论的经典实验。

二、辨析题(参考答案)

1. 上位学习和下位学习中都可能发生垂直迁移。

(1)这种说法是正确的。(2)垂直迁移也称纵向迁移，是指先行学习内容与后续学习内容是不同水平的学习活动之间产生的影响。垂直迁移表现在两个方面：①自下而上的迁移，即下位的较低层次的经验影响上位的较高层次的经验的学习；②自上而下的迁移，即上位的较高层次的经验影响下位的较低层次的经验的学习。下位学习属于自上而下的迁移，上位学习属于自下而上的迁移。故题干说法正确。

2. 学习迁移是学习过程中常见的现象，它对新知识、新技能的学习起促进作用。

(1)这种说法是不正确的。(2)学习迁移可能对学习起促进作用(正迁移)，也可能起阻碍作用(负迁移)，还可能不起作用(零迁移)。因此，题干说法错误。

3. 相同要素说认为，迁移是学习者理解或顿悟了情境之间关系的结果。

(1)这种说法是不正确的。(2)相同要素说认为，迁移是非常具体的、有条件的，需要有共同的要素。只有当两个机能的因素中有相同要素时，一个机能的变化才会改变另一个机能的习得。两种情境中的刺激相似，反应也相似时，迁移才会发生。格式塔心理学家提出关系转换说，认为迁移是学习者突然发现两个学习经验之间关系的结果，是对情境中各种关系的理解和顿悟，而非由于具有共同成分或原理而自动产生。题干所述属于关系转换说的观点，因此题干说法错误。

三、简答题(参考答案)

1. 影响学习迁移的因素有哪些？

(1)学习材料的特点；(2)原有的认知结构；(3)对学习情境的理解；(4)学习的心理准备状态；(5)学习策略的水平；(6)智力与能力；(7)教师的指导。

2. 常见的学习迁移理论有哪些？

早期的学习迁移理论主要有：(1)形式训练说；(2)共同要素说；(3)概括化理论(也称经验类化说)；(4)关系转换理论。

当代的学习迁移理论主要有：(1)情境性理论；(2)认知结构迁移理论。

四、材料分析题(参考答案)

1. 材料中的人认为,学习奥数可以训练学生的思维,提高学生思维能力,进而提高学生其他方面的能力,即一种官能的改进可以增强其他的官能。这一观点与形式训练说相似。形式训练说是最早的关于迁移的理论,以官能心理学为基础。它认为心理官能只有通过训练才能得以发展,迁移就是心理官能得到训练而发展的结果,迁移是无条件的、自发的。形式训练说还认为,训练和改进心理官能是教学的重要目标,教育的任务就是要改善学生的各种官能,而改善以后的官能就能够自动地迁移到其他学习中去,一种官能的改进也能增强其他的官能。

2. (1)材料中两位同学所谈论的学习原理是学习迁移的有关理论。学习迁移也称训练迁移,是指一种学习对另一种学习的影响。

   ①根据迁移的性质和结果,可分为正迁移、负迁移和零迁移。正迁移也叫"助长性迁移",是指一种学习对另一种学习的促进作用。负迁移也叫"抑制性迁移",是指一种学习对另一种学习的阻碍作用。两种学习也可能不发生影响,这种状态称为零迁移,它是迁移的一种特殊形式。材料中,中学学习英语语法对以后学习英语帮助很大;平面几何学得好,学习立体几何就简单了;会弹电子琴,学钢琴也快等现象属于正迁移。会骑自行车反而不利于学骑三轮车属于负迁移。

   ②根据迁移发生的方向,可分为顺向迁移和逆向迁移。顺向迁移是指先前学习对后继学习产生的影响。逆向迁移是指后继学习对先前学习产生的影响。材料中,学生描述的迁移过程,都是先学习的活动对后学习活动的影响,因此都属于顺向迁移。

   (2)促进迁移的有效教学应从以下几个方面考虑:

   ①改革教材内容,促进迁移。精选教材,提高对概念和原理的理解水平;合理编排教学内容,突出知识的组织特点。

   ②合理编排教学方式,促进迁移。优良的教材只有通过合理的教学进行呈现和传达,才能充分发挥其迁移的效能,否则迁移效果并不显著,甚至会阻碍迁移的产生。教师在组织教学时,一方面要抓住教材内容的核心;另一方面要合理安排教学程序,使得学生顺利地将所学习的内容融会贯通,提高迁移的效果。

   ③教授学习策略,提高学生的迁移意识。教师在教学中要重视引导学生对各种问题进行深入分析、综合、比较、抽象、概括,帮助学生认识问题之间的关系,寻找新旧知识或课题的共同特点,归纳知识经验的原理、法则、定理、规律的一般方法,发展学生分析问题和概括问题的能力,以促进更有效的迁移。

   ④改进对学生的评价。教师应有效运用评价手段,使学生形成积极的学习态度,促进学习迁移。

专题五　学习策略

一、单项选择题

答案速查

1～5	DADDB	6～10	CCCDB	11～15	BDACB	16～18	CAA

1. D 【解析】学习策略可分为认知策略、元认知策略和资源管理策略。认知策略包括复述策略、精细加工策略和组织策略。题干所述的学习策略属于精细加工策略中的首字连词法。

2. A 【解析】精细加工策略是指把新信息与头脑中的旧信息联系起来从而增加新信息意义的深层加工策略。它常被描述成一种理解记忆的策略，其要旨在于建立信息间的联系。常见的精细加工策略有：(1)记忆术；(2)做笔记；(3)提问；(4)生成性学习；(5)运用背景知识，联系客观实际。其中，做笔记不仅可以有效地控制自己的认知加工过程，还有助于概括新的知识和建立新旧知识之间的联系。故杨毅使用的学习策略属于精细加工策略中的做笔记。

3. D 【解析】组织策略是指将经过精加工提炼出来的知识点加以构造，形成更高水平的知识结构的信息加工策略。组织策略主要分为归类策略和纲要策略。其中，纲要策略主要有：主题纲要法、符号纲要法。符号纲要法包括系统结构图、流程图、模式或模型图、网络关系图。题干中老师采用逻辑关系图对课本知识进行总结，运用的正是组织策略中的纲要策略。A、B 两项属于精细加工策略。

4. D 【解析】位置记忆法是通过与熟悉的地点顺序相联系来记忆一些名称或者客体顺序的方法。位置记忆法对记忆有顺序的系列项目特别有用。题干中学生所用的记忆法为位置记忆法。

5. B 【解析】常用的精细加工策略有记忆术、做笔记、提问、生成性学习和运用背景知识，联系客观实际等。编歌诀是记忆术的一种，属于精细加工策略。

6. C 【解析】运用时间管理策略应做到：(1)统筹安排学习时间；(2)高效利用最佳时间；(3)灵活利用零碎时间。题干中利用课余时间（零碎时间）读短篇文章或阅读报纸、杂志，属于时间管理策略。

7. C 【解析】复述策略是指在工作记忆中为了保持信息，运用内部语言在大脑中重现学习材料或刺激，以便将注意力维持在学习材料上的方法。只是为了短暂记住电话号码以便拨号，可采用复述策略。

8. C 【解析】为了使学生维持自己的意志努力，需要不断鼓励学生进行自我激励。这种策略就是努力管理策略。努力管理策略包括：(1)激发内在的动机；(2)树立正确的学习信念；(3)选择有挑战性的任务；(4)调节成败的标准；(5)正确归因；(6)自我奖励；等等。依据题干所述，有的学生在疫情期间能积极调整心态,树立正确的学习信念,坚持学习不放松;有的学生却没有端正学习心态,丧失了学习动力,放松学习,这说明不同学生学习的努力程度不一样。

9. D 【解析】谐音联想法是通过谐音线索,运用视觉表象,假借意义进行人为联想。题干中历史教师正是利用谐音联想法来帮助学生记忆。谐音联想法属于精细加工策略,故选 D 项。

10. B 【解析】元认知策略包括计划策略、监控策略和调节策略。其中,监控策略是指在认知过程中,根据认知目标及时检测认知过程,寻找两者之间的差异,并对学习过程及时进行调整,以期顺利实现有效学习的策略。调节策略是指在学习过程中根据对认知活动监视的结果,找出认知偏差,及时调整策略或修正目标;在学习活动结束时,评价认知结果,采取相应的补救措施,修正错误,总结经验教训等。题干中的小王在阅读困难章节时,会根据情况反思应该怎么办,然后退回去重新阅读,这表明他使用的学习策略是元认知策略。故答案选 B 项。

11. B 【解析】复述策略是指在工作记忆中为了保持信息,运用内部语言在大脑中重现学习材料或刺激,以便将注意力维持在学习材料上的方法。

12. D 【解析】资源管理策略包括:时间管理策略、环境管理策略、努力管理策略、学业求助策略。时间管理策略包括:统筹安排学习时间、高效利用最佳时间、灵活利用零碎时间。题干中小菲每天早起半小时属于运用时间管理策略,故其运用了资源管理策略。

13. A 【解析】复述策略是指在工作记忆中为了保持信息,运用内部语言在大脑中重现学习材料或刺激,以便将注意力维持在学习材料上的方法。画线属于典型的复述策略。

14. C 【解析】学业求助策略指当学生在学习上遇到困难时,向他人请求帮助的行为。学业求助包括两个方面:(1)学习工具的利用,如善于利用参考资料、工具书、图书馆、电脑等;(2)社会性人力资源的利用,如善于利用老师的帮助以及同学间的合作与讨论来加深对学习内容的理解。所以,小乐善于使用的学习策略是学业求助策略。

15. B 【解析】元认知策略大致可分为:计划策略、监控策略和调节策略。计划策略是指根据认知活动的特定目标,在认知活动开始之前计划完成任务所涉及的各种活动、预计结果、选择策略,设想解决问题的方法,并预估其有效性等。题干中陈晨规划好先完成比较难的理科作业,然后再写简单的文科作业,属于元认知策略中的计划策略。故选 B 项。

16. C 【解析】精细加工策略是指把新信息与头脑中的旧信息联系起来从而增加新信息意义的深层加工策略。记忆术即通过把那些枯燥无味但又必须记住的信息“牵强附会”地赋予意义,使记忆过程变得生动有趣,从而提高学习记忆效果的方法。题干中采用的记忆方法属于精细加工策略中的记忆术。

17. A 【解析】生成性学习就是要训练学生对所阅读的东西产生一个类比或表象，如图形、图像、表格和图解等，以加强其深层理解。

18. A 【解析】形象联想法是通过人为联想，使无意义的、难记的材料和头脑中的鲜明、奇特的形象相结合，从而提高记忆效果。想象的形象越鲜明、越具体越好，形象越夸张、越奇特越好，形象之间的逻辑联系越紧密越好。题干中“把 PULL 后面两个 L 看成是两个钩，用来拉东西”，运用的就是形象联想法。故选 A 项。B 项，谐音联想法是通过谐音线索，运用视觉表象，假借意义进行人为联想。C 项，位置记忆法是通过与熟悉的地点顺序相联系来记忆一些名称或者客体顺序的方法。D 项，关键词法是将新词或概念和与之相似的声音线索词，通过视觉表象联系起来。

二、辨析题（参考答案）

学生因在学习过程中遇到自己无法克服的困难而向他人或物体（借助字典、参考书等）请求帮助的行为，是一种依赖性的表现。

（1）这种说法是不正确的。（2）学业求助策略指当学生在学习上遇到困难时，向他人请求帮助的行为。学业求助不是自身能力缺乏的标志，而是获取知识、增长能力的一种途径，是一种重要的学习策略。故题干说法错误。

三、简答题（参考答案）

1. 简述常用的精细加工策略。

常用的精细加工策略有以下几种：（1）记忆术；（2）做笔记；（3）提问；（4）生成性学习；（5）运用背景知识，联系客观实际。

2. 简述资源管理策略的内容。

（1）时间管理策略：①统筹安排学习时间；②高效利用最佳时间。（2）环境管理策略：①注意调节自然条件；②设计好学习的空间。（3）努力管理策略。为了使学生维持自己的意志努力，需要不断鼓励学生进行自我激励。（4）学业求助策略。学业求助策略指当学生在学习上遇到困难时，向他人请求帮助的行为。

专题六　知识与技能

一、单项选择题

答案速查

1～5	ADDAB	6～10	DCBBC	11～15	ADDAB	16～20	CDBCC

1. A 【解析】根据反映活动的深度不同，知识可分为感性知识和理性知识。故 A 项正确。根据知识的抽象程度，可分为具体知识和抽象知识。根据知识的不同表征形式，可分为陈述性知识和

程序性知识。布鲁姆将知识分为具体知识、方式方法知识和普遍原理知识。

2. D 【解析】安德森根据知识的不同表征形式，将知识分为陈述性知识和程序性知识。其中，陈述性知识也叫描述性知识，是个人能用言语进行直接陈述的知识，主要用来区别和辨别事物。题干中"课本上的基本概念和例题"是能用言语进行直接陈述的知识，属于陈述性知识。

3. D 【解析】上位学习又称总括学习，是在学生掌握一个比认知结构中原有概念的概括和包容程度更高的概念或命题时产生的。上位学习遵循从具体到一般的归纳概括过程。学生先学习"正方体""长方体"等的体积公式，再学习"一般柱体"的体积计算公式体现了上位学习的概念。

易错提示：考生对原有观念和新学习知识的关系容易区分不清。新学习知识概括水平较低则为下位学习；新学习知识概括水平较高则为上位学习；新学习知识与原有观念是并列关系则为并列结合学习。

4. A 【解析】心智技能的特点有：(1)动作对象的观念性；(2)动作执行的内潜性；(3)动作结构的简缩性。

方法技巧：关于心智技能与操作技能的特点，可用以下口诀帮助记忆：心智技能——观内检(观念、内潜、简缩)，操作技能——课外展(客观、外显、展开)。

5. B 【解析】根据知识本身的存在形式和复杂程度，可将知识学习分为三种：符号学习、概念学习和命题学习。

6. D 【解析】并列结合学习又称组合学习，是在新命题与认知结构中原有的命题既非下位关系又非上位关系，而是一种并列的关系时产生的。例如，学习质量与能量、遗传与变异、需求与价格等概念之间的关系就属于并列结合学习。

7. C 【解析】派生类属学习是指新观念是认知结构中原有观念的特例或例证，新知识只是旧知识的派生物。例如，学生掌握了轴对称图形的概念后，再学习圆时，将"圆也是轴对称图形"这一命题纳入或类属于原有轴对称图形的概念中，新的命题很快就能获得意义。故题干所述属于派生类属学习。

8. B 【解析】概念学习是指掌握概念的一般意义，其实质是掌握一类事物的共同的本质属性和关键特征。题干中学习三角形的本质特征并排除无关特征，这种学习属于概念学习。

9. B 【解析】心智技能也称为智力技能、认知技能，是通过学习而形成的合乎法则的心智活动方式。教学技能是教师在已有知识经验基础上，通过实践练习和反思体悟而形成的一系列教学行为和心智活动方式。因此，教学技能属于心智技能。

10. C 【解析】通常把学生在学习过程中出现一段时间的学习成绩和学习效率停滞不前，甚至学过的知识感觉模糊的现象，称为"高原现象"。题干中的李楠在复习后期成绩再难有较大提高的现象是高原现象。

11. A 【解析】操作定向就是了解操作活动的结构与要求,在头脑中建立起操作活动的定向映像的过程。陈老师对每个动作进行示范与讲解,让学生仔细观察并思考应该怎么做这些动作,这是为了让学生在头脑中建立起活动的定向映像。

12. D 【解析】符号学习是指学习单个或一组符号的意义。符号学习的主要内容是词汇学习,此外还包括事实性知识的学习,即学习一组符号(语言或非语言)所表示的某一具体事实。符号学习的心理机制是符号和它们所代表的事物或观念在学习者认知结构中建立相应的等值关系。题干中,儿童听到的言语中的“鸟”和看到的文字中的“鸟”均是一种抽象符号,这种抽象符号代指的是自然界中实际的鸟,符号与实物之间形成了等值关系。儿童通过抽象的语言文字符号即能联想到实物,这体现了符号学习。

13. D 【解析】程序性知识即操作性知识,是一种经过学习后自动化了的关于行为步骤的知识,表现为在信息转换活动中进行具体操作。陈述性知识主要用来回答事物“是什么”“为什么”“怎么样”等问题,程序性知识是关于事物“做什么”和“怎么做”的知识。题干中,学生掌握的一元二次方程解答步骤的知识属于程序性知识。

14. A 【解析】操作熟练是动作技能掌握的高级阶段。通过动作练习形成的活动方式对各种变化的条件具有高度的适应性,动作的执行达到高度的程序化、自动化和完善化。在操作熟练阶段,各个动作之间的干扰消失,衔接连贯、流畅,高度协调,多余动作消失。根据题干所述可知小兰处于操作技能的操作熟练阶段。

15. B 【解析】陈述性知识是个人能用言语进行直接陈述的知识,主要用来区别和辨别事物。间接经验,即他人的认识成果,主要是指人类在长期认识过程中积累并整理而成的书本知识。鸦片战争的相关知识对学生来说既是陈述性知识,也是一种间接经验。

16. C 【解析】“见者易,学者难”的意思是在旁边看别人做觉得很容易,一旦真正学起来就会感觉很难。这是要告诉我们不要眼高手低,要通过不断地训练来掌握相关的知识与技能。因此,这句话强调的是练习对动作技能学习的重要性。

17. D 【解析】在技能形成的练习过程中,其进步情况的表示方法是练习曲线。从练习曲线中可以看出技能随着练习量的增加而提高的一般趋势。

18. B 【解析】心智技能也称为智力技能、认知技能,是通过学习而形成的合乎法则的心智活动方式。提问是主要依靠心智技能完成的任务,体操训练、抄笔记、织毛衣是动作技能的体现。

19. C 【解析】当新知识扩展、修饰或限定学生已有的旧知识,并使其精确化时,便产生了相关类属学习。题干中原有观念得到扩展,属于相关类属学习。

20. C 【解析】操作技能的形成依次经历操作定向、操作模仿、操作整合、操作熟练四个阶段。其中,模仿是在定向的基础上进行的,个体在定向阶段了解了一些基本的动作机制之后,就会尝试做出某种动作。模仿的实质是将头脑中形成的定向映像以外显的实际动作表现出来。题干中强调小花先观察教练的动作,然后再自行练习,这属于操作模仿阶段。故本题选 C 项。

二、辨析题(参考答案)

陈述性知识解决的主要是“做什么”和“怎么做”的问题。

(1)这种说法是不正确的。(2)陈述性知识也叫描述性知识,是个人能用言语进行直接陈述的知识。陈述性知识主要用来回答“是什么”“为什么”和“怎么样”的问题。程序性知识即操作性知识,是一种经过学习后自动化了的关于行为步骤的知识,表现为在信息转换活动中进行具体操作。这类知识主要用来解决“做什么”和“怎么做”的问题。故题干说法错误。

三、简答题(参考答案)

1. 简述奥苏伯尔关于知识学习的分类。

奥苏伯尔根据新知识与原有认知结构的关系,将知识学习分为三类:(1)下位学习,又称类属学习,是一种把新的观念归属于认知结构中原有观念的某一部分,并使之相互联系的过程。(2)上位学习,又称总括学习,是在学生掌握一个比认知结构中原有概念的概括和包容程度更高的概念或命题时产生的。(3)并列结合学习,又称组合学习,是在新命题与认知结构中原有的命题既非下位关系又非上位关系,而是一种并列的关系时产生的。

2. 简述心智技能的形成阶段。

(1)原型定向,是了解原型的活动结构,从而使主体明确活动的方向,知道该做哪些动作和怎样去完成这些动作。(2)原型操作,是依据智力技能的实践模式,把学生在头脑中已建立起来的活动程序计划以外显的操作方式付诸实施,获得完备的动觉映像的过程。(3)原型内化,即智力活动的实践模式(原型)向头脑内部转化,由物质的、外显的、展开的形式变成观念的、内潜的、简缩的形式的过程。

3. 简述动作技能与心智技能的特点。

动作技能的特点:(1)就动作的对象而言,具有客观性;(2)就动作的进行而言,具有外显性;(3)就动作的结构而言,具有展开性。

心智技能的特点:(1)就动作的对象而言,具有观念性;(2)就动作的执行而言,具有内潜性;(3)就动作的结构而言,具有简缩性。

4. 简述动作技能的培养途径。

(1)准确的示范与讲解;(2)必要而适当的练习;(3)充分而有效的反馈;(4)建立稳定清晰的动觉。

第五章　中学生发展心理

刷考点

①不平衡性	⑥评定—兴奋	⑪认知风格
②闭锁性	⑦反抗	⑫埃里克森
③具体运算阶段	⑧两极性	⑬多元智力理论
④最近发展区	⑨动机	
⑤理智感	⑩自制性	

刷真题

一、单项选择题

答案速查

1～5	BACAB	6～10	DADBA	11～15	BABDC	16～21	BADABD

1. B　【解析】本题考查意志的品质。意志具有四种品质:(1)自觉性,指一个人清晰地意识到自己行动的目的和意义,并且能够主动地支配自己的行动,使之符合既定目的的意志品质。(2)果断性,指一种善于辨明是非、抓住时机、迅速而合理地采取决定并执行决定的意志品质。(3)自制性,指一个人善于控制和支配自己的情绪,约束自己言行的品质。(4)坚韧性(坚持性),指一个人在行动中坚持决定,百折不挠地克服重重困难去达到行动目的的品质。题干中杨亮总是半途而废,即不能长时间坚持学习计划,说明其缺乏意志的坚韧性。故本题选 B 项。

2. A　【解析】本题考查奥尔波特的人格理论。奥尔波特认为,人格由共同特质和个人特质组成,前者是指某种社会文化形态下大多数人或一个群体所共有的、相同的特质。例如,在中国传统文化的影响下,中华民族形成了一种勤劳、朴实、善良的共同特质。而个人特质则是指某一个体身上表现出来的稳定、独特的倾向,按其在人格中的普遍程度划分为三类:首要特质、中心特质和次要特质。故答案为 A 项。

3. C　【解析】本题考查情绪变化的两极性。情绪变化两极性的其中一个表现为:波动和稳定共存。中学生的情绪波动性表现为情绪的大起大落,往往从一个极端走向另一个极端,顺利时晴空万里,受挫时愁云满天,今天对某人佩服得五体投地,明天又觉得不屑一顾。题干中,赵东难以控制自己的情绪,在兴奋、哀伤忧愁两种情绪间来回转换,情绪波动比较大,这反映了青少年的情绪发展具有波动性。

4. A 【解析】本题考查意志的品质。意志的品质有以下四种:自觉性、果断性、自制性、坚韧性。其中,果断性是指一种善于明辨是非、抓住时机、迅速而合理地采取决定并执行决定的意志品质。果断性的两个对立面是优柔寡断和草率武断。题干中李玲遇事常拿不定主意,这说明她缺乏意志的果断性,不能迅速做出决定。故答案选 A 项。

5. B 【解析】本题考查情绪的分类。依据情绪发生的强度、持续性和紧张度的不同,心理学家把情绪状态划分为心境、激情和应激三种。其中,激情是一种爆发式的、猛烈而持续时间短暂的情绪状态。例如,狂喜、暴怒、恐惧、绝望、剧烈的悲痛等,都是激情的表现。题干中志君看到他喜欢的球队夺冠时欣喜若狂,此时他表现出的情绪状态属于激情。

6. D 【解析】本题考查常见的适应挫折的方式。常见的适应挫折的方式有:升华、补偿、投射、幽默、合理宣泄、认知重组、否定、合理化等。其中,升华是指心理欲望从社会不可接受的方向转向社会可接受的方向的过程。题干中,雨晴失去亲人后通过写诗作画来调节情绪,将失去亲人的悲痛转变为了写作、绘画这种积极且富有建设性的创造性活动,这是升华的体现。

7. A 【解析】本题考查认知风格的类型。场依存型的学生对客观事物的判断常以外部线索为依据,其态度和自我认知易受周围环境或背景(尤其是权威人士)的影响,往往不易独立地对事物做出判断,而是人云亦云,从他人处获得标准。题干中,阳慧以他人的建议为参考做出决策,这表明她是场依存型认知风格。

8. D 【解析】本题考查皮亚杰的认知发展阶段理论。形式运算阶段是儿童思维发展趋于成熟的阶段。认知发展处于这一阶段的儿童已具备抽象逻辑思维,能理解符号的意义、隐喻和直喻,对事物做一定的概括,其思维发展水平已接近成人的水平。题干中,梦佳能理解“物质决定意识,意识反作用于物质”的含义,这表明其已具有抽象逻辑思维,并出现了辩证思维,这符合形式运算阶段的特征,故选 D 项。

易混辨析:考生在做皮亚杰的认知发展阶段理论方面的题时,可以根据下列表格进行理解与记忆:

阶段	年龄	特点
感知运动阶段	0~2 岁	简单的动作方面的发展
前运算阶段	2~7 岁	表象、符号方面的发展
具体运算阶段	7~11 岁	能够借助实物和直观形象解决问题
形式运算阶段	11 岁~成人	抽象逻辑思维方面的发展

9. B 【解析】本题考查自我意识的发展阶段。心理自我是在青春期开始形成和发展的。处于该阶

段的青年,他们的自我评价越来越客观、公正和全面,且具有社会道德性,并在此基础上形成自我理想,追求最有意义和最有价值的目标。题干中的描述符合该阶段的特点,故选 B 项。

10. A 【解析】本题考查气质类型。胆汁质的人以精力旺盛、粗枝大叶、表里如一、刚强、易感情用事为特征。属于这一气质类型的人通常脾气暴躁,容易冲动,情绪反应强烈。整个心理活动笼罩着迅速而突发的色彩。根据题干中对方华的描述,方华的气质类型属于胆汁质。

11. B 【解析】本题考查埃里克森的人格发展阶段理论。韩波是中学生,正处于埃里克森人格发展阶段中的自我同一性对角色混乱阶段(12～18 岁),这一阶段的发展任务是培养自我同一性,思考的常是"我是谁""我想要成为什么样的人"等涉及自我认知、职业定向的问题。依据题干表述,B 项符合题意。

12. A 【解析】本题考查中学生的情绪特点。情绪和情感的两极性是指每一种情绪和情感都能找到与之对立的情绪和情感。题干中的晓涛情绪波动性强,大起大落,时常处于两种极端的变化之中,这表明他的情绪具有两极性。

13. B 【解析】本题考查维果斯基的发展理论。维果斯基提出,我们应该从微观发生学、个体发生学、种系发生学和社会历史四种水平来评价人类发展,这四种水平彼此相关,而且与儿童的成长环境相互作用。其中,种系发生也被称为系统发生。故除了微观、个体、社会历史之外,第四个层面是系统层面。

14. D 【解析】本题考查沙赫特和辛格的情绪理论。美国心理学家沙赫特和辛格认为,情绪的产生有三个不可缺少的因素:一是个体必须体验到高度的生理唤醒;二是个体必须对生理状态的变化进行认知性的唤醒;三是相应的环境因素。即人的情绪状态是认知过程、生理状态和环境因素共同作用的结果。沙赫特和辛格通过其实验结果证明,即使个体处于生理唤醒状态,仅是生理状态的单独作用也不能引起人的情绪,同样,环境因素也不能单独决定人的情绪,对人的情绪的产生起决定性作用的是认知。

15. C 【解析】本题考查埃里克森的人格发展阶段理论。埃里克森认为,人格的发展贯穿于个体的一生,整个发展过程可以划分为八个阶段。其中,12～18 岁个体的发展任务是培养自我同一性。

16. B 【解析】本题考查情感的分类。理智感是人认识事物和探求真理的需要是否得到满足而产生的主观体验。例如,人们在探求未知的事物时所表现的求知欲、认识兴趣和好奇心、发现问题的惊奇感、问题解决的喜悦感等。题干中小明解决问题后的喜悦感属于理智感。

易混辨析:考生易混淆理智感与道德感。理智感与认知(认识事物、探求真理)有关;道德感强调依据道德标准对人产生评价时的主观体验。

17. A 【解析】本题考查人格结构理论。A 型人格的主要特点是:性情急躁,缺乏耐性。他们的成就欲高、上进心强、有苦干精神、工作投入、做事认真负责、时间紧迫感强、富有竞争意识、外向、动作敏捷、说话快、生活常处于紧张状态,但办事匆忙、社会适应性差,属于不安定型人格。题干中晓楠的人格特征属于 A 型人格。

18. D 【解析】本题考查适应挫折的方法。主体对挫折情景的认识评价如何,直接影响挫折感的产生。对挫折情景的重新认识与评价,称为认知重组。题中小强面对考试失利,通过重新分析失败原因,找到了解决问题的方向,这属于认知重组。

19. A 【解析】本题考查性格。性格是指人的较稳定的态度与习惯化了的行为方式相结合而形成的人格特征。题中的诚实内向、谦虚勤奋、具有亲和力属于性格特征。

20. B 【解析】本题考查中学生心理发展的特点。中学生的心理发展具有独立性,即中学生从完全依赖家长和教师的帮助向独立自主地完成学习和其他活动任务、独立地选择今后人生道路过渡。中学生身体的迅速发育与成熟引起的心理重大变化之一,就是感到自己长大成人了。这种"成人感"使中学生强烈要求自主独立,对成人过多的干涉表示反感,甚至开始以批评的眼光看待父母和老师,要求给予更多的自由,把他们看成是大人,让他们独立做事。题干中的表述属于中学生心理发展的独立性的表现。

21. D 【解析】本题考查埃里克森的人格发展阶段理论。自我同一性是指个体组织自己的动机、能力、信仰及活动经验而形成的有关自我的一致性形象。中学生正处于这一阶段,其发展任务是培养自我同一性。

二、辨析题(参考答案)

1. 场独立型的学生比场依存型的学生更优秀。

(1)这种说法是不正确的。(2)场依存型的学生对客观事物的判断常以外部线索为依据,其态度和自我认知易受周围环境或背景(尤其是权威人士)的影响,往往不易独立地对事物做出判断,而是人云亦云,从他人处获得标准;行为常以社会为定向,社会敏感性强,爱好社交活动。场独立型的学生对客观事物的判断常以自己的内部线索(经验、价值观)为依据,不易受到周围环境因素的影响和干扰,倾向于对事物的独立判断;行为常是非社会定向的,社会敏感性差,不善于社交,关心抽象的概念和理论,喜欢独处。场依存型认知风格与场独立型认知风格只是表现为学生对信息加工方式的某种偏爱,主要影响学生的学习方式,无好坏、优劣之分。故题干说法错误。

2. 气质由遗传决定。

(1)这种说法是正确的。(2)气质是表现在心理活动的强度、速度、灵活性与指向性等方面的一种稳定的心理特征，即我们平时所说的脾气、秉性。气质是先天的，由遗传因素决定，受生理影响较大。因此，题干说法正确。

三、简答题(参考答案)

1. 简述中学生情绪情感的特点。

情绪的特点：(1)情绪非常丰富；(2)情绪反应强烈，易动感情；(3)情绪理解力增强，学会运用情绪表达规则；(4)能采用有效的情绪调节手段；(5)情绪的延续性较长，心境化；(6)出现反抗情绪与逆反心理；(7)情绪变化具有两极性。

情感的特点：(1)自尊心强烈而敏感；(2)情感的社会性加强；(3)理智感、美感和道德感丰富和深化。

2. 简述皮亚杰的认知发展阶段理论。

皮亚杰将人的认知发展分为四个阶段：(1)感知运动阶段(0 ~ 2 岁)。认知发展处于该阶段的儿童思维具有以下特征：①感觉和动作的分化；②“客体永久性”概念的形成；③问题解决能力开始得到发展；④延迟模仿的产生。(2)前运算阶段(2 ~ 7 岁)。认知发展处于该阶段的儿童思维具有以下特征：①早期的信号功能；②自我中心性；③不可逆运算；④不能够推断事实；⑤泛灵论；⑥不合逻辑的推理；⑦不能理顺整体和部分的关系；⑧认知活动具有具体性，还不能进行抽象的思维运算。(3)具体运算阶段(7 ~ 11 岁)。认知发展处于该阶段的儿童思维具有以下特征：①去自我中心性；②可逆性；③守恒；④分类；⑤序列化。(4)形式运算阶段(11 岁 ~ 成人)。认知发展处于该阶段的儿童思维具有以下特征：①命题之间的关系；②假设—演绎推理；③类比推理；④抽象逻辑思维；⑤可逆与补偿；⑥反思能力；⑦思维的灵活性；⑧形式运算思维的逐渐发展。

四、材料分析题(参考答案)

(1)王老师教学效果不好的原因是没有遵循学生的最近发展区。维果斯基提出了最近发展区理论，他认为儿童有两种发展水平：一是儿童的现有水平，即由一定的已经完成的发展系统所形成的儿童心理机能的发展水平；二是可能(即将)达到的发展水平，也就是通过教学所获得的潜力。这两种水平之间的差异，就是最近发展区。维果斯基提出“教学应走在发展的前面”，教育必须不断地向学生提出他们能接受但又高于其现有水平的要求，以促进他们的发展。材料中，王老师没有真正了解学生的知识掌握情况，导致刚开始讲的内容过于简单浅显，低于学生现有的水平，学生不感兴趣，而后来讲的内容又难度过高，远远高于学生可能达到的水平，致使学生听不懂。这说明王老师的教学没有适应学生的最近发展区。

(2)要让学生“跳一跳能摘到桃子”可以从以下几个方面做起：①根据学生身心发展的特点和知识

水平，做到充分备课。②认真钻研课程标准，研读教材，教授学生能接受但又略高于其现有水平的知识，布置的作业应当难度适宜。③在教学中采用支架式教学模式。为了促进学生的发展，教师在学生试图解决超出当前知识水平的问题时应当给予支持和指导，帮助其顺利通过最近发展区，使之最终能够独立完成任务。④多向经验丰富的老教师请教，请其对自己的教学设计进行评价、修改，以完善自己的教学方案。

···刷专题···

专题一　中学生的心理发展特征概述

单项选择题

答案速查

1 ~4	CACC

1. C 【解析】心理学家将个体的心理发展划分为八个阶段：乳儿期（0 ~1 岁）、婴儿期（1 ~3 岁）、幼儿期或学龄前期（3 ~6、7 岁）、童年期或学龄初期（6、7 ~11、12 岁）、少年期或学龄中期（11、12 ~14、15 岁）、青年期（14、15 ~25 岁）、成年期（25 ~65 岁）、老年期（65 岁以后）。14、15 ~25 岁属于青年期。

2. A 【解析】中学生心理发展的一般特点有过渡性、闭锁性、社会性、动荡性等。其中，闭锁性是指人的心理活动具有某种含蓄、内隐的特点，它是相对于人的外部行为表现与内部心理活动之间的一致性而言的。中学生的心理逐渐显示出闭锁性的特征，即他们的内心世界逐渐复杂，他们开始不轻易地表露内心世界。题干体现的是闭锁性。

3. C 【解析】个体的心理发展总要经历一些共同的基本阶段，但在发展的速度、最终达到的水平，以及发展的优势领域等方面往往又千差万别。题干中学生在反应速度和性格上的不同表现就体现了个体的差异性。

4. C 【解析】按个体的心理发展划分，11、12 ~14、15 岁被称为少年期或学龄中期。

专题二　中学生的认知发展

一、单项选择题

答案速查

1 ~5	BCCCB	6 ~12	BABADAD

1. B 【解析】同化是指在有机体面对一个新的刺激情境时，把刺激整合到已有的图式或认知结构中。通过这一过程，主体才能对新刺激做出反应，动作也得以加强和丰富。题干所述是同化的

含义。

2. C 【解析】维果斯基所提出的两种心理机能包括:一是作为动物进化结果的低级心理机能,如简单的感觉和无意注意等。二是作为历史发展结果的高级心理机能,即以符号系统为中介的心理机能,如抽象逻辑思维。高级心理机能是人类所特有的,它使得人类心理在本质上区别于动物。维果斯基指出,儿童在与成人交往的过程中,通过掌握高级心理机能的工具——语言符号这一中介环节,使其在低级的心理机能基础上形成了各种新的心理机能。题干中小优根据攻略的描述能想象出自己旅游时的具体情景,这体现了以语言符号为中介的高级心理机能,故选择 C 项。

3. C 【解析】思维发展处于具体运算阶段的儿童不能想象独立于他们直接经验之外的事物,但能够考虑多个感知特征,即去自我中心。儿童能够注意到一种情境的多个方面,从他人的角度理解问题。根据题干中的描述可知,这些儿童能够从亮亮的角度去看问题,即去自我中心化,这是儿童的认知发展处于具体运算阶段的思维特征。

4. C 【解析】序列化是指能够根据大小、体积、重量或其他特性对一系列要素进行心理上的排序。具体运算阶段的儿童能够顺利完成排列大小的任务。题干中的女孩能根据大小将玩具重新排列,这表明其认知处于具体运算阶段。

5. B 【解析】顺应是指当有机体不能利用原有图式接受和解释新刺激时,其认知结构发生改变来适应刺激的影响。题干中学生在知道鸵鸟是鸟,但不会飞后,重新建立了鸟的概念,其原有的认知结构发生了改变,故这一认知过程属于顺应。

6. B 【解析】处于形式运算阶段的儿童的思维具有灵活性,他们不再刻板地恪守规则,反而常常由于规则与事实的不符而违反规则。题干中,该学生没有刻板地恪守文明规则,认为当遇到孕妇和老人时,可以让他们“插队”,这表明其思维具有灵活性,故该学生处于形式运算阶段。

7. A 【解析】顺应是指当有机体不能利用原有图式接受和解释新刺激时,其认知结构发生改变来适应刺激的影响。题干中孩子们在学习显微镜后改变了自己的观点,这属于顺应。

易混辨析:考生在做这类题时,易混淆同化和顺应的概念。同化:补充、完善认知结构(认知结构量变),如将新学习的桌子的知识,归类到家具中。顺应:改变认知结构(认知结构质变),如学习新知识以融入小伙伴的圈子。

8. B 【解析】根据皮亚杰的认知发展阶段理论可知,自我中心性、不可逆运算、泛灵论等属于前运算阶段的典型特征。

9. A 【解析】处于感知运动阶段的儿童主要有以下几个方面的特征:(1)感觉和动作的分化。(2)“客体永久性”(即知道某人或某物虽然现在看不见但仍然是存在的)的形成。(3)问题解决能力开始得到发展。(4)延迟模仿的产生。因此,本题答案选 A 项。

10. D 【解析】根据皮亚杰的认知发展阶段理论，处于形式运算阶段儿童的思维特征有：(1)命题之间的关系；(2)假设—演绎推理；(3)类比推理；(4)抽象逻辑思维；(5)可逆与补偿；(6)反思能力；(7)思维的灵活性；(8)形式运算思维的逐渐发展。故题干中的学生的认知发展处于形式运算阶段。

11. A 【解析】维果斯基认为，儿童有两种发展水平：一是儿童的现有水平，即由一定的已经完成的发展系统所形成的儿童心理机能的发展水平，也就是说儿童独立解决问题所具备的心理发展水平；二是可能(即将)达到的发展水平，也就是通过教学所获得的潜力。这两种水平之间的差异，就是最近发展区。教学中，教师要提供给学生力所能及而又高于学生当前发展水平的任务，使他们"跳一跳"就能"摘到桃子"。因此，题干中的小张老师根据小李同学的特点为他布置独特的数学作业，让他能够"跳而有获"，这依据的是最近发展区理论。

12. D 【解析】桑代克提出了联结—试误说，布鲁纳提出了认知—发现学习理论，加涅提出了信息加工学习理论，维果斯基提出了最近发展区理论。故答案选 D 项。

二、辨析题(参考答案)

1. 个体通过同化和顺应达到机体与环境的平衡。

(1) 这种说法是正确的。(2)根据皮亚杰的认知发展理论可知，同化是指在有机体面对一个新的刺激情境时，把刺激整合到已有的图式或认知结构中。顺应是指当有机体不能利用原有图式接受和解释新刺激时，其认知结构发生改变来适应刺激的影响。个体通过同化和顺应达到机体与环境的平衡，如果失去平衡，就需要改变行为以重建平衡。但平衡是相对的，不是绝对的。个体在平衡与不平衡的交替中不断建构和完善认知结构，实现认知发展。故题干的说法是正确的。

2. 最近发展区是指个体最擅长的能力或兴趣、研究领域。

(1)这种说法是不正确的。(2)维果斯基认为，儿童有两种发展水平：一是儿童的现有水平，即由一定的已经完成的发展系统所形成的儿童心理机能的发展水平；二是可能(即将)达到的发展水平，也就是通过教学所获得的潜力。这两种水平之间的差异，就是最近发展区。也就是说，最近发展区是儿童在有指导的情况下，借助成人的帮助所能达到的解决问题的水平与独自解决问题所达到的水平之间的差异，实际上是两个邻近发展阶段间的过渡状态。因此，题干说法错误。

三、简答题(参考答案)

1. 简述具体运算阶段儿童的思维特征。

(1)去自我中心性(去中心化)；(2)可逆性；(3)守恒；(4)分类；(5)序列化。

2. 简述形式运算阶段儿童的思维特征。

形式运算阶段儿童的思维特征有:(1)命题之间的关系;(2)假设—演绎推理;(3)类比推理;(4)抽象逻辑思维;(5)可逆与补偿;(6)反思能力;(7)思维的灵活性;(8)形式运算思维的逐渐发展。

3. 简述维果斯基的"文化—历史"发展理论的基本观点。

(1)维果斯基强调社会文化在认知发展中的作用。他区分了两种心理机能,即作为动物进化结果的低级心理机能和作为历史发展结果的高级心理机能。高级心理机能是人类所特有的,它使得人类心理在本质上区别于动物。儿童在与成人交往的过程中,通过掌握高级心理机能的工具——语言符号这一中介环节,使其在低级的心理机能基础上形成各种新的心理机能。

(2)维果斯基强调,人的思维与智力是在活动中发展起来的,是借助语言等符号系统不断内化的结果。内化是促使认知发展的主要机制,语言则在内化过程中起重要作用,个体的认知发展遵循"社会语言—自我语言—内部语言"的路线。

4. 简述"教学应走在发展的前面"的含义。

"教学应走在发展的前面"有两层含义:(1)教学在发展中起主导作用。它决定着儿童的发展,决定着发展的内容、水平、速度及智力活动的特点。(2)教学创造着最近发展区。教学应适应学生的现有水平,但更重要的是要发挥教学对发展的主导作用。

专题三　中学生的情绪情感发展

一、单项选择题

答案速查

1～5	AABAD	6～10	CCCCA	11～15	CAABD	16～20	CDCCD
21～24	DADD						

1. A　**【解析】**心境是一种微弱的、持续时间较长的,带有弥漫性的情绪状态。心境一经产生就不只表现在某一特定对象上,而是在相当长的一段时间内,使人的整个心理活动都染上某种情绪色彩,影响人的整个行为表现,成为情绪生活的背景。

2. A　**【解析】**道德感是根据一定的道德标准评价人的思想、意图和言行时所产生的主观体验。它表现在对待国家、集体、工作、事业、学习以及人与人之间的关系等各个方面,如爱国主义情感、集体主义情感、责任感、事业心、荣誉感、自尊心等。因此,小华在为老人让座后产生的自豪感属于道德感。

3. B　**【解析】**补偿指个人所追求的目标、理想受到挫折,或由于本身的某种缺陷而达不到既定目标时,用另一个目标来代替或通过另一种活动来弥补,从而减轻心理上的不适感。题干中的学生学习成绩差却经常购买各种名牌消费品来获得心理上的满足,这是采用了补偿这一心理防御方式。

4. A 【解析】情绪和情感的两极性是指每一种情绪和情感都能找到与之对立的情绪和情感。题干中的爱与恨,喜悦与悲伤、紧张与轻松都是对立的,这说明情绪和情感有两极对立特性。

5. D 【解析】应激是出乎意料的紧迫情况所引起的急速而高度紧张的情绪状态。当人们遇到突然出现的事件或意外发生危险时,为了应付瞬息万变的紧急情况,就得果断地采取决定,迅速地做出反应。应激正是在这种情境中产生的内心体验。A 项,小美一气之下撕碎了试卷,这属于激情。B 项,小明被表扬后感觉天格外蓝,这属于心境。C 项,范进听到自己金榜题名时欣喜若狂、手舞足蹈,这属于激情。D 项,小林突然被老师点名答题而不知所措,这属于出乎意料的紧迫情况所引起的高度紧张的情绪状态。因此,答案选 D 项。

6. C 【解析】美感是人们根据一定的审美标准对自然或社会现象及其在艺术上的表现予以评价时所产生的情感体验。小雪看到优秀的绘画作品时产生的喜悦感属于情感中的美感。

7. C 【解析】理智感是人认识事物和探求真理的需要是否得到满足而产生的主观体验。故题干所述追求真理的情感属于理智感。

8. C 【解析】合理宣泄指通过创设一种情境,使受挫者能自由抒发受压抑的情绪。题干中,张亮在产生消极情绪后,会通过运动的方式来宣泄不良情绪,这种情绪调节方法属于合理宣泄法。

9. C 【解析】幽默是指个体遇到挫折、处境困难或尴尬时,利用机智、双关、比喻、诙谐、自嘲等语言与动作的良性刺激方式来化解困难,以摆脱内心的失衡状态。当受到嘲笑时,张老师用一句"浓缩的就是精华"来化解尴尬,这种情绪调节方法就是幽默。

10. A 【解析】心境是一种微弱的、持续时间较长的,带有弥漫性的情绪状态。心境一经产生就不只表现在某一特定对象上,而是在相当长的一段时间内,使人的整个心理活动都染上某种情绪色彩,影响人的整个行为表现,成为情绪生活的背景。题干中强调王萍的情绪已延续"十多天",这种状态属于心境。

11. C 【解析】升华指心理欲望从社会不可接受的方向转向社会可接受的方向的过程。题干中,甘地遭受他人的歧视后并没有自怨自艾,而是把自己的遭遇与同胞们的不幸联系到一起,振奋精神,投身于印度民族解放运动,将不良情绪转化为了积极而有意义的行动,这种适应挫折的方式是升华。

12. A 【解析】心境是一种微弱的、持续时间较长的,带有弥漫性的情绪状态,常常使人的整个心理活动都染上某种情绪色彩,影响人的整个行为表现,成为情绪生活的背景。依据题干所述,人在不同心态下,就会以此时的心态去看待客观世界,比如感到开心时就会觉得外界一切都好,这种现象属于情绪中的心境。

13. A 【解析】道德感是根据一定的道德标准评价人的思想、意图和言行时所产生的主观体验。"先天下之忧而忧,后天下之乐而乐"抒发了诗人范仲淹的爱国情怀,是道德感的表现。

14. B 【解析】投射效应指由于个体具有某种特性,因而推断他人也有与自己相同特性的心理现象。题干中,晓华喜欢帮助有困难的人,他将自己的想法投射到他人身上,认为其他同学和自己一样都喜欢帮助有困难的人,这反映的是投射现象。

15. D 【解析】合理化又称文饰作用,是指个体无法达到目标或行为不符合规范时,用有利于自己的理由来为自己辩解,求得解脱和自慰。例如,"酸葡萄效应"(凡自己得不到的东西都是不好的)和"甜柠檬效应"(凡自己拥有的都是好的)。题干中的小静在落选班干部后,心里感到失落,但却用当个普通学生更自由自在的理由来安慰自己,故属于文饰作用。

16. C 【解析】"急中生智"是在突发状态下产生的,当人们遇到突发情况时,快速决定,做出智慧的反应,这是应激的过程。

17. D 【解析】激情是一种爆发式的、猛烈而持续时间短暂的情绪状态。例如,狂喜、暴怒、恐惧、绝望、剧烈的悲痛等,都是激情的表现。因此,根据题干中"喜欲狂"一词可知,杜甫当时的情绪状态属于激情。

18. C 【解析】激情是一种爆发式的、猛烈而持续时间短暂的情绪状态。它往往带有特定的指向性和较明显的外部行为表现。因此,题干所述属于激情。

19. C 【解析】中学生的情绪不再像儿童那样天真直露、心口如一,开始表现出文饰性、内隐性。有时会把自己真实的内心情绪世界封闭起来,对自己内心的真实想法或真实情绪是否予以表现也时常依时间、对象、场合而决定。陈鹏以一副若无其事的样子来掩盖自己内心的真实情绪,这反映了青少年的情绪具有隐蔽性。

20. D 【解析】道德感表现在对待国家、集体、工作、事业、学习以及人与人之间的关系等各个方面,如爱国主义情感、集体主义情感、责任感、事业心、荣誉感、自尊心等。

21. D 【解析】认知重组是指对挫折情境的重新认识与评价。个体对挫折情境的认知评价如何,直接影响挫折感的产生。题干中,个体认真分析考试失利的原因,确定了新的努力方向,这种对挫折情境的重新认识和分析是认知重组。

22. A 【解析】逆反心理指人们彼此之间为了维护自尊,而对对方的要求采取相反的态度和行为的一种心理状态。中学生的逆反心理往往发生在父母或教师等成人遇事"爱唠叨",说话过头,限制了他们的求知欲、好奇心、交友结伴的时候。题干中,小强进入中学后希望摆脱父母的约束和监视,这说明他出现了逆反心理。

23. D 【解析】应激是出乎意料的紧迫情况所引起的急速而高度紧张的情绪状态。当人们遇到突然出现的事件或意外发生危险时，为了应付瞬息万变的紧急情况，就得果断地采取决定，迅速地做出反应。应激正是在这种情境中产生的内心体验。

24. D 【解析】酸葡萄心理即凡自己得不到的东西都是不好的。甜柠檬心理即当得不到葡萄而只有柠檬时，就说柠檬是甜的，这种心理即凡自己拥有的都是好的。两者均是用有利于自己的理由来为自己辩解，以求得解脱和自慰。题干中强调把得不到的东西说成是不好的，故属于酸葡萄心理。否认心理是指对已发生的令人痛苦的事实加以"否定"，认为它根本没有发生过，以减轻或逃避心理上的痛苦。退行心理是指一个人遇到困难的时候放弃已学到的比较成熟的对应技巧和方式，而使用原先比较幼稚的方式去应付困难和满足自己的欲望。

二、简答题（参考答案）

1. 简述培养中学生良好情绪的方法。

(1)正确认识情绪，形成正当、合理的需要；(2)培养正确的人生观，充实和丰富中学生的精神世界，培养健康的情趣；(3)锻炼身体；(4)使自己永远保持一种乐观、向上的情绪基调，培养幽默感；(5)培养高尚的道德情操，培养中学生爱生活、爱祖国、爱人民的思想情感；(6)培养消除不良情绪的能力。

2. 简述情绪的动机—分化理论的主要观点。

情绪的动机—分化理论的主要观点有三个：

(1)情绪是分化的，存在着具有不同体验的独立情绪，这些独立的情绪具有动机功能；(2)情绪是人格系统的组成部分，是人格系统的核心动力；(3)情绪的分化是进化过程的产物，具有灵活多样的适应功能，且在有机体的适应和生存上起着核心的作用。

三、材料分析题（参考答案）

1. (1)材料中的调查结果以及学生的部分想法表明学生存在的心理问题主要有以下几方面：学习带来的心理压力，父母的期望造成的精神压力，努力了但成绩并没有改善产生的挫折感或由此引起的自信心不足，人际关系不协调，青春期对异性接触的渴望与对恋爱的误解之间的矛盾。

(2)为了帮助学生面对、处理这些问题，教师在教学中可以采取以下措施帮助学生培养良好的情绪：①教会学生形成适宜的情绪状态。教会学生调节情绪的紧张度，使他们学会按自己的意愿形成适宜的情绪状态。②丰富学生的情绪体验。学生的不适宜情绪的产生，往往是由缺乏一定的情绪经验引起的。教师应给学生创造不同的情境，使学生积累在各种情境中的情绪体验。③引导学生正确看待问题。学生分析问题的能力还不完善，对一个问题往往只从一个角度解释，所以容易遭受挫折。教师应该指导学生从多个角度看待问题，以发现问题的积极意义，从而产生健康的情绪。④教会学生情绪调节的方法。教师的教最终是为了学生能够学会调节自己的情绪,因此,传授学生一些调节情绪的方法是必不可少的。⑤通过实际锻炼提高学生情绪调节能力。在日常生活和学习中,教师要不断鼓励学生克服不良情绪状态,养成积极乐观的心理品质。同时注意创设情境,让学生体验不良情绪的困扰,从而找到合理宣泄的渠道,这也有助于增强其心理抗压能力。

2.(1)小明面临的是挫折适应问题。造成这一问题的原因是考试失败。小明的学习成绩一直很好,他不能接受成绩下降到二十几名的现实。

(2)可以采取以下措施帮助小明摆脱困境:①帮助小明树立正确的挫折观,对挫折有正确的认识与思想准备。②帮助小明确定适当的抱负水平,即根据实际情况确定适当的目标。③让小明适度感受挫折,锻炼其挫折承受能力。④帮助小明分析考试失败的原因,并提出改进的措施,争取以后考试考出好成绩。⑤教会小明积极适应挫折的方法和技术。

专题四　中学生的意志发展

一、单项选择题

答案速查

1～5	CACBD	6～9	ACCB

1.C 【解析】意志的自觉性是指一个人清晰地意识到自己行动的目的和意义,并且能够主动地支配自己的行动,使之符合既定目的的意志品质。题干中的学生放学后能自己主动去做作业,即他能主动支配自己的行动以达到既定目的,说明其意志的自觉性较好。

2.A 【解析】动机冲突可分为以下四类:(1)双趋冲突,是指从自己同时都很喜爱的两个事物中仅择其一的心理状态。(2)双避冲突,是指从希望回避的两种事物中必取其一的心理状态。(3)趋避冲突,是指对同一目的兼具好恶的矛盾心理。(4)多重趋避冲突,是指对含有吸引与排斥两种力量的多种目标予以选择时所发生的冲突。题干中强调小美对于加入舞蹈协会的矛盾心理,既想加入但又怕影响学业,故答案选A项。

3.C 【解析】双趋冲突是指从自己同时都很喜爱的两个事物中仅择其一的心理状态。例如鱼与熊掌,不可兼得;高考填志愿,有人既想学文科又想学理科。

4.B 【解析】双避冲突是指从希望回避的两种事物中必取其一的心理状态,例如进退维谷。"前怕狼,后怕虎"体现了双避的矛盾冲突。

5.D 【解析】意志的自制性是一个人善于控制和支配自己的情绪,约束自己言行的品质。与自制性相反的意志品质是任性和怯懦。前者不能约束自己的行动;后者在行动中畏缩不前,惊慌失措。这都是意志缺乏自制性的表现。

6. A 【解析】意志的自制性是一个人善于控制和支配自己的情绪，约束自己言行的品质。题干中的“节之”“纵之”说的是一个人是否善于控制自己、约束自己。

7. C 【解析】意志的坚持性又叫坚韧性，是指一个人在行动中坚持决定，百折不挠地克服重重困难去达到行动目的的品质。题干中学生持之以恒地晨跑以达到强身健体的目的，这体现了意志的坚持性。故本题选 C 项。

8. C 【解析】意志的坚韧性（坚持性），是指一个人在行动中坚持决定，百折不挠地克服重重困难去达到行动目的的品质。与坚韧性相反的意志品质是动摇性和执拗性，这与题干中的见异思迁和顽固执拗相对应。

9. B 【解析】意志的果断性是一种善于辨明是非、抓住时机、迅速而合理地采取决定并执行决定的意志品质。“当机立断”体现了意志的果断性。

二、简答题（参考答案）

简述初中生意志品质的特点。

初中即少年期是身心发展的半幼稚、半成熟期，其意志品质有以下几个特点：

（1）少年的自觉性品质虽有所提高，但由于认识的局限性，自觉性和幼稚性仍处在错综矛盾的状态，还不善于正确鉴别意志品质的良莠。

（2）少年的果断性品质有发展，反应快，行动快，不喜欢把时间花费在怀疑和犹豫不决上。

（3）少年期的自制能力也有所增强，他们愿意承担艰苦的任务，忍受一定的疼痛和困苦，控制一定的恐慌、惧怕情绪。

（4）少年期意志品质的坚持性、恒心、毅力还很不成熟，容易虎头蛇尾、见异思迁。

三、材料分析题（参考答案）

（1）意志品质有自觉性、果断性、自制性和坚韧性（坚持性）。

①小明缺乏意志的自觉性。意志的自觉性是指一个人清晰地意识到自己行动的目的和意义，并且能够主动地支配自己的行动，使之符合既定目的的意志品质。材料中小明需要在妈妈的监督下才能完成作业，不能自觉做作业。

②小丽缺乏意志的自制性。意志的自制性是指一个人善于控制和支配自己的情绪，约束自己言行的品质。自制性强的人，在意志行动中，不受无关诱因的干扰，能控制自己的情绪，坚持完成意志行动，同时能制止自身不利于达到目的的行动。材料中小丽在朋友的诱惑下就忘记作业出去玩，是缺乏自制性的表现。

因此，小明缺乏意志的自觉性，小丽缺乏意志的自制性。

（2）可以从以下几方面努力培养中学生的意志品质：①加强生活目的性教育，树立科学的世界观、远大的理想和信念，培养学生行为的目的性，减少其行动的盲目性；②加强养成教育，培养学生的自制能力；③组织实践活动，在困难环境中锻炼学生的意志，让学生取得意志锻炼的直接经验；④教育学生正确地对待挫折；⑤根据学生意志品质上的差异，采取不同的锻炼措施；⑥发挥教师、班集体和榜样的模范作用，给予必要的纪律约束；⑦加强自我锻炼，从点滴小事做起。

专题五　中学生的人格发展

一、单项选择题

答案速查

1～5	DACBA	6～10	AADCC	11～15	CDBDB	16～20	BCBDD
21～25	ADBBC			26～32	BBABCAB		

1. D 【解析】性格的意志特征是指个体自觉地确定目标，调节支配行为，从而达到目标的性格特征，如顽强拼搏、当机立断。学生有明确的目标，并能克服困难，为实现目标而一直努力，这体现了性格的意志特征。

2. A 【解析】沉思型的学生在解决认知任务时，总是谨慎、全面地检查各种假设，在确认没有问题的情况下才会给出答案。这种类型的学生解答认知问题的速度虽然慢，但错误率很低。根据题干所述，小丽的认知方式属于沉思型。

3. C 【解析】6～11 岁的儿童的发展任务是培养勤奋感。在这个时期，多数儿童已进入学校，第一次接受社会赋予他并期望他完成的任务。他们追求任务完成时获得的成就感及由此带来的长辈的认可和赞许。如果儿童在学习、游戏等活动中不断取得成就并受到成人的奖励，儿童将以成功、嘉奖为荣，培养乐观、进取和勤奋的人格；反之，如果由于学习方法不当或努力不够而多次遭受挫折或其成就受到漠视，儿童容易形成自卑感。

4. B 【解析】胆汁质和抑郁质的学生由于兴奋性太强或太弱而容易影响其心理健康。因此，在教育中，对这两种极端类型的学生应该给予特别的照顾，采取一些特殊的措施，尽量避免强烈的刺激和大起大落的情绪变化。

5. A 【解析】0～1.5 岁的婴幼儿的发展任务是发展对周围世界，尤其是对社会环境的基本态度，培养信任感。对人、对环境的基本信任感是形成健康个性品质的基础，是以后各个时期发展的基础，尤其是青年时期发展起来的同一性的基础。

6. A 【解析】场依存型认知方式的人倾向于以外部参照作为信息加工的依据，他们的态度和自我知觉更容易受周围的人们，特别是权威人士的影响和干扰，善于察言观色，注意并记忆言语信息中的社会内容。A 项正确。

一般而言，场独立型认知方式的人，常常利用自己内部的参照来判断客观事物，不易受外来因素的影响和干扰，其认知独立于周围的背景，倾向于在更抽象的和分析的水平上进行加工，独立地对事物做出判断。B 项错误。

冲动型的学生在解决认知任务时，总是急于给出问题的答案，而不习惯对解决问题的各种可能性进行全面思考，有时问题还未弄清楚就开始解答。C 项错误。

沉思型的学生在解决认知任务时，总是谨慎、全面地检查各种假设，在确认没有问题的情况下才会给出答案。D 项错误。

7. A　【解析】按照心理活动的指向，性格可分为外向型和内向型。其中，内向型的人心理活动指向于内部世界，感情比较深沉，办事小心，谨慎多思，不善交往，适应环境的能力较差，很注重别人对自己的评价。题干中小昭从农村转入城市上学，担心同学讥笑自己的方言，这说明他比较注重别人对自己的评价。因此，小昭这种行为表现的心理特征是性格。

8. D　【解析】场独立型者对客观事物作判断时，倾向于利用自己内部的参照，不易受周围环境因素的影响和干扰；在认知方面倾向于独立对事物做出判断。根据题干所述，该教师的认知方式属于场独立型。

9. C　【解析】一方面，同伴群体是儿童学习社会行为的强化物。另一方面，同伴群体又为儿童的社会化和人格发展提供社会模式或榜样。与同伴群体的交往使儿童能够进行人际关系和交流的探索，并发展人际敏感性，奠定儿童今后社会交往的基础，促进儿童的社会化和人格的发展。

10. C　【解析】学校教育按一定社会的教育目标，有计划、有步骤地对学生施加影响，因而直接制约着学生人格发展的方向和基本质量。教师对学生人格的发展具有指导定向的作用。题干中，教师的言行体现了学校教育对人格发展的影响。

11. C　【解析】放纵型教养方式的父母对孩子过分溺爱，让孩子随心所欲。这种家庭教养方式下的儿童是最不成熟的，易形成任性、自私、幼稚的个性。

12. D　【解析】一个人的人格是在遗传、成熟、环境、教育等先后天因素的交互作用下形成的。不同的遗传环境、生存及教育环境，形成了各自独特的心理特点。世界上没有两片完全相同的树叶，也没有两个人格完全相同的人，这体现了人格的独特性。

13. B　【解析】弗洛伊德认为人格是由本我、自我和超我三部分构成的。本我遵循快乐原则；自我遵循现实原则；超我遵循道德原则。

14. D　【解析】人格的功能性表现在：人格是一个人生活成败、喜怒哀乐的根源。人格决定一个人的生活方式，有时甚至会决定一个人的命运。“性格决定命运”这句话就强调了人格对一个人的影响之大，突出了人格的功能性。

15. B　【解析】性格的态度特征是指个体对自己、他人、集体、社会以及对工作、劳动、学习的态度特征。题干中强调小丽对集体和他人的态度，故体现了性格的态度特征。

易混辨析：考生易混淆性格的特征，可根据关键词来进行区分。态度特征强调对人、事、物的态度（具有核心意义）。情绪特征强调情绪活动方式。理智特征强调认知特点和风格的差异。意志特征强调意志努力、调节、控制。

16. B　【解析】多血质对应的高级神经活动类型为活泼型。故本题选B项。A项，胆汁质对应的高级神经活动类型为兴奋型。C项，黏液质对应的高级神经活动类型为安静型。D项，抑郁质对应的高级神经活动类型为抑制型。

17. C　【解析】性格的意志特征是指个体自觉地确定目标，调节支配行为，从而达到目标的性格特征。小江遇到困难总能勇往直前，不达目的誓不罢休，这体现了性格的意志特征。

18. B　【解析】多血质的人以反应迅速、有朝气、活泼好动、动作敏捷、情绪不稳定为特征。根据题干所述，该学生的气质类型属于多血质。

19. D　【解析】抑郁质的人以敏锐、稳重、体验深刻、外表温柔、怯懦、孤独、行动缓慢为特征。小雨的气质类型是典型的抑郁质。

20. D　【解析】12～18岁青少年的发展任务是培养自我同一性。自我同一性是指个体组织自己的动机、能力、信仰及活动经验而形成的有关自我的一致性形象；也是一种关于自己是谁，在社会中占据什么样的地位，将来准备成为什么样的人，以及怎样努力成为理想中的人的一系列感觉。因此王勇的主要发展任务是建立自我同一性，努力成为理想中的舞蹈家。

21. A　【解析】人格的稳定性是指一个人的某种人格特点一旦形成，就相对稳定下来了，要想改变它是比较困难的事情。“三岁看大，七岁看老”体现的就是人格的稳定性。

22. D　【解析】胆汁质的特点是直率热情、精力旺盛、好冲动，但暴躁易怒、脾气急、易感情用事。对于胆汁质气质类型的人，要注重培养其自制力。张老师的教育方式有利于克服暴躁易怒的问题，可以帮助小贾培养自制力。因此，小贾的气质类型是胆汁质。

23. B　【解析】气质类型主要分为以下四种：胆汁质、多血质、黏液质和抑郁质。其中，黏液质的特征主要表现为稳重，但灵活性不足；踏实，但有些死板；沉着冷静，但缺乏生气。根据题干中对王岩“冷静沉着”“有耐久力”的描述可知，王岩的气质类型属于黏液质。

24. B　【解析】中心特质是构成个体独特性的几个重要特质，奥尔波特认为，用5～10种中心特质即可大致概括出一个人的整体面貌。题干所述评语体现的是该同学的中心特质。

25. C　【解析】人格由本我、自我和超我三部分构成。其中，超我位于人格结构的最高层，是道德化了的自我，由社会规范、伦理道德、价值观念内化而来，其形成是社会化的结果。超我遵循道德原则，它具有三个作用：(1)抑制本我的冲动；(2)对自我进行监控；(3)追求完善的境界。题干中小楠没有受批评还是感到内疚，正是超我在道德层面对自我进行监控的结果，故选 C 项。

26. B 【解析】福利曼和罗斯曼描述了 A－B 型人格类型。A 型人格的主要特点是:性情急躁,缺乏耐性。他们的成就欲高、上进心强、有苦干精神、工作投入、做事认真负责、时间紧迫感强、富有竞争意识、外向、动作敏捷、说话快、生活常处于紧张状态,但办事匆忙、社会适应性差。B 型人格的特点是:性情不温不火,举止稳当,对工作和生活的满足感强,喜欢慢步调的生活节奏。根据题干的描述可知,青青属于 B 型人格。

27. B 【解析】一个人的某种人格特点一旦形成,就相对稳定下来了,要想改变它是比较困难的事情。这种稳定性还表现在人格特征在不同时空下表现出一致性的特点。小琼无论在何时何地都寡言少语,这体现了人格的稳定性。

28. A 【解析】根据弗洛伊德的心理性欲发展阶段理论可知,在口唇期,嘴和唇是性感区,婴儿的吸吮活动显示了最初的性欲冲动。如果婴儿的口唇活动没有受到限制,成年后性格倾向于乐观、慷慨、开放和活跃等积极的人格特征;如果婴儿的口唇活动受到了限制,成年后性格倾向于依赖、悲观、被动、猜疑和退缩等消极的人格特征,甚至在行为上表现出咬指甲、烟瘾、酗酒、贪吃等。题干中小白的咬笔行为,是由口唇期的欲望没有得到满足导致的。

29. B 【解析】奥尔波特将性格特征分为共同特质和个人特质。个人特质是个人所独有的、代表个人行为倾向的特质,它包括首要特质、中心特质和次要特质。共同特质是在同一文化形态下的群体所共同具有的特质,它是在共同的生活方式下形成的。长期从事某种职业,由于职业的影响,也会形成某种相似的特点,如军人严格自律、护士体贴入微、医生细致耐心、会计细致谨慎等。故题干体现的人格特质属于共同特质。

30. C 【解析】抑郁质典型特征有:敏锐、稳重、体验深刻、外表温柔、怯懦、孤独、行动缓慢。根据题干中的关键词“不爱交际”“行动迟缓”“优柔寡断”等可知,小雅的气质类型为抑郁质。故本题选 C 项。

31. A 【解析】目前,大多数人格心理学家都认为存在五种基本特质,这就是通常所说的“大五人格”,即神经质、外倾性、开放性、宜人性和尽责性。

32. B 【解析】胆汁质的人以精力旺盛、粗枝大叶、表里如一、刚强、易感情用事为特征。李逵是胆汁质的典型代表人物。

二、辨析题(参考答案)

1. 性格有好坏之分。

(1)这种说法是正确的。(2)性格是指人的较稳定的态度与习惯化了的行为方式相结合而形成的心理特征。性格在后天社会环境中逐渐形成,有好坏、优劣之分,能最直接地反映出一个人的道德风貌。因此,题干中的说法是正确的。

2. 抑郁质是最差的一种气质类型。

(1)这种说法是不正确的。(2)气质是表现在心理活动的强度、速度、灵活性与指向性等方面的一种稳定的心理特征,即我们平时所说的脾气、秉性。气质是人的天性,无好坏之分。因此,题干说法错误。

3. 人格随环境和教育的变化而变化,因此不稳定性是人格的典型特征。

(1)这种说法是不正确的。(2)人格是构成一个人思想、情感及行为的特有模式,这个独特模式包含了一个人区别于他人的稳定而统一的心理品质。人格具有稳定性。一个人的某种人格特征一旦形成,就相对稳定下来了,要想改变它,是比较困难的事情。因此,题干说法错误。

三、简答题(参考答案)

1. 现代气质类型说对教育有什么启示?

(1)对待学生应克服气质偏见;(2)针对学生气质差异因材施教;(3)帮助学生进行气质的自我分析、自我教育,培养良好的气质品质;(4)特别重视胆汁质和抑郁质学生;(5)组建学生干部队伍时,应考虑学生的气质类型。

2. 简述影响人格形成与发展的因素。

(1)生物遗传因素。(2)社会因素。①家庭教养方式;②学校教育;③同辈群体。(3)个人主观因素。

四、材料分析题(参考答案)

1. (1)从场独立型和场依存型的角度分析,陈明属于场独立型,罗亮属于场依存型。场独立型的学生对客观事物的判断常以自己的内部线索(经验、价值观)为依据,不易受到周围环境因素的影响和干扰,倾向于对事物的独立判断;场依存型的学生对客观事物的判断常以外部线索为依据,其态度和自我认知易受周围环境或背景(尤其是权威人士)的影响,往往不易独立地对事物做出判断,而是人云亦云,从他人处获得标准;行为常以社会为定向,社会敏感性强,爱好社交活动。材料中,陈明在学习上遇到问题时,常利用个人经验独立对其进行判断,并且很少受到同学与老师建议的影响,故属于场独立型的认知风格;罗亮更愿意听老师和同学的建议,并以他们的建议作为分析问题的依据,另外他还喜欢察言观色,关注社会问题,故属于场依存型的认知风格。

(2)教师要充分认识到每个学生在认知风格上的差异性,了解每种认知方式的优点与不足之处,并根据对学生认知风格的了解,在教学中有针对性地选择不同的教学方式。对于属于场独立型认知风格的陈明,教师可以让他独自学习,给予其新颖、有难度的任务,充分发挥他的独立性和主动性;对于场依存型的罗亮,教师可以让他多多参与小组讨论,与他人协作共同完成学习任务,在学习中及时给予指导,对其表现给予肯定。

2. (1)甲属于抑郁质气质类型,乙属于胆汁质气质类型,丙属于多血质气质类型。

(2)①抑郁质的人以敏锐、稳重、体验深刻、外表温柔、怯懦、孤独、行动缓慢为特征;②胆汁质的人以精力旺盛、粗枝大叶、表里如一、刚强、易感情用事为特征;③多血质的人以反应迅速、有朝气、活泼好动、动作敏捷、情绪不稳定为特征。

(3)①对甲的教育:应采取委婉暗示的方式,对其多关心、爱护,不宜在公开场合下指责,不宜进行过于严厉的批评。应培养他亲切、友好、善于交往、富有自信的精神;培养其敏感、机智、认真、细致、高自尊的优点。

②对乙的教育:应采取直截了当的方式,但不宜轻易激怒,对其严厉批评要有说服力,培养其自制力、坚持到底的精神和豪放、勇于进取的人格品质。

③对丙的教育:可以采取多种教育方式,但要定期提醒,对其缺点严厉批评。教师应鼓励她勇于克服困难,培养扎实专一的精神,防止其见异思迁;创造条件,多给她活动的机会,培养她朝气蓬勃、足智多谋的优点。

专题六　中学生的能力与自我意识发展

一、单项选择题

答案速查

1～5	BADCC	6～10	CBDBA	11～15	BCDBD	16～21	BBDBAB

1. B 【解析】效度是指一个测验工具希望测到某种行为特征的有效性与准确程度。题干中测验的目的是衡量学生学业水平的实际程度,本质上体现了测验的效度。故选择 B 项。A 项,信度是指一个测验量表的可靠程度(或可信程度)。它以反复测验时能否提供相同的结果来说明。C 项,难度指题目的难易程度。D 项,区分度是指该项题目对不同水平的答题者反应的区分程度和鉴别能力。难度适中,区分度较高的题目较好。

2. A 【解析】晶体智力与教育、文化有关,但在个体差异上与年龄的变化没有密切关系,晶体智力不因年龄增长而降低,有些人甚至因知识经验的累积,晶体智力随着年龄的增长而升高。“老谋深算”指的是晶体智力。

3. D 【解析】视觉—空间智力包括认识环境、辨别方向的能力。画家、雕塑家、建筑师的视觉—空间智力发达。

4. C 【解析】A 项是能力发展水平的差异,B 项是能力表现早晚的差异,D 项是能力类型的差异。C 项的多愁善感是性格特征,不是能力特征。

5. C 【解析】一般认为,自我意识包括三种成分:(1)自我认识(认识成分),即个体对自己的心理特点、人格特征、能力及自身社会价值的自我了解与自我评价。(2)自我体验(情感成分),如自尊、自爱、自豪、自卑及自暴自弃等。(3)自我监控(意志成分),即对自己的意志控制,如自我检查、自我监督、自我调节、自我追求等。题干中强调花花很好地控制住了自己的情绪,故体现了自我意识中的自我调节。

6. C　【解析】儿童在3岁以后,自我意识的发展进入社会自我阶段。他们从轻信成人的评价逐渐过渡到自我独立评价。这时,自我评价的独立性、原则性、批判性正在迅速发展,对道德行为的判断能力,也逐渐达到了前所未有的水平,从对具体行为的评价到有一定概括程度的评价。但他们的自我评价通常不涉及个人的内心世界和人格特征,自我的调节控制能力也较差,常出现言行不一的现象。

7. B　【解析】晶体智力是以学得的经验为基础的认知能力。它包括大量的知识和技能,与学习能力密切联系着,如知识、词汇方面的能力就属于晶体智力。

8. D　【解析】自我体验是自我意识在情感上的表现,是伴随自我认识而产生的内心体验。题干中的学生因受到表扬而感到开心,这是该生的自我意识在情感上的表现,故反映的是学生自我意识中的自我体验。

9. B　【解析】效度是指一个测验工具希望测到某种行为特征的有效性与准确程度。如果一种测验能够预测后来的行为,这种测验的效度就高。值得注意的是,一个测验只能在其特定的范围内才是有效的,其效度始终是针对一定的测验目的进行的,否则无效度可言。题干中,初中一年级的数学试卷能够有效测量初中一年级学生的数学成绩,但对于初中三年级学生过于简单,测验的效度就不高。

10. A　【解析】一般能力是指在不同种类的活动中表现出来的能力,如观察能力、记忆能力等。特殊能力是指从事某种专门活动所需要的能力,如音乐能力、绘画能力、运动能力、社交能力等。

11. B　【解析】心理学家根据智力发展水平把儿童分成三个等级,即超常儿童、常态儿童、低常儿童。其中IQ超过140属于天才,IQ超过130为智力超常,IQ低于70为智力落后(低常儿童)。题干中儿童的智力为90,因此属于正常水平。

12. C　【解析】模仿能力是指通过观察别人的行为和活动,以相同的方式做出反应的能力。题干描述的是模仿能力的概念。

13. D　【解析】美国心理学家吉尔福特提出了智力的三维结构论。他认为,智力是一个由不同方式对不同信息进行加工的各种能力的综合系统,是一个包括内容、操作和成果的三维结构。智力二因素论是斯皮尔曼提出的,智力形态论是卡特尔提出的,智力多元论是加德纳提出的。

14. B　【解析】加德纳提出了七种智力:言语智力、逻辑—数学智力、视觉—空间智力、音乐智力、运动智力、人际智力、自知智力(内省智力)。其中,逻辑—数学智力指数字运算与逻辑思考的能力以及科学分析的能力。题干中从几何图形中分别找出轴对称图形和中心对称图形需要对图形进行逻辑思考和分析，所运用的智力属于逻辑—数学智力。

15. D 【解析】区分度是指该项题目对不同水平的答题者反应的区分程度和鉴别能力。区分度高的试题，学习好的学生得分高，学习差的学生得分低；区分度低的试题，学习好和学习差的学生得分相差不大。

16. B 【解析】流体智力（也称液体智力、液体能力）是一个人生来就能进行智力活动的能力，即学习和解决问题的能力。它是一种以生理为基础的认知能力，受先天遗传因素的影响较大，主要表现为对新奇事物的快速辨认、记忆、理解等，如记忆广度。晶体智力（也称晶体能力）是以学得的经验为基础的认知能力，受后天经验的影响较大，与教育、文化有关。故运算推理能力属于流体能力。

17. B 【解析】斯皮尔曼提出了智力的二因素论，他认为智力由一般因素（G 因素）和特殊因素（S 因素）构成。

18. D 【解析】能力与知识、技能具有不同的概括水平。知识、技能的掌握和能力的发展是不同步的。知识多了，能力并不一定就高。因此①②说法错误，答案选 D 项。

19. B 【解析】智力也即智能，是使人能顺利完成某种活动所必需的各种认知能力的有机结合，它包括观察力、记忆力、注意力、想象力和思维力等成分，并以思维力为核心。

20. A 【解析】信度是指一个测验量表的可靠程度（或可信程度）。它以反复测验时能否提供相同的结果来说明。如果学生初测时分数很高，而在复测时分数很低，说明测验的信度差。

21. B 【解析】心理自我是在青春期开始发展和形成的。这时，青年开始形成自觉地按照一定的行动目标和社会准则来评价自己的心理品质与能力。故青春期学生的自我意识发展处于心理自我阶段。

二、辨析题（参考答案）

1. 男女智力总体发展水平相当。

（1）这种说法是正确的。（2）男女智力的总体水平大致相等，但男性智力分布的离散程度比女性大。男女的智力结构存在差异，各自具有自己的优势领域。男女在一般智力因素上没有显著差异，其性别差异主要反映在特殊智力因素中，主要包括数学能力、言语能力和空间能力。因此题干说法正确。

2. 晶体智力随年龄增长而降低。

（1）这种说法是不正确的。（2）晶体智力与教育、文化有关，但在个体差异上与年龄的变化没有密切关系，晶体智力不因年龄增长而降低，有些人甚至因知识经验的累积，晶体智力随着年龄的增长而升高。因此，题干说法错误。

三、简答题(参考答案)

1. 简述个体自我意识发展的阶段。

个体自我意识的发展经历了从生理自我到社会自我,再到心理自我的过程。

(1)生理自我(自我中心期)。生理自我是自我意识最原始的形态,生理自我在3岁左右基本成熟。

(2)社会自我(客观化时期)。儿童在3岁以后,自我意识的发展进入社会自我阶段。社会自我至少年期基本成熟。

(3)心理自我(主观自我时期)。心理自我是在青春期开始发展和形成的。

2. 简述中学生自我意识发展的一般特征。

(1)自我认识的全面性和深刻性提高;(2)有自我控制的愿望,但自制力水平不高;(3)自我控制意识有所增强,但是监控效果不理想。

专题七　中学生的性心理发展与异性交往辅导

材料分析题(参考答案)

正常的异性交往对青少年的健康成长是有益的。即使男女同学之间产生了爱慕之情,那也是正常的。只要处理得当,控制在适当的程度内,这种感情也可以促进学生对自身发展的完善。材料中的学校为了避免学生早恋,将男女同学之间的正常交往也限制起来的做法显然是不可取的。这样一味地“围追堵截”,容易让学生产生逆反心理,可能会让学校的早恋现象愈演愈烈或者让学生形成错误的异性交往观念。所以,作为教育工作者要引导学生把握好其间的“度”。教师在对学生进行引导时应做到:

(1)培养健康的交往意识。让青少年学生认识到异性交往是正常的,必然的,也是必要的,无须紧张、害怕、回避。(2)培养健康的交往态度。在交往中,彼此之间要相互尊重,平等待人,尤其提倡自尊、自重和自爱,应相互体谅和信任、真诚。(3)培养正确的交往行为。言行要适度,自然大方,既不过分拘谨,也不过分随便;既不过分冷淡,也应避免过分亲昵;不哗众取宠,也要学会控制情绪。(4)加强情感教育。让中学生懂得什么是爱,如何感受爱、表达爱,如何区分友情和爱情。(5)加强性教育,如性生理教育、性心理教育和性道德教育。(6)正确应对恋爱现象。与中学生共同探讨恋爱的利弊,引导学生将爱慕升华为成长的动力。同时加强责任意识和自我保护意识的教育。

对中学生异性交往过密的行为表现,教师在理解、宽容的基础上,还要多做调查研究,积极疏导。作为教师,我们还要加强学生青春期的教育,消除学生对异性的神秘感,增强学生的自我控制能力,提高学生的性道德水平,使他们正确认识与异性同学的关系,把握与异性同学交往的分寸,掌握与异性同学交往的礼仪,从而让他们严肃地对待恋爱,婚姻及性等问题。

第六章 中学生心理辅导

刷考点

①相对性

②抑郁症

③强化法

④肯定性训练

⑤理性—情绪疗法

刷真题

一、单项选择题

答案速查

1 ~5	BDBAC	6 ~9	BADA

1. B 【解析】本题考查心理问题的类型。一般性适应不良是一类面对情境因素的变化时，不能及时调整自己的方法、心态或行为规范而导致的相当长一段时间内的心理不适应的问题。中学生常见的情境变化有教师的更换、转学、升学以及家庭方面的变化等。题干中白雪由于初中离家住校出现了不明原因的哭泣、无力、心疼与食欲不振，属于适应不良，本题选 B 项。A 项，学习问题是学生最主要的心理问题之一，具体有学习习惯和方法不良，学习动力缺失，学业压力和考试焦虑，学业不适应现象，由亲子、师生、同学间关系引发的学习问题等。A 项排除。C 项，气质是表现在心理活动的强度、速度、灵活性与指向性等方面的一种稳定的心理特征，即我们平时所说的脾气、秉性。气质问题与教育工作密切相关。教师在教育教学中要根据学生气质类型的特点，采取切合实际的教育措施。C 项排除。D 项，认知问题表现在感知、记忆、思维、语言及想象等方面。D 选项与题干不符，排除。

2. D 【解析】本题考查常见的心理问题。恐怖症（恐惧症）是对特定的无实际危害的事物与场景的非理性的惧怕。常见的有单纯恐怖、广场恐怖和社交恐怖。学生中社交恐怖较为常见，主要表现为：害怕在社交场合讲话，担心自己因双手发抖、脸红、声音颤抖、口吃而暴露自己的焦虑，觉得自己说话不自然，因而不敢抬头，不敢正视对方的眼睛。题干中张明的表现属于社交恐惧。故答案为 D 项。

3. B 【解析】本题考查学校心理辅导的主要方法。代币是一种象征性强化物，筹码、小红星、盖章的卡片、特制的塑料币等都可作为代币。当学生做出教师所期待的良好行为后，就发给他们数量相当的代币作为强化物。题干中，廖老师使用文具、卡片等物品作为奖励替代物来改变学生的行为，是运用了代币法。因此答案选 B 项。A 项，认知疗法是根据人的认知过程影响其情绪和行为的理论假设，通过认知和行为技术来改变求治者的不良认知，从而矫正适应不良行为的心理治疗方法。C 项，脱敏法是指当某些人对某事物、某环境产生敏感反应（害怕、焦虑、不安）时，我们可以在当事人身上发展起一种不相容的反应，使其对本来可引起敏感反应的事物，不再发生敏感反应。D 项，消退法强调的是不予强化，进而使不良行为减少直至消失。

4. A 【解析】本题考查强迫症。强迫观念是指当事人身不由己地思考他不想考虑的事情，强迫行为（动作）指当事人反复去做他不希望执行的动作。赵峰明知离高考很远，但就是控制不住自己的想法，这是强迫观念的体现。

5. C 【解析】本题考查抑郁症。抑郁症的表现：(1)情绪消极、悲观、颓废、淡漠、失去满足感和生活乐趣；(2)消极的认识倾向，低自尊、无能感，从消极方面看事物，好责难自己，对未来不抱多大希望；(3)动机缺失、被动、缺少热情；(4)躯体疲劳、失眠、食欲不振等。题干中张博的症状符合抑郁症的特征。

6. B 【解析】本题考查网络成瘾的心理干预方法。厌恶干预法指采用惩罚性的厌恶刺激来减少或消除一些适应不良行为的方法。常用做法有橡皮筋拉弹法、社会不赞成法、内隐致敏法等。橡皮筋拉弹法是指成瘾青少年预先在自己手腕上套上一根橡皮筋，当其坐到电脑前准备上网时，就用力拉橡皮筋弹自己，以此来阻止自己上网。

7. A 【解析】本题考查学校心理辅导的目标。学校心理辅导的一般目标可归纳为两个方面：学会调适和寻求发展。学会调适是基本目标，以此为主要目标的心理辅导可称为调适性辅导；寻求发展是高级目标，以此为主要目标的心理辅导可称为发展性辅导。

8. D 【解析】本题考查强迫症。强迫症是一组以强迫症状（主要包括强迫观念和强迫行为）为主要临床表现的神经症。强迫观念指当事人身不由己地思考他不想考虑的事情；强迫行为指当事人反复去做他不希望执行的动作。如果不这样想、不这样做，他就会感到极端焦虑，主要有强迫洗涤、强迫检查、强迫计数和强迫仪式动作。题干中小东反复检查门锁的行为表现属于强迫行为。

9. A 【解析】本题考查行为改变的基本方法。强化法用来培养新的适应行为。根据学习原理，一个行为发生后，如果紧跟着一个强化刺激，这个行为就会再一次发生。题干中杨老师对晓玲主动请教问题的行为给予表扬,强化了晓玲请教问题的行为,所用的改变行为的方法是强化法。

二、辨析题(参考答案)

心理健康的标准是相对的。

(1)这种说法是正确的。(2)心理健康的标准是相对的,而不是绝对的。心理健康标准是一个发展的文化的概念,会随着社会的发展变化而发展变化,也因不同的社会文化背景而有差异。不同的国家、地区、同一地区的不同民族和阶层可能有不同的要求和标准;同一国家、地区的标准也会因时代的变迁、历史的进步而有不同的标准。因此,题干说法是正确的。

三、简答题(参考答案)

简述学校心理辅导的原则。

(1)面向全体学生;(2)预防与发展相结合;(3)尊重与理解学生;(4)发挥学生主体性;(5)个别对待学生;(6)促进学生整体性发展。

四、材料分析题(参考答案)

(1)考试焦虑是一种复杂的情绪现象,是在一定的应试情境下,受个体认知评价能力、人格倾向与其他身心因素制约,以担忧为基本特征,以防御或逃避为行为方式,通过一定程度的情绪反应所表现出来的心理状态。其表现是随着考试临近,心情极度紧张。考试时注意力不集中,知觉范围变窄,思维刻板,出现慌乱,无法发挥正常水平。

(2)产生的原因:①学校的统考,升学的、持久的、过度的压力;②家长对子女过高的期望;③学生个人过分地争强好胜;④学业上多次失败的体验等。

(3)调节方法:①采用肌肉放松、系统脱敏等方法;②采用认知矫正程序,指导学生在考试中使用正向的自我对话,如"我能应付这个考试";③锻炼学生的性格,提高挫折应对能力;④往最好处做,不要计较最后结果;⑤考前要注意调节情绪。

···刷专题···

专题一　心理健康概述

一、单项选择题

答案速查

1~3	ADA

1. A　【解析】A 项,心理健康是个体心理活动在自身及环境条件许可范围内所能达到的最佳功能状态。它至少包括两层含义:一是无心理疾病;二是有一种积极发展的心理状态。故 A 项说法错误。

B 项，心理健康是比较而言的，从健康到不健康只是程度的不同，而无本质的区别。故 B 项说法正确。

C 项，人的心理健康既可从相对不健康变得健康，又可从相对健康变得不那么健康。因此，心理健康反映的是某一段时间内的特定状态，而不应认为是固定的和永远如此的。故 C 项说法正确。

D 项，心理健康标准是一个发展的文化的概念，会随着社会的发展变化而发展变化，也因不同的社会文化背景而有差异。故 D 项说法正确。

2. D 【解析】世界卫生组织指出，健康应包括生理、心理、社会适应和道德健康等。世界卫生组织对“健康”的定义不包括 D 项，本题选 D 项。

3. A 【解析】心理健康表现为个人具有生命的活力、积极的内心体验和良好的社会适应能力。

二、辨析题(参考答案)

1. 没有查出病就是健康。

(1)这种说法是不正确的。(2)健康指的是有机体的一种机能状态，一般指机能正常，没有缺陷和疾病。世界卫生组织指出，健康应包括生理、心理、社会适应和道德健康等。“健康”包含很多方面，“没有查出病”只能表明个体身体健康，并不意味着其心理健康、社会适应良好等。因此，题干说法错误。

2. 心理健康和不健康之间有明确的界限。

(1)这种说法是不正确的。(2)心理健康是比较而言的，从健康到不健康只是程度的不同，而无本质的区别。心理健康与不健康不是泾渭分明的对立面，而是一种连续状态。从良好的心理健康状态到严重的心理疾病之间有一个广阔的过渡带。在许多情况下，异常心理与正常心理、变态心理与常态心理之间没有绝对的界限，只是程度的差异。

三、简答题(参考答案)

心理健康的标准是什么？

世界卫生组织界定的心理健康标准包括以下几方面：(1)智力正常；(2)情绪适中；(3)意志健全；(4)人格统一；(5)人际关系和谐；(6)与社会协调一致；(7)心理特点符合年龄特征。

专题二　中学生常见的心理健康问题

一、单项选择题

答案速查

1～5	CCBCD	6～10	DAADD	11～15	BBABC

1. C 【解析】焦虑症是以与客观威胁不相适应的焦虑反应为特征的神经症。学生中常见的焦虑反应是考试焦虑。其表现是：随着考试临近，心情极度紧张；考试时注意力不集中，知觉范围变窄，思维刻板，表现慌乱，无法发挥正常水平。根据题干描述可知，小李的表现属于焦虑症。

强迫症主要表现为强迫观念和强迫行为；抑郁症强调持久的心境低落；恐怖症强调对事物非理性的惧怕。均不符合题意，排除。

2. C 【解析】强迫观念指当事人身不由己地思考他不想考虑的事情；强迫行为指当事人反复去做他不希望执行的动作，如果不这样想、不这样做，他就会感到极端焦虑。题干中强调小昭不受控制地浮现出不好的想法，这属于强迫观念。故本题选 C 项。

3. B 【解析】恐怖症可分为单纯恐怖症（对一件具体的东西、动作或情境的恐惧）、广场恐怖症（害怕大片的水域、空荡荡的街道）、旷野恐怖症（害怕路过旷野，严重时害怕路过任何建筑）、社交恐怖症（害怕出现在众人面前，特别是对于被人注意更为敏感）和幽闭空间恐怖症（害怕较小的空间）。故题干所述为单纯恐怖症。

4. C 【解析】抑郁症的表现有：(1)情绪消极、悲伤、颓废、淡漠，失去满足感和生活的乐趣；(2)消极的认识倾向，低自尊、无能感，从消极方面看事物，好责难自己，对未来不抱多大希望；(3)动机缺失、被动，缺少热情；(4)躯体上疲劳、失眠、食欲不振等。由此可判断，小东最可能患有抑郁倾向。

5. D 【解析】心理学家一般认为，焦虑是由紧张、不安、焦急、忧虑、担心、恐惧等感受交织而成的复杂的情绪状态。中学生常见的焦虑反应是考试焦虑。

6. D 【解析】社交恐怖症的主要表现为：害怕在社交场合讲话，担心自己因双手发抖、脸红、声音颤抖、口吃而暴露自己的焦虑，觉得自己说话不自然，因而不敢抬头，不敢正视对方的眼睛。根据题干中小丽的行为表现可知，她可能患有社交恐怖症。

7. A 【解析】抑郁症的表现主要有：(1)情绪消极、悲伤、颓废、淡漠、失去满足感和生活的乐趣；(2)消极的认识倾向，低自尊、无能感，从消极方面看事物，好责难自己，对未来不抱多大希望；(3)动机缺失、被动，缺少热情；(4)躯体上疲劳、失眠、食欲不振等。A 项属于焦虑症的表现。

8. A 【解析】恐怖症可分为单纯恐怖症（对一件具体的东西、动作或情境的恐惧）、广场恐怖症（害怕大片的水域、空荡荡的街道）、旷野恐怖症（害怕路过旷野，严重时害怕路过任何建筑）、社交恐怖症（害怕出现在众人面前，特别是对于被人注意更为敏感）和幽闭空间恐怖症（害怕较小的空间）。由此可判断，题干所述为广场恐怖症。

9. D 【解析】恐怖症是对特定的无实际危害的事物与场景的非理性的惧怕。恐怖症可分为单纯恐怖症、广场恐怖症、旷野恐怖症、社交恐怖症和幽闭空间恐怖症。社交恐怖在学生中较为常见，主要表现为：害怕在社交场合讲话，担心自己因双手发抖、脸红、声音颤抖、口吃而暴露自己的焦虑，觉得自己说话不自然，因而不敢抬头，不敢正视对方的眼睛。姚涵的表现反映了她可能出现了社交恐怖症。

10. D 【解析】网络成瘾，又称网络成瘾综合征，临床上是指由于患者对互联网过度依赖而导致的一种心理异常症状以及伴随而来的生理性不适。我们可以根据一些症状表现来判断个体是否有网络成瘾，比如个体不上网会产生消极的情绪体验和不良的生理反应。题干中学生如减少或停止上网，会出现一系列的不良反应，由此可推断这名学生很可能患有网络成瘾综合征。

11. B 【解析】强迫行为指当事人反复去做他不希望执行的动作，如果不这样做，他就会感到极端焦虑。题干中小雷控制不住地反复擦写的行为就属于强迫行为，因此他可能出现了强迫症。

12. B 【解析】抑郁症是以持久的情绪低落为特征的神经症，抑郁症的表现有情绪消极、悲伤、颓废、淡漠、失去满足感和生活的乐趣等等。根据题干中晓丽的表现可知，晓丽最有可能患有的神经症是抑郁症。

13. A 【解析】抑郁症是以持久的心境低落为特征的神经症，其主要表现为：(1)情绪消极、悲伤、颓废、淡漠、失去满足感和生活的乐趣；(2)消极的认识倾向，低自尊、无能感，从消极方面看事物，好责难自己，对未来不抱多大希望；(3)动机缺失、被动，缺少热情；(4)躯体上疲劳、失眠、食欲不振等。根据题干所述，该学生可能患有抑郁症。

14. B 【解析】题干中，小陈知道自己每次饭后长时间刷牙的行为是没必要的，但却难以控制，这是典型的强迫行为。强迫行为是强迫症的一种表现形式，本题选 B 项。

15. C 【解析】强迫症是一组以强迫症状(主要包括强迫观念和强迫行为)为主要临床表现的神经症。题干中的教师上课前不断检查自己的教材、U 盘，下班后又反复查看办公室门是否锁好，这是强迫症的典型表现，故该教师具有强迫倾向。

二、辨析题(参考答案)

焦虑症是以持久的心境低落为特征的神经症。

(1)这种说法是不正确的。(2)焦虑症是以与客观威胁不相适应的焦虑反应为特征的神经症。抑郁症是以持久的心境低落为特征的神经症。因此，题干说法错误。

三、简答题(参考答案)

1. 简述网络成瘾的几种心理干预方法。

常用的几种网络成瘾的心理干预方法：(1)强化干预法；(2)厌恶干预法；(3)转移注意力

法；(4)替代、延迟满足法；(5)团体辅导法。

2. 简述强迫症及其矫正方法。

(1)含义：强迫症是一组以强迫症状(主要包括强迫观念和强迫行为)为主要临床表现的神经症。强迫观念指当事人身不由己地思考他不想考虑的事情。强迫行为指当事人反复去做他不希望执行的动作。

(2)矫正方法：①药物治疗；②行为治疗；③建立支持性环境；④森田疗法。

3. 如何维护学生的心理健康？

(1)学生个体进行积极的自我调适；(2)学校通过多种方式进行心理健康教育，维护学生心理健康；(3)与家长合作构建社会支持网络。

四、材料分析题(参考答案)

1. (1)材料中小文后期已出现较严重的抑郁症状。抑郁症的表现主要有：①情绪消极、悲伤、颓废、淡漠、失去满足感和生活的乐趣；②消极的认识倾向，低自尊、无能感，从消极方面看事物，好责难自己，对未来不抱多大希望；③动机缺失、被动，缺少热情；④躯体上疲劳、失眠、食欲不振等。材料中，小文觉得活着是一种累赘，内心很痛苦，体重下降，严重失眠，还出现了自伤行为，这些都表明小文患有抑郁症。

(2)对于患有抑郁症的学生，可采用以下方法进行矫正：①要注意给当事人以情感支持和鼓励。②以坚定而温和的态度激励学生做一些力所能及的事情。③让学生多参与一些积极有益的行动，使其从活动中体验到成功与人际交往的乐趣。④也可采用认知行为疗法，改变学生已习惯的自贬性的思维方式和不适当的成败归因模式，发展学生对自己、对未来的更为积极的看法。⑤让学生服用抗抑郁药物以缓解症状。

2. (1)恐怖症是对特定的无实在危害的事物与场景的非理性惧怕。社交恐怖症患者害怕在社交场合讲话(在会场上讲演、在公共场合进餐时交谈)，担心自己会因双手发抖、脸红、声音发颤、口吃而暴露自己的焦虑，觉得自己说话不自然，因而不敢抬头，不敢正视对方的眼睛。材料中，这位男生不好意思跟同学说话，害怕老师提问；容易紧张，不参加集体活动，与他人交往时脸红、手抖；甚至不想上学，害怕去人多的地方等，都是社交恐怖症的典型表现。

(2)调适方法：家长和老师应从各个方面了解该学生产生社交恐怖症的具体原因，帮助他克服心理障碍，从而更好地适应学校和社会的日常生活，同时，必要的时候，可使用以下方法进行调适：①系统脱敏法。②改善人际关系，营造宽松、自由的氛围；适当减轻当事人的压力。

专题三　学校心理辅导

一、单项选择题

答案速查

1～5	CBADB	6～10	BCDCB	11～15	ABDBA

1. C 【解析】系统脱敏法是指当某些人对某事物、某环境产生敏感反应(害怕、焦虑、不安)时,我们可以在当事人身上发展起一种不相容的反应,使其对本来可引起敏感反应的事物,不再发生敏感反应。题干中通过看汽车图片—谈论汽车—摸汽车—坐汽车等一系列操作,逐步消除该学生对汽车的惧怕反应,这运用了系统脱敏法。故本题选C项。

2. B 【解析】系统脱敏法包括以下步骤:(1)进行全身放松训练;(2)建立焦虑刺激等级表;(3)焦虑刺激与松弛活动相配合。题干中心理辅导老师帮助李晓明建立焦虑等级,并通过放松训练缓解李晓明的考试焦虑,正是系统脱敏法的运用。

3. A 【解析】强化法用来培养新的适应行为。根据学习原理,一个行为发生后,如果紧跟着一个强化刺激,这个行为就会再一次发生。晓红主动与同学交谈或请教老师时,韩老师会通过给予肯定来强化晓红的这种行为。因此这种心理辅导方法属于强化法。

4. D 【解析】合理情绪疗法认为,人的情绪是由他的思想决定的,合理的观念导致健康的情绪,不合理的观念导致负向的、不稳定的情绪。人们持有的不合理信念总结起来有三个特征:绝对化要求、概括化要求和糟糕至极。小青认为做事应该尽善尽美,决不允许出现任何差错,说明其过于追求完美,常因不能达到完美而影响自己的情绪,进而产生焦虑。小青的不合理信念属于绝对化要求,老师通过矫正其认知偏差来帮助她调整不合理的认知,这种心理疏导方法是合理情绪疗法。

5. B 【解析】概括化要求是一种以偏概全的不合理的思维方式,它包括对自己和对他人的不合理评价。依据题干所述,个体因一次失败或错误就全盘否定自己,认定自己是个失败者,什么都做不好,这种以偏概全的评价方式属于不合理信念中的概括化要求。

6. B 【解析】艾里斯认为,人们持有的不合理信念总结起来有三个特征:绝对化要求、概括化要求和糟糕至极。(1)绝对化要求,是指个体以自己的意愿为出发点,以极端的要求衡量一切事物。例如,学生要求"我必须每次都考第一名""他们都应该对我好"等。(2)概括化要求,这是一种以偏概全的不合理的思维方式,它包括对自己和对他人的不合理评价。例如:一次考试成绩不理想便认为自己不行,从而导致自卑、情绪消沉;别人一次约会迟到,就认为这人不守时,不值得信任，导致责备他人甚至产生愤怒等情绪。(3)糟糕至极，表现为一旦遇到什么挫折，就产生一种非常糟糕，甚至是灾难性的预期的非理性信念，从而陷入悲观、抑郁的情绪中而不能自拔。故B项属于“绝对化要求”，答案选B项。

7. C 【解析】行为塑造是指通过不断强化逐渐趋近目标的反应，来形成某种较复杂的行为。有时候我们所期望的行为在某学生身上很少出现或很少完整地出现，此时，我们可以依次强化那些渐趋目标的行为，直到合意行为的出现。老师通过依次强化使张亮完成作业的量逐渐增加，直到他能完成期待的作业量，也就是出现了合意行为。老师采用的这种行为矫正方法是行为塑造法。

8. D 【解析】自我控制法是让当事人自己运用学习原理，进行自我分析、自我监督、自我强化、自我惩罚，以改善自身行为。题干所述为自我控制法的内涵。

9. C 【解析】代币是一种象征性强化物，筹码、小红星、盖章的卡片、特制的塑料币等都可作为代币。当学生做出教师所期待的良好行为后，就发给他们数量相当的代币作为强化物。学生用代币可以兑换有实际价值的奖励物或活动。因此，题干中的老师运用了代币奖励法。

10. B 【解析】艾里斯认为，人的情绪是由他的思想决定的，合理的观念导致健康的情绪，不合理的观念导致负向的、不稳定的情绪。他提出了一个解释人的行为的ABC理论。A：个体遇到的主要事实、行为、事件。B：个体对A的信念、观点。C：事件造成的情绪结果。情绪反应C是由B(信念)直接决定的。因此，丹丹和平平都不小心跌了一跤，二人对这件事的观点、看法不同，其表现也就不同。故本题选B项。

11. A 【解析】理性—情绪疗法是20世纪50年代由艾里斯在美国创立。艾里斯认为，人的情绪是由他的思想决定的，合理的观念导致健康的情绪，不合理的观念导致负向的、不稳定的情绪。如果能改变一个人非理性的思想、观念和评价，就能改变他的情绪和行为。题干中的心理老师通过改变小明的非理性思想，改变了小明的情绪和行为。这种辅导方法属于理性—情绪疗法。

12. B 【解析】行为塑造是指通过不断强化逐渐趋近目标的反应，来形成某种较复杂的行为。有时候教师所期望的行为在某学生身上很少出现或很少完整地出现，此时，教师可以依次强化那些渐趋目标的行为，直到合意行为的出现。题干中的张老师通过不断强化小莉表现出的趋近目标的行为，促使她形成良好的学习习惯，这说明张老师采用了行为塑造法。

13. D 【解析】D项肯定性训练也叫自信训练、果敢训练，目的是促进个人在人际关系中公开表达自己真实的情感和观点，维护自己权益也尊重别人权益，发展人的自我肯定行为。“不敢拒绝别人的无理要求，不敢表达自己的不满情绪”说明这个学生缺少自我肯定行为，因此需要用肯定性训练培养其自我肯定行为。

A 项，全身松弛法是通过改变肌肉紧张，减轻肌肉紧张引起的酸痛，以应对情绪上的紧张、不安、焦虑和气愤。

B 项，代币奖励法：代币是一种象征性强化物，筹码、小红星、盖章的卡片、特制的塑料币等都可作为代币。当学生做出教师所期待的良好行为后，就发给他们数量相当的代币作为强化物，学生用代币可以兑换有实际价值的奖励物或活动。

C 项，系统脱敏是指当某些人对某事物、某环境产生敏感反应（害怕、焦虑、不安）时，我们可以在当事人身上发展起一种不相容的反应，使其对本来可引起敏感反应的事物，不再发生敏感反应。

14. B　**【解析】**系统脱敏是指当某些人对某事物、某环境产生敏感反应（害怕、焦虑、不安）时，我们可以在当事人身上发展起一种不相容的反应，使其对本来可引起敏感反应的事物不再发生敏感反应。体育课中老师先让学生看别的同学练习，再从简单练习开始，逐步加大练习难度，消除学生对难度大的练习的害怕心理，运用的就是系统脱敏法。

15. A　**【解析】**学校心理辅导的一般目标可归纳为两个方面：学会调适和寻求发展。学会调适是基本目标，以此为主要目标的心理辅导可称为调适性辅导；寻求发展是高级目标，以此为主要目标的心理辅导可称为发展性辅导。

二、简答题（参考答案）

1. 简述行为改变的基本方法。

（1）强化法；（2）代币奖励法；（3）行为塑造法；（4）自我控制法；（5）行为契约法。

2. 简述认知疗法的治疗过程。

（1）建立求助的动机；（2）适应不良性认知的矫正；（3）在处理日常生活问题的过程中培养观念的竞争，用新的认知对抗原有的认知；（4）改变有关自我的认知。

第七章　中学德育

···刷考点···

①道德意志
②他律
③权威阶段
④习俗水平
⑤因材施教原则
⑥集体教育
⑦尊重信任学生
⑧纪律约束
⑨依靠积极因素
⑩一致性和连贯性
⑪思想政治课
⑫课外、校外活动
⑬说服教育法
⑭榜样示范法
⑮实际锻炼法
⑯品德评价法

···刷真题···

一、单项选择题

答案速查

1～5	ACDBA	6～10	CDCAD	11～15	DDBCA	16～19	DDCD

1. A　【解析】本题考查态度与品德的形成过程。态度与品德的形成大致经历三个阶段:(1)依从阶段。依从即表面上接受规范,按照规范的要求来行动,但对规范的必要性或根据缺乏认识,甚至有抵触情绪。依从包括从众与服从。(2)认同阶段。认同是学习者在思想、情感、态度和行为上主动接受规范,从而试图与之保持一致。(3)内化阶段。内化是指在思想观点上与社会规范及其价值保持一致,将自己所认同的思想和自己原有的观点、信念融为一体,构成一个完整的价值体系。题干中,张铭因喜欢王老师而愿意接受王老师的教导,主动在观点、行动上与王老师的要求保持一致,表明张铭的品德发展处于认同阶段。故本题选 A。

2. C　【解析】本题考查德育方法。榜样示范法是用榜样人物的优秀品德来影响学生的思想、情感和行为的德育方法。榜样包括伟人的典范、教育者的示范、学生中的好榜样等。题干中,“其身正,不令而行;其身不正,虽令不从”的意思是:当管理者自身端正,不用下命令,被管理者就会跟着行动起来;相反地,如果管理者自身不端正(却要求被管理者端正),那么,纵然三令五申,被管理者也不会服从。这句话说明了一个好的榜样对学生形成良好的道德的重要性,体现了榜样示范法。故答案为 C。

3. D　【解析】本题考查德育途径。德育途径是指学校教育者对学生实施德育时可供选择和利用的渠道,又称德育组织形式。我国学校的德育途径是广泛多样的,其中基本途径是思想政治课与其他学科教学。

4. B 【解析】本题考查态度与品德的形成过程。内化是指在思想观点上与社会规范及其价值保持一致，将自己所认同的思想和自己原有的观点、信念融为一体，构成一个完整的价值体系。题干中国强认为欺负弱小是一种不道德的行为，并自觉杜绝此类行为，这说明国强的思想认识与行为保持一致，能自觉遵守自身理念，故国强的品德发展处于内化阶段。

5. A 【解析】本题考查德育方法。实际锻炼法是有目的地组织学生参加各种实际活动，使其在活动中锻炼思想，增长才干，培养优良的思想和行为习惯的德育方法。题干引文的意思是：上天将要把重任降临到某人身上的时候，一定要先使他的意志遭受磨炼，使他的筋骨经受劳累，使他的身体忍受饥饿，使他的全身困苦疲乏，使他的行为总是遭受困扰麻烦。这样，便可使他的内心受到震动，使他的性格更加坚韧，从而增加他所未具备的能力。显然，这强调的是实践锻炼的重要性，体现的德育方法是实际锻炼法。

6. C 【解析】本题考查德育方法。品德评价法是通过对学生品德进行肯定或否定的评价而予以激励或抑制，促使其品德健康形成和发展的德育方法。它包括奖励、惩罚、评比和操行评定等。题干中，王老师把表现好、进步大的学生的照片贴在“明星墙”上以示奖励，给予学生肯定评价，这种德育方法是品德评价法。

7. D 【解析】本题考查德育原则。疏导原则是指进行德育时要循循善诱、以理服人，从提高学生认识入手，调动学生的主动性，使他们积极向上。疏导原则也就是循循善诱原则。题干中，孔子以经过加工的竹子能够射得更深来比喻经过教育的人能取得更高的成就，由此改变了子路的观点，使他认识到教育的作用，这符合疏导原则的内涵。

8. C 【解析】本题考查柯尔伯格的道德发展阶段理论。寻求认可取向阶段，又叫好孩子的道德定向阶段，这一阶段的儿童的价值以人际关系的和谐为导向，顺从传统的要求，符合大众的意见，谋求大家的称赞。进行道德评价时，总是考虑到社会对一个“好孩子”的期望和要求，并总是按照这种要求去展开思维。题干中，晓旭认为听话的孩子就是好孩子，并以这种思维来要求自己，遵从老师和家长的要求，以获得称赞，其行为表现符合寻求认可阶段的特征，故选 C。

易混辨析：柯尔伯格的道德发展理论属于高频考点，并且命题时更倾向于考查习俗水平和后习俗水平的阶段特点。

道德发展水平	道德发展阶段	特点
前习俗水平	服从与惩罚定向阶段	逃避惩罚
	相对功利取向阶段	以自我为中心
习俗水平	寻求认可取向阶段	考虑他人和大众，做“好孩子”
	遵守法规取向阶段	服从法规和社会规范
后习俗水平	社会契约取向阶段	不盲从准则、灵活考虑
	普遍伦理取向阶段	有自己的价值观、品德高尚

9. A 【解析】本题考查德育过程的基本规律。德育过程是具有多种开端的对学生知、情、意、行的培养提高过程。德育过程一般以知为开端，以行为终结。但由于社会生活的复杂性、德育影响的多样性等因素，在德育具体实施过程中，又具有多种开端。德育过程既可以从提高道德认识开始，即"晓之以理"；也可以从陶冶情感开始，即"动之以情"；有时还可以从磨炼意志和训练行为开始，即"持之以恒""导之以行"。道德教育的开端可不拘于一格，需要具体问题具体分析，根据学生品德发展的具体情况选择适当的开端，最后达到学生在知、情、意、行几方面和谐发展的目的。

10. D 【解析】本题考查柯尔伯格的道德发展阶段理论。普遍原则的道德定向阶段（普遍伦理取向阶段）的个体以价值观念为导向，有自己的人生哲学，对是非善恶的判断有独立的价值标准，思想超越了现实道德规范的约束，行为完全自律。这一阶段的认识突破了既存的规章制度，不是从具体的道德准则，而是从道德的本质上去进行思考与判断。题干中，张丽在进行道德判断时更多地考虑道德的本质，不受现实中各种规章制度的约束，说明其道德发展水平较高，已达到普遍伦理取向阶段。

11. D 【解析】本题考查德育原则。因材施教原则是指教育者在德育过程中，应根据学生的年龄特征、个性差异以及品德发展现状，采取不同的方法和措施，加强德育的针对性和实效性。"一把钥匙开一把锁"这句话就是指要根据学生的不同情况采取不同的教育措施，这体现的是因材施教原则。

12. D 【解析】本题考查德育方法。自我修养法（即个人修养法）是在教师引导下学生经过自觉学习、反思和自我改进，使自身品德不断完善的一种方法。自我修养一般包括立志、学习、反思、箴言、慎独等。因此，题干的描述所体现的是自我修养法。

13. B 【解析】本题考查道德情感。形象性的道德情感是与具体的道德形象相联系的情感体验。它分为由直接感知的具体道德形象（如身边的榜样）所引起的情感体验，以及由想象某些具有道德意义的人或事而激起的情感体验。题干中的徐燕看到一个同学帮助坐轮椅的老人上斜坡路而非常激动，是看到了具体的道德形象而引起的情感体验。故这种道德情感属于形象性道德情感体验。

14. C 【解析】本题考查德育的基本组成部分。思想教育、政治教育和道德教育是德育的基本组成部分。思想教育，广义上是指对人的各方面思想、观点产生影响的教育，狭义是指形成一定世界观、人生观的教育；政治教育是指有目的地使学生形成一定的政治观念、信念和政治信仰的教育；道德教育是指使学生形成一定的道德意识和道德行为规范的教育。

15. A 【解析】本题考查德育方法。情感陶冶法，有时也称陶冶教育法，是指教育者自觉创设良好的教育情境，潜移默化地使受教育者在道德和思想情操等方面受到感染、熏陶的方法。"让学校的每一面墙都开口说话”,目的是让学生在良好的校园文化环境中受到熏陶和感化,这体现了陶冶教育法的内涵。

16. D　【解析】本题考查道德行为。道德行为是指个体在一定的道德意识支配下表现出来的对他人和社会的有道德意义的活动。道德行为包括道德行为技能和道德行为习惯,它们与一般的技能和习惯并无区别,只是在用来完成一定的道德任务时,便具有了道德的性质。持续不断的、稳定的道德行为才是一个人的道德品质,而道德行为培养的关键是形成良好的道德习惯。

17. D　【解析】本题考查皮亚杰的道德发展阶段理论。根据皮亚杰道德发展阶段理论,处于公正阶段的儿童开始倾向于主持公正、公平等。公正的奖惩不能是千篇一律的,应根据个人的具体情况进行。也就是说,儿童不再刻板地按固定的规则去判断,在依据规则判断时会先考虑到同伴的一些具体情况,从关心和同情出发去判断。

18. C　【解析】本题考查柯尔伯格的道德发展阶段理论。在后习俗水平的社会契约的道德定向阶段,个体认识到法律或习俗的道德规范仅仅是一种社会契约,它由大家商定,可以改变,而不是固定僵死的。

19. D　【解析】本题考查柯尔伯格的道德发展阶段理论。社会契约取向阶段的个体的道德价值以法制观念为导向,有强烈的责任心和义务感,但不再把社会规则和法律看成是死板的、一成不变的条文,而是认识到法律或习俗的道德规范仅仅是一种社会契约,它由大家商定,可以改变,而不是固定僵死的。这一阶段的人在强调按契约和法律的规定享受权利的同时,也认识到个人应尽义务和责任的重要性。依据题干所述,小张的道德发展处于后习俗水平的社会契约取向阶段。

二、辨析题(参考答案)

1. 德育的起点是提高道德认识。

(1)这种说法是不正确的。(2)德育过程的一般顺序可以概括为:提高道德认识、陶冶道德情感、锻炼品德意志和培养品德行为习惯。德育过程一般以知为开端,以行为终结。但由于社会生活的复杂性、德育影响的多样性等因素,在德育具体实施过程中又具有多种开端,可根据学生品德发展的具体情况,或从“导之以行”开始,或从“动之以情”开始,或从锻炼品德意志开始,最后达到学生品德在知、情、意、行几方面和谐发展的目的。因此,题干说法错误。

2. 根据柯尔伯格的观点,道德发展的阶段是固定的,相同年龄阶段的人都能达到同样的发展水平。

(1)这种说法是不正确的。(2)柯尔伯格认为儿童道德判断和推理的发展是有阶段的,他将道德判断分为三个水平,每一水平包含两个阶段。分别是:①前习俗水平分为服从与惩罚的道德定向阶段和相对功利的道德定向阶段;②习俗水平分为好孩子的道德定向阶段和维护权威或秩序的道德定向阶段;③后习俗水平分为社会契约的道德定向阶段和普遍原则的道德定向阶段。柯尔伯格认为,道德发展的顺序是固定的,但是并不是所有人都在同样的年龄达到同样的发展阶段。事实上,有的人可能永远无法达到道德判断的最高水平。因此,题干说法错误。

三、简答题(参考答案)

1. 简述品德的心理结构。

品德的心理结构包括四种相辅相成的基本心理成分:道德认知、道德情感、道德意志和道德行为。

(1)道德认知是指对行为规范及其意义的认识,是人的认识过程在道德上的表现。品德的核心是道德认知。

(2)道德情感是人的道德需要是否得到实现而引起的一种内心体验,也就是人在心理上所产生的对某种道德义务的爱憎、喜恶等情感体验。

(3)道德意志是个体自觉地调节道德行为,克服困难,以实现预定道德目标的心理过程。

(4)道德行为是道德形成的最终环节,是指个体在一定的道德意识支配下表现出来的对他人和社会的有道德意义的活动。

2. 简述态度与品德形成的三阶段及其主要内容。

品德的形成是一个从外到内的转化过程,是社会规范的接受和内化,大致经历三个阶段:

(1)依从(社会规范的依从)。依从即表面上接受规范,按照规范的要求来行动,但对规范的必要性或根据缺乏认识,甚至有抵触情绪。它是规范内化的初级阶段,是态度与品德建立的开端。依从包括从众与服从。

(2)认同(社会规范的认同)。认同比依从深了一层,是学习者在思想、情感、态度和行为上主动接受规范,从而试图与之保持一致。

(3)内化(社会规范的信奉)。内化是指在思想观点上与社会规范及其价值保持一致,将自己所认同的思想和自己原有的观点、信念融为一体,构成一个完整的价值体系。

四、材料分析题(参考答案)

(1)材料中李老师的做法体现了疏导原则,因材施教原则,知行统一原则,尊重信任学生与严格要求学生相结合原则,依靠积极因素、克服消极因素原则,集体教育和个别教育相结合原则。

(2)①疏导原则是指进行德育时要循循善诱、以理服人,从提高学生认识入手,调动学生的主动性,使他们积极向上。材料中的李老师耐心地教育犯错误的王力,和他讲道理,使王力对画画有了正确认识,这体现了对疏导原则的运用。

②因材施教原则是指教育者在德育过程中,应根据学生的年龄特征、个性差异以及品德发展现状,采取不同的方法和措施,加强德育的针对性和实效性。材料中的李老师从王力的个性与特长出发,针对性施教,既使王力的特长得以展现,又促进了王力的发展,这体现了对因材施教原则的

运用。

③集体教育和个别教育相结合原则是指在德育过程中，教育者要善于组织和教育学生热爱集体，并依靠集体教育每个学生，同时通过对个别学生的教育，来促进集体的形成和发展，从而把集体教育和个别教育有机地结合起来。材料中李老师帮助王力分析个人与集体的关系，教育其热爱集体，学会尊重他人的劳动，这体现了对该原则的运用。

④尊重信任学生与严格要求学生相结合的原则是指在德育过程中，教育者既要尊重信任学生，又要对学生提出严格的要求，把严和爱有机地结合起来，使教育者的合理要求转化为学生的自觉行动。材料中李老师尊重王力爱好画画的兴趣，同时又要求其严格要求自己，树立正确的人生观，打好文化基础等，这体现了对该原则的运用。

⑤依靠积极因素、克服消极因素（长善救失）原则是指在德育工作中，教育者要善于依靠、发扬学生自身的积极因素，调动学生自我教育的积极性，克服消极因素，以达到长善救失的目的。材料中的李老师利用王力擅长画画的优点，邀请王力负责班级的黑板报，借此克服王力行为散漫、目无纪律的缺点，最终使王力各方面都得到了长足的进步，这体现了对该原则的运用。

⑥知行统一原则是指教育者在进行德育时，既要重视对学生进行系统的思想道德的理论教育，又要重视组织学生参加实践锻炼，把提高认识和行为养成结合起来，使学生做到言行一致。材料中的李老师教育王力画应当歌颂美的事物，使王力形成对画画的正确认识，又让其负责班级黑板报，把提高认识和行为养成结合起来，这体现了对该原则的运用。

···刷专题···

专题一　中学生品德心理与发展

一、单项选择题

答案速查

1～5	CDACA	6～10	BDBCC	11～15	BBBDD	16～18	CAD

1. C　【解析】道德意志是个体自觉地调节道德行为，克服困难，以实现预定道德目标的心理过程。题干的意思是军队可以被夺去主帅，男子汉却不可被夺去志气，这体现了道德意志。本题选C项。

2. D　【解析】内化是指在思想观点上与社会规范及其价值保持一致，将自己所认同的思想和自己原有的观点、信念融为一体，构成一个完整的价值体系。题干所述体现了内化阶段的内涵。

3. A　【解析】道德认知是指对行为规范及其意义的认识，是人的认识过程在道德上的表现。题干中，小赵把冒险当作勇敢，说明其缺乏正确的道德认识，因此做出违反纪律的事情。

4. C 【解析】群体约定是指教师可以利用集体讨论后做出的集体约定,来改变学生的态度。价值辨析是指引导个体利用理性思维和情绪体验来检查自己的行为模式,努力去发现自身的价值观并指导自己的道德行为。题干中,班主任和学生一起讨论早恋对生活和学习的影响并达成共识,这属于利用群体约定培养品德的方法。

5. A 【解析】直觉的道德情感,即由于对某种具体的道德情境的直接感知而迅速发生的情感体验。题干中的学生乱扔垃圾被老师看到后,马上感到非常不好意思,这种情感体验最有可能属于直觉的道德情感。

6. B 【解析】"亲其师,信其道"的意思是学生只有和老师亲近了,才会信任老师,相信老师所说的,接受老师的教育。道德情感是人的道德需要是否得到实现而引起的一种内心体验,也就是人在心理上所产生的对某种道德义务的爱憎、喜恶等情感体验。因此,答案为 B 项。

7. D 【解析】学校从校风和班风、教师的楷模作用以及学校的德育课程和各科教学等方面影响学生的品德发展,对儿童和青少年的品德发展起着主导作用。因此,本题选 D 项。

8. B 【解析】道德意志是个体自觉地调节道德行为,克服困难,以实现预定道德目标的心理过程。题干中的小美明知道自己偷东西的行为是不对的,但就是控制不住自己,这说明小美缺乏自觉调节道德行为、克服困难的道德意志。故答案选 B 项。

9. C 【解析】认同是学习者在思想、情感、态度和行为上主动接受规范,从而试图与之保持一致。"狐假虎威"和"东施效颦"表面上都强调对他人的模仿,这是主动与他人的态度和行为等保持一致的表现,故体现了认同心理。

10. C 【解析】态度与品德的形成大致经历三个阶段:(1)社会规范的依从;(2)社会规范的认同;(3)内化(社会规范的信奉)。其中,依从即表面上接受规范,按照规范的要求来行动,但对规范的必要性或根据缺乏认识,甚至有抵触情绪。题干中阳阳看到废纸想装作没看见走过去,说明洋洋自身并没有随手捡垃圾的环保意识,但因冯老师的注视而将废纸捡起来丢进垃圾桶,这属于社会规范的依从阶段。

11. B 【解析】根据班杜拉的社会学习理论可知,榜样在观察学习过程中起着非常重要的作用。因此,树立良好的榜样(榜样示范法),是培养学生良好品德的重要方法。

12. B 【解析】中学生品德发展由起伏向成熟过渡,初中阶段学生的品德发展具有波动性。从总体上看,初中生的品德虽然具有伦理道德的特性,但仍不成熟,起伏不定。

13. B 【解析】伦理的道德情感,即个体意识到社会道德要求和意义所产生的情感体验。比如,爱国主义情感和集体主义情感就属于伦理的道德情感。

14. D 【解析】道德行为是指个体在一定的道德意识支配下表现出来的对他人和社会的有道德意义的活动。"随地吐痰,乱扔纸屑"是一种不良的行为习惯,对于这类学生,最适合从道德行为习惯的养成入手进行教育。

15. D　【解析】道德认知是指对行为规范及其意义的认识，是人的认识过程在道德上的表现。根据题干中描述的“增强青少年对形形色色的信息的鉴别能力”可知，这种鉴别能力属于道德认知。

16. C　【解析】内化是指在思想观点上与社会规范及其价值保持一致，将自己所认同的思想和自己原有的观点、信念融为一体，构成一个完整的价值体系。在内化阶段，个体的行为具有高度的自觉性和主动性，并具有坚定性，表现为“富贵不能淫，贫贱不能移，威武不能屈”。

17. A　【解析】有效的说服是提高学生道德认知的途径。教师在对学生进行思想教育时，可以考虑提供正反两方面的论据，使学生产生客观、公正的感觉，从而相信教师所言，改变态度。故教师利用正反事例来教育学生，属于品德培养方法中的有效的说服。

18. D　【解析】“君子欲讷于言而敏于行”是说君子要少说虚话，多干实事，故其强调的品德因素是道德行为。

二、辨析题(参考答案)

1. 道德意志是道德行为的直接动因。

(1)这种说法是不正确的。(2)品德的心理结构包括四种基本心理成分：道德认知、道德情感、道德意志和道德行为。当道德认知(道德观念)和道德情感成为经常推动个人产生道德行为的内部动力时，它们就成为道德动机。道德动机是道德行为的直接动因。故题干说法错误。

2. 从抑制不良行为的角度看，惩罚不利于良好的态度与品德的形成。

(1)这种说法是不正确的。(2)惩罚作为外部调控手段，不仅影响着认知、技能和策略的学习，而且对个体道德的形成也起到一定的作用。合理、有效的惩罚能降低学生不良行为出现的频率，使学生认识到自己的错误，有助于学生形成正确的道德认识与良好的行为习惯。从抑制不良行为的角度来看，惩罚还是有必要的，也有助于良好的态度与品德的形成。因此，题干说法错误。

三、简答题(参考答案)

1. 简述中学生品德发展的特点。

(1)逐渐从他律变成自律，伦理道德发展具有自律性，言行一致。主要表现在：①能独立、自觉地按道德准则来调节自身行为；②道德信念、理想在道德动机中占据相当地位；③道德情感发展，理性的道德情感占据主导地位，道德情感的社会性水平随着年龄的增长而日益提高；④品德心理中自我意识明显化；⑤中学生主导性道德动机明确，道德意志力有显著增长；⑥道德行为习惯逐步巩固；⑦品德发展与世界观形成的一致性；⑧品德结构的组织形式完善化。(2)品德发展由起伏向成熟过渡。主要表现在：①初中阶段品德发展具有波动性；②高中阶段品德发展趋向成熟。

2. 简述影响品德形成和发展的条件。

(1)外部条件:①家庭;②学校教育;③社会因素;④同伴群体。

(2)内部条件:①认知失调;②态度定势;③道德认知;④智力因素;⑤情绪因素。

此外,个体的受教育程度与年龄因素也对品德的形成与改变产生不同程度的影响。

3. 简述态度与品德的培养方式。

(1)有效的说服;(2)树立良好的榜样;(3)利用群体约定;(4)价值辨析;(5)给予适当的奖励和惩罚。此外,角色扮演、小组道德讨论等方法对于态度与品德的形成和改变都是非常有效的。

专题二　道德发展理论

一、单项选择题

答案速查

1 ~5	ACBCA	6 ~10	DBBAD	11 ~14	DCBA

1. A　【解析】皮亚杰把儿童品德的发展按顺序划分为以下四个阶段:(1)自我中心阶段;(2)权威阶段;(3)可逆性阶段;(4)公正阶段。故选 A 项。

2. C　【解析】处于遵守法规取向阶段的人是以服从权威为导向,包括服从社会规范,遵守公共秩序,尊重法律的权威,以法制观念判断是非、知法守法。题干中的小青常在课堂上玩手机,小娜认为她不遵守学校规定,不是好孩子,因此,小娜的道德发展处于遵守法规取向阶段。

3. B　【解析】瑞士著名心理学家皮亚杰早在 20 世纪 30 年代就采用“对偶故事法”对儿童的道德判断进行了系统研究。

4. C　【解析】道德发展处于社会契约取向阶段的个体不再把社会规则和法律看成是死板的、一成不变的条文,而是认识到法律或习俗的道德规范仅仅是一种社会契约,它由大家商定,可以改变,而不是固定僵死的。题干中,小刚认为某些法律条文不符合大众权益,可以适度修改,这表明其道德发展处于社会契约取向阶段。

5. A　【解析】处于前习俗水平(0 ~9 岁)的服从与惩罚的道德定向阶段的儿童,其道德价值来自对外力的屈从或对惩罚的逃避。他们衡量是非的标准是由成年人来决定的,对成人或准则采取服从的态度,缺乏是非善恶的观念。他们会认为,海因茨不能去偷药,因为如果被人抓住的话会坐牢的。因此,小明的道德发展处于前习俗水平,他的年龄可能处于 9 岁之前。

6. D　【解析】处于自我中心阶段的儿童还不能把自己同外在环境区别开来,而把外在环境看作他自身的延伸。规则对于他来说,还不具有约束力。即儿童在游戏中按照自己的想象去执行规则。题干中强调云丰凡事以自我为中心,很少顾及他人的感受,这说明云丰最可能处于道德发展的自我中心阶段。故本题选 D 项。

7. B 【解析】在好孩子的道德定向阶段中，儿童的价值以人际关系的和谐为导向，顺从传统的要求，符合大众的意见，谋求大家的称赞。在进行道德评价时，总是考虑到社会对一个“好孩子”的期望和要求，并总是按照这种要求去展开思维。小军为了得到同学的赞赏而从不拒绝同学，由此可知他正处于习俗水平中的好孩子的道德定向阶段。

8. B 【解析】皮亚杰将儿童的道德发展划分为四个阶段：(1) 自我中心阶段(2～5 岁)；(2) 权威阶段(6～8 岁)；(3) 可逆性阶段(8～10 岁)；(4) 公正阶段(10～12 岁)。故 8～10 岁的儿童属于可逆性阶段。

9. A 【解析】处于相对功利的道德定向阶段儿童的道德价值来自对自己要求的满足，偶尔也来自对他人需要的满足。在进行道德评价时，他们开始从不同角度将行为与需要联系起来，但具有较强的自我中心性，认为符合自己需要的行为就是正确的。A 项属于该阶段儿童可能的回答。B 项属于好孩子的道德定向阶段儿童可能的回答。C 项属于维护权威或秩序的道德定向阶段儿童可能的回答。D 项属于普遍原则的道德定向阶段儿童可能的回答。

10. D 【解析】公正阶段的公正观念是从可逆的道德认知中脱胎而来的。这一阶段的儿童开始倾向于主持公正、公平等。儿童不再刻板地按固定的规则去判断，在依据规则判断时会先考虑到同伴的一些具体情况，从关心和同情的角度出发去判断。

11. D 【解析】柯尔伯格将道德判断分为三个水平，每一水平包含两个阶段，六个阶段依照由低到高的层次发展。其中，处于遵守法规取向阶段的儿童的道德价值是以服从权威为导向的，包括服从社会规范，遵守公共秩序，尊重法律的权威，以法制观念判断是非、知法守法。题干中的学生遵守社会规范，认为契约和法律规定是绝对的、不可更改的，这说明该学生处于遵守法规取向阶段，故答案选 D 项。

易混辨析：在柯尔伯格的道德发展阶段理论中，考生容易混淆维护权威或秩序的道德定向阶段(遵守法规取向阶段)和社会契约的道德定向阶段。这两个阶段都是遵守法律，不同之处在于：在维护权威或秩序的道德定向阶段，个体尊重法律的权威性，知法守法。在社会契约的道德定向阶段，个体认识到法律的人为性和灵活性，知法但不一定守法。

12. C 【解析】皮亚杰把儿童品德的发展划分为自我中心阶段、权威阶段、可逆性阶段和公正阶段四个阶段。其中，处于可逆性阶段的儿童已不把准则看成是不可改变的，而把它看作同伴间的共同约定，是可以改变的。该阶段的特征是：儿童一般都形成了这样的概念，如果所有的人都同意的话，规则是可以改变的。题干中小东和同学认为捉迷藏的游戏规则可以重新制定，且需要全体成员协商一致通过，这体现了他们最有可能处于可逆性阶段。故选 C 项。

13. B 【解析】习俗水平包括两个阶段：好孩子的道德定向阶段和维护权威或秩序的道德定向阶

段。维护权威或秩序的道德定向阶段的儿童的道德价值以服从权威为导向，包括服从社会规范，遵守公共秩序，尊重法律的权威，以法制观念判断是非、知法守法。小周认为司机违反了交通法规，理应受到惩罚，仅以法制观念判断是非，这说明小周的道德发展水平处于习俗水平。

14. A 【解析】他律道德阶段的儿童服从外部规则，接受权威指定的规范，把人们规定的准则看作是固定的、不可变更的，而且只根据行为后果来判断对错。题干所述属于他律道德阶段的特点。

二、辨析题（参考答案）

10 岁是个体从他律道德向自律道德转化的分水岭。

(1)这种说法是正确的。(2)瑞士著名心理学家皮亚杰通过大量研究，发现并总结出了儿童道德认知发展的总规律，即儿童道德的发展经历从他律到自律的转化发展过程。他认为 10 岁是儿童从他律道德向自律道德转化的分水岭。10 岁前儿童对道德行为的思维判断主要是他律道德；10 岁以后儿童对道德行为的思维判断大多是自律道德。因此，题干说法正确。

三、简答题（参考答案）

1. 皮亚杰把儿童的品德发展划分为哪几个阶段？

(1)自我中心阶段（前道德阶段）；(2)权威阶段（他律道德阶段或道德实在论阶段）；(3)可逆性阶段（自律或合作道德阶段）；(4)公正阶段。

2. 简述柯尔伯格的道德发展阶段理论。

柯尔伯格将道德判断分为三个水平，每一水平包含两个阶段，六个阶段依照由低到高的层次发展。

(1)前习俗水平(0 ~9 岁)，这一水平包括两个阶段：①服从与惩罚的道德定向阶段；②相对功利的道德定向阶段（相对功利取向阶段）。

(2)习俗水平(9 ~15 岁)，这一水平包括两个阶段：①好孩子的道德定向阶段（寻求认可取向阶段）；②维护权威或秩序的道德定向阶段（遵守法规取向阶段）。

(3)后习俗水平(16 岁以后)，这一水平包括两个阶段：①社会契约的道德定向阶段（社会契约取向阶段）；②普遍原则的道德定向阶段（普遍伦理取向阶段）。

专题三　德育内容

一、单项选择题

答案速查

1 ~5	BCCDD

1. B 【解析】热爱祖国是对中小学生在道德品质上最基本的要求。爱国主义教育是社会主义精神

文明建设的基础性工程,是中小学德育的核心内容。故本题选 B 项。

2. C 【解析】爱国主义教育是培养和熏陶学生的民族精神,树立民族自尊心和自豪感,培养有理想、有道德、有文化、有纪律的社会主义公民。题干中学生在家参加线上升旗仪式,庄严地举起右手,向国旗敬礼,体现了学校德育内容中的爱国主义教育。

3. C 【解析】思想教育,广义上是指对人的各方面思想、观点产生影响的教育;狭义是指形成一定世界观、人生观的教育。我国对学生进行思想教育是以辩证唯物主义、历史唯物主义为指导思想。故题干所述属于德育中的思想教育。

4. D 【解析】新时期德育发展的新主题为:(1)生存教育、生活教育和生命教育;(2)安全教育;(3)升学就业指导教育。爱国主义教育属于德育的主要内容。故答案选 D 项。

5. D 【解析】广义的生命教育是一种全人类的教育,它不仅包括对生命的关注,而且包括对生存能力的培养和生命价值的提升。狭义的生命教育指的是对生命本身的关注,包括个人与他人的生命,进而扩展到一切自然生命。教育青少年学生学会珍惜生命,追求高质量的生命已成为当前德育面临的重要课题。题干中青少年自杀事件频发,说明青少年对生命的价值认识不足,应加强生命教育,让学生认识到生命的意义,感悟生命的可贵,从而珍惜生命。

二、简答题(参考答案)

教师如何进行生活教育?

生活教育主张教育同实际生活相联系,进行生活教育的基本途径有:(1)关注学生学习的愿望和能力。(2)教育内容与社会生活、学生生活经验相结合。(3)乐于参与、主动参与,关注学生的情感与需要,关注丰富的社会生活,提高科学应用意识,促进学生的素质全面发展。

专题四　德育过程

一、单项选择题

答案速查

1 ~5	DBBBC	6 ~8	DDA

1. D 【解析】德育过程的规律之一是:德育过程是组织学生的活动和交往,统一多方面教育影响的过程。主要体现之一是:组织活动和交往是德育过程的基础。有目的地根据德育目标和思想品德的形成规律设计实施活动,能加快个体品德发展的速度,对学生品德发展方向起规范和保证作用。题干中的某学校通过组织一系列的主题活动对学生进行德育,说明该学校充分认识到德育是在活动和交往中接受多方面影响的过程。

2. B 【解析】情即品德情感,是人们对客观事物做出是非、善恶判断时引起的内心体验,表现为人们对客观事物的爱憎、好恶的态度。故本题选 B 项。

3. B 【解析】德育过程通常由教育者、受教育者、德育内容和德育方法四个相互制约的要素构成。受教育者包括受教育者个体和群体，他们都是德育的对象。在德育过程中，受教育者既是德育的客体，又是德育的主体。

4. B 【解析】教育者是德育过程的组织者、领导者，在德育过程中起主导作用。

5. C 【解析】德育过程通常由教育者、受教育者、德育内容和德育方法四个相互制约的要素构成。

6. D 【解析】学生的思想品德由知、情、意、行四个心理因素构成。其中，知是基础，行是关键。

7. D 【解析】学生的思想品德由知、情、意、行四个心理因素构成。其中，行即品德行为，它是通过实践或练习形成的，是实现品德认识、情感以及由品德需要产生的品德动机的行为定向及外部表现。品德行为是衡量品德水平的重要标志。

8. A 【解析】德育过程是一个长期的、反复的、逐步提高的过程。青少年正处于成长时期，可塑性比较强，思想不成熟，其发展也具有双向性，某一阶段出现某些倒退是正常的，这使得德育过程是一个反复的、持续的过程。据此规律，教育者必须树立“抓反复，反复抓”的德育思想。针对题干中所说的“屡教不改”的学生，教育者要长期反复培养，逐步克服其不良的行为习惯，使其养成良好的行为习惯，故答案选 A 项。

二、辨析题（参考答案）

1. 德育过程是对学生知、情、意、行的培养与提高过程，从任何一个方面都可以开始进行品德教育。

(1)这种说法是正确的。(2)德育过程是具有多种开端的对学生知、情、意、行的培养提高过程。德育过程的一般顺序可以概括为：提高品德认识、陶冶品德情感、锻炼品德意志和培养品德行为习惯。德育过程一般以知为开端，以行为终结。但由于社会生活的复杂性、德育影响的多样性等因素，在德育具体实施过程中，又具有多种开端。德育过程既可以从提高道德认识开始，即“晓之以理”；也可以从陶冶情感开始，即“动之以情”；有时还可以从磨炼意志和训练行为开始，即“持之以恒”“导之以行”。道德教育的开端可不拘于一格，需要具体问题具体分析，根据学生品德发展的具体情况选择适当的开端，最后达到使学生在知、情、意、行几方面和谐发展的目的。

2. 只要方法得当，德育过程可以一蹴而就，不会出现反复。

(1)这种说法是不正确的。(2)德育过程是一个长期的、反复的、逐步提高的过程。具体表现在：①德育过程的长期性是由人类认识规律决定的。构成思想品德的因素比较复杂，知、情、意、行各因素本身和各因素之间要通过不断斗争，才能得到发展和统一。②青少年正处于成长时期，可塑性比较强，思想不成熟，其发展也具有双向性，某一阶段出现某些倒退是正常的，这使得德育过程是一个反复的、持续的过程。③德育过程中，学生除了接受学校的有目的、有计划、有组织的正规教育影响外，还受到来自社会的、家庭的多种影响，这些影响中难免会有负向的，因而一个人思想品德提高过程中出现反复是正常的。④当前意识形态领域中斗争的复杂性，也使得对学生社会主义品德的培养是长期的、反复的过程。故题干说法错误。

3. 德育过程中的活动和交往不同于一般的社交活动。

(1)这种说法是正确的。(2)德育过程中的活动和交往是一种教育性活动和交往,与一般的活动交往存在较大的不同,其主要特点是:①德育过程中的活动和交往是在教育者的指导下开展的,是遵循德育目标要求的,具有明确的目的性、引导性和组织性,它不是自发的、盲目的、随意的,而是可以有效地保障和促进个体思想品德发展的方向和水平。②德育过程中的主要交往对象是教师和学生,一般的社交活动中的交往对象范围更广,并且德育过程中的活动和交往的内容与形式主要是德育实践中的活动和交往,而不是一般的广泛的活动和交往。③德育过程中的活动和交往是按照受教育者品德形成发展的规律和教育学、心理学原理加以组织的,它充分考虑到个体思想品德对德育的影响和作用,能更有效地促进和推动受教育者思想品德的形成和发展,因而具有较强的科学性与可行性。

4. 学校教育在学生身心发展中起主导作用,因此,学生在学校中受到良好的德育,就能形成良好的品德。

(1)这种说法是不正确的。(2)学生在活动中,必定受到多方面的影响,其中既有校内的正式影响,又有校外的非正式影响;既有积极正面的影响,也有消极负面的影响。学校德育应在多方面影响中发挥主导作用,抵制负面消极影响,将各种积极正面的教育影响统一到教育目的上来,形成学校、家庭、社会教育的合力,促进学生良好品德的形成和发展。另外,学生思想品德的任何变化,都依赖于学生个体的心理活动。任何外界的教育和影响,都必须通过学生思想状态的变化,经过学生思想内部的矛盾斗争,才能发生作用,促使学生品德的真正形成。因此,题干说法过于片面,是错误的。

专题五　德育原则

一、单项选择题

答案速查

1～5	BCCBD	6～10	BDAAA	11～13	CAD

1. B　【解析】贯彻教育影响的一致性与连贯性原则的要求包括:(1)充分发挥教师集体的作用,统一学校内部的多种教育力量,使之成为一个分工合作的优化群体。(2)争取家长和社会的配合,主动协调好与家庭、社会教育的关系,逐步形成以学校为中心的“三位一体”的德育网络。(3)保持德育工作的经常性和制度化,处理好衔接工作,保证对学生影响的连续性、系统性,使学生的思想品德循序渐进地持续发展。故题干所述体现的德育原则是教育影响的一致性与连贯性原则。

2. C　【解析】长善救失原则是指在德育工作中，教育者要善于依靠、发扬学生自身的积极因素，调动学生自我教育的积极性，克服消极因素，以达到长善救失的目的。题干中陶行知在发现同学犯错误时没有一味地批评学生，而是善于发现学生自身的优点并以此来激励学生，促使学生积极反省，不断成长。这体现的是德育的长善救失原则。

3. C　【解析】疏导原则是指教育者在进行德育时要循循善诱，以理服人，从提高学生认识入手，调动学生的主动性，使他们积极向上。疏导原则要求教师教育学生时要讲明道理，疏通思想；因势利导，循循善诱；以表扬、激励为主，坚持正面教育。教师使用简单粗暴、讽刺挖苦的做法来处理问题没有做到循循善诱、以理服人，违反了德育原则中的疏导原则。

4. B　【解析】教育影响的一致性和连贯性原则即在德育工作中，教育者应主动协调多方面教育力量，统一认识和步调，有计划、有系统、前后连贯地教育学生，发挥教育的整体功能，培养学生正确的思想品德。教师有目的地组织、调控多方面的影响共同促进学生品德健康发展，这体现了教育影响的一致性和连贯性原则。

5. D　【解析】集体教育和个别教育相结合原则是苏联教育家马卡连柯成功教育经验的总结。马卡连柯指出：教师要影响个别学生，首先要去影响这个学生所在的集体，然后通过集体和教师一道去影响这个学生，便会产生良好的教育效果。这就是著名的"平行教育原则"。

6. B　【解析】知行统一原则是指教育者在进行德育时，既要重视对学生进行系统的思想道德的理论教育，又要重视组织学生参加实践锻炼，把提高认识和行为养成结合起来，使学生做到言行一致。题干中的教师强调学生不仅要知道礼仪，更重要的是在生活中积极践行传统礼仪，这体现了德育原则中的知行统一原则。

7. D　【解析】因材施教原则是指教育者在德育过程中，应根据学生的年龄特征、个性差异以及品德发展现状，采取不同的方法和措施，加强德育的针对性和实效性。"视其所以，观其所由，察其所安"是由孔子提出的，意思是要注意考察一个人的行为动机，了解一个人的行为途径，观察一个人平时的所作所为。正是凭着对学生的准确了解和细致分析，孔子的教育具有很强的针对性，能够及时、恰当地开展因材施教。故题干反映了德育的因材施教原则。

8. A　【解析】尊重信任学生与严格要求学生相结合的原则要求教育者要有强烈的事业心、责任感以及尊重热爱学生的态度。苏霍姆林斯基的这句话说明教师要热爱、尊重和信任学生，站在孩子的角度来对待他们。

9. A　【解析】导向性原则要求德育工作要把无产阶级的政治方向放在首位，对学生的德育要求要同共产主义目标相联系。A 项符合这一要求。B 项为疏导原则的贯彻要求，C 项为长善救失原则的贯彻要求，D 项为集体教育和个别教育相结合原则的贯彻要求。

10. A　【解析】正面教育与纪律约束相结合的原则是指德育工作既要正面引导，说服教育，启发自觉,调动学生接受教育的内在动力,又要辅之以必要的纪律约束,并使两者有机结合起来。题干中“说理教育法”“建立健全学校的规章制度”体现了该原则。

11. C 【解析】疏导原则是指教育者进行德育时要循循善诱、以理服人,从提高学生认识入手,调动学生的主动性,使他们积极向上。疏导原则也就是循循善诱原则,而题干这句话正是该原则的例证。

12. A 【解析】依靠积极因素、克服消极因素的原则是指在德育工作中,教育者要善于依靠、发扬学生自身的积极因素,调动学生自我教育的积极性,克服消极因素,以达到长善救失的目的。贯彻这一原则要求教育者要用一分为二的观点,全面分析,客观地评价学生的优点和不足。

13. D 【解析】尊重信任学生与严格要求学生相结合的原则指在德育过程中,教育者既要尊重信任学生,又要对学生提出严格的要求,把严和爱有机地结合起来,使教育者的合理要求转化为学生的自觉行动。题干中马卡连柯的话正是这一原则的体现,故选 D 项。

易混辨析: 尊重信任学生与严格要求学生相结合的原则、正面教育与纪律约束相结合的原则是两个比较容易混淆的原则,考生要准确把握二者区别:前者强调教师提出比较合理的道德要求,但这种要求没有上升到制度层面;后者侧重于通过规章制度、群体约定、公约等来约束学生。

二、辨析题(参考答案)

德育应该遵循疏导原则,因此,正确的德育要严禁惩罚。

(1)这种说法是不正确的。(2)德育过程的确应该遵循疏导原则,疏导原则是指教育者进行德育要循循善诱、以理服人,从提高学生认识入手,调动学生的主动性,使他们积极向上。贯彻疏导原则要以表扬、激励为主,坚持正面教育,但这并不等于德育过程要严禁惩罚。适当的惩罚在品德形成过程中是非常必要的。因此,题干说法错误。

三、简答题(参考答案)

1. 贯彻正面教育与纪律约束相结合原则的基本要求有哪些?

(1)坚持正面教育原则,以客观的事实、先进的榜样和表扬鼓励为主的方法教育与引导学生;(2)坚持摆事实,讲道理,以理服人,启发自觉;(3)建立健全学校规章制度和集体组织的公约、守则等,严格管理,认真执行。

2. 简述贯彻知行统一原则的基本要求。

(1)加强理论教育,提高学生的思想道德认识;(2)组织和引导学生参加社会实践,通过实践活动加深认识,增强情感体验,养成良好的行为习惯;(3)对学生的评价和要求要坚持知行统一的原则;(4)教育者要以身作则,严于律己,言行一致。

3. 简述依靠积极因素，克服消极因素的原则的含义及贯彻要求。

(1)含义：依靠积极因素，克服消极因素的原则(长善救失原则)是指，在德育工作中，教育者要善于依靠、发扬学生自身的积极因素，调动学生自我教育的积极性，克服消极因素，以达到长善救失的目的。

(2)贯彻要求：①教育者要用一分为二的观点，全面分析，客观地评价学生的优点和不足；②教育者要有意识地创造条件，将学生思想中的消极因素转化为积极因素；③教育者要提高学生自我认识、自我评价的能力，启发他们自觉思考，克服缺点，发扬优点。

四、材料分析题(参考答案)

1. 徐老师贯彻了如下德育原则：

(1)疏导原则。该原则指进行德育时要循循善诱、以理服人，从提高学生认识入手，调动学生的主动性，使他们积极向上。材料中，徐老师面对缺乏生活自理技能和生活常识的刘同学，没有直接进行批评教育，而是引导学生帮助他，既让刘同学摆脱了尴尬的局面，又能让他学到生活自理技能和生活常识，这一教育过程贯彻了疏导原则。

(2)因材施教原则。该原则指教育者在德育过程中，应根据学生的年龄特征、个性差异以及品德发展现状，采取不同的方法和措施，加强德育的针对性和实效性。材料中，徐老师对刘同学和赵同学在实践基地活动中表现出的不同问题采取了不同的教育方式和措施，贯彻了因材施教原则。

(3)知行统一原则。该原则指教育者在进行德育时，既要重视对学生进行系统的思想道德的理论教育，又要重视组织学生参加实践锻炼，把提高认识和行为养成结合起来，使学生做到言行一致。材料中，在发现班级学生不能说出所有蔬菜的名称时，徐老师建议基地辅导员给同学们开设现场讲座，帮助学生认识家乡的农作物，说明徐老师既重视实践锻炼，也重视提高学生的认识水平，贯彻了知行统一原则。

(4)集体教育和个别教育相结合原则。该原则指在德育过程中，教育者要善于组织和教育学生热爱集体，并依靠集体教育每个学生，同时通过对个别学生的教育，来促进集体的形成和发展，从而把集体教育和个别教育有机地结合起来。材料中，针对个别学生缺乏生活常识的情况，徐老师组织全班同学参加讲座，共同学习，贯彻了集体教育和个别教育相结合的原则。

(5)尊重信任学生与严格要求学生相结合的原则。该原则指在德育过程中，教育者既要尊重信任学生，又要对学生提出严格的要求，把严和爱有机地结合起来，使教育者的合理要求转化为学生的自觉行动。材料中，针对赵同学违反纪律偷带手机的行为，徐老师对她进行了批评教育，体现了徐老师对学生的严格要求；但同时徐老师也肯定了赵同学带手机的初衷，并委以重任，体现了对学生的尊重信任。这一过程贯彻了尊重信任学生与严格要求学生相结合的原则。

(6)依靠积极因素、克服消极因素的原则。该原则指在德育工作中,教育者要善于依靠、发扬学生自身的积极因素,调动学生自我教育的积极性,克服消极因素,以达到长善救失的目的。材料中,徐老师充分发挥了赵同学喜欢拍照这一优点,对她进行教育,最终既增强了赵同学的纪律性,也提高了她学习的积极性。徐老师对赵同学的教育贯彻了依靠积极因素、克服消极因素的原则,取得了良好的效果。

2. 材料中音乐老师突出运用的德育原则有:

(1)疏导原则。该原则指进行德育时要循循善诱、以理服人,从提高学生认识入手,调动学生的主动性,使他们积极向上。材料中的音乐老师针对学生课堂上用食指敲桌沿这一行为并没有像其他老师那样警告,而是循循善诱,引导他加入乐队打鼓。

(2)依靠积极因素,克服消极因素的原则。该原则指在德育工作中,教育者要善于依靠、发扬学生自身的积极因素,调动学生自我教育的积极性,克服消极因素,以达到长善救失的目的。材料中,音乐老师能够从学生用食指敲桌沿这一行为中看到学生有打鼓的潜质,并鼓励学生参加乐队打鼓,说明老师在有意识地为学生创造条件,将学生思想中的消极因素转化为积极因素。

(3)正面教育与纪律约束相结合的原则。该原则指德育工作既要正面引导,说服教育,启发自觉,调动学生接受教育的内在动力,又要辅之以必要的纪律约束,并使两者有机结合起来。材料中,音乐老师提出让学生到乐队当鼓手,同时要求学生上课认真听讲、遵守课堂纪律,这体现了正面教育与纪律约束相结合的原则。

3. (1)材料中数学老师的行为违背了德育的疏导原则。疏导原则是指教师进行德育时要循循善诱、以理服人,从提高学生认识入手,调动学生的主动性,使他们积极向上。材料中,数学老师面对陈平做不出初三的数学考题,没有问其原因,更没有循循善诱、以理服人,而是直接以粗暴极端的方式在全班同学面前打击陈平,使学生的心理受到了极大的伤害。

(2)材料中数学老师的行为违背了因材施教的德育原则。因材施教原则是指教育者在德育过程中,应根据学生的年龄特征、个性差异以及品德发展现状,采取不同的方法和措施,加强德育的针对性和实效性。材料中,数学老师没有针对陈平记忆力好的特点进行个别指导和教育,而是采用了粗暴的方式,这打击了陈平学习的主动性和积极性,致使陈平从此离开学校。

(3)材料中数学老师的行为违背了依靠积极因素与克服消极因素相结合的德育原则。依靠积极因素与克服消极因素相结合原则(长善救失原则)是指在德育工作中,教育者要善于依靠、发扬学生自身的积极因素,调动学生自我教育的积极性,克服消极因素,以达到长善救失的目的。材料中,数学老师没有一分为二地看待有超强记忆力的陈平,发扬其优点来促进数学学习。

(4)材料中数学老师的行为违背了尊重学生与严格要求学生相结合的原则。尊重学生与严格要求学生相结合原则是指在德育过程中,教育者既要尊重信任学生,又要对学生提出严格的要求,把严和爱有机地结合起来,使教育者的合理要求转化为学生的自觉行动。材料中的数学老师对陈平只是要求严格,她不仅没有对陈平取得的进步给予鼓励,而且当着全班同学的面嘲笑陈平,这是不尊重学生的表现。

专题六　德育的途径与方法

一、单项选择题

答案速查

1 ~5	CDCCB	6 ~10	DACCA	11 ~15	CCABC

1. C 【解析】实际锻炼法是有目的地组织学生参加各种实际活动,使其在活动中锻炼思想,增长才干,培养优良的思想和行为习惯的德育方法。题干中王老师让学生参与各类活动,从而培养学生的责任感和集体主义品质,这体现的是实际锻炼法。

2. D 【解析】角色扮演法是通过让儿童扮演处境特别的求助者或其他有异于自己的社会角色,使扮演者暂时置身他人的位置,按照他人的处境或角色来行事、处世,以求在体验别人的态度、方式中,增进扮演者对他人及其社会角色的理解和认同。题干中教师通过让学生扮演角色来进行德育,属于角色扮演法。

3. C 【解析】自我修养法(即个人修养法)是在教师引导下学生经过自觉学习、反思和自我改进,使自身品德不断完善的一种方法。自我修养一般包括立志、学习、反思、箴言、慎独等。故本题选 C 项。

4. C 【解析】榜样示范法是用榜样人物的优秀品德来影响学生的思想、情感和行为的德育方法。由于榜样能把社会真实的思想、政治和法纪、道德关系表现得更直接、更亲切、更典型,因而能给人以极大的影响、感染和激励,教育、带动和鼓舞人们前进。榜样包括伟人的典范、教育者的示范、学生中的好榜样等。题干中的心忧天下的领袖、感动中国的人物、新冠疫情中勇敢的逆行者、抗震救灾的英雄都是学生可以学习的榜样人物。

5. B 【解析】课外、校外活动是整个教育体系中必不可少的组成部分,它不受教学计划的限制,是向学生进行德育的重要途径。学校组织学生开展的参观历史博物馆、走访抗日老战士的活动都属于课外与校外活动。

6. D 【解析】通过班主任工作,学校可以强有力地管理基层学生集体,更好地发挥各个德育途径的作用。班级管理是班主任工作的内容之一,王老师在日常班级管理中对学生进行思想品德教育，这体现了王老师通过班主任工作对学生进行德育。

7. A 【解析】榜样示范法是用榜样人物的优秀品德来影响学生的思想、情感和行为的德育方法。运用榜样示范法符合学生爱好学习、善于模仿、崇拜英雄、追求上进的年龄特点。

8. C 【解析】情感陶冶法是指教育者自觉创设良好的教育情境，潜移默化地使受教育者在道德和思想情操等方面受到感染、熏陶的方法。情感陶冶法主要包括人格感化、环境陶冶和艺术陶冶等。其中，艺术陶冶是指通过音乐、美术、舞蹈、雕塑、诗歌、影视等文学艺术活动，使学生潜移默化地受到影响。根据题干中的“戏曲、剪纸、刺绣”可知，该中学是通过情感陶冶法中的艺术陶冶进行德育。

9. C 【解析】合作学习有助于培养合作精神，建设学生集体，提高个体的群体意识、归属感、自尊心和成就感。

10. A 【解析】自我修养法（即个人修养法）是在教师引导下学生经过自觉学习、反思和自我改进，使自身品德不断完善的一种方法。自我修养一般包括立志、学习、反思、箴言、慎独等。“君子博学而日参省乎己，则知明而行无过矣”的意思是：君子广博地学习并且每天反省自己，那么他就会智慧明达而且行为没有过失了。“吾日三省吾身”的意思是：每天我都会多次反省自己。这两句名言都体现了自我反省，故蕴含了德育的自我修养法。

11. C 【解析】情感陶冶法是指教育者自觉创设良好的教育情境，潜移默化地使受教育者在道德和思想情操等方面受到感染、熏陶的方法。情感陶冶法主要包括人格感化、环境陶冶、艺术陶冶。其中，人格感化是指通过教育者自身的品德、情操和对受教育者深切期望的态度来感染教育对象。题干中，李老师以自己的高尚品德、人格魅力、对学生的深切期望和真诚的爱来触动、感化学生，促进学生思想转变，就体现了对情感陶冶法中的人格感化的运用。

12. C 【解析】说服教育法又叫说理教育法，是通过语言说理，使学生明晓道理，分清是非，提高品德认识的德育方法。这是一种坚持正面理论教育和正面思想引导，增强辨别是非能力，促进道德发展的重要方法。题干中的李老师将打架的两个学生叫到办公室，对他们进行耐心细致的说理教育，使他们认识到了自身的错误，运用的德育方法是说服教育法。

13. A 【解析】实际锻炼法是有目的地组织学生参加各种实际活动，使其在活动中锻炼思想，增长才干，培养优良的思想和行为习惯的德育方法。各级学校通过组织新生军训来培养学生的坚强毅力和集体主义精神，增强学生的国防观念和组织纪律性，体现的德育方法是实际锻炼法。

14. B 【解析】情感陶冶法，有时也称陶冶教育法，是指教育者自觉创设良好的教育情境，潜移默化地使受教育者在道德和思想情操等方面受到感染、熏陶的方法。主要包括人格感化、环境陶冶和艺术陶冶等。其中，环境陶冶是指通过学校的物质文化和精神文化环境使学生受到熏陶和感化。题干所描述的是情感陶冶法中的环境陶冶。

15. C 【解析】品德评价法是通过对学生品德进行肯定或否定的评价而予以激励或抑制，促使其品德健康形成和发展的德育方法。它包括奖励、惩罚、评比和操行评定等。班主任通过批评或处分学生来进行德育，这种德育方法属于品德评价法。

二、辨析题（参考答案）

1. “春风化雨”体现了德育的说服教育法。

(1)这种说法是不正确的。(2)说服教育法又叫说理教育法，是通过语言说理，使学生明晓道理、分清是非、提高品德认识的德育方法。情感陶冶法是指教育者自觉创设良好的教育情境，潜移默化地使受教育者在道德和思想情操等方面受到感染、熏陶的方法。“春风化雨”指适宜草木生长的风雨，比喻良好的熏陶和教育。因此，它体现的德育方法是陶冶教育法。故题干说法错误。

2. 选择和运用德育方法首先要考虑的是学生的年龄特点和个性差异。

(1)这种说法是不正确的。(2)选择德育方法的依据有德育目标、德育内容、学生的年龄特点和个性差异等。其中德育目标是德育工作的预期结果，德育方法是为实现德育目标服务的，所以选择德育方法，首先要考虑德育目标的要求。目标不同，方法也相应有所不同。因此，选择德育方法时一定要分析德育目标的性质、特点，从中寻求对德育方法的具体需求。故题干表述是不正确的。

三、简答题（参考答案）

1. 简述运用合作学习法的要求。

(1)让学生明白合作是一种重要的目标；(2)根据学习内容选择恰当的合作学习策略，或者从合作策略出发，安排或设计恰当的学习内容；(3)规定一些重要的合作原则；(4)指导学生学习一些基本的合作技巧。

2. 简述德育的途径。

(1)思想政治课与其他学科教学；(2)社会实践活动；(3)课外、校外活动；(4)共青团、少先队组织的活动；(5)校会、班会、周会、晨会、时事政策的学习；(6)班主任工作。

3. 简述运用榜样示范法的要求。

(1)选好学习的榜样；(2)激起学生对榜样的敬慕之情；(3)狠抓落实，引导学生用榜样来调节行为，提高修养。

4. 选择德育方法的依据有哪些？

(1)德育目标；(2)德育内容；(3)学生的年龄特点和个性差异。

四、材料分析题(参考答案)

1. 材料中,阎老师的行为体现了说服教育法、榜样示范法和情感陶冶法。

(1)说服教育法又叫说理教育法,是通过语言说理,使学生明晓道理、分清是非、提高品德认识的德育方法。这是一种坚持正面理论教育和正面思想引导、增强辨别是非能力、促进道德发展的重要方法。材料中,阎老师通过举行五分钟交流会,在最后用总结性的话语向学生说明事实,阐述道理,体现了说服教育法。

(2)榜样示范法是用榜样人物的优秀品德来影响学生的思想、情感和行为的德育方法。材料中,阎老师到理发店把自己的头发精心地理了一次,以身作则,为学生树立了典范。阎老师的行为体现了榜样示范法。

(3)情感陶冶法,有时也称陶冶教育法,是指教育者自觉创设良好的教育情境,潜移默化地使受教育者在道德和思想情操等方面受到感染、熏陶的方法。材料中,阎老师首先自己理发,利用自身的教育因素对学生进行陶冶,从而感化学生,促进学生思想转变。阎老师的行为体现了情感陶冶法。

2. 王老师在教育过程中主要运用了说服教育法和品德评价法。

(1)说服教育法是通过语言说理,使学生明晓道理,分清是非,提高品德认识的德育方法。这是一种坚持正面理论教育和正面思想引导、增强辨别是非能力、促进道德发展的重要方法。材料中王老师通过谈话对学生陈剑进行正面教育,主要运用了说服教育法。

(2)品德评价法是通过对学生品德进行肯定或否定的评价而予以激励或抑制,促使其品德健康形成和发展的德育方法。它包括奖励、惩罚、评比和操行评定等。材料中王老师对学生陈剑优点的肯定体现了对品德评价法的运用。

第八章　中学班级管理与教师心理

···刷考点···

①群体动力
②类型
③处置与矫正
④教学操作
⑤教师期望效应
⑥关注学生
⑦职业倦怠

···刷真题···

一、单项选择题

答案速查

1～5	BACBA	6～10	BBCCB	11～13	DBC

1. B 【解析】本题考查维持团体注意的方法。维持团体注意是指使用课堂组织策略和提问技术，确保班上所有学生始终投入到课堂学习活动中，即使只让一个学生回答教师的提问时也是如此。维持团体注意这个概念包括两个基本成分：责任性和团体警觉。责任性指在教学活动过程中，教师在多大程度使学生对自己的学习活动负责。团体警觉是指在讲授和讨论期间，教师用来维持所有学生注意力的提问策略。题干中，王老师通过提问来引起全班学生的注意，使全体学生注意力集中在课堂上，这种课堂管理方法属于团体警觉。故答案为 B 项。

2. A 【解析】本题考查课堂管理方式。课堂管理方式多种多样，其中较为普遍的有以下三种：(1)民主型。这种课堂管理方式侧重于培养师生之间、学生之间健康和谐的人际关系和心理气氛。教师以指导者而不是领导者的身份出现，师生共同制定课堂纪律和学习计划，并且能够相互尊重、相互理解、相互沟通以及相互支持。(2)放任型。这种课堂管理方式强调学生的个人自由和个人选择，旨在发展学生的自治和自律，要求教师尽可能少地干预学生行为，允许学生做他们想做的事情，课堂纪律较少。这种模式忽视了这样一个事实：即课堂同样是一个社会系统，在课堂中的学生同样应受社会行为规范的制约。(3)专制型。这种课堂管理方式强调教师的权威和独断，教师负有控制和约束学生行为的责任，且较少表扬学生，课堂纪律具有处罚多、约束多而弹性小的特点。题干中，张老师营造宽松的课堂氛围，鼓励学生自由表达，在课堂中做学生学习的指导者、促进者，这种课堂管理方式属于民主型。故答案选 A 项。

3. C 【解析】本题考查课堂气氛的类型。在通常情况下，课堂气氛可以分成积极的、消极的和对抗的三种类型。积极的课堂气氛是恬静与活跃、热烈与深沉、宽松与严谨的有机统一。消极的课堂气氛通常以紧张拘谨、心不在焉和反应迟钝为基本特征。而对抗的课堂气氛则是失控的气氛，学生过度兴奋、各行其是、随便插嘴、故意捣乱。故答案选 C 项。

4. B　**【解析】**本题考查教师成长的三阶段理论。福勒和布朗根据教师的需要和不同时期所关注的焦点问题不同，把教师的成长划分为关注生存、关注情境和关注学生三个阶段。其中，处于关注学生阶段的教师将考虑学生的个别差异，认识到不同发展水平的学生有不同的需要，根据学生的差异采取适当的教学，促进学生发展。题干中，张老师能关注到学生的个体差异，因材施教，这说明他处于关注学生阶段。

易混辨析：对于教师成长的不同阶段，考生应重点掌握三个词：生存、情境和学生。在关注生存阶段，教师主要关注个人关系、人际处理的相关问题；在关注情境阶段，教师主要关注教学情境的相关问题；在关注学生阶段，教师注重因材施教，关注学生的个体差异。

5. A　**【解析】**本题考查教学操作能力的概念。教学操作能力是指教师在教学中使用策略的水平，其水平高低主要看他们是如何引导学生掌握知识、积极思考、运用多种策略解决问题的。题干中，王老师在教学工作中善于采用各种教学策略，并取得了很好的教学效果，这反映了王老师教学操作能力突出。

6. B　**【解析】**本题考查替代强化。替代强化是指观察者因看到榜样的行为被强化而受到强化。题干中王建看到冯军因认真听课而受到表扬，也表现出认真听课的行为，这体现了替代强化。

7. B　**【解析】**本题考查教师期望效应。教师期望效应也叫罗森塔尔效应或皮格马利翁效应，即教师的期望或明或暗地传送给学生，会使学生按照教师所期望的方向来塑造自己的行为。该效应强调教师期望对学生的影响，因此，在实际教学中教师对学生应该给予积极的期望。

8. C　**【解析】**本题考查教师的领导方式。仁慈专断型教师的行为特点是：不认为自己专断独行；表扬、关心学生；口头禅有：我喜欢这样做/你能给我这样做吗；以“我”为班级一切工作的标准。题干中的朱老师在关心学生的同时又严格要求学生，对学生提出了各种要求，让学生按照自己的要求去做，这符合仁慈专断型领导方式的特征。

9. C　**【解析】**本题考查课堂管理的功能。课堂管理的发展功能是指课堂管理本身可以教给学生一些行为准则，促进学生从他律走向自律，帮助学生获得自我管理能力，使学生逐步走向成熟。

10. B　**【解析】**本题考查教师成长的三阶段理论。福勒和布朗根据教师的需要和不同时期所关注的焦点问题不同，把教师的成长划分为关注生存、关注情境和关注学生三个阶段。处于关注情境阶段的教师关心的是如何教好每一堂课的内容，以及班级大小、时间压力和备课材料是否充分等与教学情境有关的问题。题干中王老师关心自己的教学方式和教学进度，这说明他处于教师成长的关注情境阶段。

11. D　**【解析】**本题考查教师成长的途径。教学反思是指教师以自己的教学活动为意识对象，对自己的教育理念、教学行为、决策以及由此所产生的结果进行认真的自我审视、评价、反馈、控制、调节、分析的过程。题干中李老师经常分析、归纳总结自己的讲课过程,以便提高教学水平,这体现了教学反思。

12. B 【解析】本题考查职业倦怠。职业倦怠的去人性化特征即刻意在自身和工作对象间保持距离,对工作对象和环境采用冷漠和忽视的态度。题干中的孟老师工作消极、漠视学生、态度麻木,这属于去人性化。

13. C 【解析】本题考查课堂纪律的类型。根据形成途径,课堂纪律一般分为以下四类:(1)教师促成的纪律;(2)集体促成的纪律;(3)任务促成的纪律;(4)自我促成的纪律。其中,任务促成的纪律是指某一具体任务对学生行为提出的具体要求。题干中的学生为了完成航模比赛牺牲自己的休息时间,这是由任务促成的纪律。

二、简答题(参考答案)

简述教师自我促进心理健康的有效方法。

(1)培养正确的压力观;(2)改善自我观念;(3)正确应对挫折与压力;(4)建立积极的思维方式和内在对话;(5)采取合理有效的工作方式,学会休闲。

三、材料分析题(参考答案)

(1)教师期望效应也叫罗森塔尔效应,即教师的期望或明或暗地传送给学生,会使学生按照教师所期望的方向来塑造自己的行为。具体来说,教师期望效应具有激励、调整、转化、支援性作用。材料体现了以下几条:

①激励作用。教师以激励的教育方式诱导学生产生内驱力,从而把教师的教育教学要求内化为学生的自觉行动,便会使学生获得生动、活泼、主动的发展。材料中,李老师鼓励、肯定上官文俐,认为她会像姐姐一样优秀,在这一期望的激励下,上官文俐积极主动地学习、为班级服务,努力使自己变得像姐姐一样优秀。这体现了教师期望对学生的激励作用。

②转化作用。每个学生都有一种内隐的潜质,即积极向上的要求、自我完善的愿望、自控和调节的适应能力。这种潜质一旦被教师的期望和爱心所激发,就会或快或慢,或迟或早地展现其积极的方面。材料中,李老师的鼓励和关注,激发了上官文俐积极向上、自我发展的愿望,促使上官文俐在创新竞赛中取得好成绩,还团结同学,积极为班级服务,展现出了自己积极的一面。这体现了教师期望的转化作用。

③调整作用。教师期望效应具有调整师生关系的功能,即当教师的期望与学生的思想认识达到同一"频率"的时候,师生之间就会产生认识、情感、思维等方面的"共振"或"共鸣"。这种民主平等、思维共振、情感共鸣的师生关系,会使学生在师生交往中体验到平等、民主、尊重、信任等,同时受到激励和鼓舞,形成积极的人生态度与情感体验。材料中,上官文俐受教师期望的激励,相信自己,并以积极、努力、认真的态度学习,团结同学,这体现了教师期望的调整作用。

(2)教师期望效应表明,教师的期望对学生的发展起着重要作用,教师在教学过程中要合理利用教师期望,引导学生成长。在教育过程中利用教师期望应当注意以下几点:

①教师应对学生抱以积极的期待，而非消极期待，尤其是对后进生，更要传递积极期待，在言语以及实际行动上给予学生鼓励支持。

②教师应对所有学生都抱以期待，要关注全体学生，而非个别学生。

③教师要有意识地告诉学生自己对他们的期望，并促使这种期望变为学生对自己的“自我期望”。

④教师应当让学生坚信，只要努力，期望一定能变成现实。

⑤教师要帮助学生制订实现期望的具体计划，把抽象的期望具体化、行动化，并让学生从中感受实现期望的乐趣，克服挫折，不断鼓励、支持学生朝期望的目标前进。必要时，教师还要为学生创造条件、培养学生实现期望的技能，帮助他们达到期望目标。

···刷专题···

专题一　班级与班主任

一、单项选择题

答案速查

1 ~5	AADAB	6 ~10	AABAA	11 ~15	CABBC	16 ~21	CCCDBB

1. A　【解析】“班级”一词最早由埃拉斯莫斯提出。马卡连柯提出了“平行教育原则”。夸美纽斯提出“泛智”教育、班级授课制等。赫尔巴提出“旧三中心”。

2. A　【解析】班集体必须具备以下四个基本特征：(1)明确的共同目标。这是班集体形成的基础。(2)一定的组织结构，有力的领导集体。(3)共同生活的准则，健全的规章制度。(4)具有正确的集体舆论以及团结、和谐、向上的人际关系。题干中班主任的话说明班主任与学生有共同的目标，故答案选 A。

3. D　【解析】“没有规矩，不成方圆”意为：做任何事都要有一定的规矩、规则，否则就无法成功。班集体的正常秩序是维持和控制学生在校生活的基本条件，是教师开展工作的重要保证。建立健全必要的班级规则就是为班级“立规矩”，建立正常的班集体秩序，以保证教师顺利开展工作。所以，题干所述表明在组织和培养班集体时应建立健全必要的班级规则。

4. A　【解析】班主任了解学生的方法有书面材料分析法、调查法、观察法、谈话法。

5. B　【解析】班级是学校为实现一定的教育目的，将年龄和知识程度相近的学生编班分级而形成的，有固定人数的基本教育单位，也是学校行政体系中最基层的正式组织，是开展教学活动的基本单位。

6. A　【解析】班级管理的功能有：(1)有助于实现教学目标，提高学习效率——主要功能；(2)有助于维持班级秩序，形成良好的班风——基本功能；(3)有助于锻炼学生能力，学会自治自理——重要功能。故 A 项不属于班级管理的功能。

7. A　【解析】操行评定是以教育目的为指导思想，以“学生守则”为基本依据，对学生一个学期内在学习、劳动、生活、品行等方面的小结与评价。题干描述的是操行评定的概念。

8. B　【解析】组织和培养班集体是班主任工作的中心环节，班主任应有计划、有组织地在短时间内有效地组建班集体。

9. A　【解析】目标是集体发展的方向和动力。一个班集体只有具有共同的目标，才能使班级成员在认识和行动上保持统一，推动班集体的发展。所以一个班集体形成的基础和前进动力是共同的奋斗目标。

10. A　【解析】在班集体的形成与发展过程中，处于初建期松散群体阶段的班级，班集体的基本特征已经出现但还不稳定，班级的奋斗目标和行为规范尚未完全变成学生的自觉行动。班级还处于组建之初，班级成员之间互不认识，每位同学只是按照课表进入同一间教室上课或根据班主任的统一安排参加共同活动而已。同学们在形式上同属于同一个班级，实际上还是比较孤立的个体，大家对班主任的依赖性较强，班集体工作主要靠教师指挥。这一时期，班集体的目的任务大都来自教师个体自身的要求。因此，这一时期是班主任工作最繁忙的时期，也是班主任工作能力经受考验的关键期。

11. C　【解析】班主任了解学生的方法包括：(1)观察法；(2)谈话法；(3)调查法；(4)书面材料分析法。其中，观察法即在自然条件下，有目的、有计划地对学生的各种行为表现进行观察。这是班主任了解、研究学生的最基本方法。故本题选 C 项。

12. A　【解析】对于后进生的教育，班主任应注意：①关心爱护后进生，尊重他们的人格；②培养和激发学习动机。故本题答案选择 A 项。

13. B　【解析】了解和研究学生是班主任工作的前提和基础，因此，班主任在与小芳谈心时，首先要了解小芳不参加集体活动的原因。只有了解原因之后，才能有的放矢，找出合适的谈心角度，更好地处理此问题。

14. B　【解析】一般来说，一个班集体从其初建到成熟，是一个连续的、动态的过程，需要依次经过三个动态发展的阶段：(1)初建期的松散群体阶段；(2)形成期的合作群体阶段；(3)成熟期的集体阶段。其中，在形成期的合作群体阶段，班主任在班级活动的组织上主要起一个指导的作用。在班主任指导下，班干部可以较独立地组织班级活动。因此，形成期是班主任培养班级骨干的重要时期。题干中的班主任放手让班干部去组织和开展班级活动，说明该班最有可能处于班集体发展的形成期的合作群体阶段。故本题选 B 项。

15. C　【解析】了解和研究学生是班主任工作的前提和基础，包括对班级群体和班级个体的了解和研究，是做好各项班级教育工作的先决条件，也是班级教育过程中有效开展各项工作必不可少的基本环节。故李老师为了有效开展工作，首先应该了解和研究学生。

16. C　【解析】班主任工作总结一般分为两类：全面总结和专题总结，一般在学期、学年末进行。

17. C　【解析】书面材料分析法即借助学生的成绩表、作业、日记等书面材料对学生进行了解的方法。班主任通过学生的成绩单了解学生的学习情况，这种研究方法属于书面材料分析法。

18. C 【解析】组织和培养班集体是班主任工作的中心环节，包括建立班集体的正常秩序、组织形式多样的教育活动。班主任要对班级实施有效的教育与管理，必须争取校内外各种教育力量的配合，调动各种积极因素，包括争取运用家庭和社会教育力量，因此班主任应及时与家长沟通。教授学生各科知识主要是学科教师的工作内容。

19. D 【解析】班主任做好个别教育工作，包括做好先进生的教育工作、中等生的教育工作和后进生的教育工作，即全体学生的教育。

20. B 【解析】班集体的形成与培养包括：(1)确定班集体的发展目标；(2)建立得力的班集体核心；(3)建立班集体的正常秩序；(4)组织形式多样的教育活动；(5)培养正确的舆论和良好的班风。其中，正确的舆论和良好的班风是班集体形成的重要标志。故本题选 B 项。

21. B 【解析】谈话法即班主任通过与学生面对面谈话来深入了解学生情况的方法，具有灵活、方便、容易了解事情细节、有利于感情沟通等特点。题干中的班主任刘老师经常用诚恳、亲切的语言与学生交流内心的真实想法，这采用的是谈话法，故 B 项正确。

二、简答题(参考答案)

1. 简述班主任工作的内容与方法。

(1)了解和研究学生；(2)有效地组织和培养班集体；(3)协调校内外各种教育力量；(4)学习指导、学习活动管理和生活指导、生活管理；(5)组织课外、校外活动和指导课余生活；(6)建立学生档案；(7)操行评定；(8)班主任工作计划与总结；(9)个别教育工作；(10)班会活动的组织；(11)偶发事件的处理。

2. 班主任应怎样做好先进生教育工作？

对于先进生的教育，班主任要注意：(1)严格要求，防止自满；(2)不断激励，弥补挫折；(3)消除嫉妒，公平竞争；(4)发挥优势，全班进步。

三、材料分析题(参考答案)

(1)班集体是按照班级授课制的培养目标和教育规范组织起来的，以共同学习活动和直接性人际交往为特征的社会心理共同体。班集体必须具备四个基本特征：①明确的共同目标；②一定的组织结构，有力的领导集体；③共同生活的准则，健全的规章制度；④具有正确的集体舆论以及团结、和谐、向上的人际关系。

(2)材料中的班级既没有明确的班级目标，也没有优秀的班干部团队，同时班级秩序混乱。面对这样的班级，作为班主任，我会从以下几个方面来改善班级面貌：

①确定班集体的发展目标。一个班集体只有具有共同的目标，才能使班级成员在认识和行动上保持统一，推动班集体的发展。在实现班集体目标的过程中，我会以开班会的形式通过班级集体讨论，充分调动班级成员的积极性，使实现目标的过程成为教育与自我教育的过程。

②建立得力的班集体核心。一个得力的班集体核心非常重要，它是维护和推动班级工作的有力助

手，是带动全班学生实现集体发展目标的核心。我会在了解学生的基础上，及时发现并选拔出热心为集体服务、团结同学且具有一定管理能力的学生干部。同时，我会把对积极分子的使用与培养结合起来。

③建立班集体的正常秩序。班集体的正常秩序是维持和控制学生在校生活的基本条件，是教师开展工作的重要保证。在建立正常秩序的过程中我会依靠班干部的力量，由他们来带动全班同学共同制定班级的规范制度，并制定相关的奖惩措施。

④组织形式多样的教育活动。班集体是在全班同学参加各种教育活动的过程中逐步成长起来的，而各种教育活动又可以使每个人都有机会为集体出力并展示自己的才能。我会提出明确的目的和要求，精心设计活动内容，注意形式的适龄化，力争把活动开展过程变成教育过程。

⑤培养正确的舆论和良好的班风。班集体舆论是班集体生活与成员意愿的反映。正确的班集体舆论是一种巨大的教育力量，对班集体每个成员都有约束、激励的作用，是教育集体成员的重要手段。在此过程中，我会加强思想品德教育，提高学生认识；抓好常规训练，严格行为规范；培养集体荣誉感和责任感；正确实施奖惩，树立守纪风气。

通过以上几方面，我相信一定会改善这个班级的面貌。

专题二　中学课堂管理

一、单项选择题

答案速查

1～5	DDBCC	6～10	BACCA	11～15	BDCDA

1. D 【解析】集体促成的纪律即在集体舆论和集体压力的作用下形成的群体行为规范。从儿童入学开始，同辈人的集体在促进儿童社会化方面就开始发挥重要的作用。随着年龄的增长，学生受同辈群体的影响会越来越大，开始以同辈群体的集体要求和价值判断作为自己的行为准则，以“别人也都这么干”为理由而做某件事情。

2. D 【解析】群体规范是约束群体内成员的行为准则，包括成文的正式规范和不成文的非正式规范。题干描述的是群体规范的概念。

3. B 【解析】任务促成的纪律，即某一具体任务对学生行为提出的具体要求。题干中班级学生为了能拿到下个月的流动红旗，做眼保健操时都十分遵守纪律。这体现的是任务促成的纪律。

4. C 【解析】教师是课堂教学中的主导者，教师的领导方式、教师的移情、教师对学生的期望、教师的情绪状态、教师的教学能力是影响课堂气氛的决定因素。题干中的李老师因家庭发生重大变故导致其返校授课时不在状态，这体现了教师的情绪状态对课堂气氛的影响。

5. C 【解析】在同伴交往过程中，一些学生自由结合、自发形成的小群体，称为非正式群体。题干中强调同学们自发形成音乐兴趣小组，这属于非正式群体。故本题选 C 项。

6. B 【解析】课堂管理的基本模式概括起来，可以分为三种取向：行为主义取向、人本主义取向和教师效能取向。其中行为主义取向的课堂管理模式是以教师为核心来实施的。这种模式的基本理念是学生的成长和发展是由外部环境决定的,他们在课堂中所表现出来的不良行为或者是通过学习获得的,或者是因为没有学会正确的行为。在课堂管理中,教师的责任是强化适宜的行为并根除不适宜的行为。题干中张老师强调建立积极的课堂规则,同时对学生的不良行为进行制止,这是让学生习得正确行为的管理方法,因此体现了行为主义取向。

7. A 【解析】课堂管理具有维持功能、促进功能和发展功能。维持功能是指课堂管理能够在课堂教学中,持久地维持良好的学习环境,有效地排除各种干扰因素,使学生充分地参与到学习活动中。促进功能是指良好的课堂管理能够增强、提升课堂教学的效果,促进学生的学习。发展功能是指课堂管理本身可以教给学生一些行为准则,促进学生从他律走向自律,帮助学生获得自我管理能力,使学生逐步走向成熟。题干所述说明课堂管理具有维持功能。

8. C 【解析】自我促成的纪律简单说就是自律,即在个体自觉努力下由外部纪律内化而成的个体内部约束力。形成自我促成的纪律是课堂纪律管理的最终目标。

9. C 【解析】消极的课堂气氛的特征是:课堂纪律问题较多,师生关系疏远;学生无精打采,注意力分散,反应迟钝;多数学生处于被动应付教师的状态;不少学生做小动作,情绪压抑等。题干表述的课堂气氛是消极型。

10. A 【解析】分配学生座位时,最值得教师关注的应该是对人际关系的影响。

11. B 【解析】处于人际纪律阶段的学生,其行为取向是要建立一种相互的人际关系,他们做出的行为往往与“我怎样才能取悦你”联系在一起,他们这样做是因为你要求他们这样做;他们关心自己在别人心目中的形象,希望别人喜欢自己。题干中的学生的行为取向是建立融洽的同学关系,希望同学喜欢或接纳自己,故该班处于课堂纪律发展的人际纪律阶段。

12. D 【解析】群体凝聚力是指群体对成员的吸引力和成员之间的相互吸引力。它可以通过群体成员对群体的忠诚、责任感、荣誉感、成员间的友谊和志趣等来表明。关系融洽、凝聚力强的班级,会使学生产生强烈的自豪感和认同感,顺利完成课堂教学任务。因此,凝聚力常常成为衡量一个班集体成功与否的重要标志。

13. C 【解析】学校群体的功能主要有:(1)归属功能;(2)认同功能;(3)支持功能;(4)塑造功能。其中,认同功能指学校群体能对个体的认知提供知识和信息,使各个成员对一些重大事件与原则问题同学校群体保持共同的认识和评价。题干中的小玲和她的同学在很多方面都能很好地与学校保持一致,这体现了群体的认同功能。

14. D 【解析】教师的领导方式可分为强硬专断型、仁慈专断型、放任自流型以及民主管理型四种。具体如下:

强硬专断型教师的行为特点有:对学生严加监视,要求即刻无条件接受一切命令;很少表扬学生;认为没有教师的监督,学生不可能自觉学习。学生的典型反应有:屈服,不信服、厌恶这种领导;推卸责任;易激怒,不愿合作,可能会在背后伤人;教师一旦离开教室,学习明显松垮。

仁慈专断型教师的行为特点有：不认为自己专断独行；表扬、关心学生；口头禅有我喜欢这样做/你能让我这样做吗；以"我"为班级一切的工作标准。学生的典型反应有：依赖教师，没有多大的创造性；屈从，缺乏个人的发展；班级的工作量可能是多的，而质也可能是好的。

放任自流型教师的行为特点有：认为学生爱怎样就怎样；很难做出决定，对学生的管理没有明确目标；不鼓励学生，也不反对学生；不参加学生的活动，也不提供帮助或方法。学生的典型反应有：道德差，学习也差；有许多"推卸责任""寻找替罪羊""容易激怒"的行为；没有合作，谁也不知道该做些什么。

民主管理型教师的行为特点有：善于和集体共同制订计划和做出决定；在不损害集体的情况下，很乐意给个别学生以帮助、指导；尽可能鼓励集体的活动，给予客观的表扬和批评。学生的典型反应有：喜欢学习，喜欢和别人尤其是教师一道工作；学习的质和量都很高，相互鼓励，且独自承担某些责任；不论教师在不在课堂，要改正的问题很少。

综上所述，题干中的班主任属于强硬专断型的领导方式。故本题选 D 项。

15. A 【解析】影响课堂管理的因素有教师的领导风格、班级规模、班级性质、对教师的期望。其中，教师的领导风格对课堂管理有直接的影响。

二、辨析题(参考答案)

1. 课堂气氛的形成受多方面因素的影响，其中学生对良好的课堂气氛的形成起着决定作用。

(1)这种说法是不正确的。(2)课堂气氛是师生在课堂活动中相互作用而产生的，主要受教师、学生、课堂内物环境三方面因素的影响。其中，教师是课堂教学中的主导者，教师的领导方式、教师的移情、教师对学生的期望、教师的情绪状态、教师的教学能力是影响课堂气氛的决定因素。故题干说法错误。

2. 非正式群体对个体的影响是积极的还是消极的，主要取决于教师对它的管理。

(1)这种说法是不正确的。(2)非正式群体对学生个体和正式群体既有积极影响，也有消极影响。非正式群体对个体的影响是积极的还是消极的，主要取决于非正式群体的性质以及与正式群体的目标一致的程度。非正式群体与正式群体如果在目标一致的情况下，由于成员之间在利益、爱好、信仰方面相似，引导得好，对班级群体可以发挥积极作用。如果它与正式群体的目标不一致，则会产生消极作用，甚至会成为破坏性的力量。故题干说法错误。

三、简答题(参考答案)

1. 简述影响课堂气氛的因素。

课堂气氛是师生在课堂活动中相互作用而产生的，主要受教师、学生、课堂内物环境三方面因素的影响。

(1)教师因素。教师是课堂教学中的主导者，教师的领导方式、教师的移情、教师对学生的期望、教师的情绪状态、教师的教学能力是影响课堂气氛的决定因素。(2)学生因素。课堂气氛是师生共同营造的，学生是课堂活动的主体。因此，学生的一些特点也是影响课堂气氛的重要因素。

(3)课堂内物环境因素。课堂内物环境又称教学的时空环境,主要指教学时间和空间因素构成的特定的教学环境,包括教学时间的安排、班级规模、教室内的设备、教具、乐音或噪音、光线充足与否、空气清新或浑浊、高温或低温、座位编排方式等。

2. 简述非正式群体的管理应注意的问题。

(1)摸清非正式群体的性质;(2)对积极的非正式群体给予鼓励和帮助;(3)对消极的非正式群体给予适当的引导和干预。

四、材料分析题(参考答案)

(1)根据材料描述可知,出现课堂失控,教师方面的主要原因有:①教师的教学技能有待提升;②教师的管理方式有待改进;③教师威信不高。

(2)创设良好的课堂气氛可从以下方面入手:

①发挥教师的主导作用。教师在营造良好的课堂氛围的过程中起着主导作用。如果教师能精心组织课堂教学,巧妙把握语言艺术,善于用良好的情绪情感感染学生,并善于处理课堂问题,就更容易创造出良好的课堂氛围。

②尊重学生的主体地位。创造良好的课堂氛围,关键在于教师能否切实调动学生学习的主观能动性,使学生真正成为教学的主体,学习的主人。因此,教师必须调动学生参与的积极性和主动性,让学生保持最佳的学习心态。

③构建和谐的师生关系。课堂中的师生关系,直接影响课堂气氛。建立和谐的课堂人际关系,是创设积极课堂气氛的基础。可以采取以下措施来使师生关系更加和谐:第一,师生民主平等;第二,树立一定的教师威信;第三,教师要关心爱护学生。

专题三　课外活动的组织与管理

一、单项选择题

答案速查

1 ~5	BCAAB

1. B 【解析】学校与家庭联系的方式大体有以下几种:(1)家校互访,包括教师家访和家长访校;(2)家校通信;(3)举办家长学校;(4)建立家长委员会;(5)召开家长会议。故本题选 B。

2. C 【解析】班级的科技活动可以通过科技班(队)会、科技参观、科技兴趣小组三种形式来进行,以组织学生学习科学技术为主要目的。题干中的“小发明、小创造”主题活动属于科技活动,故本题答案选择 C 项。

3. A 【解析】个别活动是指学生在教师指导下,在课外单独进行的活动。它往往与小组或群众性活动相结合,由小组或班级分配任务,个人单独进行。题干中,根据学生个人的特长、兴趣爱好、能力水平独立进行的活动属于个别活动。

4. A 【解析】群众性活动是一种面向多数或全体学生的带有普及性质的活动。参加这种活动的人数较多,群众性活动的方式有集会活动,学科活动,参观、访问和游览,文体活动,墙报和黑板报,社会公益劳动等。故本题选 A。

5. B 【解析】课外活动具有自愿性、灵活性和实践性的特点。课外活动注重学生的实践环节。与课堂教学主要是让学生学习间接知识不同,课外活动是让学生直接参与实践活动获得直接的实践性知识。在实践活动中,学生的知识和技能主要是通过自己设计、动手获得的。所以,题干所述体现了课外教育活动的实践性。

专题四　教师心理

一、单项选择题

答案速查

1～5	ACDCD	6～10	DCCAA	11～15	ADABB	16～21	ABABCB

1. A 【解析】教师期望效应也叫罗森塔尔效应或皮格马利翁效应,即教师的期望或明或暗地传递给学生,会使学生按照教师所期望的方向来塑造自己的行为。题干中老师通过鼓励将自己的期望传达给小明,小明接收到老师的期望后学习成绩明显提高,这符合皮格马利翁效应的内涵,故答案选 A 项。

2. C 【解析】福勒和布朗根据教师的需要和不同时期所关注的焦点问题不同,把教师的成长划分为关注生存、关注情境和关注学生三个阶段。其中,处于关注学生阶段的教师将考虑学生的个别差异,认识到不同发展水平的学生有不同的需要,根据学生的差异采取适当的教学,促进学生发展。题干描述的情况符合关注学生阶段的特征,故选 C。

3. D 【解析】玛勒斯等人认为教师职业倦怠主要表现在三个方面:情绪耗竭、去人性化、个人成就感低。故本题选 D。

4. C 【解析】微格教学是指以少数的学生为对象,在较短的时间内(5～20 分钟),尝试做小型的课堂教学,并把这种教学过程摄制成录像,课后再进行分析。这是训练新教师、提高其教学水平的一条重要途径。故本题选 C。

5. D 【解析】美国教育心理学家波斯纳提出了教师成长公式:经验 + 反思 = 成长。奥苏伯尔提出了有意义接受学习理论。皮亚杰提出了认知发展四阶段理论。布鲁纳提出了结构主义教学理论。

6. D 【解析】教学操作能力是指教师在教学中使用策略的水平,其水平高低主要看他们是如何引导学生掌握知识、积极思考、运用多种策略解决问题的。题干中邓老师采用"先行组织者"策略进行教学,以提高学生的学习效果,故体现了邓老师的教学操作能力。A 项,教学监控能力是指教师为了保证教学达到预期的目的而在教学的全过程中,将教学活动本身作为意识对象,不断对其进行积极主动的计划、检查、评价、反馈、控制和调节的能力。与题干不符,排除。B 项,教学认知能力是指教师对所教学科的定理、法则和概念等的概括化程度,以及对所教学生的心理特点和自己所使用的教学策略的理解程度。与题干不符，排除。C 项为干扰项，排除。

7. C　【解析】在课后评价时，专家型教师和新手型教师关注的焦点不同。新手型教师的课后评价要比专家型教师更多地关注课堂中发生的细节；而专家型教师则更多地谈论学生对新教材的理解情况和课堂中值得注意的活动。

8. C　【解析】教学认知能力是指教师对所教学科的定理、法则和概念等的概括化程度，以及对所教学生的心理特点和自己所使用的教学策略的理解程度。题干所述体现了教师的教学认知能力。

9. A　【解析】福勒和布朗根据教师的需要和不同时期所关注的焦点问题不同，把教师的成长划分为关注生存、关注情境和关注学生三个阶段。其中，处于关注生存阶段的一般是新教师，他们非常关注自己的生存适应性，最担心的问题是"学生喜欢我吗""同事们如何看我""领导是否觉得我干得不错"等。根据题干描述可知，梁老师最可能处于关注生存阶段。

10. A　【解析】玛勒斯等人认为职业倦怠主要表现为三个方面：(1)情绪耗竭，指个体情绪情感处于极度的疲劳状态，工作热情完全丧失；(2)去人性化，即刻意在自身和工作对象间保持距离，对工作对象和环境采取冷漠和忽视的态度；(3)个人成就感低，表现为消极地评价自己，贬低工作的意义和价值。题干中的刘美丽对教育工作失去了热情，属于情绪耗竭的典型表现。故本题选 A 项。

11. A　【解析】布鲁巴奇等人认为教学反思的方法主要有：(1)反思日记；(2)详细描述；(3)交流讨论；(4)行动研究。

12. D　【解析】教学效能感一般指教师对自己影响学生行为和学习结果的能力的一种主观判断。教学效能感分为两个部分：一般教学效能感和个人教学效能感。个人教学效能感是指教师认为自己能够有效地影响学生，相信自己具有教好学生的能力。题干中的王老师认为只要他努力，就能提高数学学习困难学生的成绩，这表明他的个人教学效能感较高。

13. A　【解析】课堂教学观摩可分为组织化观摩和非组织化观摩。一般来说，为培养新教师和教学经验欠缺的年轻教师宜进行组织化观摩，可以是现场观摩，如组织听课，也可以观看优秀教师的教学录像。故答案选 A 项。

B 项，微格教学是指以少数的学生为对象，在较短的时间内(5～20 分钟)，尝试做小型的课堂教学，并把这种教学过程摄制成录像，课后再进行分析。

C 项，专门训练是指教师的成长与发展也可以通过专门的教学能力训练来实现，如训练新教师掌握教学过程中有效的教学策略等。

D 项，行动研究指为弄清课堂上遇到的问题的实质，探索用以改进教学的行动方案，教师以及研究者可以进行调查和实验研究。

14. B　【解析】教师职业角色的形成主要经历以下三个阶段：(1)教师角色的认知。角色认知是指角色扮演者对某一角色行为规范的认识和了解，知道哪些行为是合适的，哪些行为是不合适的。(2)教师角色的认同。教师角色的认同指个体亲身体验并接受教师角色所承担的社会职责,用以控制和衡量自己的行为。(3)教师角色的信念。教师角色的信念是指教师在角色扮演中,将职业角色的社会要求转化为个体需要,坚信自己对教师职业的正确认识,并将其作为规范自己行为的指南,形成职业的自尊心和自豪感。

15. B 【解析】处于关注情境阶段的教师关心的是如何教好每一堂课,以及班级大小、时间压力和备课材料是否充分等与教学情境有关的问题,如"内容是否充分得当""如何呈现教学信息""如何掌握教学时间"等。故答案选 B 项。

16. A 【解析】行动研究不同于研究者由外部进行的旨在探索普遍法则的研究,而是直接着眼于教学实践的改进。题干中教师定期梳理自己的教学实践活动,总结经验,同时听取他人反馈,以改进自己的教学,这属于行动研究。

17. B 【解析】玛勒斯等人认为职业倦怠主要表现为三个方面:(1)情绪耗竭,指个体情绪情感处于极度的疲劳状态,工作热情完全丧失;(2)去人性化,即刻意在自身和工作对象间保持距离,对工作对象和环境采取冷漠和忽视的态度;(3)个人成就感低,表现为消极地评价自己,贬低工作的意义和价值。故该教师表现出的职业倦怠特征是个人成就感低。

18. A 【解析】福勒和布朗根据教师的需要和不同时期所关注的焦点问题不同,把教师的成长划分为关注生存、关注情境和关注学生三个阶段。

19. B 【解析】玛勒斯等人认为职业倦怠主要表现为三个方面:(1)情绪耗竭,指个体情绪情感处于极度的疲劳状态,工作热情完全丧失;(2)去人性化,即刻意在自身和工作对象间保持距离,对工作对象和环境采取冷漠和忽视的态度;(3)个人成就感低,表现为消极地评价自己,贬低工作的意义和价值。故该教师表现出的职业倦怠特征为去人性化。

20. C 【解析】教学监控能力是指教师为了保证教学达到预期的目的而在教学的全过程中,将教学活动本身作为意识对象,不断对其进行积极主动的计划、检查、评价、反馈、控制和调节的能力。故题干所述体现了教学监控能力的内涵。

21. B 【解析】教师职业心理特征包括:(1)教师的认知特征;(2)教师的人格特征;(3)教师的行为特征。故本题选 B。

二、简答题(参考答案)

1. 简述教师心理健康的标准。

(1)能积极地悦纳自我;(2)有良好的教育认知水平;(3)热爱教师职业,积极地爱学生;(4)具有稳定而积极的教育心境;(5)能控制各种情绪和情感;(6)和谐的教育人际关系;(7)能适应和改造教育环境;(8)具有教育独创性。

2. 简述促进教师成长的方法。

促进教师成长有以下几种方法:(1)观摩和分析优秀教师的教学活动;(2)开展微格教学;(3)进行专门训练;(4)进行教学反思。

下篇　全真模考

国家教师资格考试全真模拟试卷(一)

一、单项选择题

答案速查

1~5	CACAC	6~10	BABAB	11~15	ADCBC	16~21	CADBBA

1. C 【解析】教育受一定社会的政治经济等因素的制约,但作为一种培养人的社会活动,教育有其自身的规律,具有相对独立性。此外,教育的相对独立性还表现在特定的教育形态不一定跟其当时的社会形态保持一致,而存在教育“超前”或“滞后”的现象。题干所述是教育相对独立性的体现。

2. A 【解析】教育的本质属性是育人,即教育是一种有目的地培养人的社会活动,这是教育区别于其他事物现象的根本特征,也是教育的质的规定性。如果失去了这一质的规定性,那就不能称之为教育了。A 项只是新生儿正常的抓握反射,不属于教育现象。

3. C 【解析】孔子是我国古代伟大的教育家,他的教育思想主要体现在《论语》一书中。孔子说过:“不愤不启,不悱不发。举一隅不以三隅反,则不复也。”主张教学要注重启发诱导。他是世界上最早提出启发式教学的教育家。

4. A 【解析】题干引文的意思是如果贤良人才多,国家就治理得很好;如果贤良人才少,国家就治理得差。国家的兴衰在于人才多寡。这说明教育可以通过培养人才来实现对政治经济制度的影响,体现了教育的政治功能。

5. C 【解析】社会本位论认为教育的目的是为社会培养合格的成员和公民,使受教育者社会化,社会价值高于个人价值,教育质量和效果可以用社会发展的各种指标来评价。简言之,教育以社会的稳定和发展为最高宗旨。题干所述反映的是教育目的的社会本位的价值取向。

6. B 【解析】杜威的理论是现代教育理论的代表,他提出了“儿童中心(学生中心)”“活动中心”“经验中心”的“新三中心论”。

7. A 【解析】学校课程即校本课程,是学校在确保国家课程和地方课程有效实施的前提下,针对学生的兴趣和需要,结合学校的传统和优势以及办学理念,充分利用学校和社区的课程资源,自主开发或选用的课程。校本课程开发的主体是教师,题干中由学校体育教研室老师集体开发的课程属于校本课程。

8. B 【解析】启发性原则是指在教学活动中,教师要调动学生的主动性和积极性,引导他们通过独立思考、积极探索,生动活泼地学习,自觉地掌握科学知识,提高分析问题和解决问题的能力。宋老师通过口头提问的方式,引导学生自己寻找正确的答案,调动了学生学习的积极性和主动性,这是贯彻启发性教学原则的表现。

9. A 【解析】情感陶冶法,有时也称陶冶教育法,是教育者自觉创设良好的教育情境,潜移默化地使受教育者在道德和思想情操等方面受到感染、熏陶的方法。情感陶冶法主要包括人格感化、环境陶冶和艺术陶冶等。艺术陶冶是指通过音乐、美术、舞蹈、雕塑、诗歌、影视等文学艺术活动,使学生潜移默化地受到影响。题干中学校通过组织学生看电影来对学生进行德育,可知学校运用的德育方法是艺术陶冶法。

10. B 【解析】道德情感是人的道德需要是否得到实现而引起的一种内心体验,也就是人在心理上所产生的对某种道德义务的爱憎、喜恶等情感体验。“唯仁者能好人,能恶人”指的是“只有讲仁爱的人,才能够正确地喜爱某人、厌恶某人”。这属于道德情感。

11. A 【解析】依靠积极因素,克服消极因素的原则(长善救失原则)要求教育者要用一分为二的观点,全面分析,客观地评价学生的优点和不足。题干中的教师只看到了学生的缺点而粗暴对待他,违背了德育中的长善救失原则。

12. D 【解析】冲动型的学生在解决认知任务时,总是急于给出问题的答案,而不习惯对解决问题的各种可能性进行全面思考,有时问题还未弄清楚就开始解答。这种类型的学生解决问题的速度虽然很快,但错误率高。所以说,冲动型认知风格往往强调的是速度而不是准确度。

13. C 【解析】元认知策略分为:计划策略、监控策略和调节策略。调节策略是指在学习过程中根据对认知活动监视的结果,找出认知偏差,及时调整策略或修正目标的策略。在学习活动结束时,评价认知结果,采取相应的补救措施,修正错误,总结经验教训等。例如:当学习者意识到他不理解课文的某一部分时,他就会退回去读困难的段落;在阅读困难或不熟的材料时放慢速度。根据题干所述,本题选 C 项。

14. B 【解析】激情是一种爆发式的、猛烈而持续时间短暂的情绪状态。例如,狂喜、暴怒、恐惧、绝望、剧烈的悲痛等,都是激情的表现。因此,根据题干中“欣喜若狂”一词可知,学生们的情绪状态属于激情。

15. C 【解析】社会刻板效应是指对一群人的特征或动机加以概括,把概括得出的群体的特征归属于团体中的每一个人,认为他们每个人都具有这种特征,而无视团体成员中的个体差异。题干中初次与某人交往,因他是一名大学教授就断定他有学问、有修养等,是由大学教授这一群体特征推及到个人,故属于社会刻板效应。

16. C 【解析】民主管理型的教师善于和集体共同制订计划和做出决定;在不损害集体的情况下,很乐意给个别学生以帮助、指导;尽可能鼓励集体的活动;给予客观的表扬和批评。题干中教师尊重学生看法,鼓励学生通过讨论、协商等集体共同参与的方式解决争端,说明该教师鼓励集体活动,倡导民主,让集体共同做出决定。故题干所述体现的是民主管理型教师的领导风格。

17. A 【解析】态度与品德的形成大致经历依从、认同、内化三个阶段。其中,依从即表面上接受规范,按照规范的要求来行动,但对规范的必要性或根据缺乏认识,甚至有抵触情绪。题干中学生以“写作业”的名义背着家长偷玩手机的行为,说明他们正处于态度与品德形成的依从阶段。

18. D 【解析】美国心理学家赫尔曼·威特金将认知方式分为两种:场依存型与场独立型。其中,场依存型的学生对客观事物的判断常以外部线索为依据,其态度和自我认知易受周围环境或背景(尤其是权威人士)的影响,往往不易独立地对事物做出判断,而是人云亦云,从他人处获得标准。题干中强调彤彤会根据老师的面部表情来修改自己的答案,易受他人影响,这是场依存型认知风格的表现。故本题选 D 项。

19. B 【解析】道德意志是个体自觉地调节道德行为,克服困难,以实现预定道德目标的心理过程。题干中小强的表现说明其缺乏道德意志,故教师应重点培养其道德意志。

20. B 【解析】集体促成的纪律即在集体舆论和集体压力的作用下形成的群体行为规范。学生受同辈群体的影响,以同辈群体的集体要求和价值判断作为自己的行为准则。学生兴趣小组属于非正式群体,其纪律是在集体舆论和集体压力的作用下形成的群体行为规范,属于集体促成的纪律。

21. A 【解析】肯定性训练,也叫自信训练、果敢训练,其目的是促进个人在人际关系中公开表达自己的真实情感和观点,维护自己的权益也尊重别人的权益,发展人的自我肯定行为。自我肯定行为主要表现在三个方面:(1)请求他人为自己做某事,以满足自己合理的需要;(2)拒绝他人的无理要求而又不伤害对方;(3)真实地表达自己的意见和情感。因此,对于题干中的学生,有效的行为改变方法是肯定性训练。

二、辨析题(参考答案)

22. 教师备课就是钻研教材、编写教案。

(1)这种说法是不正确的。(2)备课的要求包括:①教师要做好三方面的工作,即钻研教材、了解学生、设计教法,也就是备教材、备学生、备教法;②教师要写好三种计划,即学年(或学期)教学计划、课题(或单元)计划、课时计划(教案)。故题干说法错误。

23. 教学反思就是回顾一节课的教学过程。

(1)这种说法是不正确的。(2)教学反思是指教师以自己的教学活动为意识对象,对自己的教育理念、教学行为、决策以及由此所产生的结果进行认真的自我审视、评价、反馈、控制、调节、分析的过程。因此,教学反思不单单是回顾一节课的教学过程。故题干说法错误。

24. 上课时,学生既要听教师讲课,又要记笔记,还要看实验演示或幻灯片。这时学生的注意状态是稳定的。

(1)这种说法是正确的。(2)注意的稳定性是指注意保持在某一对象或某一活动上的时间长短特性。持续时间愈长,注意就愈稳定。上课时,学生既要听教师讲课,又要记笔记,还要看实验演示或幻灯片等,这些行为都服从于听课这一总任务,因此,学生的注意是稳定的。故题干说法正确。

25. "余音绕梁,三日不绝于耳"是感觉的补偿作用。

(1)这种说法是不正确的。(2)在刺激作用停止后,感觉暂时保留一段时间的现象称为感觉后效,即感觉后像。感觉的补偿是指某种感觉系统的机能丧失后,由其他感觉系统的机能来弥补。例如,盲人失去视觉会增强其听觉、嗅觉、触觉等感觉的感受性,以发挥其补偿作用。"余音绕梁,三日不绝于耳"为感觉后效。故题干说法错误。

三、简答题(参考答案)

26. 班级授课制的缺点有哪些?

(1)不利于学生主体性的发挥;(2)不利于培养学生的探索精神、创造能力和实际操作能力;(3)不能很好地适应教学内容和教学方法的多样化;(4)不利于因材施教,难以满足学生个性化的学习需要;(5)不利于学生之间真正的交流和启发;(6)以"课"为基本的教学活动单位,某些情况下会割裂内容的整体性。

27. 简述教学过程是一种特殊的认识过程的表现。

教学过程作为一种特殊的认识过程,其特殊性表现在以下几个方面:

(1)间接性。学生要以掌握人类长期积累起来的科学文化知识为中介间接地认识客观世界。

(2)引导性。学生的认识是在教师的引导下完成的。

(3)简捷性。学生走的是一条认识的捷径,许多知识是人类经过数百年甚至上千年才总结出来的,但学生在很短的时间内就能掌握。

(4)教育性。教学中既要传授知识,也要对学生的品德进行培养,促进学生"知、情、意、行"全面发展。

28. 简述建构主义的知识观。

建构主义在一定程度上对知识的客观性和确定性提出质疑,强调知识的动态性。

(1)建构主义认为知识并不是问题的最终答案,而是随着人类进步不断改正并随之出现新的假设和解释。

(2)知识并不能精确地概括世界的法则,而是需要针对具体情境进行再创造。此外,知识不可能以实体的形式存在于具体个体之外,尽管我们通过语言符号赋予知识一定的外在形式,但学习者仍然会基于自己的经验背景进行理解并建构属于自己的知识。

29. 简述教师维持课堂纪律的策略。

(1)建立有效的课堂规则;(2)合理组织课堂教学;(3)做好课堂监控;(4)培养学生的自律品质。

四、材料分析题(参考答案)

30. (1)①班主任贯彻了因材施教原则,因材施教原则是指教育者在德育过程中,应根据学生的年龄特征、个性差异以及品德发展现状,采取不同的方法和措施,加强德育的针对性和实效性。材料中,班主任针对女生经常上课迟到,且对于批评已经“习以为常”的特点,采取“旁敲侧击”的方法去教育、影响、鼓励她,体现了因材施教原则。

②班主任贯彻了疏导原则,疏导原则是指进行德育时要循循善诱、以理服人,从提高学生认识入手,调动学生的主动性,使他们积极向上。材料中,班主任因公务迟到后,因势利导,主动向同学们承认错误,讲明道理,并请大家监督,从侧面帮助女生认识到自己的错误,并加以改正,这符合疏导原则的贯彻要求。

③班主任贯彻了尊重信任学生与严格要求学生相结合的原则。德育过程中,教育者既要尊重信任学生,又要对学生提出严格的要求,把严和爱有机地结合起来,使教育者的合理要求转化为学生的自觉行动。材料中,班主任没有正面批评指责女生,而是采取“旁敲侧击”的方法去教育、影响、鼓励她,对学生提出每天准时上下课的要求,这体现了尊重信任学生与严格要求学生相结合的原则。

(2)班主任运用的是榜样示范法。榜样示范法是用榜样人物的优秀品德来影响学生的思想、情感和行为的德育方法。材料中,班主任在迟到后,主动向学生承认错误,并请学生监督的行为,为学生树立了良好的榜样,促使女生主动承认了以前的错误。该方法的运用要求为:①选好学习的榜样。班主任结合女孩的实际情况,通过自己的言行为其树立了良好的榜样,促进了女孩的进步与成长。②激起学生对榜样的敬慕之情。班主任在课堂上主动承认错误并请大家监督其改正错误的行为,激发了女孩的敬佩之情。③狠抓落实,引导学生用榜样来调节行为,提高修养。班主任把学生对自己的敬佩之情转化为学生的行动,促使女孩改正了错误,不再迟到。

31. (1)小明把行为的原因归为外部的、不稳定的、不可控的因素,即运气。将行为的原因归因为运气的学生,会把成功看成偶然的而不是必然的,这种情形下的成功不会增强学生的自信。学生很可能心存幻想,希望下次考试运气也不错。

小华把行为的原因归为内部的、不稳定的、可控的因素,即努力。根据归因理论,学生将行为的原因归于努力比归于能力会产生更强烈的情绪体验。努力而成功,体验到愉快;不努力而失败,体验到羞愧;努力而失败,也应受到鼓励。

(2)作为老师,应该对小明进行“努力归因”训练,即无论成功或失败都归因于努力与否的结果,因为学生将自己的成败归因于努力与否会提高学生学习的积极性。

对小华应该进行“现实归因”训练,即针对一些具体问题引导学生进行现实归因,以帮助学生分析除努力这个因素外,影响学习成绩的因素还有哪些,如智力、学习方法、家庭环境、教师等因素。让学生在做“努力归因”时联系现实,在做“现实归因”时又强调努力。

国家教师资格考试全真模拟试卷(二)

一、单项选择题

答案速查

1～5	DCDCD	6～10	CDCAB	11～15	CCBAA	16～21	DBCDDC

1. D 【解析】社会主义教育学又称马克思主义教育学,这一理论认为教育与生产劳动相结合是发展社会生产力的重要方法,也是培养全面发展的人的唯一方法。

2. C 【解析】原文出自《荀子·劝学》。大意为:干、越、夷、貉的孩子,刚生下来时他们的哭声是一样的,而长大后习俗却不同,这是因为后天的教化使他们这样的。这句话强调了后天教育因素对人的身心发展的重要影响。

3. D 【解析】1922 年,留美派主持的全国教育会联合会以美国学制为蓝本,颁布了“壬戌学制”,也称六三三学制。该学制的颁布和实施,标志着中国资产阶级新教育制度的确立,标志着中国近代以来的学制体系建设的基本完成。

4. C 【解析】学科课程是指以文化知识(科学、道德、艺术)为基础,按照一定的价值标准,从不同的知识领域或学术领域选择一定的内容,根据知识的逻辑体系,将所选出的知识组织为学科的课程类型。从题干可知,该老师的教学能够让学生获得系统的知识和技能,而能让学生获得系统的知识与技能的则是学科课程。

5. D 【解析】苏联教育家赞可夫著有《教学与发展》一书。赞可夫提出了发展性教学理论的五条教学原则,即高难度、高速度、理论知识起主导作用、理解学习过程、使所有学生包括“差生”都得到一般发展的原则。

6. C 【解析】社会本位论强调社会价值高于个人价值,认为确立教育目的的根据是社会的要求,个人的发展必须服从社会需要,因为个人生活在社会中,受制于社会环境。题干中诺笃尔普强调社会的价值,属于社会本位论的教育目的观。

7. D 【解析】思想性和科学性相统一的原则是指教学要以马克思主义为指导,授予学生科学知识,并结合知识教学对学生进行社会主义品德和正确人生观、科学世界观教育。王老师在进行知识教学的同时,对学生进行爱国主义教育,做到了教书和育人的统一,体现了科学性和思想性相结合原则。故本题答案选择 D 项。

8. C 【解析】实际锻炼法是有目的地组织学生参加各种实际活动,使其在活动中锻炼思想,增长才干,培养优良的思想和行为习惯的德育方法。锻炼的方式主要包括执行制度、委托任务和组织活动等。题干于老师通过委托任务和组织班级活动对学生进行思想品德教育的方法是实际锻炼法。

9. A 【解析】个体内差异评价是对被评价者的过去和现在进行比较,或将评价对象的不同方面进行比较。个体内差异评价的最大优点是充分体现了尊重个体差异的因材施教原则,适当减轻了评价对象的压力。

10. B 【解析】《基础教育课程改革纲要(试行)》中提出,从小学至高中设置综合实践活动并作为必修课程。

11. C 【解析】尊重信任学生与严格要求学生相结合的原则是指在德育过程中,教育者既要尊重信任学生,又要对学生提出严格的要求,把严和爱有机地结合起来,使教育者的合理要求转化为学生的自觉行动。在德育工作中尊重信任与严格要求是辩证统一的,题干中的孙老师在关心学生的同时没有严格要求学生,其做法违背了该原则。

12. C 【解析】建构主义在学习观上强调学习的主动建构性、社会互动性和情境性。孙老师带领学生在具体的情境中观察学习,并让同学们组成学习小组分享自己的观察结果。这体现的是建构主义的观点。

13. B 【解析】学习的元认知策略是指学生对自己整个学习过程的有效监视及控制的策略。题干中的学生在考试后进行的一系列活动,正是运用了元认知策略。

14. A 【解析】定势(即心向)是指重复先前的操作所引起的一种心理准备状态。在定势的影响下,人们会以某种习惯的方式对刺激情境做出反应。题干所述体现了定势的消极作用。

15. A 【解析】倒摄抑制是后学习的材料对保持和回忆先学习的材料的干扰作用。小丽对前面一组材料的记忆效果不如后面一组好,说明她对前面一组材料的回忆受到了倒摄抑制的影响。

16. D 【解析】意志是指人自觉地确定目的,有意识地根据目的、动机调节支配行动,努力克服困难,实现目标的心理过程。根据题干描述可知,学生总是在体育活动中叫苦叫累,这说明他们缺乏良好的意志品质。因此,袁老师应在全班进行意志品质的培养。

17. B 【解析】认知内驱力是指个体要求了解、理解和掌握知识以及解决问题的需要。杨艺对食物消化的知识感兴趣、有好奇心而认真听课,这属于认知内驱力。附属内驱力是指个体为了获得长者们(如家长、教师)的赞许或认可而表现出把工作、学习做好的一种需要。杨艺在得到生物老师的赞扬后,学习积极性更高了,这属于附属内驱力。

18. C 【解析】原型操作是依据智力技能的实践模式,把学生在头脑中已建立起来的活动程序计划以外显的操作方式付诸实施,获得完备的动觉映像的过程。

19. D 【解析】个别学生有时为了引起教师和其他同学的注意,会做出一些问题行为。这时,如果教师直接干预,正好迎合了学生的目的,从而对其问题行为起到强化作用。在这种情况下,教师采取有意忽视的态度,装作视而不见,是比较合适的处理方式。

20. D 【解析】心理发展的不平衡性指的是心理的发展可以因进行的速度、到达的时间和最终达到的高度而表现出多样化的发展模式。一方面表现出个体不同系统在发展的速度、发展的起止时间与到达成熟时期的不同进程;另一方面也表现出同一机能特性在发展的不同时期有不同的发展速率。题干所述表明个体的心理发展具有不平衡性的特点。

21. C 【解析】网络成瘾,又称网络成瘾综合征,临床上是指患者对互联网过度依赖而导致的一种心理异常症状以及伴随而来的生理性不适。题干所述为典型的网络成瘾的症状。

二、辨析题(参考答案)

22. 招聘、升学等选拔性考试通常采用绝对性评价。

(1)这种说法是不正确的。(2)绝对性评价又称为目标参照性评价(标准参照评价),是运用目标参照性测验对学生的学习成绩进行的评价。它可以衡量学生的实际水平,了解学生对知识、技能的掌握情况,宜用于升级考试、毕业考试和合格考试。它的缺点是不适用于甄选人才。相对性评价又称为常模参照性评价,是运用常模参照性测验对学生的学习成绩进行的评价。它具有甄选性强的特点,可以作为选拔人才、分类排队的依据。因此,招聘、升学等选拔性考试通常采用相对性评价。故题干说法错误。

23. 德育过程的基本矛盾是教育者与受教育者之间的矛盾。

(1)这种说法是不正确的。(2)德育过程的基本矛盾是社会通过教师(教育者)向受教育者提出的思想道德要求与受教育者已有品德水平之间的矛盾,这是德育过程最一般、最普遍的矛盾。德育过程的展开,就是要解决这一基本矛盾。故题干说法错误。

24. “江山易改,禀性难移”说明气质是不可以改变的。

(1)这种说法是不正确的。(2)气质是表现在心理活动的强度、速度、灵活性与指向性等方面的一种稳定的心理特征,即我们平时所说的脾气、秉性。人的气质是先天的,由遗传因素决定,受生理影响较大。由于气质较多地受生物因素的制约,因此,气质变化较难、较慢,但并不意味着它完全不起变化,在生活环境和教育条件的影响下,在性格的掩盖下,气质可以得到相当程度的改造。故题干说法错误。

25. 学生在学习情境中通过自己的探索、寻找来获得问题答案的学习方式属于接受学习。

(1)这种说法是不正确的。(2)发现学习是指给学生提供有关的学习材料,让学生通过探索、操作和思考,自行发现知识、理解概念和原理的教学方法。接受学习是指学生通过教师呈现的材料来掌握现成知识的一种学习方式。故题干所述的学习方式为发现学习,题干说法错误。

三、简答题(参考答案)

26. 根据评价作用的不同可将教学评价分为哪几种?

根据教学评价的作用,可以将教学评价分为以下三种:

(1)诊断性评价。诊断性评价是在学期开始或一个单元教学开始时,为了了解学生的学习准备状况及影响学习的因素而进行的评价。(2)形成性评价。形成性评价是在教学过程中为改进和完善教学活动而进行的对学生学习过程及结果的评价。(3)总结性评价。总结性评价也称为终结性评价,是在一个大的学习阶段、一个学期或一门课程结束时对学生学习结果的评价。

27. 简述教学过程的基本规律。

(1)间接经验与直接经验相结合(间接性规律);(2)掌握知识和发展能力相统一(发展性规律);(3)教师主导作用与学生主体作用相统一(双边性规律);(4)传授知识与思想品德教育相统一(教育性规律)。

28. 简述短时记忆的概念和特点。

(1)概念:短时记忆是指对信息的保存时间在 1 分钟以内的记忆,是信息从感觉记忆到长时记忆的过渡阶段。

(2)特点:①时间很短,不超过 1 分钟。②容量有限,一般是 7 ±2 个组块。③意识清晰。④操作性强。⑤易受干扰。

29. 简述培养学生的心智技能的要求。

(1)确立合理的智力活动原型。(2)教师利用示范和讲解,并有效进行分阶段练习。(3)知识影响技能的形成。教师应了解学生的知识基础,并为学生提供相关知识。(4)注重培养学生认真思考的习惯和独立思考的能力。

四、材料分析题(参考答案)

30. (1)在学校教育中,良好的班集体对学生健康成长是非常重要的,具体表现在:①有利于形成学生的群体意识。②有利于培养学生的社会交往能力与适应能力。③有利于训练学生的自我教育能力。材料中的王老师为了把班级带好,代替学生完成部分学校布置的班级活动任务,忽略了学生在班集体中的自觉主动性,没能实现通过班集体来培养学生的自我教育能力。而材料中的张老师尊重每个学生的个性,注重班集体的建设并创造条件让每个学生在集体中成长成才。几年下来,张老师不仅带好了班级,也使学生在班集体中展示了自己的才华,培养了他们的自我教育能力,从而促进了学生的健康成长。

(2)培养良好班集体要注意:①确定班集体的发展目标;②建立得力的班集体核心;③建立班集体的正常秩序;④组织形式多样的教育活动;⑤培养正确的舆论和良好的班风。

材料中两位老师在班级管理中的成败经验,明确体现了其中两点:

第一,建立得力的班集体核心。建立班集体的核心队伍:首先,教师要善于发现和培养积极分子。其次,教师应把对积极分子的使用与培养结合起来。材料中,张老师在班集体的建设中尊重每个学生的个性,注重班集体建设,相信班集体的力量,创造条件让每个学生在集体中成长成才。她的这些做法有利于培养班集体的核心,带动全班学生的积极性,促进班集体的良好发展。

第二,组织形式多样的教育活动。班集体是在全班同学参加各种教育活动的过程中逐步成长起来的,而各种教育活动又可以使每个人都有机会为集体出力并展示自己的才能。班级教育活动所涉及的内容有主题教育活动、文艺体育活动、社会公益活动等。材料中的王老师在班级的各项活动中投入过多的精力,甚至亲力亲为,代替学生完成部分学校布置的班级活动任务,这些做法都不利于学生个人在班级建设中展示自己的才华和能力。而张老师尊重每个学生,创造条件让每个学生在集体中成长。在她的带领下,班级的教室环境卫生、体育运动和文艺演出等都走在全校前列,从而实现了各种教育活动对班集体的培养和发展的作用。

31.(1)福勒和布朗根据教师的需要和不同时期所关注的焦点问题不同,把教师的成长划分为关注生存、关注情境和关注学生三个阶段。①处于关注生存阶段的教师可能会把大量的时间花在如何与学生搞好个人关系上,而不是更多地考虑如何让学生获得学习上的进步。材料中的李老师在刚入职时把大量时间花在如何与学生搞好关系上,此时他处于关注生存阶段。②处于关注情境阶段的教师关心的是如何教好每一堂课,以及班级大小、时间压力和备课材料是否充分等与教学情境有关的问题。材料中的李老师后来为了上好每一堂课而认真备课、向优秀教师请教,进行观摩学习,此时他处于关注情境阶段。③处于关注学生阶段的教师将考虑学生的个别差异,认识到不同发展水平的学生有不同的需要,根据学生的差异采取适当的教学,促进学生发展。材料中的李老师最后能考虑学生的个别差异,对学生进行因材施教,此时他处于关注学生阶段。因此,李老师的专业发展经历了从关注生存到关注情境再到关注学生三个阶段。

(2)教师专业发展的方法包括:①观摩和分析优秀教师的教学活动;②开展微格教学;③进行专门训练;④进行教学反思。

图书反馈

重磅！真题有奖征集！

「凡提供当年度考试真题者，根据真题完整度，可获得500元以内现金奖励。」

具体请联系QQ:1831595423

(温馨提示：所提供真题须是当年度考试真题，且真实有效。)

亲爱的考生：

感谢您对山香教育的信任和支持，您的建议是我们前进的动力！为进一步提高图书质量，我们特向全国各地的考生开展图书反馈活动。

凡通过图书反馈链接提供山香图书意见反馈者，均可获得**相关网课1套**。

图书反馈链接

联系方式：400-600-3363　　研发部QQ：1831595423

招教网 招考资讯平台	山香官网 考编服务平台	山香网校 线上学习平台	图书订正链接 勘误更新平台